全国中等职业技术学校汽车类专业教材

汽车构造

（第三版）

人力资源和社会保障部教材办公室组织编写

中国劳动社会保障出版社

简介

本书主要内容包括汽车总体构造、汽车发动机总体结构与工作原理、曲柄连杆机构、配气机构、汽油机燃料供给系统、柴油机燃油供给系统、润滑系、冷却系、传动系、行驶系、转向系、制动系、汽车车身等。

本书由祖国海主编，海洋副主编，张树玲、东风、林晓伟、杨旭参加编写。

图书在版编目(CIP)数据

汽车构造/祖国海主编. —3版. —北京：中国劳动社会保障出版社，2013

全国中等职业技术学校汽车类专业教材

ISBN 978-7-5167-0390-8

Ⅰ.①汽…　Ⅱ.①祖…　Ⅲ.①汽车-构造-中等专业学校-教材　Ⅳ.①U463

中国版本图书馆 CIP 数据核字(2013)第 177841 号

中国劳动社会保障出版社出版发行

(北京市惠新东街 1 号　邮政编码：100029)

出 版 人：张梦欣

*

北京谊兴印刷有限公司印刷装订　新华书店经销

787 毫米×1092 毫米　16 开本　20.5 印张　435 千字

2013 年 8 月第 3 版　2023 年12月第15次印刷

定价：35.00 元

营销中心电话：400-606-6496

出版社网址：http://www.class.com.cn

http://jg.class.com.cn

前　言

为了更好地适应中等职业技术学校汽车类专业教学要求，全面提升教学质量，人力资源和社会保障部教材办公室组织有关学校的骨干教师和行业、企业专家，在充分调研企业生产和学校教学情况、广泛听取教材用户反馈意见的基础上，对全国中等职业技术学校汽车类专业教材进行了修订和补充开发。

本次教材修订和补充开发工作的重点主要体现在以下几个方面：

第一，完善教材体系，更好地满足教学需求。

结合职业院校汽车类专业设置和办学特点，调整并完善了教材体系，与专业通用基础教材相衔接，开发了汽车维修、汽车电器维修、汽车钣金与美容、汽车检测、汽车营销等专业方向教材，构建了“通用基础平台＋不同专业方向平台”的教材体系。此外，还针对学校对电控技术、车载网络技术、新能源汽车等高新技术的教学需求，开发了相应的教材。

第二，反映技术发展，适应岗位职业能力需求变化。

随着汽车制造水平的不断提高，汽车维修的内容和工艺发生了相应变化；伴随着私家车保有量的不断增长，汽车营销、汽车美容等相关从业人员的职业能力要求也在发生相应变化。因此，本次修订工作注重在教材中增加新知识、新技术、新材料、新工艺等方面的内容，体现教材的先进性。同时，根据中级工从事相关岗位工作的实际需要，合理确定学习目标，对教材内容的深度、难度做了适当调整，同时注重综合职业能力的培养。

第三，融入先进教学理念，创新教材表现形式。

专业通用基础教材的编写以汽车及其零部件为载体，充分体现专业特色；专业方向教材的编写根据学校教学实际，充分体现一体化教学思路，增加了实训内容在教材中的比重。为了增强教材的表现效果，提高学生的学习兴趣，教材中使用了大量高质量的实物图片，部分教材采用双色或彩色印刷。

第四，开发辅助产品，提供教学服务。

为了方便教学，配套开发了习题册、教学参考书和电子课件。电子课件可通过中国劳动社会保障出版社网站（http：//www. class. com. cn）免费下载。

本次教材修订工作得到了河北、江苏、浙江、山东、山西、广东、广西、陕西等省、自治区人力资源和社会保障厅及有关学校的大力支持，在此表示诚挚的谢意。

人力资源和社会保障部教材办公室

2012 年 7 月

目　录

第一章　汽车总体构造 …… (1)

第一节　汽车分类及结构 …… (1)

第二节　汽车识别代码和技术参数 …… (7)

第二章　汽车发动机总体结构与工作原理 …… (13)

第一节　发动机的总体结构 …… (13)

第二节　发动机的工作原理 …… (19)

第三章　曲柄连杆机构 …… (27)

第一节　机体组 …… (28)

第二节　活塞连杆组 …… (35)

第三节　曲轴飞轮组 …… (46)

第四章　配气机构 …… (53)

第一节　概述 …… (53)

第二节　配气机构的主要部件 …… (57)

第三节　配气相位 …… (65)

第四节　可变气门技术 …… (69)

第五章　汽油机燃料供给系统 …… (73)

第一节　概述 …… (73)

第二节　燃油供给系统 …… (76)

第三节　进排气系统 …… (83)

第四节　电子控制系统 …… (86)

第六章　柴油机燃料供给系统 …… (98)

第一节　概述 …… (98)

第二节　喷油器 …… (101)

第三节　喷油泵……………………………………………………………(105)
第四节　调速器……………………………………………………………(114)
第五节　供油提前角调节装置……………………………………………(122)
第六节　柴油机燃料供给系的辅助装置…………………………………(124)
第七节　柴油机电子控制燃油喷射系统…………………………………(128)

第七章　润滑系……………………………………………………………(135)
第一节　概述………………………………………………………………(135)
第二节　润滑系的主要部件………………………………………………(140)
第三节　曲轴箱的通风……………………………………………………(149)

第八章　冷却系……………………………………………………………(151)
第一节　概述………………………………………………………………(151)
第二节　水冷却系的主要部件……………………………………………(153)

第九章　传动系……………………………………………………………(163)
第一节　概述………………………………………………………………(163)
第二节　离合器……………………………………………………………(166)
第三节　手动变速器………………………………………………………(175)
第四节　自动变速器………………………………………………………(189)
第五节　万向传动装置……………………………………………………(205)
第六节　驱动桥……………………………………………………………(211)

第十章　行驶系……………………………………………………………(220)
第一节　概述………………………………………………………………(220)
第二节　车架………………………………………………………………(221)
第三节　车桥与车轮………………………………………………………(224)
第四节　悬架系统…………………………………………………………(237)

第十一章　转向系…………………………………………………………(251)
第一节　概述………………………………………………………………(251)
第二节　转向操纵机构……………………………………………………(253)
第三节　转向器……………………………………………………………(256)
第四节　转向传动机构……………………………………………………(260)

第五节　液压动力转向系……(264)

第十二章　制动系……(272)

第一节　概述……(272)

第二节　车轮制动器……(274)

第三节　驻车制动器……(281)

第四节　液压制动传动装置……(285)

第五节　气压制动传动装置……(289)

第六节　制动增压装置……(294)

第七节　ABS/ASR 制动控制系统……(302)

第十三章　汽车车身……(308)

第一节　车身结构……(308)

第二节　车身附件……(317)

第一章　汽车总体构造

第一节　汽车分类及结构

学习目标：

1. 了解汽车的分类。
2. 掌握汽车的组成和行驶原理。

汽车是由动力驱动，具有四个或四个以上车轮的非轨道承载的车辆，主要用于载运人员或货物。对于与电力线相连的车辆，如无轨电车，整车装备质量超过 400 kg 的三轮车辆，也可作为汽车处理。

一、汽车的分类

GB/T 3730.1—2001《汽车和挂车类型的术语和定义》中规定，根据车辆的设计和技术特性将汽车分为乘用车和商用车两类。

1. 乘用车

乘用车是指在其设计和技术特性上主要用于载运乘客及其随身行李或临时物品的汽车，包括驾驶员座位在内最多不超过 9 个座位。它也可以牵引挂车。

乘用车主要包括：普通乘用车、活顶乘用车、高级乘用车、小型乘用车、敞篷车、舱背乘用车、旅行车、多用途乘用车、短头乘用车、越野乘用车、专用乘用车 11 种，如图 1—1 所示。其中，专用乘用车又可分为旅居车、防弹车、救护车、殡仪车。

普通乘用车

活顶乘用车

高级乘用车

小型乘用车

敞篷车

舱背乘用车

图 1—1　乘用车的分类

2. 商用车

商用车是在设计和特性上用于运送人员和货物的汽车，也可以牵引挂车。商用车按照用途分为客车、半挂牵引车和货车三大类。

(1) 客车

在设计和技术特性上用于载运乘客及其随身行李的商用车，包括驾驶员座位在内座位数超过 9 个。客车有单层的和双层的，可牵引挂车。

客车的具体分类如图 1—2 所示。

越野客车

专用客车

图 1—2　客车的分类

(2) 半挂牵引车

装备有特殊装置用于牵引半挂车的商用车，如图 1—3 所示。

图 1—3　半挂牵引车

(3) 货车

货车的主要用途是运载货物，具体分类如图 1—4 所示。

普通货车

多用途货车

全挂牵引车

越野货车

专用作业车

专用货车

图 1—4　货车的分类

二、汽车的组成

虽然汽车的类型很多，且各类汽车的总体构造有所不同，但它们的基本组成是一致的。它们都由发动机、底盘、电气设备和车身四大部分组成，如图 1—5 所示。

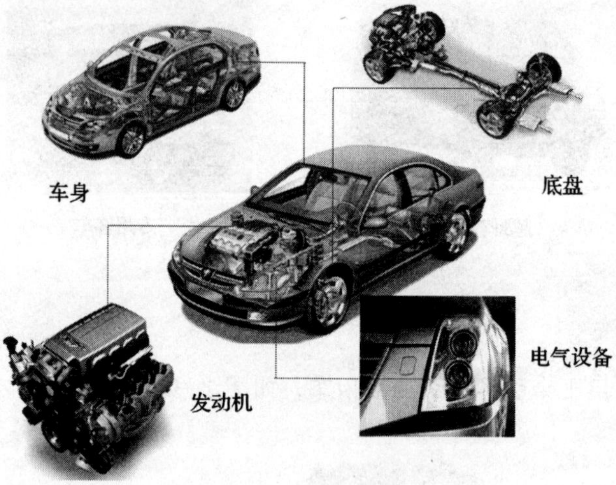

图 1—5 汽车的组成

1. 发动机

发动机是为汽车行驶提供动力的装置。其作用是使燃料燃烧产生动力，然后通过底盘的传动系驱动汽车行驶。

发动机一般安装在前车头箱里（图 1—6），对于大客车来说一般安装在车的后部（图 1—7），而运动型跑车和方程式赛车的发动机则安装在车的中间部位（图 1—8）。

图 1—6 发动机前置

图 1—7 发动机后置

图 1—8 发动机中置

2. 底盘

底盘的作用是支承、安装汽车发动机及其各部件、总成，形成汽车的整体造型，并接受发动机的动力，使汽车产生运动，保证正常行驶，如图 1—9 所示。

图 1—9 底盘

3. 电气设备

电气设备由电源和用电设备组成。电源包括发电机和蓄电池。用电设备很多，不同车型不太一样。现代汽车上使用的微机控制系统、传感器、执行器等一般归属于电气设备。具体组成如图 1—10 所示。

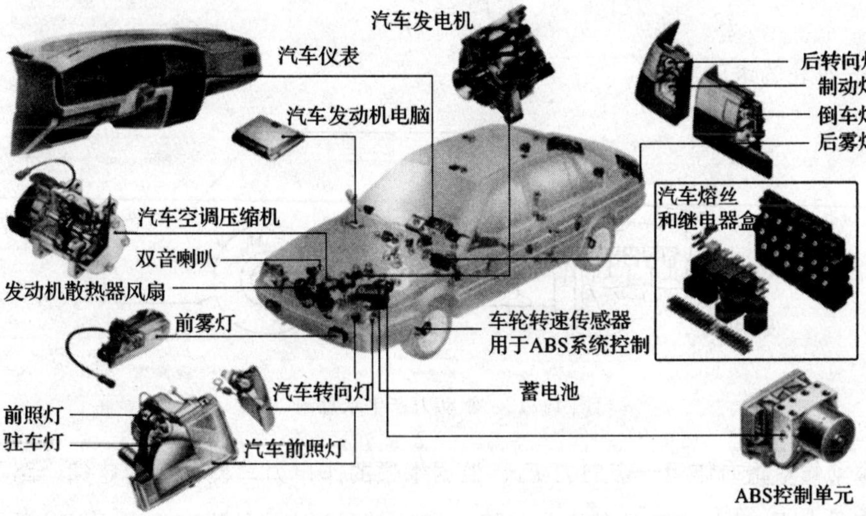

图 1—10 电气设备

4. 车身

车身容纳驾驶员、乘客和货物，并构成汽车的外壳。载货汽车的车身由驾驶室和货厢组成，客车与轿车的车身由统一的外壳构成，如图 1—11 所示。其他专用车辆还包括一些其他特殊装备等。车身还包括车门、窗、车锁、内外饰件、附件、座椅及车前各钣金件等。

图 1—11 车身

三、汽车的行驶原理

要使汽车运动，必须在汽车行驶方向上作用一个推动力，以克服汽车行驶中遇到的各种阻力，这个推动力称为驱动力，也称为牵引力。汽车在不同路面状况和不同的工况下运行时，受到的阻力有滚动阻力、空气阻力、上坡阻力和加速阻力。

1. 驱动力的产生

驱动力产生的原理如图 1—12 所示。发动机工作时产生转矩，经传动系传至驱动轮上，驱动轮在转矩 M_t 的作用下对路面产生一切向力 F_o，其方向与汽车行驶方向相反，大小为：

$$F_o = \frac{M_t}{r}$$

式中：r——车轮的滚动半径。

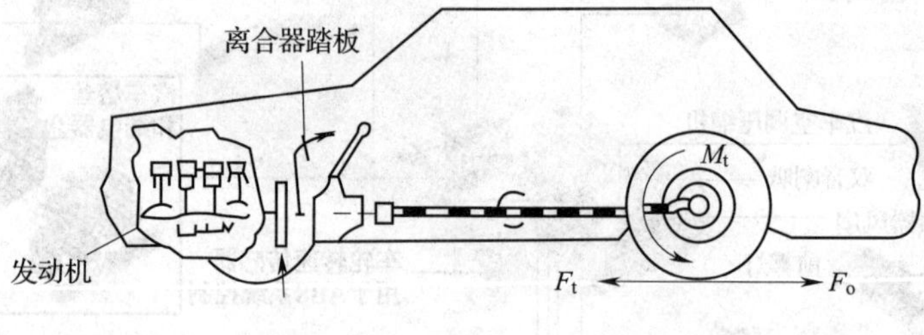

图 1—12　驱动力产生示意图

由于驱动轮对路面作用一切向力 F_o，根据牛顿的作用力与反作用力定律，路面要给驱动轮一反作用力 F_t，且 F_t 与 F_o 的大小相等，方向相反。F_t 就是驱动汽车行驶的外力，即驱动力。

2. 汽车的行驶阻力

(1) 滚动阻力 F_f

车轮滚动时，由于轮胎与路面之间的摩擦以及轮胎和路面各自的变形产生的阻力就是滚动阻力。只要汽车运动，滚动阻力就存在，其大小与汽车的总质量、路面性质、轮胎的结构及气压等有关。

(2) 空气阻力 F_ω

汽车行驶时，在汽车前部受到空气的压力、后部因形成真空而产生向后的拉力、车身表面与空气间形成的摩擦力，这些力总称为空气阻力。只要汽车运行，空气阻力就存在，其大小与车速、汽车迎风面积和外观形状等有关。

(3) 上坡阻力 F_i

汽车上坡时，其重力沿路面方向形成一个与汽车行驶方向相反的阻力就是上坡阻力。只有在上坡时，汽车才受到上坡阻力的影响，其大小与汽车总质量和道路的纵向坡度有关。

(4) 加速阻力 F_j

汽车加速时，根据牛顿惯性定律，须克服其质量加速运动时的惯性力，称为加速阻力。只有在加速时，汽车才受到加速阻力的影响，其大小与汽车的总质量和加速度有关。

汽车在不同路面状况和不同运行工况下的受力情况是不同的，见表 1—1。

表 1—1　　汽车运行工况与受力分析

路面状况	运行工况	驱动力与行驶阻力关系
水平路面	减速行驶	$F_t<F_f+F_\omega$
	等速行驶	$F_t=F_f+F_\omega$
	加速行驶	$F_t=F_f+F_\omega+F_j$
纵向坡道	等速上行	$F_t=F_f+F_\omega+F_i$
	加速上行	$F_t=F_f+F_\omega+F_i+F_j$

3. 附着力与附着条件

汽车行驶时，路面阻止驱动轮滑转（打滑）的最大反作用力称为附着力，用 F_φ表示。它与轮胎和路面的性质以及作用在驱动轮上的压力有关，其大小为：

$$F_\varphi = N\varphi$$

式中：N——附着重力，即作用在所有驱动轮上的法向反作用力。

φ——附着系数，其数值因轮胎和路面性质而异，一般由试验测定。

汽车在冰雪、泥泞或松软的路面上行驶时，由于其附着系数小，使附着力很小，汽车的驱动力受到附着力的限制而不能克服较大的行驶阻力，出现打滑现象。若继续加大油门，则驱动轮只会加速滑转，而驱动力并没有增大。显然，附着力对驱动力起着制约的作用，即驱动力 F_t的大小不仅与发动机动力有关，还受到附着力 F_φ的限制，即附着条件为：

$$F_t \leqslant F_\varphi$$

要使驱动轮不产生滑转，附着力 F_φ必须大于或等于驱动力 F_t。由此可见，保证汽车正常行驶要满足两个条件：一是发动机要有足够的功率，二是驱动轮与路面间要有足够的附着力。

第二节　汽车识别代码和技术参数

学习目标：

1. 了解车辆识别代码的含义及其在车辆上的位置。
2. 了解汽车的技术参数。

车辆识别代码（Vehicle Identification Number，VIN）是汽车制造厂为了识别一辆汽车而给定的一组字码，由字母和阿拉伯数字组成，共 17 位，又称 17 位识别代号编码，如图 1—13 所示。我国汽车代号（GB/T 16735—2004）已经与国际车辆识别代号（VIN）接轨。从 VIN 中可以识别出车辆的生产国家、制造厂家、汽车类型、品牌名称、车型系列、车身形式、发动机型号、车型年款等信息，它是汽车修理、配件选购的重要依据。

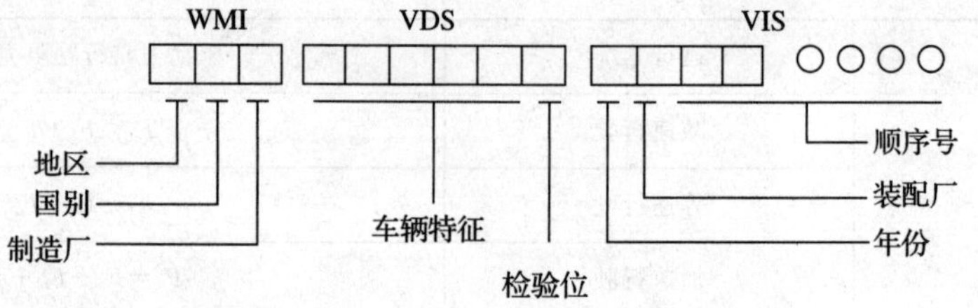

图 1—13 车辆识别代码

一、车辆识别代码的组成

1. 第一部分：世界制造厂识别代码（WMI）

世界制造厂识别代码（WMI）由第一至第三位三个字码组成，是为识别世界上每一个制造厂而指定给该制造厂的一个代号。

第一位字码是标明一个地理区域的字母或数字，如亚洲、欧洲等。

第二位字码是标明一个特定地区内的一个国家的字母或数字。

第三位字码是标明某个特定的制造厂的字母或数字。

第一、二、三位字码的组合能保证制造厂识别标志的唯一性。对于年产量大于 500 辆的制造厂，世界制造厂识别代号由三位字码组成。对于年产量小于 500 辆的制造厂，世界制造厂识别代号的第三位字码为数字 9。对此，车辆指示部分的第三、四、五位字码将与第一部分的三位字码一起作为世界制造厂识别代号，如图 1—14 所示。

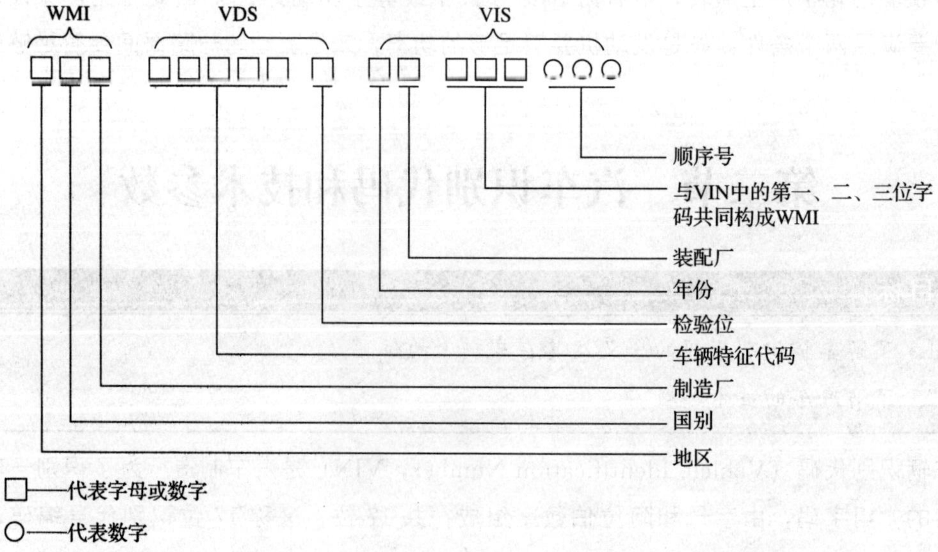

图 1—14 年产量小于 500 辆的制造厂的汽车识别代码组成

说明：

WMI 码中的第一位和第二位字码组成的双字码块，由国际标准化组织（ISO）的国际代理机构——美国汽车工程学会（SAE）预先分配给世界各个地区和国家，如日本为 JA～JZ 及 J0～J9；美国为 1A～1Z 及 10～19，4A～4Z 及 40～49，5A～5Z 及 50～59；中国为 LA—LZ 及 L0～L9。而第二位、第三位组成的双字码块，则由 SAE 授权的国家机构指定给制造厂家。

2. 第二部分：车辆说明（VDS）

由第四至第八位五个字码组成，用以说明和反映车辆的一般特征，如品牌、种类、系列、车身类型、底盘类型、发动机类型、约束系统、制动系统和额定总质量等。这五个字码是由各企业自行规定的，但是不允许空位或缺位，如果制造厂不用其中的一位或几位字码位置，则应在该位置填入制造厂选定的字母或数字占位。

3. 第三部分：检验位

VIN 的第九位为检验位，在该位置应填入一个用来表示车辆识别代号（VIN）书写准确性的“检验数字”（一个数字或一个字母 X）。

4. 第四部分：车辆指示（VIS）

由第十至第十七位八个字码组成，用以表示车辆个性特征，如制造年份、装配地点和生产顺序号等。其中，第十位为世界统一的年份代号（表 1—2），第十一位为装配厂代号；第十二至第十七位为某年份某装配厂生产的产品顺序号。

表 1—2　　标示年份的字码表

年份	代码	年份	代码	年份	代码	年份	代码
1971	1	1981	B	1991	M	2001	1
1972	2	1982	C	1992	N	2002	2
1973	3	1983	D	1993	P	2003	3
1974	4	1984	E	1994	R	2004	4
1975	5	1985	F	1995	S	2005	5
1976	6	1986	G	1996	T	2006	6
1977	7	1987	H	1997	V	2007	7
1978	8	1988	J	1998	W	2008	8
1979	9	1989	K	1999	X	2009	9
1980	A	1990	L	2000	Y	2010	A

二、车辆识别代码的位置

车辆常见识别代码的位置如图 1—15 所示，铭牌如图 1—16 所示。

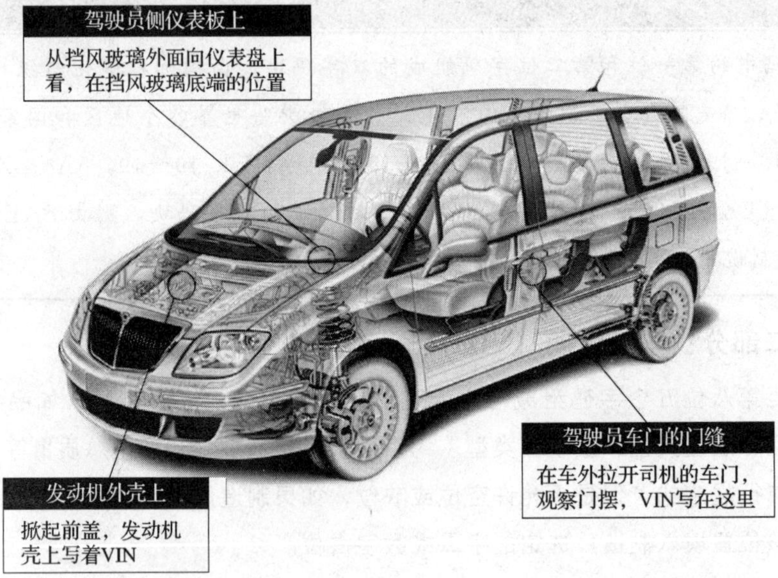

图 1—15　车辆常见识别代码的位置

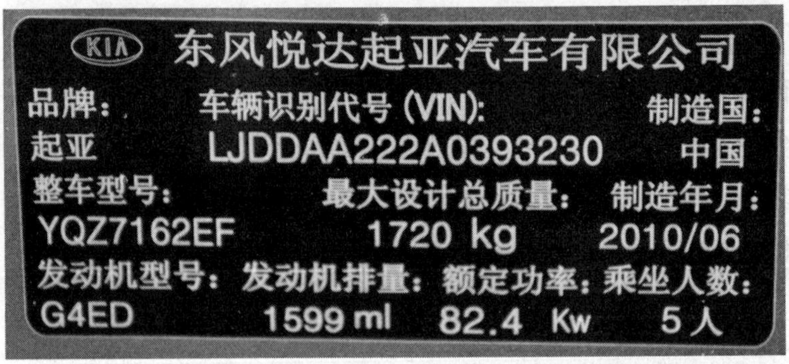

图 1—16　铭牌

1. 除挂车和摩托车外，标牌应固定在门铰链柱、门锁柱或与门锁柱接合的门边之一的柱子上，接近于驾驶员座位的地方；如果没有这样的地方可利用，则固定在仪表板的左侧。如果那里也不能利用，则固定在车门内侧靠近驾驶员座位的地方。

2. 标牌的位置应当是除了外面的车门外，不移动车辆的任何零件就可以读出的地方。

3. 我国轿车的 VIN 大多可以在仪表板左侧、挡风玻璃下面找到。

4. 美国规定 VIN 应安装在仪表板左侧，在车外透过挡风玻璃可以清楚地看到且便于检查。

5. 欧盟规定 VIN 应安装在汽车右侧的底盘车架上或标写在厂家铭牌上。

三、汽车的技术参数

汽车的主要特征和技术特性随所装用的发动机类型和特性的不同而不同，通常有以下的几种结构参数和性能参数。

1. 质量

(1) 整车装备质量 (kg): 汽车完全装备好的质量，包括润滑油、燃料、随车工具、备胎等所有装置的质量。

(2) 最大总质量 (kg): 汽车满载时的总质量。

(3) 最大装载质量 (kg): 汽车在道路上行驶时的最大装载质量。

(4) 最大轴载质量 (kg): 汽车单轴所承载的最大总质量，与道路通过性有关。

一般来讲，装备质量大的汽车高速行驶时的稳定性好，特别是急转弯和急刹车的时候，优势很明显，但油耗会高些，使用成本增加。

2. 外廓尺寸 (图 1—17)

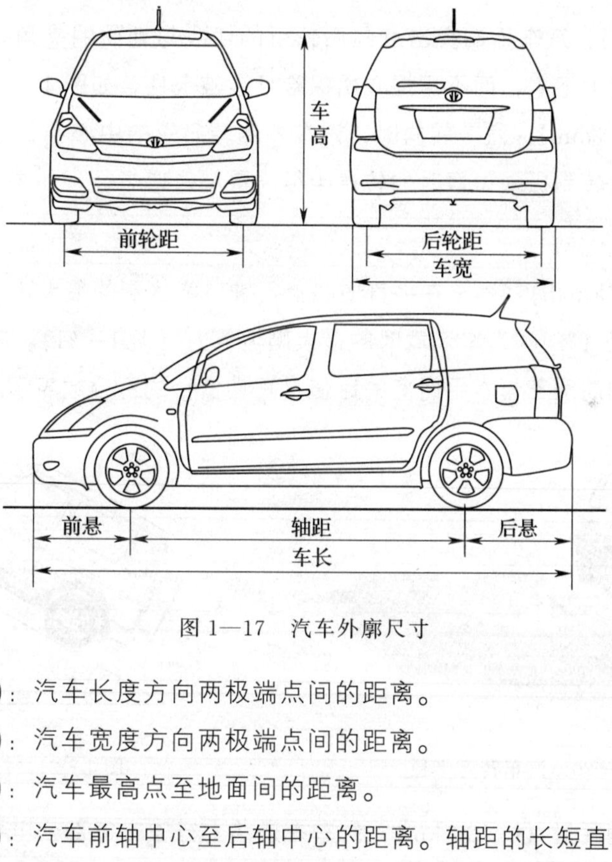

图 1—17 汽车外廓尺寸

(1) 车长 (mm): 汽车长度方向两极端点间的距离。

(2) 车宽 (mm): 汽车宽度方向两极端点间的距离。

(3) 车高 (mm): 汽车最高点至地面间的距离。

(4) 轴距 (mm): 汽车前轴中心至后轴中心的距离。轴距的长短直接影响汽车的长度，进而影响车辆的内部使用空间。轴距越长，内部使用空间越大，但汽车的机动性变差。

(5) 轮距 (mm): 同一车轿左右轮胎胎面中心线间的距离。

(6) 前悬 (mm): 汽车最前端至前轴中心的距离。

(7) 后悬 (mm): 汽车最后端至后轴中心的距离。

(8) 最小离地间隙 (mm): 汽车满载时，最低点至地面的距离。最小离地间隙越大，汽车越容易越过障碍物，但重心偏高，降低了稳定性，如图 1—18 所示。

(9) 接近角 (°): 汽车前端突出点向前轮引的切线与地面的夹角。接近角越大，汽车在上下渡船或进行越野行驶时，就越不容易发生触头事故，汽车的通过性能就越好，如图 1—19 所示。

图 1—18　最小离地间隙

图 1—19　汽车接近角和离去角

（10）离去角（°）：汽车后端突出点向后轮引的切线与地面的夹角。离去角越大，车辆就可以由越陡的坡道上下来，而不用担心后保险杠会被卡住，如图 1—19 所示。

（11）转弯半径（mm）：汽车转向时，汽车外侧转向轮的中心平面在车辆支承平面上的轨迹圆半径。转向盘转到极限位置时的转弯半径为最小转弯半径，如图 1—20 所示。

3. 其他参数

（1）最高车速（km/h）：汽车在平直道路上行驶时能达到的最大速度。

（2）最大爬坡度（%）：汽车满载时的最大爬坡能力（图 1—21）。爬坡度用坡度的角度值或以坡度起止点的高度差与水平距离的比值（正切值）的百分数表示。

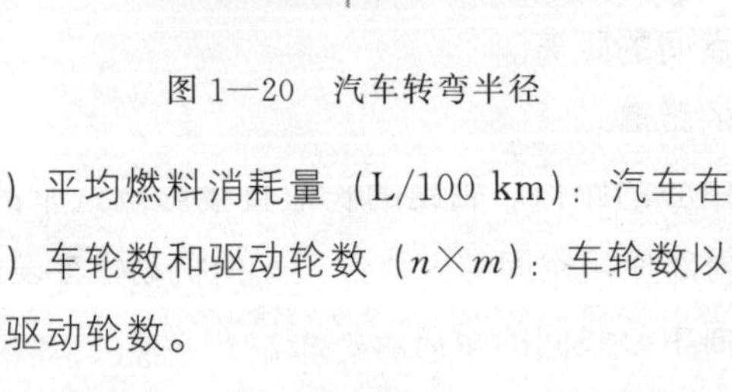

图 1—20　汽车转弯半径

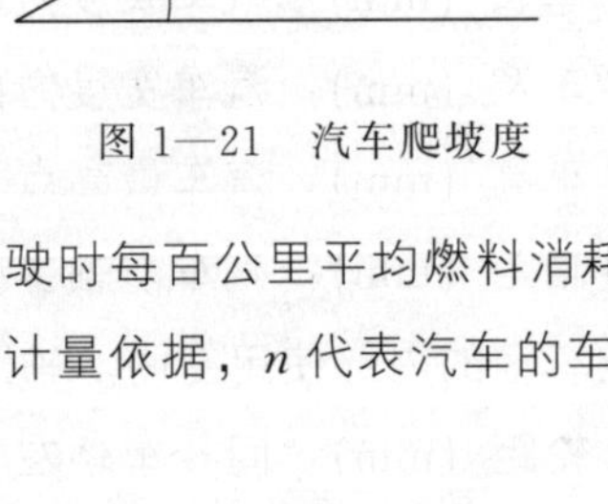

图 1—21　汽车爬坡度

（3）平均燃料消耗量（L/100 km）：汽车在道路上行驶时每百公里平均燃料消耗量。

（4）车轮数和驱动轮数（$n \times m$）：车轮数以轮毂数为计量依据，n 代表汽车的车轮总数，m 代表驱动轮数。

第二章　汽车发动机总体结构与工作原理

第一节　发动机的总体结构

学习目标：

1. 掌握发动机的组成。
2. 了解发动机的分类。

一、发动机的组成

发动机的结构形式很多，具体构造各种各样。但就其总体结构而言，汽油发动机基本上都是由 2 大机构和 5 大系统组成，它们是曲柄连杆机构、配气机构、燃料供给系、点火系、润滑系、冷却系和起动系；对于柴油发动机来说，则由 2 大机构和 4 大系统组成，没有点火系。图 2—1、图 2—2 所示为典型发动机的外形结构图和立体剖面图。

发动机的基本构造见表 2—1。

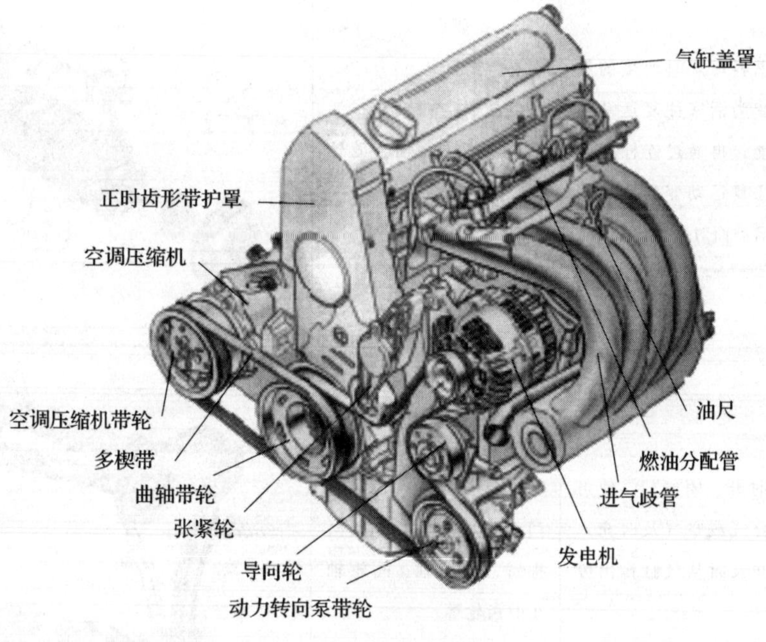

图 2—1　典型发动机的外形结构图

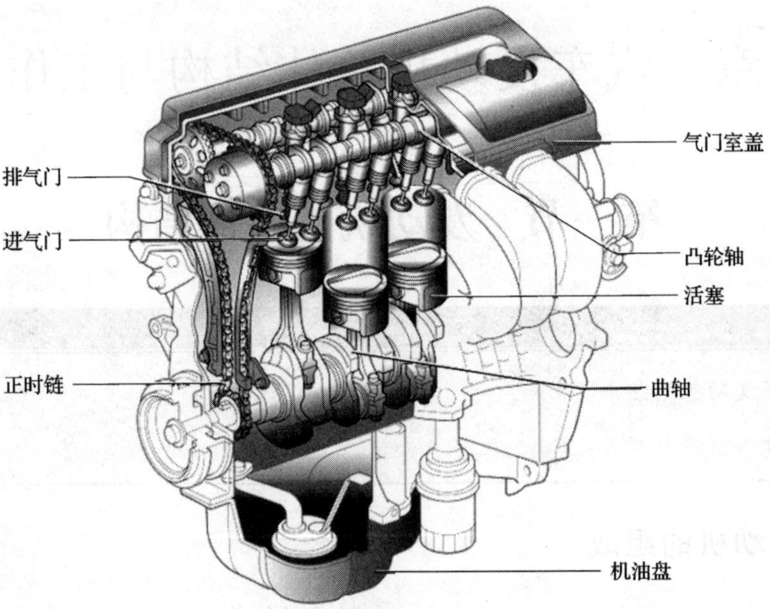

图 2—2 典型发动机的立体剖面图

发动机的基本构造见表 2—1。

表 2－1 发动机的基本构造

名称	功用	主要部件	图示
曲柄连杆机构	将燃料燃烧时产生的热量转变为活塞往复运动的机械能，再通过连杆将活塞的往复运动变为曲轴的旋转运动而对外输出动力	气缸体—曲轴箱、活塞、连杆、曲轴、飞轮等	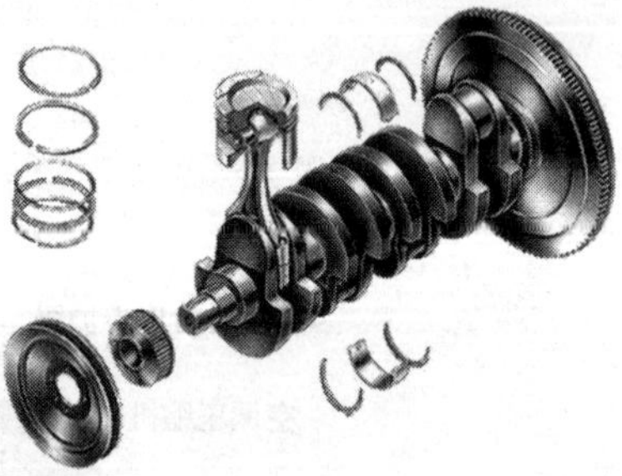
配气机构	定时开、闭气门，使可燃混合气或空气及时充入气缸并及时从气缸排出废气	进气门、排气门、气门弹簧、挺柱、推杆、摇臂、凸轮轴、凸轮轴正时齿轮等	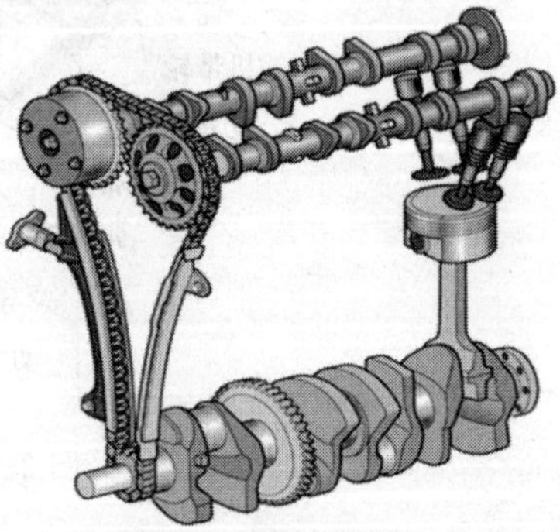

续表

名称	功用	主要部件	图示
燃料供给系	按照发动机要求，定时、定量供给所需要的燃料，并将燃烧后的废气排出气缸	汽油机由空气滤清器、油箱、燃油泵、燃油滤清器、压力调节器、喷油器等组成	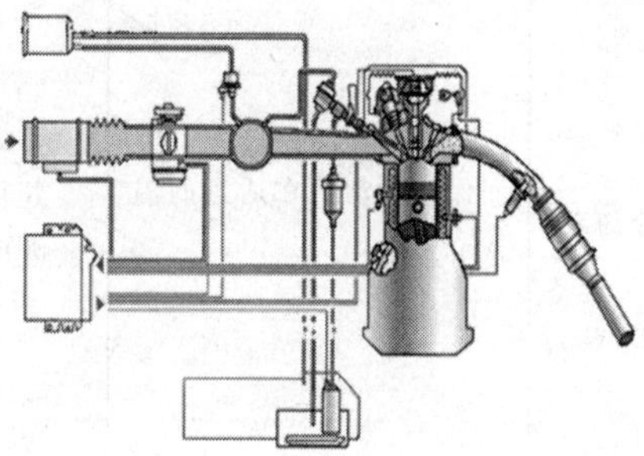
		柴油机由空气滤清器、油箱、输油泵、喷油泵、喷油器等组成	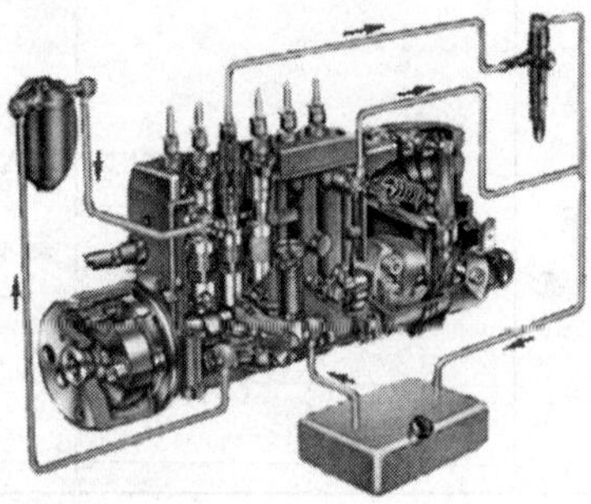
点火系	按规定的时刻，准时点燃汽油机气缸内的可燃混合气	蓄电池、点火开关、点火线圈组件、传感器、电控装置、火花塞等	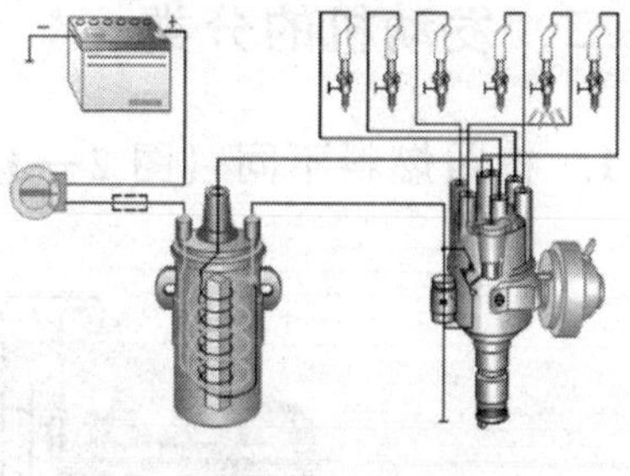
润滑系	润滑、减磨、延长零部件使用寿命，同时具有密封、清洁、冷却的作用	油底壳、机油泵、机油滤清器、机油压力表、机油道等	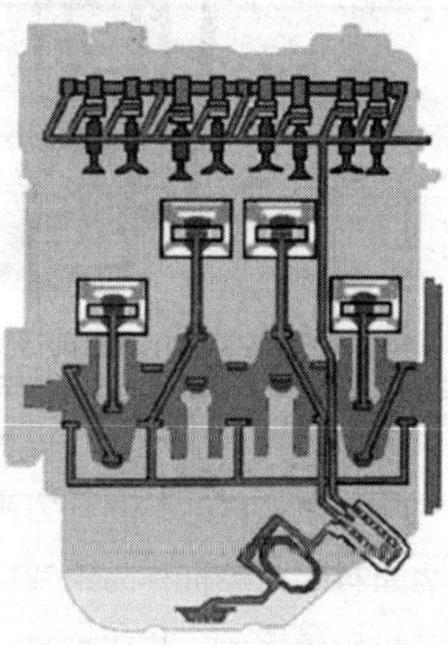

续表

名称	功用	主要部件	图示
冷却系	保持发动机在适宜的温度下工作	水泵、风扇、节温器、散热器、冷却水道等	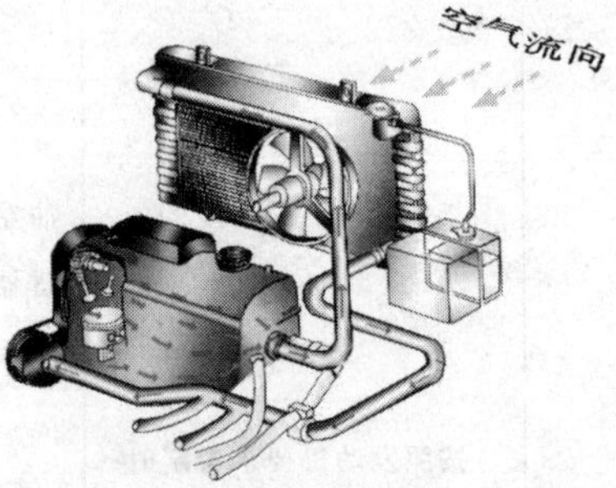
起动系	起动发动机	蓄电池、起动开关、起动电动机等	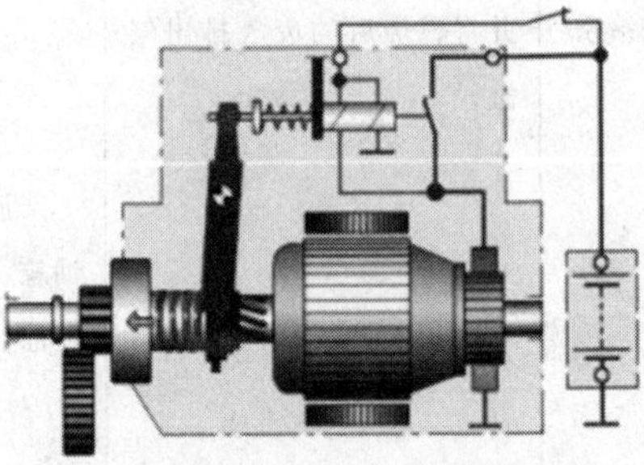

二、发动机的分类

1. 按照燃料不同（图 2—3）

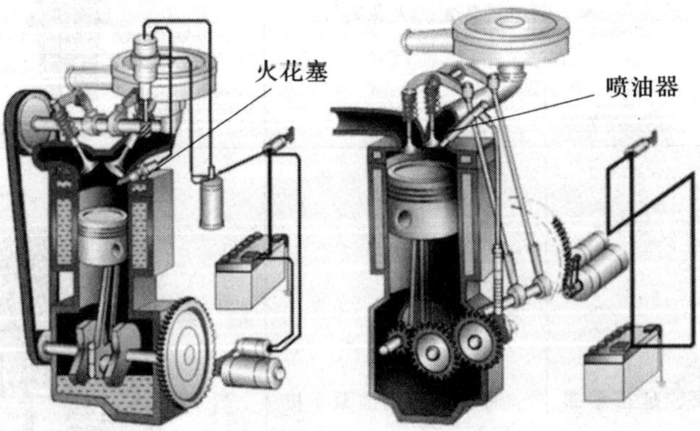

图 2—3　按照燃料不同分类

按照所使用燃料的不同分为汽油机和柴油机。使用汽油为燃料的内燃机称为汽油机，使用柴油为燃料的内燃机称为柴油机。汽油机转速高，质量小，噪音小，起动容易，制造成本低；柴油机压缩比大，热效率高，经济性能和排放性能都比汽油机好。

2. 按照一个工作循环所需的行程数（图 2—4）

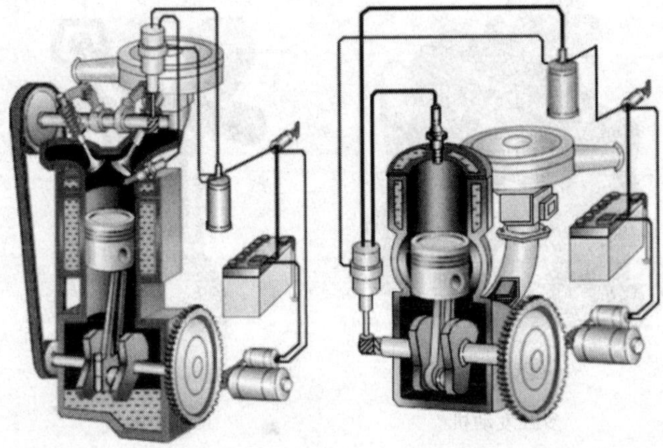

四行程　　二行程

图 2—4　按照工作行程数分类

按照完成一个工作循环所需的行程数分为四行程内燃机和二行程内燃机。把曲轴转两圈（720°），活塞在气缸内上下往复运动四个行程，完成一个工作循环的内燃机称为四行程内燃机；而把曲轴转一圈（360°），活塞在气缸内上下往复运动两个行程，完成一个工作循环的内燃机称为二行程内燃机。汽车发动机广泛使用四行程内燃机。

3. 按照冷却方式（图 2—5）

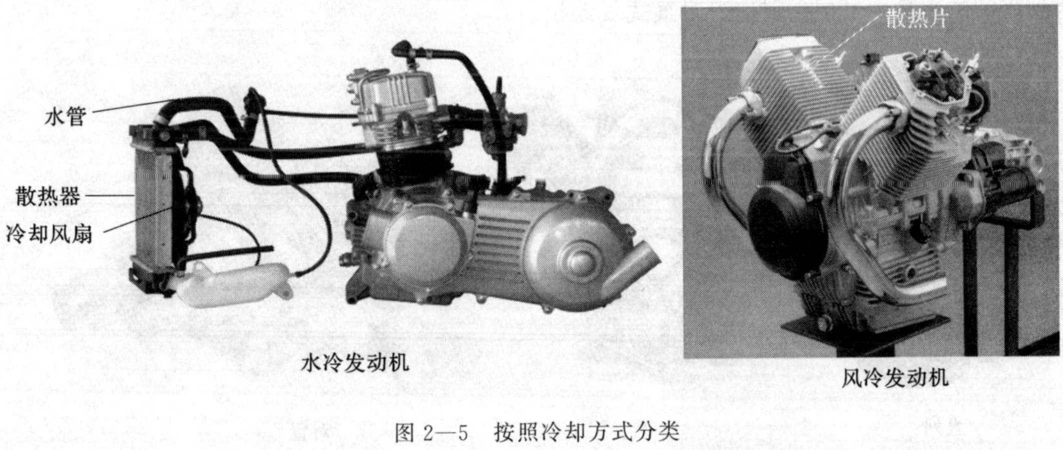

水冷发动机　　风冷发动机

图 2—5　按照冷却方式分类

按照冷却方式不同分为水冷发动机和风冷发动机。水冷发动机是利用在气缸体和气缸盖冷却水套中进行循环的冷却液作为冷却介质进行冷却的；而风冷发动机是利用流动于气缸体与气缸盖外表面散热片之间的空气作为冷却介质进行冷却的。水冷发动机冷却均匀，工作可靠，冷却效果好，被广泛地应用于现代汽车中。

4. 按照气缸数（图 2—6）

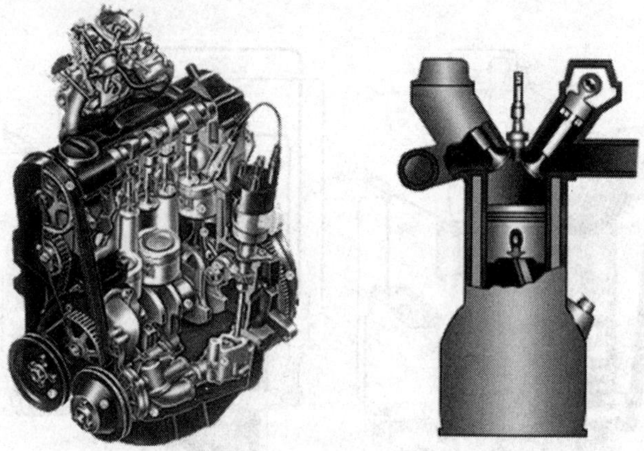

多缸发动机　　单缸发动机

图 2—6　按照气缸数分类

按照气缸数目不同分为单缸发动机和多缸发动机。仅有一个气缸的发动机称为单缸发动机；有两个以上气缸的发动机称为多缸发动机。如双缸、三缸、四缸、五缸、六缸、八缸、十二缸等都是多缸发动机。现代车多采用四缸、六缸、八缸发动机。

5. 按照气缸排列方式（图 2—7）

按照气缸排列方式不同可以分为直列（单列）式和双列式。直列式发动机的各个气缸排成一列，一般是垂直布置的，但为了降低高度，有时也把气缸布置成倾斜的甚至水平的。双列式发动机把气缸排成两列，两列之间的夹角＜180°（一般为 90°）的称为 V 形发动机；若两列之间的夹角＝180°，则称为对置式发动机。

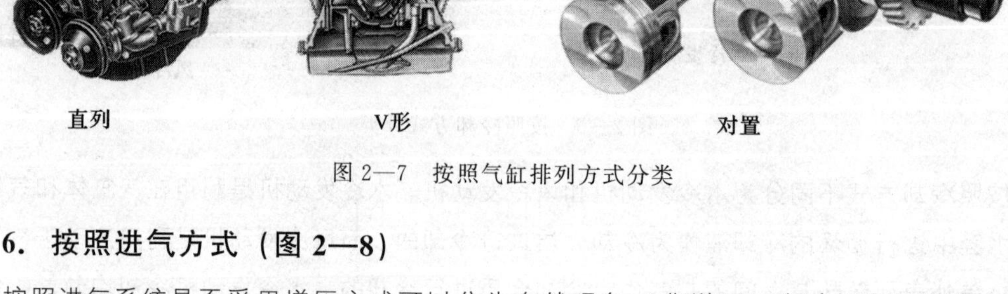

直列　　V形　　对置

图 2—7　按照气缸排列方式分类

6. 按照进气方式（图 2—8）

按照进气系统是否采用增压方式可以分为自然吸气（非增压）发动机和强制进气（增压）发动机。增压发动机可增加发动机的功率。

自然吸气（非增压）发动机　　强制进气（增压）发动机

图 2—8　按照进气方式分类

第二节　发动机的工作原理

学习目标：

1. 了解发动机的基本术语。
2. 掌握发动机的基本工作原理。
3. 了解发动机的型号。

一、发动机的基本术语

在学习发动机工作原理之前，必须掌握发动机的一些基本参数名称，也就是基本术语。发动机的基本参数如图 2—9 所示。

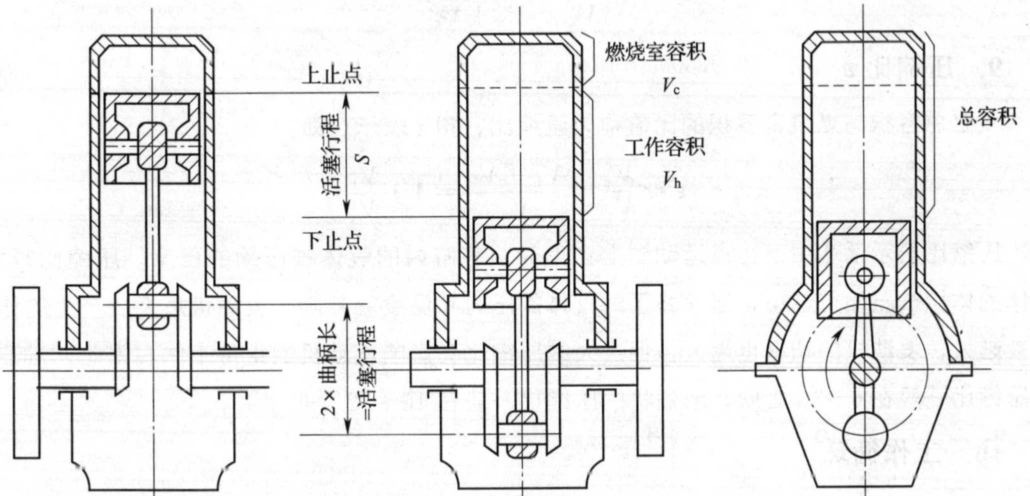

图 2—9　发动机基本参数

1. 上止点

活塞离曲轴回转中心最远处时，活塞顶面所对应的位置称为上止点，即活塞顶部上行到最高点的位置。此时，活塞的运动速度为零。

2. 下止点

活塞离曲轴回转中心最近处时，活塞顶面所对应的位置称为下止点，即活塞顶部下行到最低点的位置。此时，活塞的运动速度为零。

3. 活塞行程 S（mm）

活塞由一个止点运动到另一个止点的距离称为活塞行程，用 S 表示。

4. 曲柄半径 R（mm）

曲轴上曲柄销的中心线（连杆轴颈轴线）到曲轴回转中心线（主轴颈轴线）的距离称为曲柄半径，用 R 表示。活塞行程等于两倍的曲柄半径，即 $S=2R$。

5. 气缸工作容积 V_h（L）

活塞从一个止点运动到另一个止点所扫过的容积称为气缸工作容积，用 V_h表示。

6. 发动机排量 V_L（L）

多缸发动机中，各气缸工作容积之和称为发动机工作容积，即发动机排量，用 V_L表示。

7. 燃烧室容积 V_c（L）

活塞在上止点时，活塞顶面上方与气缸盖底面之间形成的容积称为燃烧室容积，用 V_c表示。

8. 气缸总容积 V_a（L）

活塞在下止点时，活塞顶面上方与气缸盖底面之间形成的容积称为气缸总容积，用 V_a 表示。气缸总容积 V_a等于气缸工作容积 V_h与燃烧室容积 V_c之和，即：

$$V_a = V_h + V_c$$

9. 压缩比 ε

气缸总容积与燃烧室容积的比值称为压缩比，用 ε 表示。即：

$$\varepsilon = \frac{V_a}{V_c} = \frac{V_h + V_c}{V_c} = 1 + \frac{V_h}{V_c}$$

压缩比表示活塞由下止点运动到上止点时，气缸内的气体被压缩的程度。压缩比越大，气体的体积被压缩得越小，压缩终了时气体的压力和温度就越高，发动机燃烧后产生的作用力就越大，发动机的功率也越大，但过大的压缩比会影响发动机的正常工作。因此，汽油机的压缩比一般在 6～10 之间，柴油机的压缩比一般在 16～22 之间。

10. 工作循环

在气缸内进行的每一次将燃料燃烧的热能转化为机械能的过程称为工作循环。活塞经过四个行程完成一个工作循环的发动机称为四冲程发动机；活塞经过二个行程完成一个工作循环的发动机称为二冲程发动机。

二、发动机的工作原理

1. 四冲程汽油机的工作原理

四冲程汽油机的一个工作循环包括进气行程、压缩行程、作功行程和排气行程四个过程，在此过程中，曲轴旋转两周实现一次能量的转换。发动机周而复始、连续不断地工作。

(1) 进气行程（图 2—10）

活塞在曲轴的带动下，从上止点向下止点运动。活塞在向下移动过程中，活塞上方的气缸容积增大，压力减小，使气缸内形成一定的真空度。此过程由于进气门打开、排气门关闭，空气与汽油形成的混合气通过进气道和进气门被吸入气缸，活塞到达下止点时进气过程结束。

知识扩展：

由于进气时间极短，加之进气过程中系统阻力的影响，进气终了时气缸内气体的压力约为 0.08～0.09 MPa。吸入气缸内的混合气，因与前一循环气缸内残留的高温废气混合，并受气缸壁、活塞顶面、气缸盖底面以及进气门、排气门等高温机件表面的加热，在进气终了时，气缸内气体的温度将升高到 320～400 K。

(2) 压缩行程（图 2—11）

为了使吸入气缸内的混合气迅速燃烧，必须在燃烧前将气缸内的混合气压缩。进气过程结束时，活塞在曲轴的带动下，从下止点向上止点运动。活塞在向上移动过程中，活塞上方的气缸容积逐渐减小，压力增大，由于进、排气门均关闭，气缸内的混合气被压缩，活塞到达上止点时压缩过程结束。

知识扩展：

活塞上移过程中，气缸上方的容积不断减小，混合气的温度、压力受压缩而升高。到压缩终了时，气缸内可燃混合气的压力达到 0.6～1.5 MPa，温度可达 600～700 K。

(3) 作功行程（图 2—12）

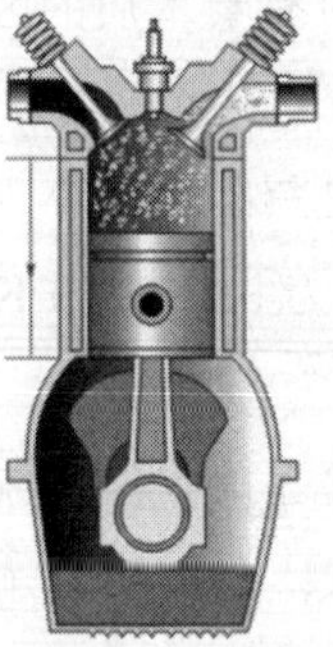

图 2—10　进气行程

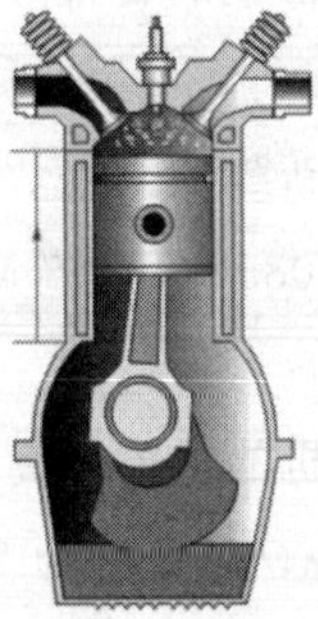

图 2—11　压缩行程

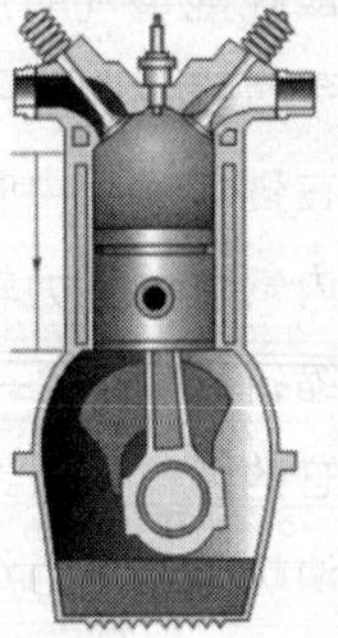

图 2—12　作功行程

压缩行程结束，当活塞到达上止点时，气缸盖上的火花塞产生电火花，点燃被压缩的可燃混合气。此时进、排气门均关闭。由于混合气迅速燃烧，使气缸内气体的温度和压力急剧升高，巨大的气体压力推动活塞下行，通过连杆带动曲轴旋转，从而对外输出功率，至活塞到达下止点时作功过程结束。

知识扩展：

在作功过程中，气缸内气体所能达到的最高瞬时压力为 3～5 MPa，相应的最高温度点可达 2 200～2 800 K。随着活塞的下移，气缸容积增大，气缸内气体的压力和温度下降。在作功行程结束时，气缸内气体的压力降至 0.3～0.5 MPa，温度约为 1 200～1 500 K。

(4) 排气行程（图 2—13）

当作功行程结束时，在曲轴的带动下，活塞从下止点向上止点移动，此时进气门关闭，排气门开启，气缸内的废气在自身的残余压力和活塞上行的排挤力的作用下，从排气门、排气道排出气缸，至活塞到达上止点时，排气过程结束。

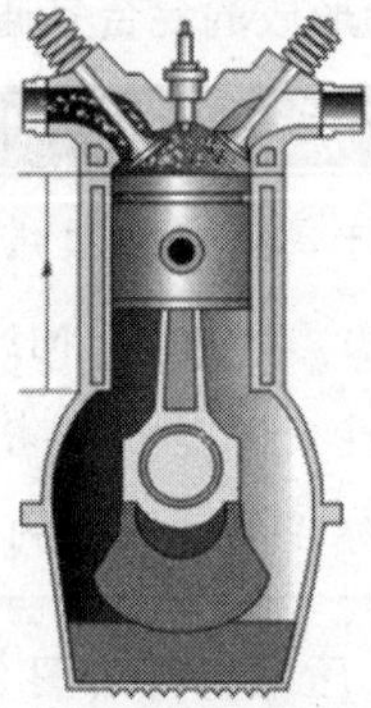

图 2—13　排气行程

知识扩展：

排气行程终了时，由于燃烧室容积的存在，气缸内还残留有少量废气，废气的压力也因为排气系统的阻力而略高于大气压力，约为 0.105～0.115 MPa，温度约为 900～1 200 K。

2. 四冲程柴油机的工作原理

四冲程柴油机的每个工作循环同样包括进气行程、压缩行程、作功行程和排气行程四个过程。在各个行程中，进、排气门的开闭状态和活塞、连杆、曲轴等机件的运动规律与汽油机完全一样。但由于柴油机所用燃料为柴油，而柴油的黏度比汽油大，不易蒸发，自燃温度比汽油低，故在混合气的形成方式和混合气的着火方式上与汽油机有着本质的区别。

(1) 进气行程（图 2—14a）

柴油机在进气过程中吸入气缸的是新鲜的空气。由于柴油机进气阻力较小，在进气过程结束时气缸内气体的压力较高，约为 0.085～0.095 MPa，温度约为 310～350 K。

(2) 压缩行程（图 2—14b）

进入气缸的空气被压缩，由于柴油机的压缩比高，所以压缩终了时气缸内气体的压力和温度都比汽油机高，压力约为 4～5 MPa，温度约为 750～1 000 K，大大超过了柴油的自燃温度（柴油的自燃温度为 473～573 K）。

(3) 作功行程（图 2—14c）

压缩行程接近终了时，柴油经喷油泵将油压提高到 10 MPa 以上，通过喷油器喷入燃烧室。细微的油滴与炽热的空气混合并迅速形成可燃混合气。由于气缸内的温度远高于柴油的自燃点，可燃混合气同时着火自行燃烧，实现边喷油、边混合、边燃烧。在作功过程中，气缸内气体的最高压力可达 6～10 MPa，最高温度可达 1 800～2 200 K。

与汽油机相比，柴油机的混合气是在气缸内部形成的；可燃混合气是在混合过程中，利用炽热的空气加热而自行燃烧的，而不需要火花塞点火。

(4) 排气行程（图 2—14d)

与汽油机相同，作功行程结束时，气缸内的废气在自身的残余压力和活塞上行的排挤力的作用下，从排气门、排气道排出气缸。

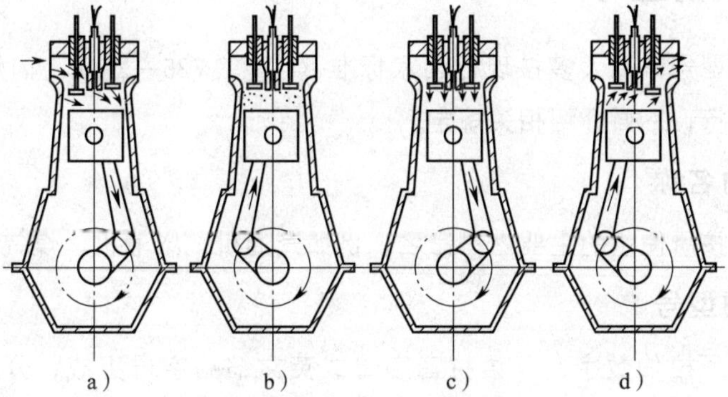

图 2—14　四行程柴油机的工作原理

a）进气行程　b）压缩行程　c）作功行程　d）排气行程

三、汽油机与柴油机的比较

四冲程汽油机与四冲程柴油机相比，不论是在工作过程、结构原理还是在性能特点上，既有相同点也有不同点，其主要异同点见表 2—2。

表 2—2　　**汽油机与柴油机比较**

异同点		汽油发动机	柴油发动机
不同点	所用燃料	汽油	柴油
	混合气形成方式	气缸外部形成	气缸内部形成
	压缩比 ε	6～10 MPa	16～22 MPa
	着火方式	火花塞点火	自燃（压燃）着火
	经济性	较差	较好
	动力性	较差	较好
	排放性	污染较重	污染少，排放性能好
	起动性	较好	较差
	工作平稳性	转速高，噪声小	转速较低，噪声大
	适用车型	轿车，中、小型客货车	中、重型货车，大型客车

续表

异同点		汽油发动机	柴油发动机
相同点	工作循环	每一工作循环包括进气、压缩、作功、排气四个过程	
	进气行程	进气门开启、排气门关闭，曲轴带动活塞下行，曲轴旋转 180°	
	压缩行程	进、排气门关闭，曲轴带动活塞上行，曲轴旋转 180°	
	作功行程	进、排气门关闭，活塞下行带动曲轴转动对外作功，曲轴旋转 180°	
	排气行程	进气门关闭，排气门开启，曲轴带动活塞上行，曲轴旋转 180°	

四、发动机的型号

国内发动机的型号编制大多按现行国家标准《GB/T 725—2008　内燃机产品名称和型号编制规则》来执行，下面介绍相关规定。

1. 内燃机的名称

内燃机名称均按所使用的主要燃料命名，例如汽油机、柴油机、煤气机等。

2. 内燃机的型号

内燃机型号由阿拉伯数字、汉语拼音字母或英文缩略字母组成，分为四部分（图 2—15）。

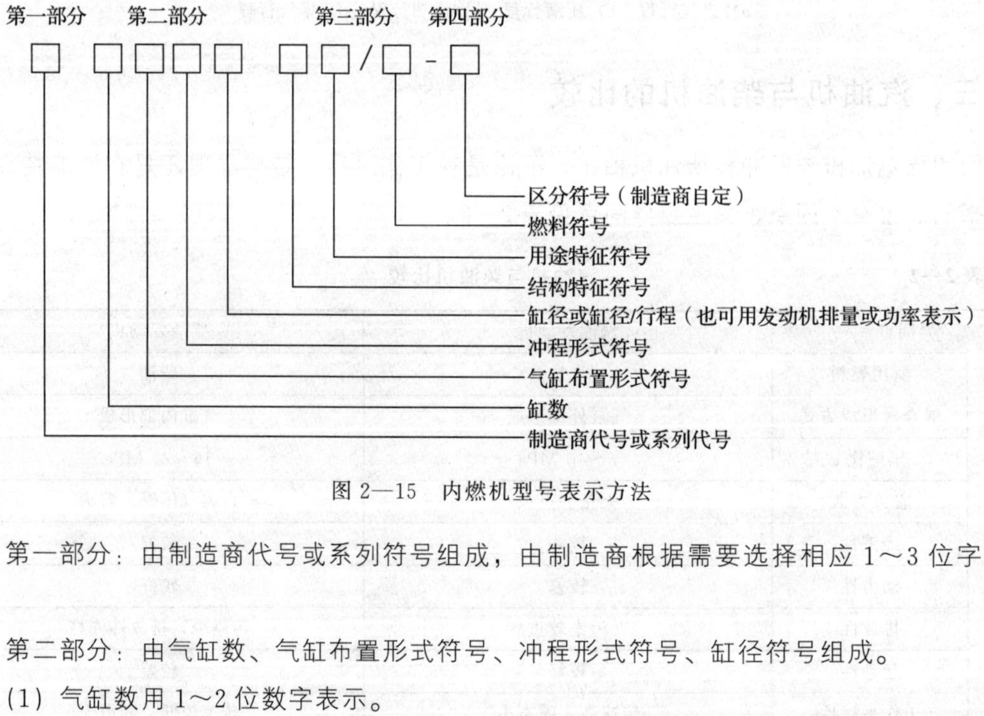

图 2—15　内燃机型号表示方法

第一部分：由制造商代号或系列符号组成，由制造商根据需要选择相应 1～3 位字母表示。

第二部分：由气缸数、气缸布置形式符号、冲程形式符号、缸径符号组成。

(1) 气缸数用 1～2 位数字表示。

(2) 气缸布置形式符号按表 2—3 规定。

表 2—3 气缸布置形式符号

符号	含义
无符号	多缸直列及单缸
V	V 形
P	卧式
H	H 形
X	X 形

注：其他布置形式符号见 GB/T 1883.1

（3）冲程形式为四冲程时符号省略，二冲程用 E 表示。

（4）缸径符号一般用缸径或缸径/行程数字表示，也可用发动机排量或功率数表示。其单位由制造商自定。

第三部分：由结构特征符号、用途特征符号组成。其符号分别按表 2—4、表 2—5 的规定。

表 2—4 结构特征符号

符号	结构特征
无符号	冷却液冷却
F	风冷
N	凝气冷却
S	十字头式
Z	增压
ZL	增压中冷
DZ	可倒转

表 2—5 用途特征符号

符号	用途
无符号	通用型及固定动力（或制造商自定）
T	拖拉机
M	摩托车
G	工程机械
Q	汽车
J	铁路机车
D	发电机组
C	船用主机、右机基本型
CZ	船用主机、左机基本型
Y	农用三轮车（或其他农用车）
L	林业机械

注：内燃机左机和右机的定义按 GB/T 726 的规定

第四部分：区分符号。同系列产品需要区分时，允许制造商选用适当符号表示，第三部分与第四部分可用“—”分隔。

3. 型号编制举例

柴油机型号:

(1) R175A

单缸、四冲程、缸径 75 mm、冷却液冷却 (R 为系列代号、A 为区分符号)。

(2) YZ6102Q

六缸直列、四冲程、缸径 102 mm、冷却液冷却、车用 (YZ 为扬州柴油机厂代号)。

汽油机型号:

(1) IE65F/P

单缸、二冲程、缸径 65 mm、风冷、通用型。

(2) 492Q/P-A

四缸、直列、四冲程、缸径 92 mm、冷却液冷却、汽车用 (A 为区分符号)。

第三章　曲柄连杆机构

曲柄连杆机构是发动机实现能量转换的主要机构。其作用是将燃料燃烧后作用在活塞顶部的气体压力转变为曲轴的转矩，并通过曲轴对底盘输出机械能。曲柄连杆机构一般由机体组、活塞连杆组和曲轴飞轮组三部分组成，如图 3—1 所示。

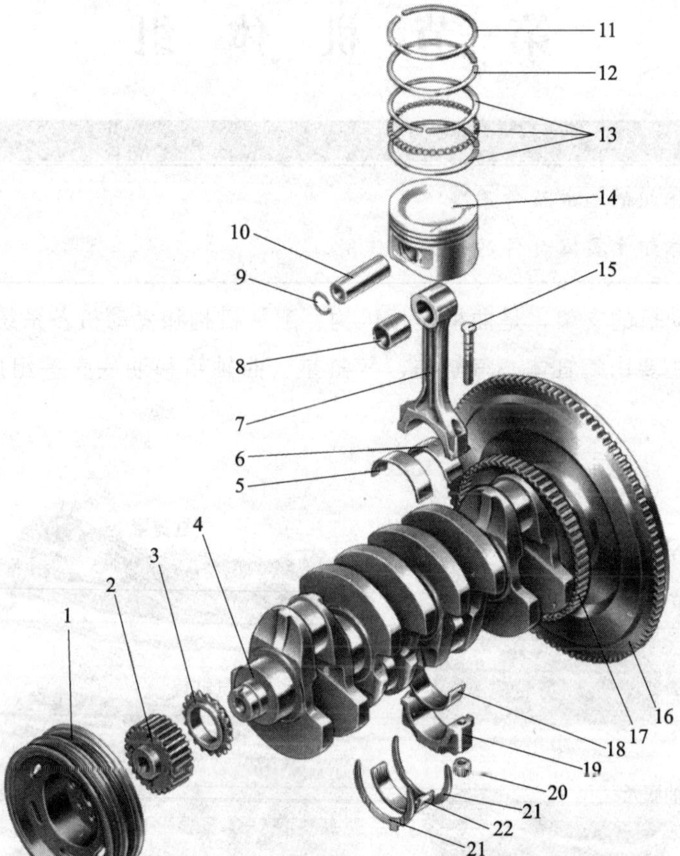

图 3—1　曲柄连杆机构的组成

1—曲轴带轮　2—曲轴正时齿形带轮　3—曲轴链轮　4—曲轴　5—主轴承上轴瓦　6—连杆大头上轴瓦　7—连杆　8—连杆小头轴瓦　9—卡环　10—活塞销　11—第一道气环　12—第二道气环　13—油环　14—活塞　15—连杆螺栓　16—飞轮　17—转速传感器脉冲轮　18—连杆大头下轴瓦　19—连杆盖　20—连杆螺母　21—止推片　22—主轴承下轴瓦

由发动机工作原理可知，混合气在气缸内燃烧时，气体的最高温度可达 2 500 K 以上，压力在 5～9 MPa 之间；曲轴最高转速可达 3 000～6 000 r/min，使活塞每秒钟要往复运动

100～200 个行程。此外，与可燃混合气和燃烧废气接触的气缸体、气缸盖、活塞组等机件还将受到化学腐蚀。因此，曲柄连杆机构是在高温、高压、高速运动及有化学腐蚀的条件下工作的。

曲柄连杆机构在工作时受力情况非常复杂。其中有活塞顶部承受的巨大气体压力、往复运动件的惯性力、旋转质量的惯性力和运动副表面的摩擦力等。上述各种力的周期性变化将引起发动机的振动。为了改善这一状况，应尽量减小往复运动件和旋转运动件的质量以减小惯性力，同时，采取一些结构措施和设置平衡机构来平衡惯性力。

第一节　机　体　组

学习目标：

1. 掌握机体组的组成及作用。
2. 掌握机体组主要零部件的结构及作用。

机体组是发动机的支架，是曲柄连杆机构、配气机构和发动机各系统主要零部件的装配基体。机体组主要由气缸体、气缸盖、气缸垫、曲轴箱和油底壳等组成，如图 3—2 所示。

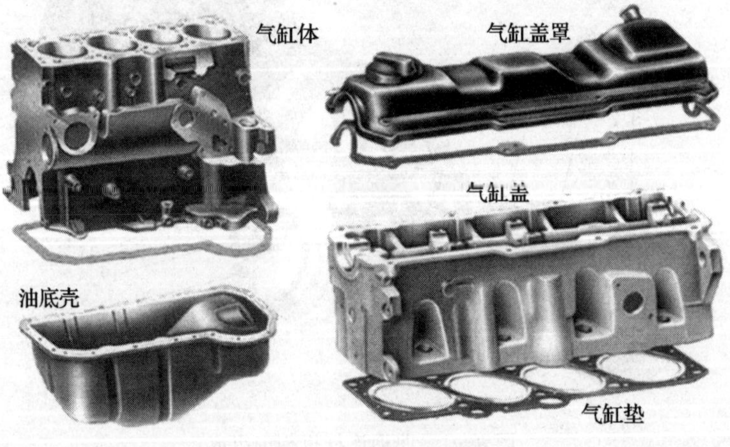

图 3—2　机体组

一、气缸体

气缸体是构成发动机的骨架，是发动机各机构和各系统的安装基础，其内、外安装着发动机的所有主要零件和附件，承受各种载荷。因此，气缸体必须要有足够的强度和刚度。

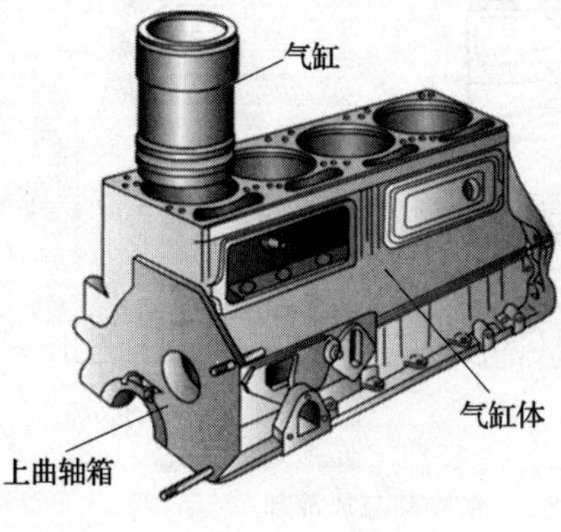

图 3—3　气缸体

水冷发动机的气缸体和上曲轴箱常铸成一体，称为气缸体—曲轴箱，也可称为气缸体。气缸体一般用灰铸铁或铝合金铸成。气缸体上部的圆柱形空腔称为气缸，下半部为支承曲轴的曲轴箱，其内腔为曲轴运动的空间。在气缸体内部铸有许多加强筋、冷却水套和润滑油道等，如图 3—3 所示。

根据气缸体与油底壳安装平面位置不同，通常把气缸体分为一般式、龙门式和隧道式三种，如图 3—4 所示。

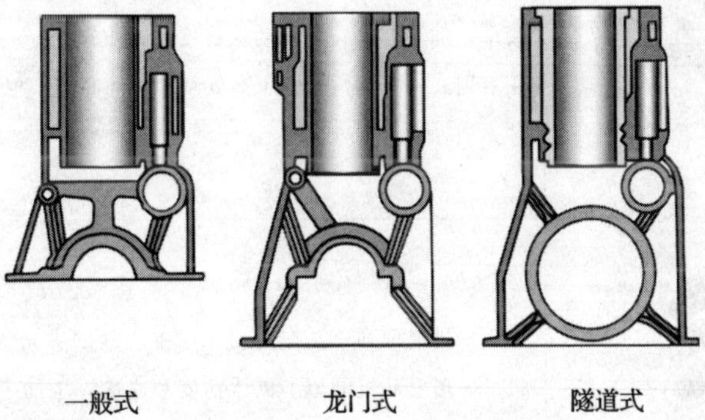

图 3—4　气缸体的三种形式

一般式气缸体的油底壳安装平面和曲轴旋转中心在同一高度。这种气缸体的优点是机体高度小，重量轻，结构紧凑，便于加工，曲轴拆装方便；但其缺点是刚度和强度较差。

龙门式气缸体的油底壳安装平面低于曲轴的旋转中心。它的优点是强度和刚度都较好，能承受较大的机械负荷；但其缺点是工艺性较差，结构笨重，加工较困难。

隧道式气缸体曲轴的主轴承孔为整体式，采用滚动轴承，主轴承孔较大，曲轴从气缸体后部装入。其优点是结构紧凑、刚度和强度好；但其缺点是加工精度要求高，工艺性较差，曲轴拆装不方便。

为了能够使气缸内表面在高温下正常工作，必须对气缸和气缸盖进行适当地冷却。冷却方法有两种，一种是水冷，另一种是风冷，如图 3—5 所示。

水冷发动机的气缸周围和气缸盖中都加工有冷却水套，并且气缸体和气缸盖的冷却水套相通，冷却水在水套内不断循环，带走部分热量，对气缸和气缸盖起冷却作用。

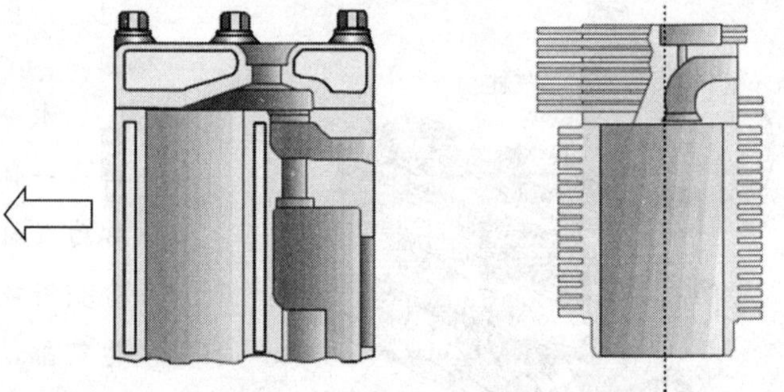

图 3—5　水冷却与风冷却

知识扩展：

发动机根据气缸排列形式分为直列式、V 形和对置式三种。

 直列式气缸体	发动机的各个气缸排成一列，一般是垂直布置的。直列式气缸体结构简单，加工容易，但发动机长度和高度较大。一般六缸以下发动机多采用直列式。有的汽车为了降低发动机的高度，把发动机倾斜一个角度
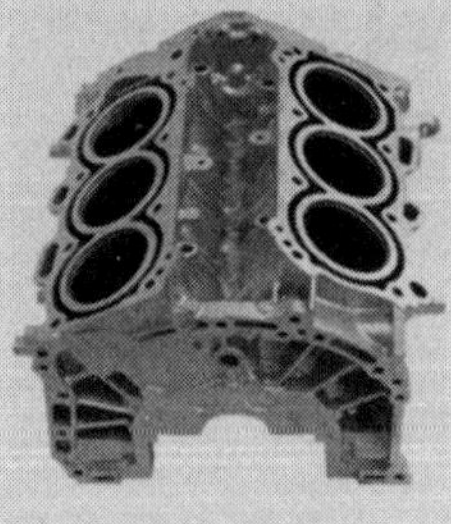 V 形气缸体	气缸排成两列，左右两列气缸中心线的夹角 $\gamma<180°$，称为 V 形发动机。V 形发动机缩短了机体长度和高度，增加了气缸体的刚度，减轻了发动机的重量，但加大了发动机的宽度，且形状较复杂，加工困难，一般用于 8 缸以上的发动机，6 缸发动机也有采用这种形式的气缸体
 对置式气缸体	气缸排成两列，左右两列气缸在同一水平面上，即左右两列气缸中心线的夹角 $\gamma=180°$，称为对置式。它的特点是高度小，总体布置方便，有利于风冷。这种气缸应用较少

二、气缸套

气缸直接镗在气缸体上称为整体式气缸，整体式气缸强度和刚度都好，能承受较大的载荷，但这种气缸对材料要求高，成本高。

如果将气缸制造成单独的圆筒形零件（气缸套），然后再装到气缸体内，这样，气缸套采用耐磨的优质材料制成，气缸体可用价格较低的一般材料制造，从而降低了制造成本。目前，几乎所有的发动机都采用了镶入气缸套代替气缸体充当气缸的工作表面。同时，气缸套可以从气缸体中取出，便于修理。

水冷式发动机根据是否与冷却水接触，分为干式气缸套和湿式气缸套，如图 3—6、3—7 所示。

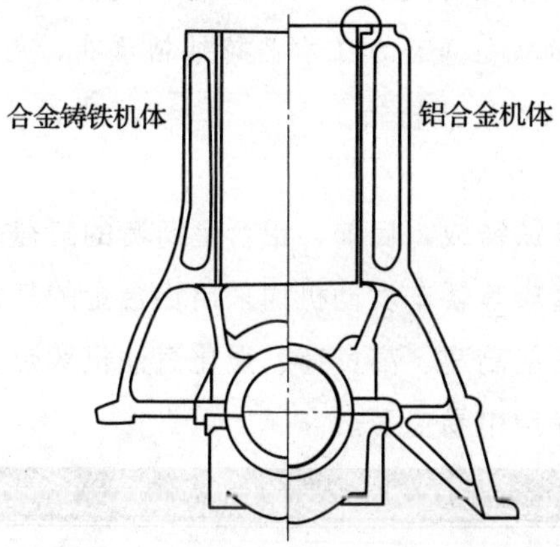

图 3—6 干式气缸套

干式气缸套的特点：气缸套装入气缸体后，其外壁不直接与冷却水接触，而与气缸体的壁面直接接触，壁厚较薄，一般为 1～3 mm。它具有无气缸套的优点，强度和刚度都较好，但加工比较复杂，内、外表面都需要进行精加工，拆装不方便，散热不良。

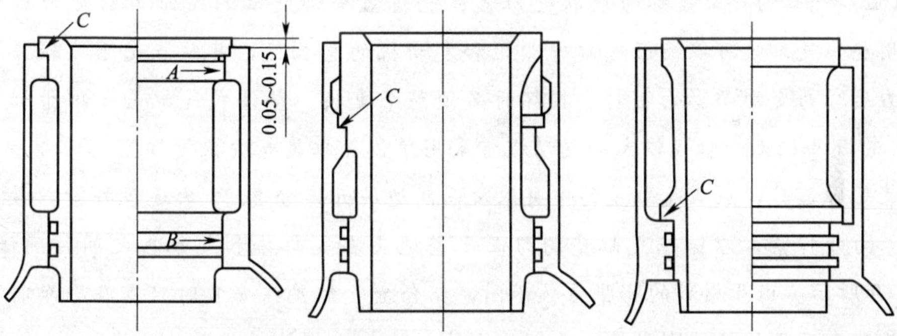

图 3—7 湿式气缸套

湿式气缸套的特点：气缸套装入气缸体后，其外壁直接与冷却水接触，气缸套仅在上、中、下各有一圆环地带与气缸体接触，壁厚一般为 5～9 mm。它散热良好，冷却均匀，加工容易，通常只需要精加工内表面，而与水接触的外表面不需要加工，拆装方便，但缺点是强度、刚度都不如干式气缸套好，而且容易产生漏水现象。因此，应该采取一些防漏措施。

三、气缸盖

气缸盖（图 3—8）安装在气缸体的上面，从上部密封气缸并构成燃烧室。水冷发动机的气缸盖内部设有冷却水套，缸盖下端面的冷却水孔与缸体的冷却水孔相通，利用循环水来冷却燃烧室等高温部分。

图 3—8 气缸盖

结构特点：气缸盖上装有进、排气门座以及气门导管孔，用于安装进、排气门，以及进气通道和排气通道等。汽油机的气缸盖加工有安装火花塞的孔，柴油机的气缸盖加工有安装喷油器的孔。顶置凸轮轴式发动机的气缸盖还加工有凸轮轴轴承孔，用以安装凸轮轴。

气缸盖由于形状复杂，一般都采用灰铸铁或合金铸铁铸成，目前，铝合金铸造的缸盖正在逐步推广，有取代铸铁的趋势，如桑塔纳、捷达、富康等轿车发动机均采用铝合金的气缸盖。因铝的导热性比铸铁好，有利于提高压缩比，以适应高速、高负荷、强化汽油机散热及提高压缩比的需要。铝合金气缸盖的缺点是刚度低，使用中易变形。

知识扩展：

在多缸发动机的一列中，只覆盖一个气缸的气缸盖，称为单体气缸盖；能覆盖部分（两个以上）气缸的气缸盖称为块状气缸盖；能覆盖全部气缸的气缸盖则称为整体气缸盖。采用整体气缸盖可以缩短气缸中心距和发动机的总长度，其缺点是刚度较差，在受热和受力后容易变形而影响密封，损坏时必须整个更换。整体式气缸盖多用于缸径小于 105 mm 的汽油机上。缸径较大的发动机常采用单体气缸盖或块状气缸盖。

安装气缸盖时，应从气缸盖的中央依次向两边展开，分 2～3 次逐步拧紧，最后按规定的拧紧力矩拧紧，以保证气缸垫均匀而平整地夹在气缸体和气缸盖之间，确保密封，如图 3—9 所示。由于材料的膨胀系数不同，铝合金气缸盖在安装时只需在冷车时拧紧即可，因为热车后气缸盖的膨胀量大于钢质螺栓，使缸盖螺栓的拧紧力增大，密封更可靠；铸铁气缸盖必须在热车后复紧，防止热车后因钢质螺栓的伸长量大于铸铁气缸盖的膨胀量，使气缸盖螺栓的拧紧力减小，密封性下降。

图 3—9 气缸盖螺栓的拧紧顺序

四、汽油机燃烧室

燃烧室的形状对发动机的工作影响很大，由于汽油机和柴油机的燃烧方式不同，燃烧室的结构差别较大。汽油机的燃烧室主要在气缸盖上，而柴油机的燃烧室主要在活塞顶部的凹坑。这里只介绍汽油机的燃烧室（图 3—10），而柴油机的燃烧室放在柴油机燃料供给系统里介绍。

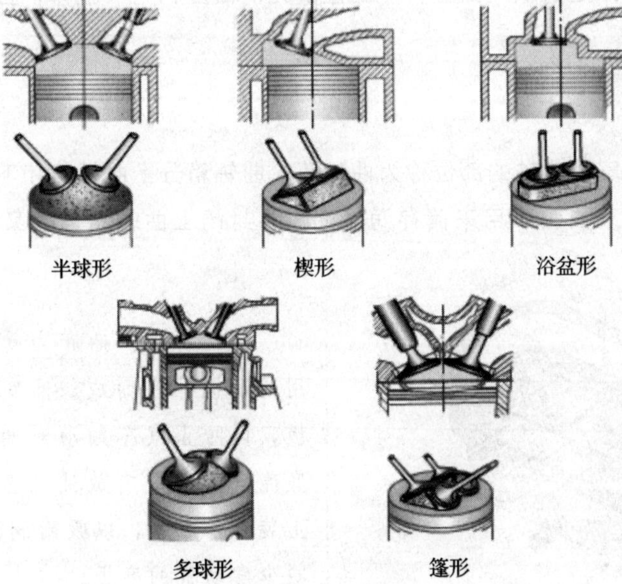

图 3—10　汽油机燃烧室

半球形燃烧室：结构最紧凑，燃烧室表面积与其容积之比（面容比）最小。进排气门呈两列倾斜布置，气门直径较大，气道较平直。火焰传播距离较短，不能产生挤气涡流。

楔形燃烧室：结构比较紧凑，气门相对气缸轴线倾斜，进气道比较平直，进气阻力小。压缩行程终了时能产生挤气涡流。

浴盆形燃烧室：结构简单，气门与气缸轴线平行，进气道弯度较大。压缩行程终了时能产生挤气涡流。

多球形燃烧室：由两个以上半球形凹坑组成，其结构紧凑，面容比小，火焰传播距离短，气门直径较大，气道比较平直，且能产生挤气涡流。

篷形燃烧室：近年来在高性能多气门轿车发动机上广泛应用的燃烧室。

五、气缸垫

气缸垫装在气缸盖和气缸体之间，其作用是保证气缸盖与气缸体接触面的密封，防止漏气、漏水和漏油，如图 3—11 所示。

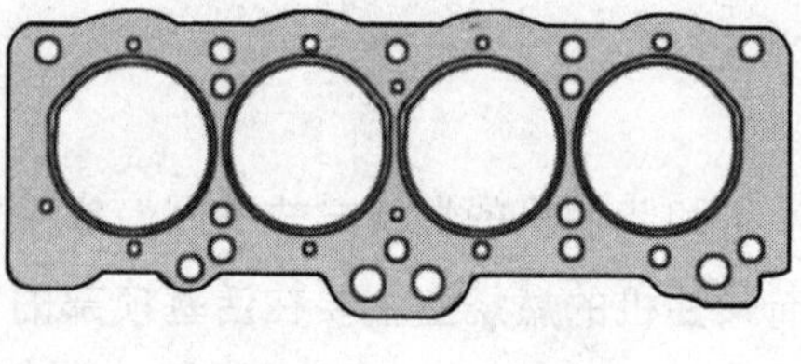

图 3—11　气缸垫

结构特点：气缸垫有金属—石棉衬垫、金属—复合材料衬垫和全金属衬垫等多种。

气缸垫有正反面之分，正面比较光滑，反面比较粗糙。

安装气缸垫之前，应清除积炭，保持燃烧室清洁。如果是铝合金气缸盖，气缸垫的光滑面应朝向气缸盖；如果是铸铁气缸盖，气缸垫的光滑面应朝向气缸体，且定位孔应对准气缸体的定位销。

六、油底壳

气缸体下部用来安装曲轴的部位称为曲轴箱，曲轴箱分上曲轴箱和下曲轴箱。上曲轴箱与气缸体铸成一体，下曲轴箱用来储存润滑油，并封闭上曲轴箱，故又称为油底壳，如图3—12 所示。

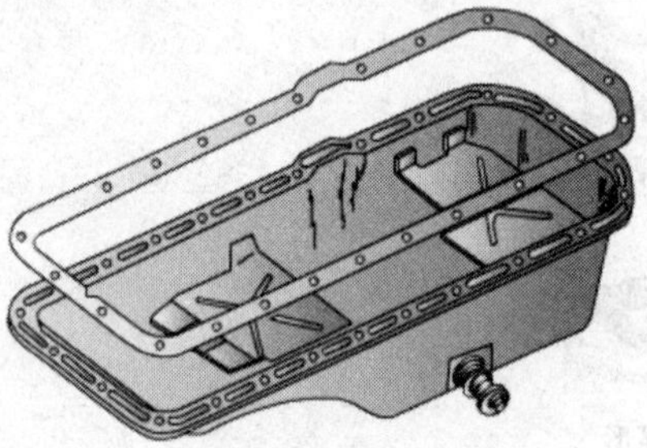

图 3—12　油底壳

结构特点：油底壳受力很小，一般采用薄钢板冲压而成。油底壳内装有稳油挡板，以防止汽车颠动时油面波动过大。油底壳底部还装有放油螺塞，通常放油螺塞上装有永磁铁，以吸附润滑油中的金属屑，减少发动机的磨损。

七、发动机的支承

发动机一般通过气缸体和飞轮壳或变速器壳支承在车架上，发动机的支承方式一般分为三点支承和四点支承两种，如图 3—13a 所示为三点支承，前端两点通过曲轴箱支承在车架上，后端一点通过变速器壳支承在车架上。图 3—13b 所示为四点支承，前端两点通过曲轴箱支承在车架上，后端两点通过飞轮壳支承在车架上。

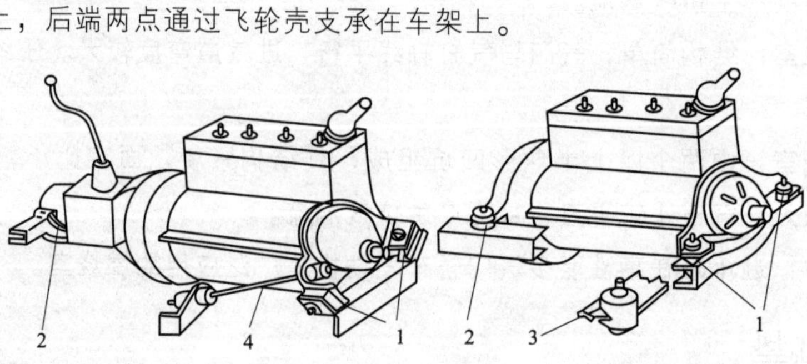

图 3—13　发动机的支承

a) 三点支承　b) 四点支承

1—前支承　2—后支承　3—橡胶垫圈　4—拉杆

发动机在车架上的支承是弹性的，这是为了消除汽车在行驶中车架的扭转变形对发动机的影响，以减少传给底盘和乘员的振动和噪声。为了防止当汽车制动或加速时由于弹性元件的变形而产生的发动机纵向位移，还设有拉杆，通过橡胶垫块使发动机与车架连接。

第二节　活塞连杆组

学习目标：

1. 掌握活塞连杆组的组成及作用。
2. 掌握活塞连杆组主要零部件的结构及作用。

活塞连杆组是发动机中的主要运动组件。其作用是将活塞的往复直线运动转变成曲轴旋转运动，并将作用在活塞顶上的气体压力转变为曲轴的转矩。

活塞连杆组由活塞、活塞环、活塞销、连杆、连杆盖和连杆轴瓦等组成，如图 3—14 所示。

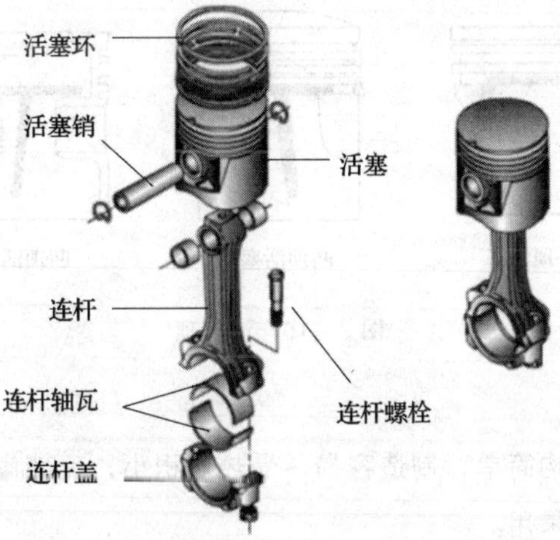

图 3—14　活塞连杆组

一、活塞

活塞的作用是与气缸盖和气缸壁共同组成燃烧室；承受气缸中燃烧气体的压力，并将此力通过活塞销传给连杆以推动曲轴旋转。

活塞由顶部、头部和裙部三部分组成，如图 3—15 所示。

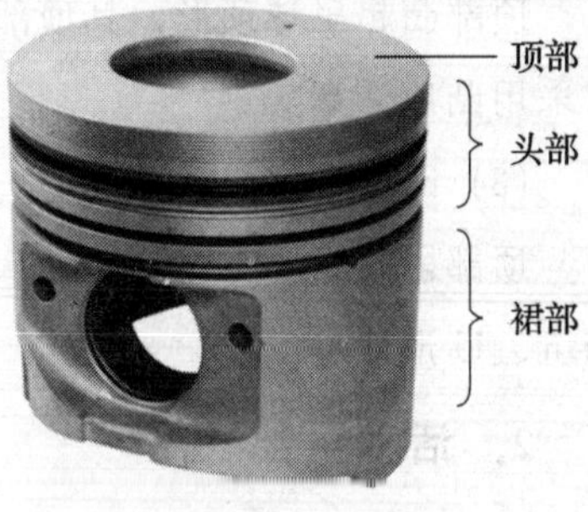

图 3—15　活塞

知识扩展：

活塞的工作条件极其恶劣。活塞顶部与气缸中的高温燃气直接接触，使活塞承受很高的热负荷，导致活塞材料的强度显著下降；同时活塞的膨胀量增大，使活塞与气缸间的配合间隙被破坏。巨大的气体压力和呈周期性变化的往复惯性力容易引起活塞的变形。高速运动（汽油机活塞在气缸内的平均速度在 8～12 m/s）的活塞在侧向压力的作用下，会加速活塞与气缸壁之间的磨损。

由此可知，活塞在高温、高压、高速、磨损严重和散热较困难的条件下工作，因此要求活塞有一定的强度、质量轻、导热性好、热膨胀系数小和耐磨性好。

目前汽车发动机广泛采用的活塞材料是铝合金，少数汽车发动机为了提高活塞的强度，采用铸铁或耐热钢制成。

1. 活塞顶部

活塞顶部承受气体压力，它是燃烧室的组成部分，其形状、位置、大小都与燃烧室的具体形式有关，都是为满足可燃混合气形成和燃烧的要求，其顶部形状可分为三大类：平顶活塞、凸顶活塞、凹顶活塞，如图 3—16 所示。

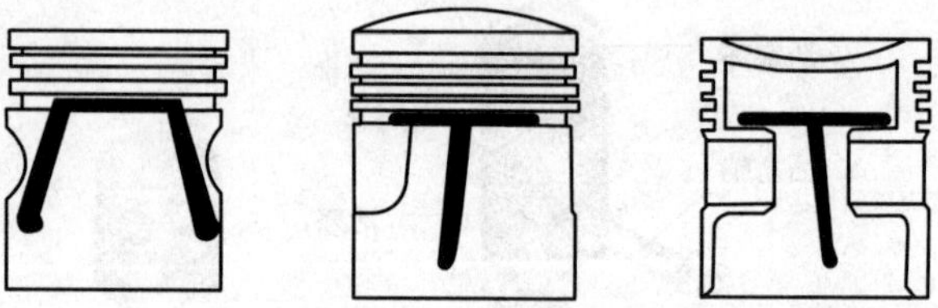

图 3—16　活塞顶

（1）平顶活塞

顶部是一个平面，结构简单，制造容易，受热面积小，顶部应力分布较为均匀，一般用在汽油机上，柴油机很少采用。

（2）凸顶活塞

顶部凸起呈球顶形，其顶部强度高，起导向作用，有利于改善换气过程，二行程汽油机常采用凸顶活塞。

（3）凹顶活塞

顶部呈凹陷形，凹坑的形状和位置必须有利于可燃混合气的燃烧，有双涡流凹坑、球形凹坑、U 形凹坑等。

2. 活塞头部

活塞环槽以上的部分称为活塞头部。它有数道环槽，用以安装活塞环，起密封作用，又称为防漏部。柴油机压缩比高，一般有四道环槽，上部三道安装气环，下部安装油环。汽油机一般有三道环槽，其中有两道气环槽和一道油环槽，在油环槽底面上钻有许多径向小孔，使被油环从气缸壁上刮下的机油经过这些小孔流回油底壳。第一道环槽工作条件最恶劣，一般应离顶部远些。

活塞顶部吸收的热量主要也是经过防漏部通过活塞环传给气缸壁，再由冷却水传出去。总之，活塞头部的作用除了用来安装活塞环外，还有密封作用和传热作用，与活塞环一起密封气缸，防止可燃混合气漏到曲轴箱内，同时还将70%～80%的热量通过活塞环传给气缸壁。

3. 活塞裙部

活塞裙部指从油环槽下端面起至活塞最下端的部分，包括装活塞销的销座孔。活塞裙部对活塞在气缸内的往复运动起导向作用，并承受侧压力。裙部的长短取决于侧压力的大小和活塞直径。所谓侧压力是指在压缩行程和作功行程中，作用在活塞顶部的气体压力的水平分力使活塞压向气缸壁。压缩行程和作功行程气体的侧压力方向正好相反，由于燃烧压力大大高于压缩压力，所以作功行程中的侧压力也大大高于压缩行程中的侧压力，如图3—17所示。活塞裙部承受侧压力的两个侧面称为推力面，它们处于与活塞销轴线相垂直的方向上。

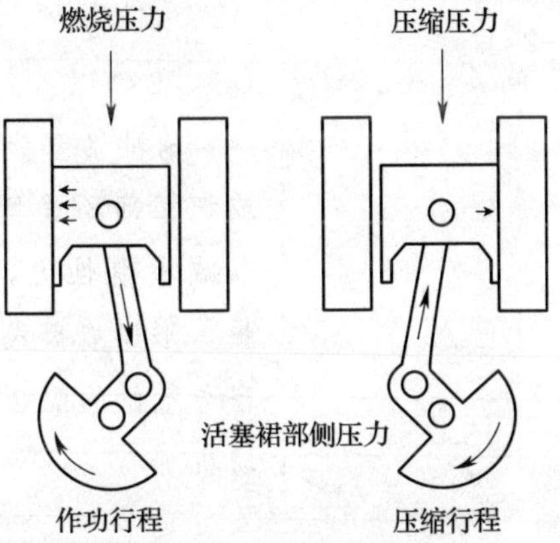

图3—17 活塞侧压力

发动机工作时，活塞在热负荷以及气体压力和侧压力的作用下，会产生热变形和挤压变形，如图3—18所示。其变形特征是沿活塞轴线方向呈上大下小的变形；活塞裙部沿周向呈椭圆形变形，且长轴沿销座孔轴线方向；另外，整个活塞的膨胀量大于气缸的膨胀量，会造成活塞与缸壁间的配合间隙减小，甚至出现拉缸、卡死等故障。

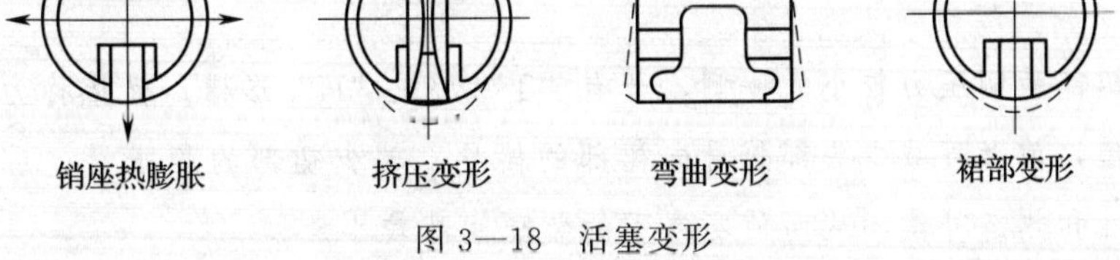

图3—18 活塞变形

为了使活塞在正常工作温度下与缸壁间保持比较均匀的配合间隙，必须采取相应的结构措施加以控制。常见的结构措施有下列几种：

(1) 做成椭圆形

为了使裙部两侧承受气体压力并与气缸保持小而安全的间隙，要求活塞在工作时具有正确的圆柱形。因此，在加工时预先把活塞裙部做成椭圆形状。椭圆的长轴方向与销座垂直，短轴方向沿销座方向。这样活塞工作时趋近正圆。

(2) 做成阶梯形和锥形（图 3—19）

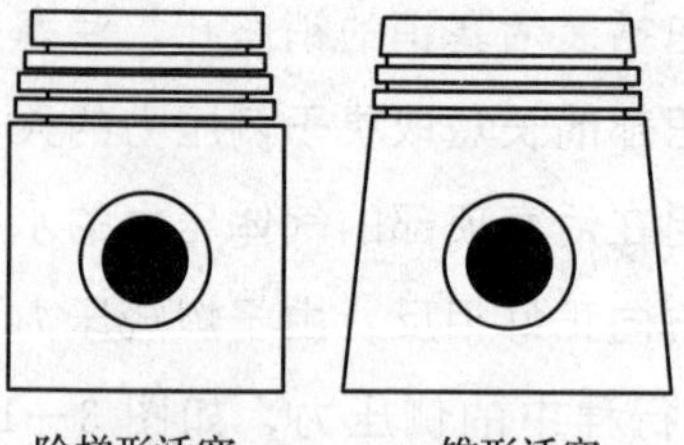

图 3—19 阶梯形和锥形活塞

活塞沿高度方向的温度很不均匀，活塞的温度是上部高、下部低，膨胀量也相应是上部大、下部小。为了使工作时活塞上下直径趋于相等，即为圆柱形，就必须预先把活塞制成上小下大的阶梯形、锥形。

(3) 拖板式活塞（图 3—20）

图 3 20 拖板式活塞

有些活塞为了减轻重量，在裙部开孔或把裙部不受侧压力的两边切去一部分，以减小惯性力，减小销座附近的热变形量，形成拖板式活塞或短活塞。此结构活塞与气缸的配合间隙较小，适用于高速发动机。

(4) 裙部开槽（图 3—21）

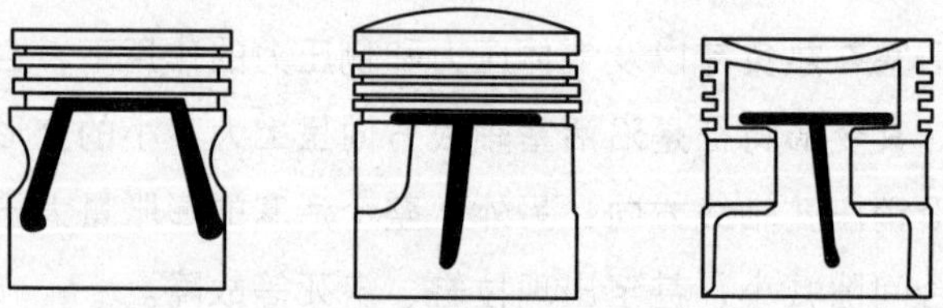

图 3—21 活塞裙部开槽

在活塞裙部受侧压力较小的一侧，开有“T”形或“П”形槽。横槽称为绝热槽，竖槽称为膨胀槽，前者可减少头部热量向裙部的传导，减少裙部的膨胀量；后者使裙部具有一定的弹性和热态补偿，从而使冷态下的装配间隙较小。

(5) 双金属活塞 (图 3—22)

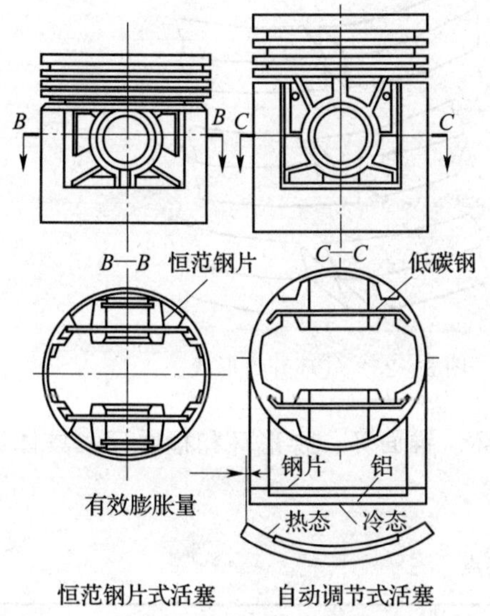

图 3—22　双金属活塞

为了减小铝合金活塞裙部的热膨胀量，有些汽油机活塞在活塞裙部或销座内嵌入钢片。恒范钢片式活塞的结构特点是：由于恒范钢为含镍 33%～36% 的低碳铁镍合金，其膨胀系数仅为铝合金的 1/10，而销座通过恒范钢片与裙部相连，牵制了裙部的热膨胀变形量。

二、活塞环

活塞环是具有弹性的开口环，分为气环和油环，如图 3—23 所示。

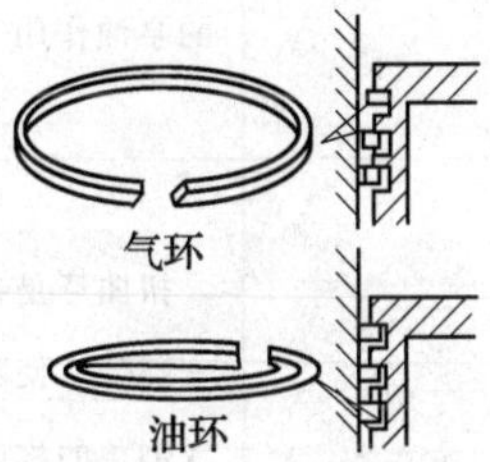

图 3—23　活塞环

1. 气环

气环也称为压缩环，为一带切口的环状结构，在自由状态时其外形尺寸略大于气缸内径。气环的主要作用是保证活塞与气缸壁间的密封，防止气缸中高温、高压燃气窜入曲轴箱；并将活塞头部的大部分热量传给气缸壁，避免活塞过热。

气环的密封原理如图 3—24 所示。气环开有切口，具有弹性，在自由状态下外径大于气缸直径，它与活塞一起装入气缸后，外表面紧贴在气缸壁上，形成第一密封面，被封闭的气体不能通过环周与气缸之间，便进入了环与环槽的空隙，一方面把环压到环槽端面形成第二密封面，另一方面作用在环背的气体压力又大大加强了第一密封面的密封作用。

气环密封效果一般与气环数量有关，汽油机一般采用 2 道气环，柴油机一般采用 3 道气环。

气环开口形状对漏气量有一定影响。直开口工艺性好，但密封性差；阶梯形开口密封性好，但工艺性差；斜开口的密封性和工艺性介于前两种开口之间，斜角一般为 30°或 45°。气环开口形状如图 3—25 所示。

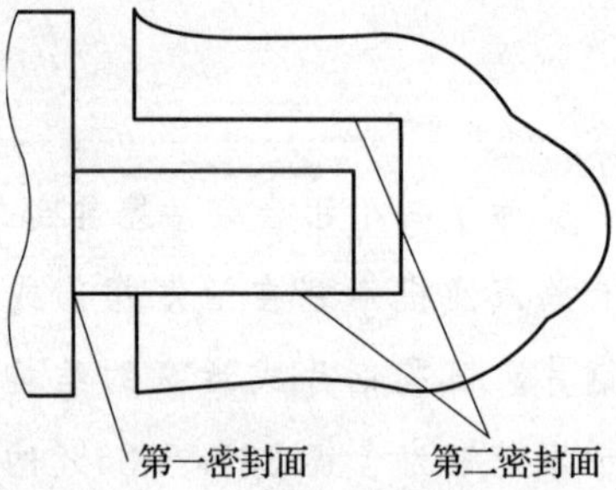

图 3—24 活塞环密封面

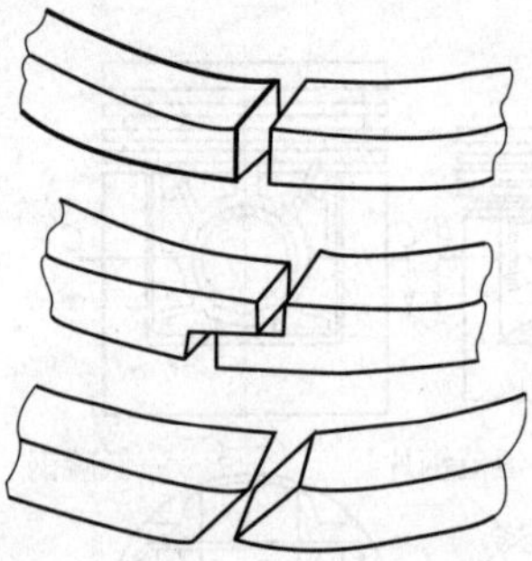

图 3—25 气环开口形状

气环的断面形状很多，最常见的有矩形环、扭曲环、锥面环、梯形环和桶面环，具体见表 3—1。

表 3—1 **气环的断面形状及特点**

形状	特点	示意图
矩形环	断面为矩形，其结构简单，制造方便，易于生产，应用最广。但是矩形环随活塞往复运动时，会把气缸壁面上的机油不断送入气缸中。这种现象称为“气环的泵油作用”	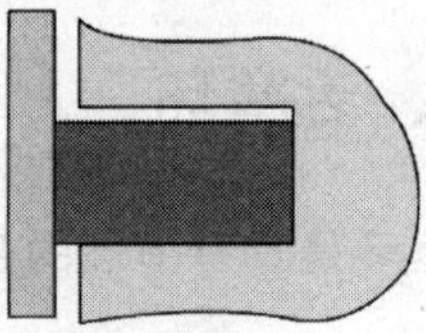
扭曲环	扭曲环是在矩形环的内圆上边缘或外圆下边缘切去一部分，使断面呈不对称形状，在环的内圆部分切槽或倒角的称内切环，在环的外圆部分切槽或倒角的称为外切环。活塞上行时，扭曲环在残余油膜润滑下上浮，可以减小摩擦，减小磨损。活塞下行时，则有刮油效果，避免机油烧掉；同时可以减轻“泵油”的副作用。目前其被广泛地应用于第 2 道活塞环槽上 安装时必须注意断面形状和方向，内切口朝上，外切口朝下，不能装反	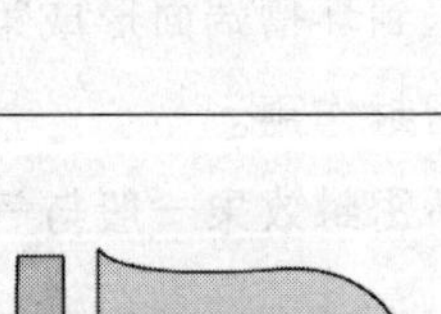
锥面环	断面呈锥形，外圆工作面上加工一个很小的锥面(0.5°～1.5°)，减小了环与气缸壁的接触面，提高了表面接触压力，有利于磨合和密封。活塞下行时，便于刮油；活塞上行时，由于锥面的“油楔”作用，能在油膜上“飘浮”过去，减小磨损 安装时，不能装反，否则会引起机油上窜	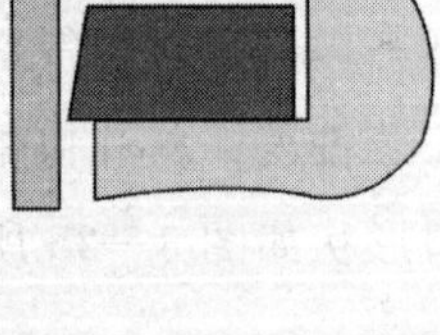

续表

形状	特点	示意图
梯形环	断面呈梯形，工作时，梯形环在压缩行程和作功行程随着活塞受侧压力的方向不同而不断地改变位置，这样会把沉积在环槽中的积炭挤出去，避免了环被黏在环槽中而折断，可以延长环的使用寿命。但是主要缺点是加工困难，精度要求高	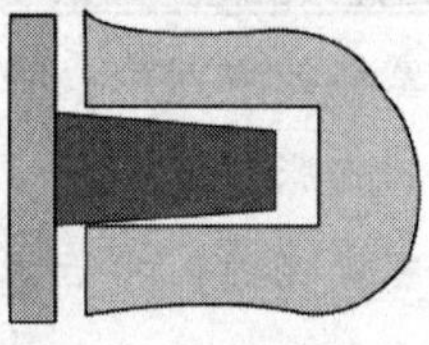
桶面环	桶面环的外圆为凸圆弧形，是近年来兴起的一种新型结构。当桶面环上下运动时，均能与气缸壁形成楔形空间，使机油容易进入摩擦面，减小磨损。由于它与气缸呈圆弧接触，故对气缸表面的适应性和对活塞偏摆的适应性均较好，有利于密封，但凸圆弧表面加工较困难	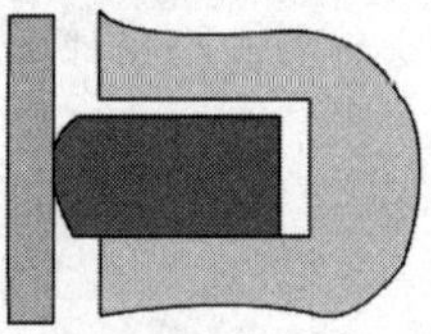

2. 油环

油环分为普通油环和组合油环两种，如图 3—26 所示。

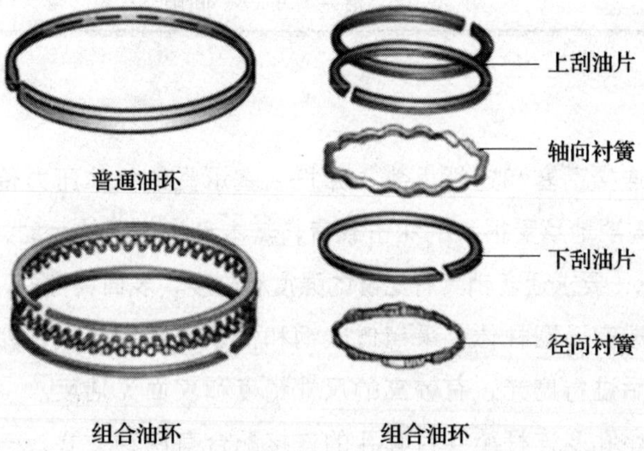

图 3—26　油环

(1) 普通油环

普通油环又称为整体式油环。环的外圆柱面中间加工有凹槽，槽中钻有小孔或开有切槽，当活塞向下运动时，将缸壁上多余的机油刮下，通过小孔或切槽流回曲轴箱；当活塞上行时，刮下的机油仍通过回油孔流回曲轴箱。

有些普通环还在其外侧上边制有倒角，使环在随活塞上行时形成油楔，可起均布润滑油的作用，下行刮油能力强，减少了润滑油的上窜。

(2) 组合油环

组合环由上下刮油片和产生径向、轴向弹力的衬簧组成。这种油环的接触压力高，对气缸壁面适应性好，而且回油通路大，重量小，刮油效果明显。

近年来汽车发动机上越来越多地采用了组合油环。它的缺点主要是制造成本高。

名词解释：

活塞环开口间隙：将环平整的装入气缸后，开口处的间隙称为开口间隙。目的是为活塞环的膨胀留有补偿空间，以防止卡死在气缸内。

活塞环侧隙：指活塞环装入活塞环槽之后平面间形成的间隙。侧隙过大易漏气影响燃烧室密封作用，过小活塞环膨胀时会卡在槽内或失去弹性。

活塞环背隙：指活塞与活塞环装入气缸后，在活塞环背部与活塞环槽之间形成的间隙。

活塞环的三个间隙如图 3—27 所示。

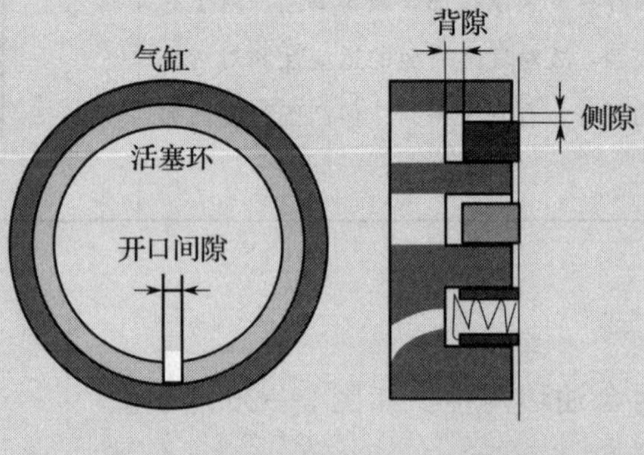

图 3—27　活塞环的三个间隙

三、活塞销

活塞销的作用是连接活塞和连杆小头，并把活塞承受的气体压力传给连杆。

活塞销在高温下周期地承受很大的冲击载荷，其本身又作摆转运动，而且处于润滑条件很差的情况下工作。因此，要求活塞销具有足够的强度和刚度，表面韧性好，耐磨性好，重量轻。

活塞销一般都做成空心圆柱体，采用低碳钢和低碳合金钢制成，外表面经渗碳淬火处理以提高硬度，精加工后进行磨光，有较高的尺寸精度和表面光洁度。

活塞销与活塞销座孔及连杆小头衬套孔的连接配合有两种方式，一种是全浮式安装，另外一种是半浮式安装，如图 3—28 和图 3—29 所示。

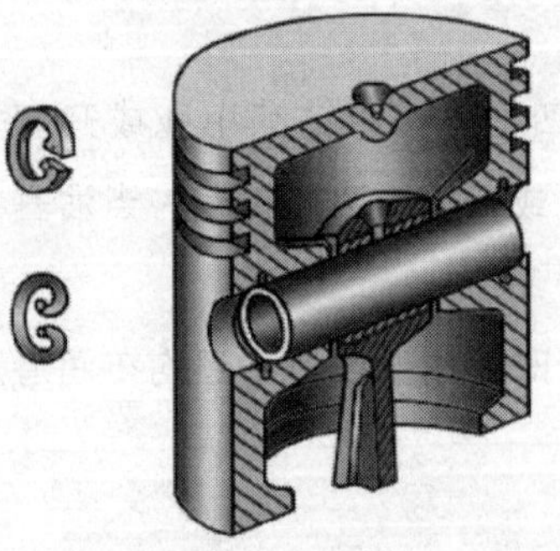

图 3—28　全浮式安装

结构特点：当发动机工作时，活塞销、连杆小头和活塞销座都有相对运动，这样活塞销能在连杆衬套和活塞销座中自由摆动，使磨损均匀。为了防止全浮式活塞销轴向窜动刮伤气缸壁，在活塞销两端装有挡圈，进行轴向定位。

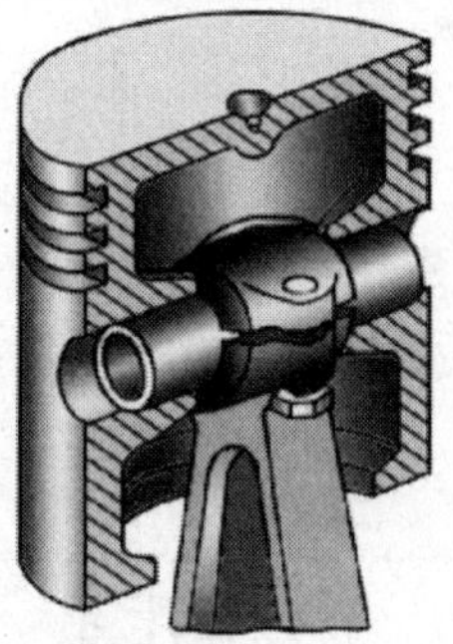

结构特点：活塞中部与连杆小头采用紧固螺栓连接，活塞销只能在两端销座内作自由摆动，而与连杆小头没有相对运动。活塞销不会作轴向窜动，不需要锁片。这种结构在轿车上应用较多。

图 3—29　半浮式安装

四、连杆

连杆的作用是连接活塞与曲轴。连杆小头通过活塞销与活塞相连，连杆大头与曲轴的连杆轴颈相连，并把活塞承受的气体压力传给曲轴，使活塞的往复运动转变成曲轴的旋转运动。

连杆工作时，承受活塞顶部气体压力和惯性力的作用，而这些力的大小和方向都是周期性变化的。因此，连杆受到的是压缩、拉伸和弯曲等交变载荷。这就要求连杆强度高，刚度大，重量轻。连杆一般都由中碳钢或合金钢经模锻或辊锻而成，然后经机加工和热处理。

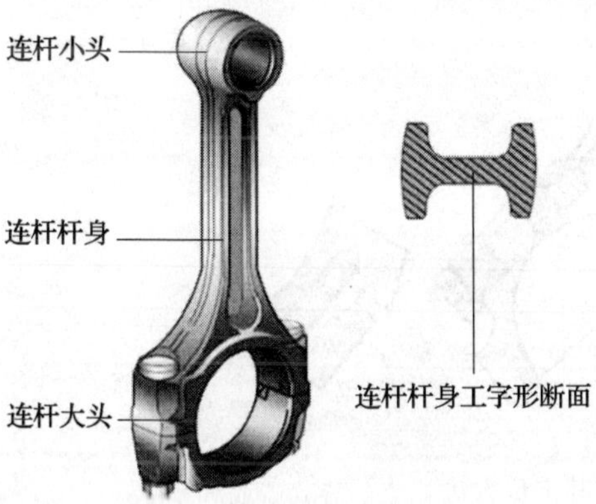

连杆结构特点：连杆分为三个部分：连杆小头、连杆杆身和连杆大头（包括连杆盖）。连杆小头与活塞销相连，如图3—30所示。

图 3—30　连杆结构

1. 连杆小头

对全浮式活塞销，由于工作时小头孔与活塞销之间有相对运动，所以常常在连杆小头孔中压入减磨的青铜衬套。为了润滑活塞销与衬套，在小头和衬套上铣有油槽或钻有油孔以收集发动机运转时飞溅上来的润滑油并用以润滑。有的发动机连杆小头采用压力润滑，在连杆杆身内钻有纵向的压力油通道。

采用半浮式活塞销是与连杆小头紧配合的，所以小头孔内不需要衬套，也不需要润滑。

2. 连杆杆身

连杆杆身通常做成“I”字形断面，抗弯强度好，重量轻，大圆弧过渡，且上小下大，采用压力法润滑的连杆，杆身中部都制有连通大、小头的油道。

3. 连杆大头

(1) 连杆大头的形式

连杆大头与曲轴的连杆轴颈相连，大头有整体式和分开式两种。一般都采用分开式，分开式又分为平分和斜分两种。

1) 平分　剖分面与连杆杆身轴线垂直，如图3—31所示，汽油机多采用这种连杆大头。因为一般汽油机连杆大头的横向尺寸都小于气缸直径，可以方便地通过气缸进行拆装，故常采用平切口连杆大头。

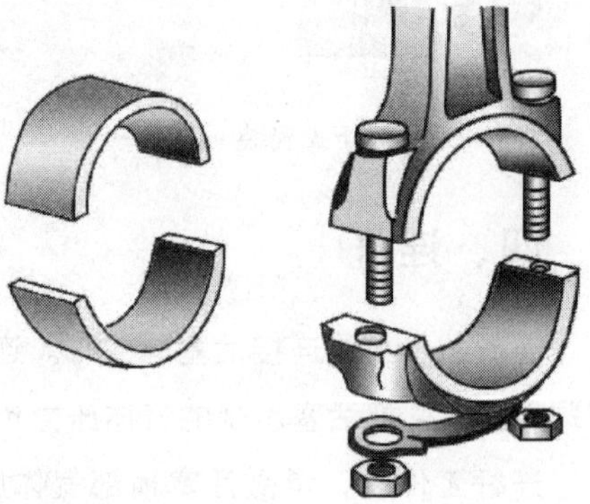

图3—31　平分式

2) 斜分　剖分面与连杆杆身轴线成30°～60°夹角。柴油机多采用这种连杆。因为柴油机压缩比大，受力较大，曲轴的连杆轴颈较粗，相应的连杆大头尺寸往往超过了气缸直径，为了使连杆大头能通过气缸，便于拆装，一般都采用斜切口，最常见的是45°夹角，如图3—32所示。

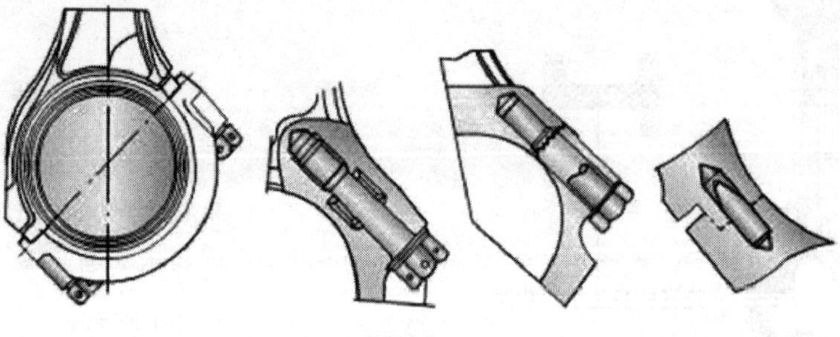

图3—32　斜分式连杆及其定位方法

知识扩展：

连杆与连杆盖配对加工，加工后，在它们同一侧打上配对记号，安装时不得互相调换或变更方向。为此，在结构上采取了定位措施。平切口定位多采用连杆螺栓定位（利用连杆螺栓中部精加工的圆柱凸台或光圆柱部分与经过精加工的螺栓孔来保证）。斜切口常用的定位方法有锯齿定位、止口定位、圆销定位、套筒定位。

连杆盖和连杆大头用连杆螺栓连在一起，连杆螺栓在工作中承受很大的冲击力，若折断或松脱，将造成严重事故。为此，连杆螺栓都采用优质合金钢，经精加工和热处理特制而成。安装连杆盖、拧紧连杆螺栓螺母时，要用扭力扳手分2～3次交替均匀地拧紧到规定的扭矩，拧紧后还应可靠地锁紧。连杆螺栓损坏后绝不能用其他螺栓来代替。

(2) 连杆轴瓦

为了减小摩擦阻力和曲轴连杆轴颈的磨损，连杆大头孔内装有瓦片式滑动轴承，简称连杆轴瓦，如图 3—33 所示。轴瓦分上、下两个半片，目前多采用薄壁钢背轴瓦，在其内表面浇铸有耐磨合金层。耐磨合金层具有质软，容易保持油膜，磨合性好，摩擦阻力小，不易磨损等特点。耐磨合金常采用巴氏合金、铜铝合金、高锡铝合金。连杆轴瓦的背面有很高的光洁度。半个轴瓦在自由状态下不是半圆形，当它们装入连杆大头孔内时，又有过盈，故能均匀地紧贴在大头孔壁上，具有很好的承受载荷和导热的能力，并可以提高工作可靠性和延长使用寿命。

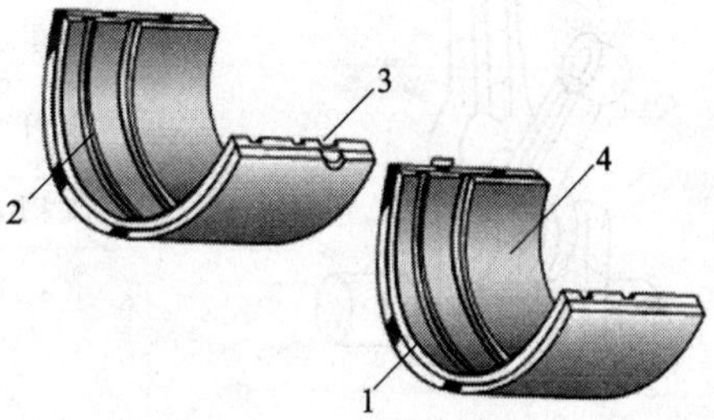

图 3—33　连杆轴瓦

1—钢背　2—油槽

3—定位凸键　4—减磨合金

连杆轴瓦上制有定位凸键，供安装时嵌入连杆大头和连杆盖的定位槽中，以防轴瓦前后移动或转动。有的轴瓦上还制有油孔，安装时应与连杆上相应的油孔对齐。

4. V 形发动机的连杆

V 形发动机的左右两侧对应气缸的连杆大头安装在同一个连杆轴颈上，有并列式、主副式和叉形式三种形式。

(1) 并列式连杆（图 3—34）

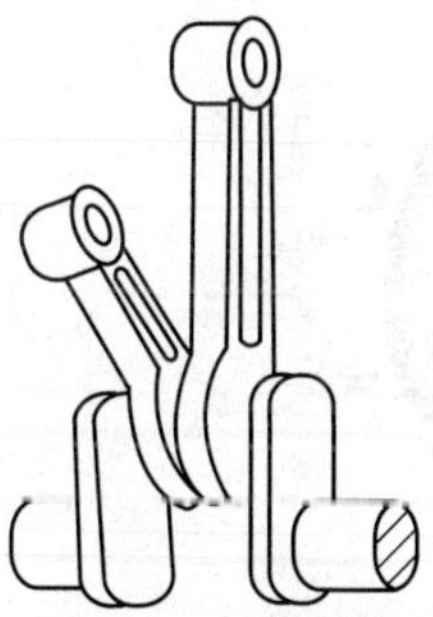

图 3—34　并列式连杆

结构特点：两个结构和尺寸完全相同的连杆，一前一后地安装在同一个连杆轴颈上。其连杆可以互换，两列气缸活塞连杆组的运动规律相同，但两列气缸沿曲轴轴向须错开一段距离，使曲轴和发动机的长度增大。

(2) 主副式连杆（图 3—35）

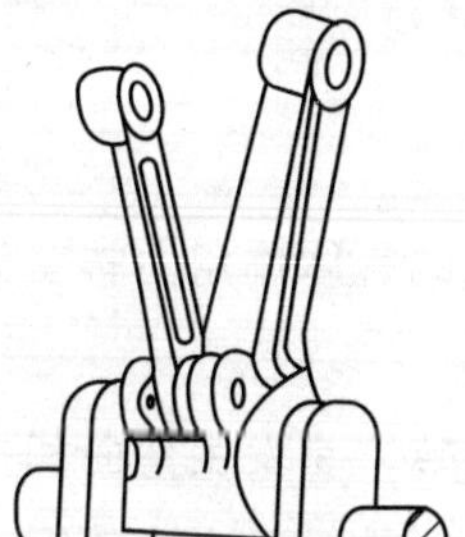

图 3—35　主副式连杆

结构特点：一侧气缸的连杆为主连杆，其大头直接安装在曲轴的连杆轴颈上，另一侧气缸的连杆为副连杆，其大头与对应的主连杆大头上的两个凸耳为销轴式连接。其左右两列对应的气缸中心线位于同一平面内，发动机结构紧凑，但主副连杆不能互换，且运动规律不同。

(3) 叉形式连杆（图 3—36）

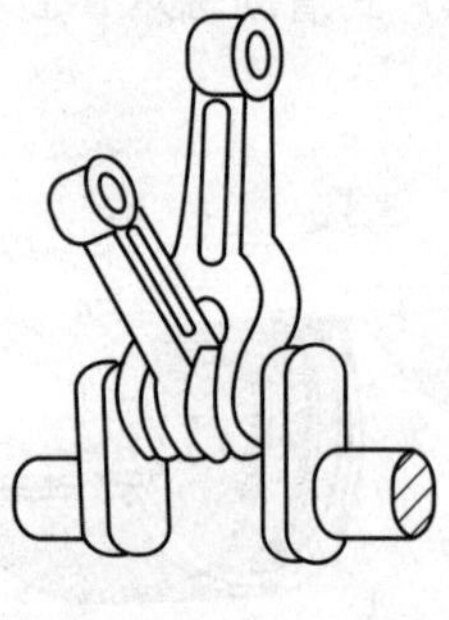

结构特点：左右两侧对应的两个连杆，一个连杆大头制成叉形，跨于另一个连杆厚度较小的片形连杆大头两端。其左右两列气缸中心线位于同一平面内，活塞连杆组的运动规律相同，但大头结构复杂，刚度较差，制造工艺性差。

图 3—36 叉形式连杆

第三节 曲轴飞轮组

学习目标：

1. 掌握曲轴飞轮组的组成及作用。
2. 掌握曲轴飞轮组主要零部件的结构及作用。

曲轴飞轮组主要由曲轴、飞轮以及其他不同作用的零件和附件组成，如图 3—37 所示。

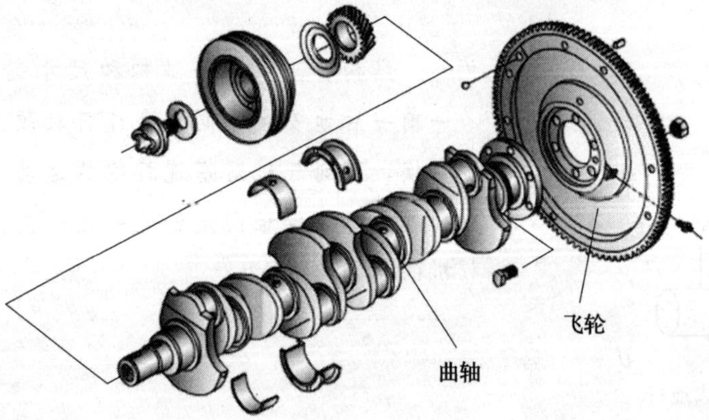

图 3—37 曲轴飞轮组

一、曲轴

曲轴是发动机中最重要的部件之一，其作用是把活塞连杆组传来的气体作用力转变为力矩；另外还可用来驱动配气机构及其他各种辅助装置。

曲轴在周期性变化的气体压力、惯性力及其力矩的作用下高速运转，易发生弯曲和扭转变形，因此，曲轴应有足够的强度和刚度，良好的耐磨性和平衡性。曲轴一般由中碳钢或中碳合金钢锻制而成，轴颈表面经高频淬火或氮化处理；另外，球墨铸铁曲轴价格便宜、耐磨性好，被现代汽车发动机所广泛采用。

曲轴的结构特点：曲轴一般由主轴颈，连杆轴颈、曲柄、平衡块、前端和后端等组成（图 3—38）。一个主轴颈、一个连杆轴颈和一个曲柄组成了一个曲拐，曲拐的数目等于直列式发动机的气缸数；V 形发动机曲轴的曲拐数等于气缸数的一半。

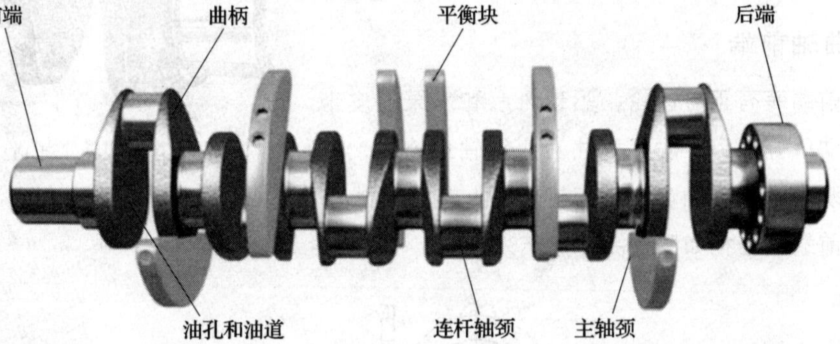

图 3—38　曲轴

1. 主轴颈

主轴颈是曲轴的支承部分，通过主轴承支承在曲轴箱的主轴承座中。主轴承的数目不仅与发动机的气缸数目有关，还取决于曲轴的支承方式。曲轴的支承方式一般有两种，一种是全支承曲轴，另一种是非全支承曲轴，如图 3—39 所示。

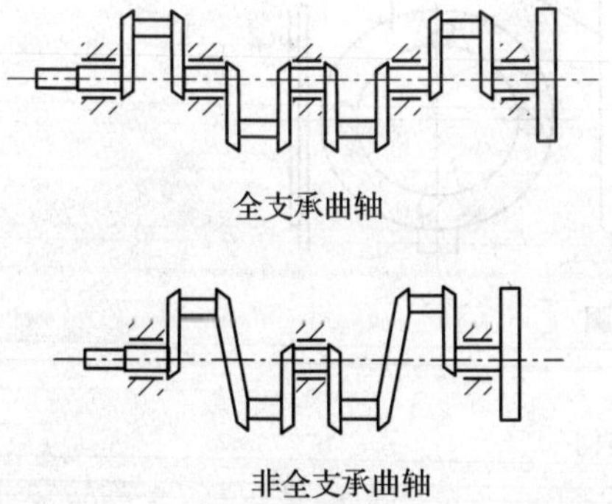

图 3—39　曲轴支承方式

全支承曲轴：曲轴的主轴颈数比气缸数目多一个，即每一个连杆轴颈两边都有一个主轴颈。采用这种支承方式，曲轴的强度和刚度都比较好，减轻了主轴承载荷，减小了磨损。柴油机和大部分汽油机多采用这种形式。

非全支承曲轴：曲轴的主轴颈数比气缸数目少或与气缸数目相等。有些汽油机，承受载荷较小可以采用这种曲轴形式。

曲轴上有贯穿主轴颈、曲柄和连杆轴颈的油道，以便润滑主轴颈和连杆轴颈，如图 3—40 所示。

2. 连杆轴颈

连杆轴颈是曲轴与连杆的连接部分，通过曲柄与主轴颈相连，在连接处用圆弧过渡，以减少应力集中。直列发动机的连杆轴颈数目与气缸数相等。V 形发动机的连杆轴颈数等于气缸数的一半。

3. 曲柄

曲柄是主轴颈和连杆轴颈的连接部分，断面为椭圆形，为了平衡惯性力，曲柄处铸有（或紧固有）平衡块。平衡块用来平衡发动机不平衡的离心力矩，有时还用来平衡一部分往复惯性力，从而使曲轴旋转平稳。

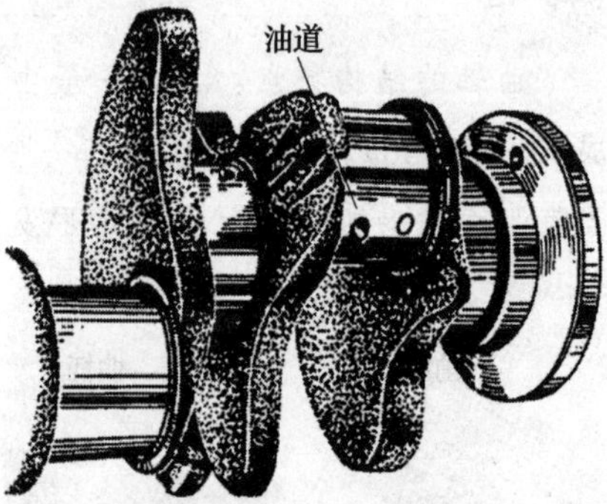

图 3—40　油道

4. 曲轴前端

曲轴前端装有正时齿轮，驱动风扇和水泵的皮带轮以及起动爪等。为了防止机油沿曲轴轴颈外漏，在曲轴前端装有一个甩油盘，在齿轮室盖上装有油封。

曲轴前端的结构如图 3—41 所示。

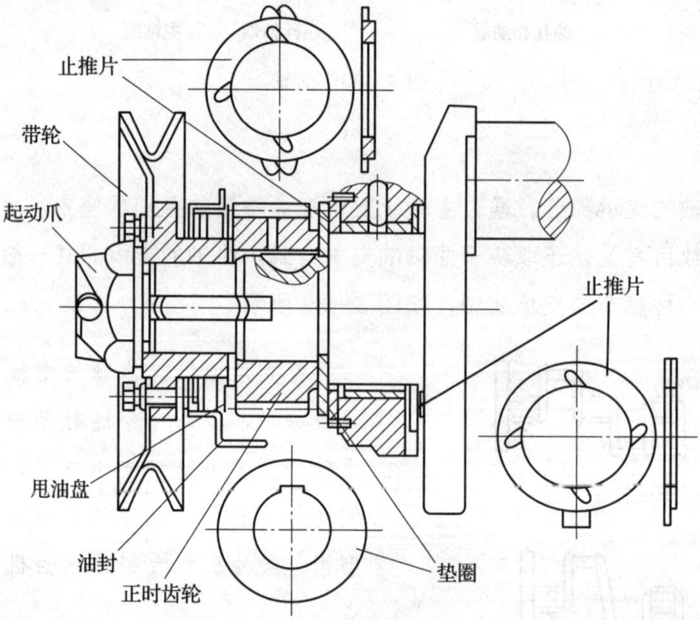

图 3—41　曲轴前端的结构

5. 曲轴后端

曲轴后端用来安装飞轮，在后轴颈与飞轮凸缘之间制成挡油凸缘与回油螺纹，以阻止机油向后窜漏。

6. 多缸发动机的曲拐布置

（1）曲轴的形状和各曲拐的相对位置主要取决于气缸数、气缸的排列形式和发动机的工作顺序。在安排发动机工作顺序时应尽量遵循如下规则：

1）使连续作功的两缸相距尽可能远些，以减轻主轴承的载荷，避免在进气过程中发生相邻两缸进气门同时打开，出现“抢气”现象，影响发动机的充气效率。

2）各气缸的作功间隔角应相等，使发动机运转平稳。在发动机完成一个工作循环的曲轴转内，每个气缸都应作功一次。气缸数为 i 的四冲程发动机，作功间隔角为 $720°/i$。

3）如果是 V 形排列发动机，则左右两列气缸应交替作功。

（2）几种常见的多缸发动机曲拐布置形式与工作顺序如下：

1）四行程直列四缸发动机　作功间隔角为 720°/4＝180°，四个曲拐布置在同一个平面内，如图 3—42 所示。发动机工作顺序（或点火顺序）为 1—3—4—2 或 1—2—4—3 两种，其工作循环见表 3—2 和表 3—3。

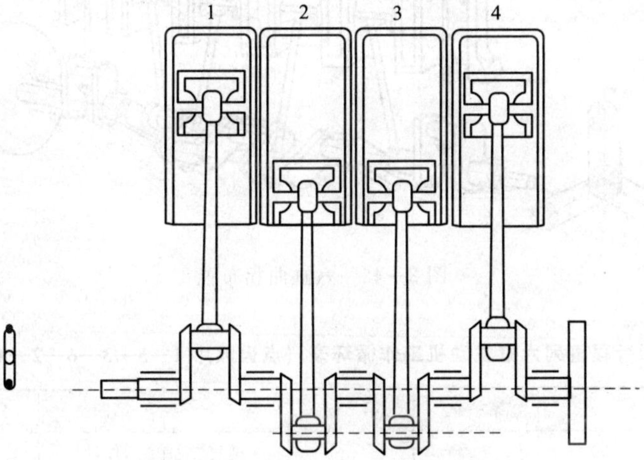

图 3—42　四缸曲拐布置

表 3—2　四冲程直列四缸发动机工作循环表（工作顺序 1—3—4—2）

曲轴转角（°）	第一缸	第二缸	第三缸	第四缸
0～180	作功	排气	压缩	进气
180～360	排气	进气	作功	压缩
360～540	进气	压缩	排气	作功
540～720	压缩	作功	进气	排气

表 3—3　四冲程直列四缸发动机工作循环表（工作顺序 1—2—4—3）

曲轴转角（°）	第一缸	第二缸	第三缸	第四缸
0～180	作功	压缩	排气	进气
180～360	排气	作功	进气	压缩
360～540	进气	排气	压缩	作功
540～720	压缩	进气	作功	排气

2）四行程直列六缸发动机　作功间隔角为 720°/6＝120°，六个曲拐分别布置在三个平面内，如图 3—43 所示。一种点火顺序是 1—5—3—6—2—4（表 3—4），另一种点火顺序是 1—4—2—6—3—5。

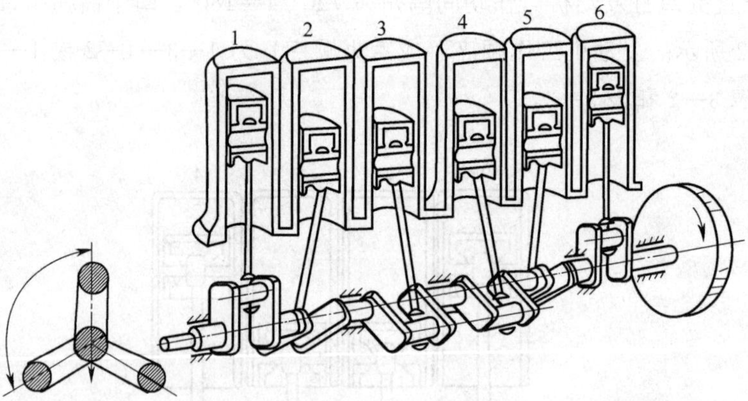

图 3—43　六缸曲拐布置

表 3—4　　四行程直列六缸发动机工作循环表（点火顺序 1—5—3—6—2—4）

<table>
<tr><th colspan="2">曲轴转角（°）</th><th>第一缸</th><th>第二缸</th><th>第三缸</th><th>第四缸</th><th>第五缸</th><th>第六缸</th></tr>
<tr><td rowspan="3">0～180</td><td>60</td><td rowspan="3">作功</td><td rowspan="2">排气</td><td>进气</td><td>作功</td><td rowspan="2">压缩</td><td rowspan="3">进气</td></tr>
<tr><td>120</td><td rowspan="3">压缩</td><td rowspan="3">排气</td></tr>
<tr><td>180</td><td rowspan="3">进气</td><td rowspan="3">作功</td></tr>
<tr><td rowspan="3">180～360</td><td>240</td><td rowspan="3">排气</td><td rowspan="3">压缩</td></tr>
<tr><td>300</td><td rowspan="3">作功</td><td rowspan="3">进气</td></tr>
<tr><td>360</td><td rowspan="3">压缩</td><td rowspan="3">排气</td></tr>
<tr><td rowspan="3">360～540</td><td>420</td><td rowspan="3">进气</td><td rowspan="3">作功</td></tr>
<tr><td>480</td><td rowspan="3">排气</td><td rowspan="3">压缩</td></tr>
<tr><td>540</td><td rowspan="3">作功</td><td rowspan="3">进气</td></tr>
<tr><td rowspan="3">540～720</td><td>600</td><td rowspan="3">压缩</td><td rowspan="3">排气</td></tr>
<tr><td>660</td><td rowspan="2">进气</td><td rowspan="2">作功</td></tr>
<tr><td>720</td><td>排气</td><td>压缩</td></tr>
</table>

7. 曲轴的轴向定位

发动机工作中，由传动系传来的力作用在曲轴上有使曲轴产生轴向移动的趋势。曲轴轴向移动将会破坏曲柄连杆机构各零件之间的正常相对位置，因此必须采取轴向定位。

曲轴的轴向定位一般采用止推片或翻边轴瓦。定位装置可以装在前端第一道主轴承处或中部某轴承处（图 3—44）。为保证曲轴在受热膨胀时能够自由伸张，曲轴的轴向定位只能设置在一处。

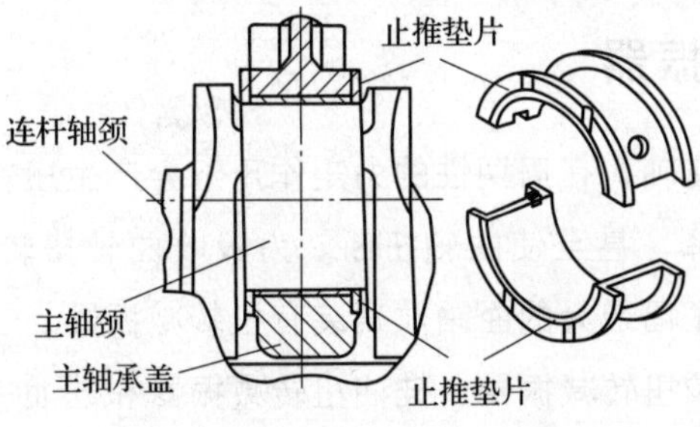

图 3—44 曲轴的轴向定位

8. 主轴承

主轴承的基本结构与连杆轴承相同。主轴承一般开有周向油槽和主油孔。有的发动机为了不降低负荷较重的下轴瓦的强度，只在上轴瓦上开有油槽。

二、飞轮

飞轮（图 3—45）的主要作用是用来储存作功行程的能量，用于克服进气、压缩和排气行程的阻力和其他阻力，使曲轴能均匀地旋转。飞轮外缘的齿圈与起动电机的驱动齿轮啮合，供起动发动机用；汽车离合器也装在飞轮上，用来对外传递动力。

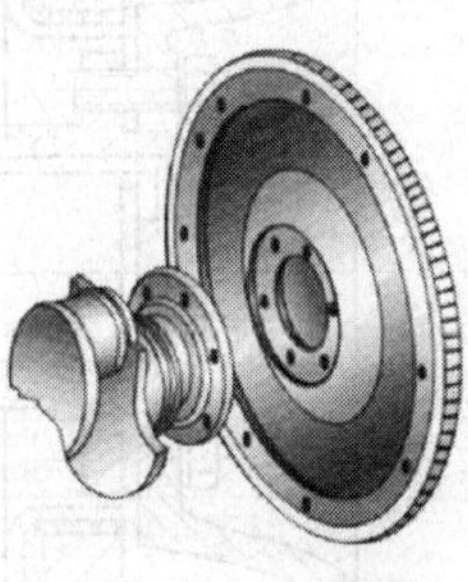
图 3—45 飞轮

知识扩展：

飞轮是高速旋转件，要进行精确地平衡校准，达到静平衡和动平衡。

飞轮是一个很重的铸铁圆盘，用螺栓固定在曲轴后端的接盘上，具有很大的转动惯量。飞轮轮缘上镶有齿圈，齿圈与飞轮紧配合，有一定的过盈量。

在飞轮轮缘上作有记号（刻线或销孔），供找活塞上止点用（图 3—46）。当飞轮上的记号与外壳上的记号对正时，正好是活塞处于上止点位置。

飞轮与曲轴在制造时一起进行过动平衡实验，在拆装时为了不破坏它们之间的平衡关系，飞轮与曲轴之间应有严格不变的相对位置。通常用定位销和不对称布置的螺栓来定位。

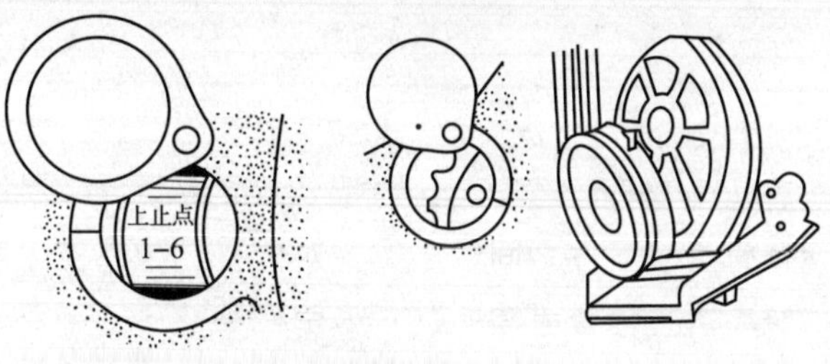

a) b)

图 3—46 飞轮标记

三、曲轴扭转减振器

多缸高转速发动机的曲轴，在周期性的力矩作用下会产生扭转振动。当曲轴发生扭转共振时，导致发动机功率下降，甚至使曲轴扭断。为吸收曲轴扭转振动的能量，消减扭转振动，汽车发动机多在扭转振幅最大的曲轴前端装有扭转减振器。

汽车发动机多采用橡胶扭转减振器、硅油扭转减振器和硅油—橡胶扭转减振器等。

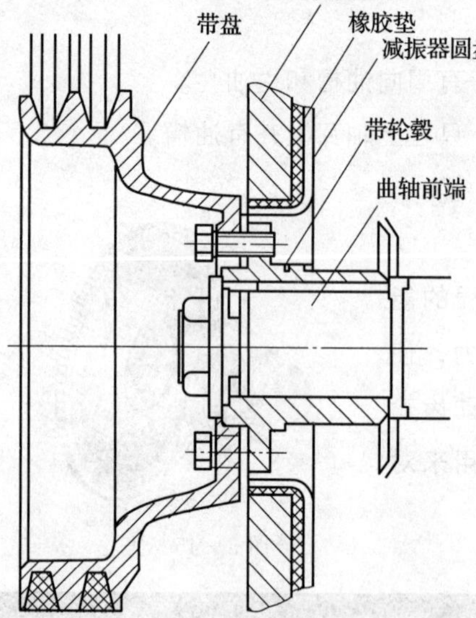

图 3—47　橡胶摩擦式曲轴扭转减振器

如图 3—47 所示为橡胶扭转减振器的结构，减振器圆盘通过带轮轮毂与曲轴连接，减振器圆盘与扭转振动惯性盘黏结在橡胶垫上。发动机工作时，减振器圆盘与曲轴一起振动，由于扭转振动惯性盘滞后于减振器圆盘，因而在两者之间产生相对运动，使橡胶层来回揉搓摩擦，消耗了扭转振动的能量，从而使曲轴的扭转振幅减小，共振现象得以消减。

第四章　配 气 机 构

第一节　概　　述

学习目标：

1. 掌握配气机构的组成及结构。
2. 掌握配气机构的传动方式。

一、配气机构的形式

配气机构按气门的位置可以分为气门侧置式和气门顶置式。目前汽车基本采用气门顶置式配气机构，气门侧置式已经淘汰。

1. 凸轮轴的布置形式

（1）凸轮轴下置式

该形式的布置如图 4—1a 所示，主要缺点是气门和凸轮轴相距较远，因而气门传动零件较多，结构较复杂，发动机高度也有所增加。

（2）凸轮轴中置式

凸轮轴位于气缸体的中部，由凸轮轴经过挺柱直接驱动摇臂，省去推杆，如图 4—1b 所示。

（3）凸轮轴上置式

凸轮轴布置在气缸盖上，如图 4—1c 所示。凸轮轴上置式有两种结构：一是凸轮轴直接通过摇臂来驱动气门，这样既无挺柱，又无推杆，往复运动质量大大减小，此结构适于高速发动机；另一种是凸轮轴直接驱动气门或带液力挺柱的气门，此种配气机构的往复运动质量更小，特别适用于高速发动机。

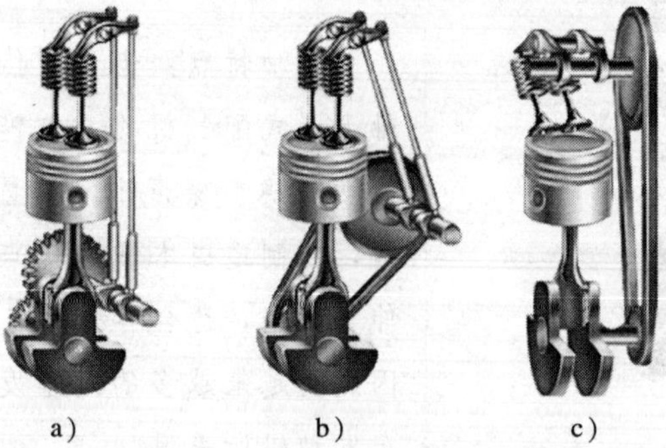

a）　　　　b）　　　　c）

图 4—1　凸轮轴布置形式

a）凸轮轴下置　b）凸轮轴中置　c）凸轮轴上置

2. 凸轮轴的传动方式

(1) 齿轮传动(图 4—2)

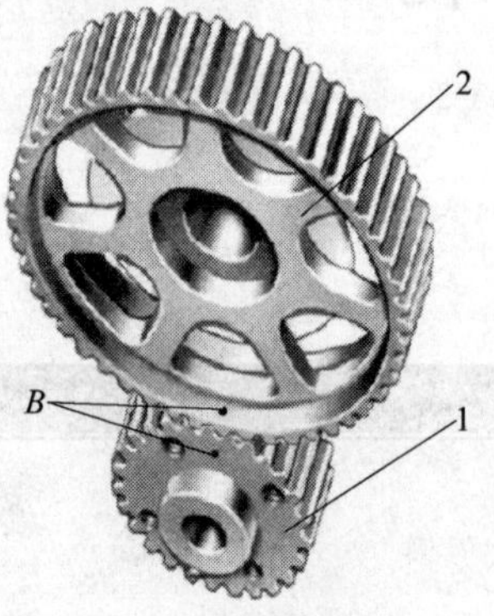

图 4—2 齿轮传动

1—曲轴正时齿轮 2—凸轮轴正时齿轮

B—正时标记

传动特点:多用于下置式凸轮轴的驱动。汽油机用一对正时齿轮传动。柴油机凸轮轴与曲轴中心距较大,需加入中间惰轮传动。正时齿轮都用斜齿轮并用不同材料制成,以减小噪声和磨损。通常小齿轮柴油机用中碳钢,大齿轮柴油机用钢,而汽油机用夹布胶木或塑料。

正时齿轮上有正时记号,装配时必须使记号对齐,以保证配气正时。

(2) 链条传动(图 4—3)

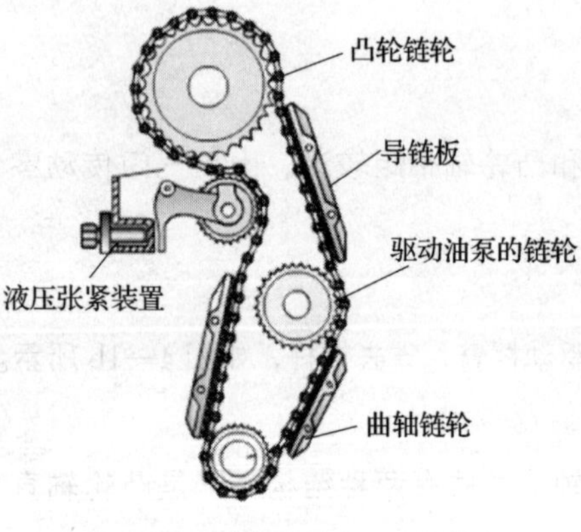

图 4—3 链条传动

传动特点:链条传动噪声小,一般用于中置或上置凸轮轴的发动机上。为了防止链条抖振,设有导链板和张紧装置,张紧装置有机械式和液压式两种,液压式是用发动机的机油进入液压腔,推动其内部的活塞向外移动,使张紧链轮压向链条。

(3) 齿形带传动(图 4—4)

图 4—4 齿形带传动

传动特点:齿形带传动多用于凸轮轴上置式配气机构。与链传动相比具有传动平稳,噪声小,质量轻,不需要润滑,且制造成本低等优点。另外齿形带伸长量小,适合有精确定时要求的传动,因此被越来越多的汽车发动机特别是轿车发动机所采用。

二、气门数目及排列方式

一般发动机都采用每缸两气门，即一个进气门和一个排气门的结构。当气缸直径较大，活塞平均线速度较高时，为保证良好的换气质量，有些发动机采用每缸多气门结构，如三气门，四气门或五气门结构。

三气门发动机每缸两个进气门，一个排气门，排气门头部直径比进气门大，如图 4—5 所示。五气门发动机每缸三个进气门，两个排气门。这种结构能够明显地增加进气量，如图 4—6 所示。

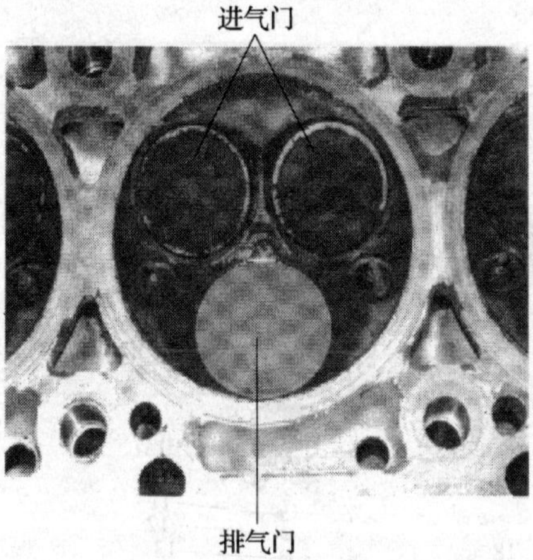

图 4—5 三气门布置方式

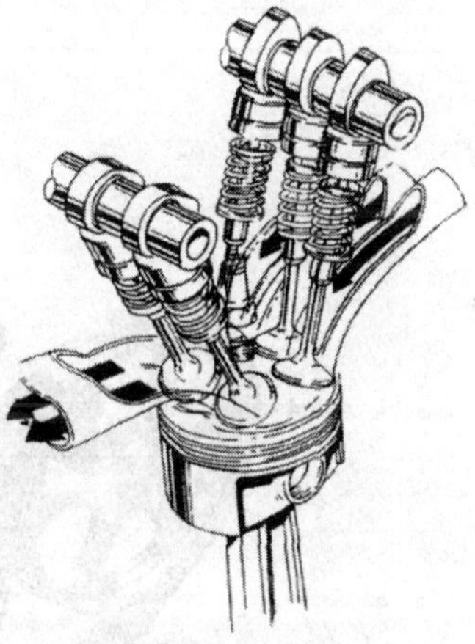

图 4—6 五气门布置方式

四气门发动机中气门排列的方式有两种：一种是同名气门排成两列（图 4—7a），由一个凸轮通过 T 形驱动杆同时驱动，并且所有气门都可以由一根凸轮轴驱动。采用这种布置时，两同名气门在气道中的位置不同，可能会使两者的工作条件和工作效果不一致。另一种是同名气门排成一列（图 4—7b），可弥补上述缺点，但一般要用两根凸轮轴。

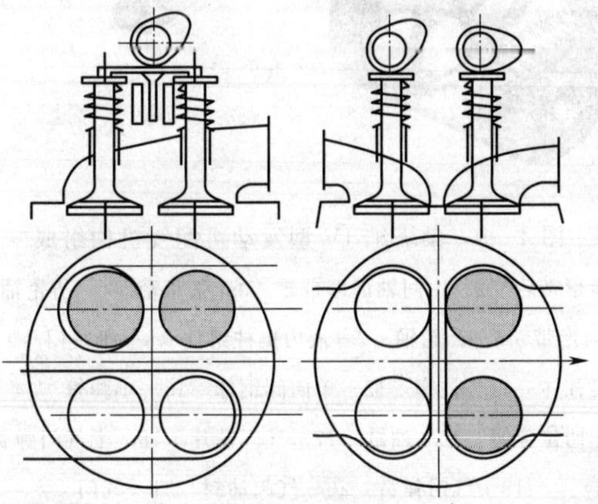

图 4—7 每缸四气门的布置及其驱动

a）同名气门排成两列 b）同名气门排成一列

一般来说，柴油机的进、排气门分别置于气缸盖的两侧，主要是避免进气受到预热而影响充气效率；汽油机的进、排气道通常置于气缸盖的同一侧，利用排气歧管的废气热量对进气歧管进行预热。

三、配气机构的组成

配气机构通常由气门组和气门传动组两部分组成。不同的配气机构，气门组的组成相似，气门传动组的差异较大。图 4—8 所示为凸轮轴上置式配气机构（桑塔纳 JV 型发动机）的组成。

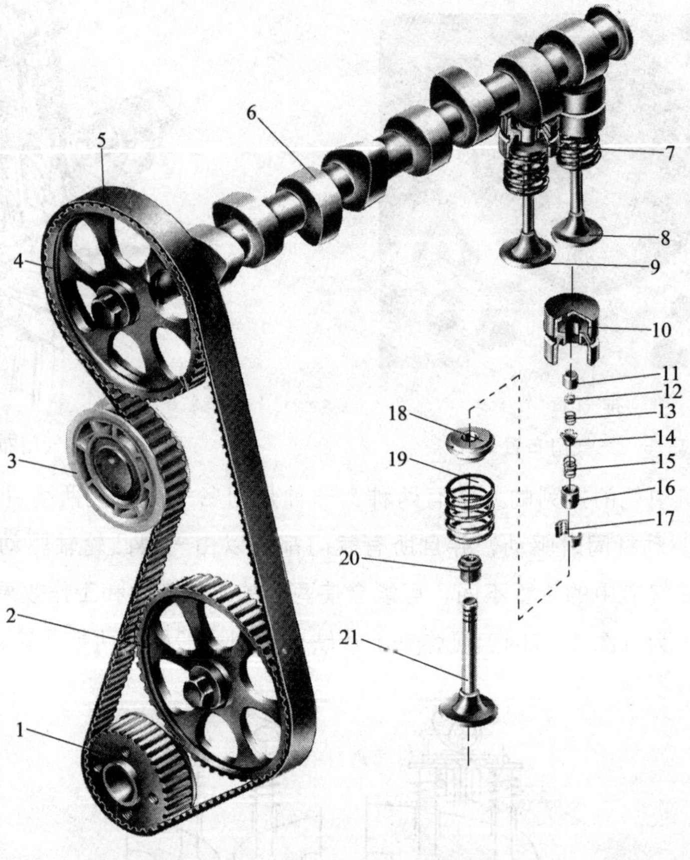

图 4—8　桑塔纳 JV 型发动机配气机构组成

1—曲轴正时齿形带轮　2—中间轴齿形带轮　3—张紧轮　4—凸轮轴正时齿形带轮
5—正时齿形带　6—凸轮轴　7—液力挺柱组件　8—排气门　9—进气门
10—挺柱体　11—柱塞　12—单向阀钢球　13—小弹簧　14—托架
15—回位弹簧　16—油缸　17—气门锁片　18—上气门弹簧座
19—气门弹簧　20—气门油封　21—气门

图 4—9 所示为凸轮轴下置式配气机构的组成。其气门传动组的结构与凸轮轴上置式配气机构（JV 型发动机）的差别较大。

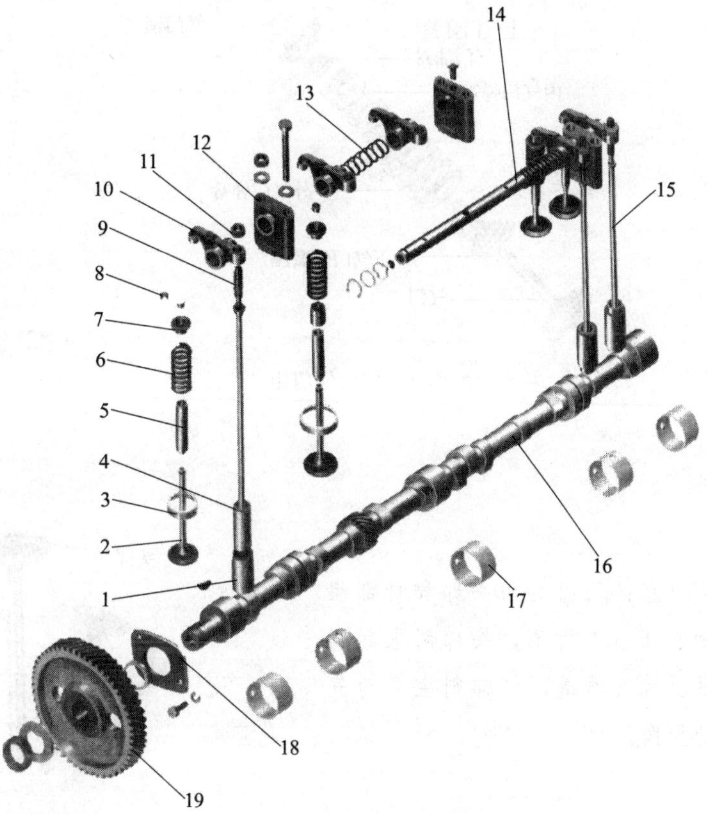

图 4—9　凸轮轴下置式配气机构

1—挺柱套管　2—气门　3—气门座圈　4—挺柱　5—气门导管　6—气门弹簧　7—弹簧座
8—气门锁片　9—调整螺钉　10—摇臂　11—锁紧螺母　12—摇臂轴支架
13—定位弹簧　14—摇臂轴　15—推杆　16—凸轮轴　17—凸轮轴轴承
18—止推板　19—凸轮轴正时轮

第二节　配气机构的主要部件

学习目标：

1. 掌握配气机构主要部件的结构。
2. 掌握配气机构主要部件的作用。

一、气门组

气门组的作用是准时接通和切断进排气系统与气缸之间的通道。一般来说，气门组包括气门、气门座、气门导管、气门弹簧、弹簧座及锁片等零件，如图 4—10 所示。

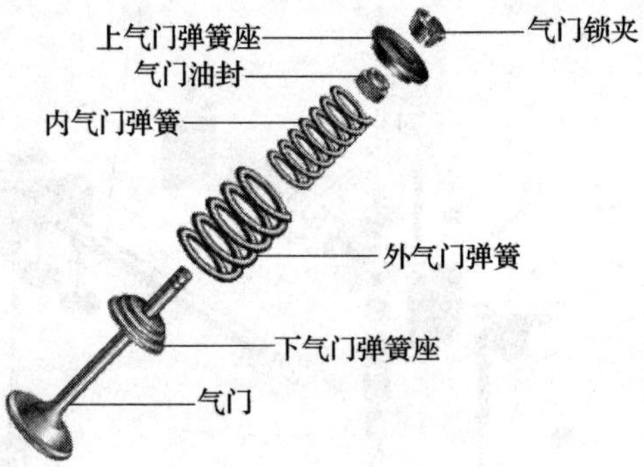

图 4—10　气门组

1. 气门

结构特点：气门是由头部和杆部组成的，如图 4—11 所示，头部用来封闭气缸的进、排气通道，杆部则主要为气门的运动导向。

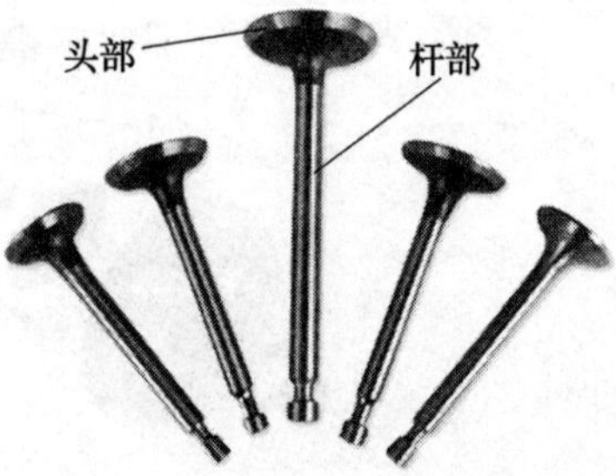

图 4—11　气门

(1) 气门头部

气门头部分为球面顶、平顶和凹顶三种形式，如图 4—12 所示。

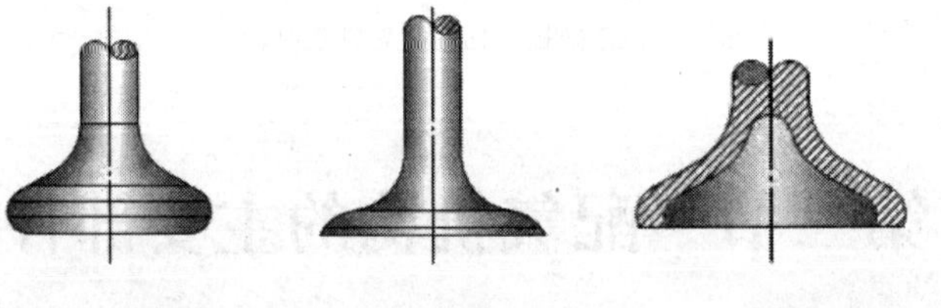

图 4—12　气门头部的形状

1) 球面顶　也称为凸顶，凸顶的刚度大，受热面积也大，用于某些排气门。

2) 平顶　平顶的结构简单、制造方便，受热面积小，应用最多。

3) 凹顶　也称为漏斗形或喇叭顶，其质量小、惯性小，头部与杆部有较大的过渡圆弧，使气流阻力小，以及具有较大的弹性，对气门座的适应性好（又称柔性气门），容易获得较好的磨合，但受热面积大，易存废气，容易过热及受热易变形，所以仅用作进气门。

气门头部是一个具有圆锥斜面的圆盘，气门锥角一般为 45°，进气门锥角也有 30°的，如图 4—13 所示。气门头边缘应保持一定厚度，一般为 1～3 mm，以防工作中冲击损坏和被高温烧蚀。气门密封锥面与气门座配对研磨。多数发动机进气门头部直径比排气门大，两气门一样大时，排气门有记号。

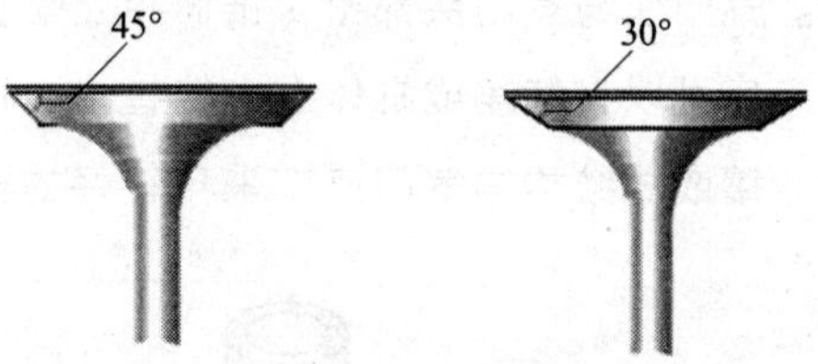

图 4—13　气门锥角

(2) 气门杆部

气门杆部具有较高的加工精度和较低的粗糙度，与气门导管保持有正确的配合间隙，以减小磨损和起到良好的导向、散热作用。

1) 弹簧座的固定　气门杆的尾部采用锁片式结构固定弹簧座，如图 4—14 所示。气门杆尾部切有凹槽，用分成两半的锥形锁片卡在凹槽中，锁片锥形外圆与弹簧座的锥形孔贴合，在弹簧作用下，锁片与弹簧座的锥孔相互卡紧不会脱落。

2) 气门的防脱装置　有些发动机的气门在杆部锁片槽下面另有一条切槽，装一个卡环，如图 4—14 所示，以防万一气门弹簧折断时气门落入气缸发生捣缸的危险。

发动机高速化后，进气管中的真空密度显著地增高，气门室中的机油会通过气门杆与导管之间的间隙被吸入进气管和气缸内，除增加机油的消耗外，还会在气门和燃烧室产生积炭。为此，发动机的气门杆上部都设有机油防漏装置，如图 4—15 所示。

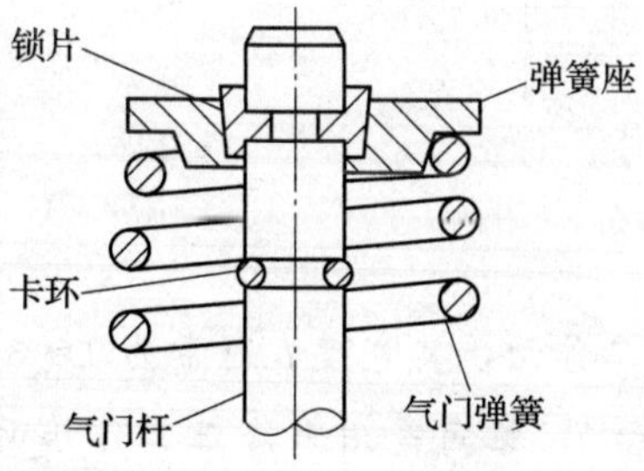

图 4—14　锁片式结构

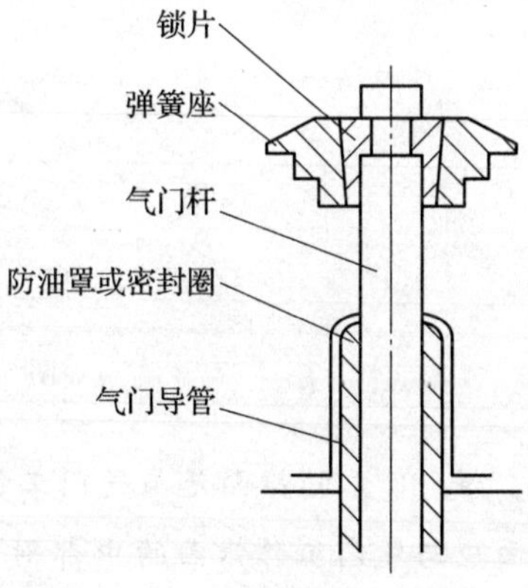

图 4—15　气门机油防漏装置

2. 气门导管

气门导管如图 4—16 所示，主要是起导向作用，保证气门作直线往复运动，使气门与气门座能正确贴合。此外，气门导管还在气门杆与气缸盖之间起导热作用。气门杆与导管之间一般留有 0.05～0.12 mm 的间隙。

3. 气门座

气缸盖（或缸体）的进、排气道与气门锥面相结合的部位称为气门座，如图 4—17 所示。气门座与气门头部密封锥面相互配合而密封气缸，气门头部的热量也经过气门座外传。气门座可以在缸盖或缸体上直接镗出，也可以采用镶嵌式结构。

镶嵌式结构的气门座都采用较好的材料（合金铸铁、奥氏体钢等）单独制作。

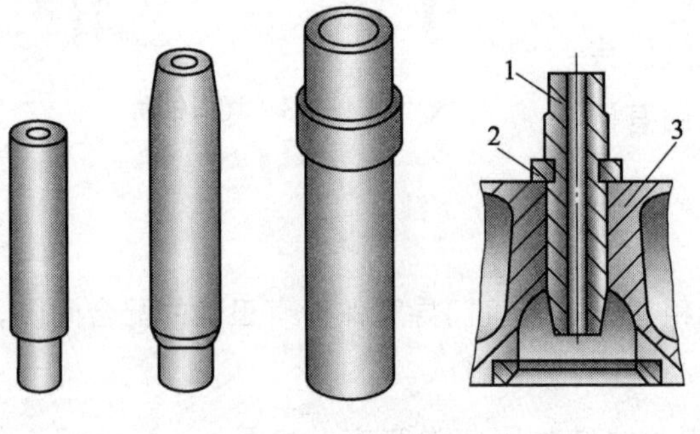

图 4—16 气门导管

1—气门导管 2—卡环 3—气缸盖

图 4—17 气门座

知识扩展：

气门座一般都有锥角，气门座的锥角是与气门锥角相适应的，以保证二者紧密座合，可靠地密封。气门座的锥面由三部分组成，如图 4—18 所示。

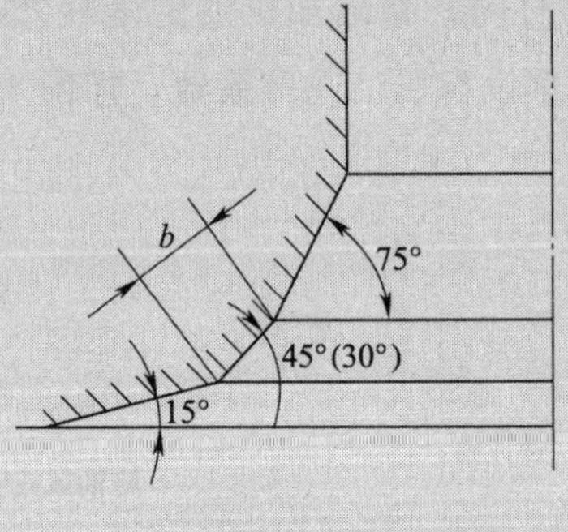

图 4—18 气门座的锥角

45°（或 30°）的锥面是与气门工作锥面相配合的工作面，其宽度 b 通常为 1～3 mm，这一锥面应与气门工作锥面的中部附近相吻合。15°和 75°锥角是用来修正工作锥面的宽度和上下位置的，以使其达到规定的要求。

4. 气门弹簧

气门弹簧的作用是保证气门自动回位关闭而密封，保证气门与气门座的密封压力，吸收气门在开启和关闭过程中传动零件所产生的惯性力，以防止各种传动件彼此分离而破坏配气机构正常工作。

在工作中气门弹簧承受着频繁的交变载荷，为保证气门弹簧可靠地工作，要求气门弹簧具有合适的弹力，还应具有足够的强度和抗疲劳强度。

结构特点：气门弹簧是圆柱形螺旋弹簧，分为等螺距、不等螺距和反向螺旋弹簧三种，如图 4—19 所示。其一端支承在气缸盖（体）上，而另一端则压靠在气门杆端的弹簧座上，弹簧座用锁片固定在气门杆的末端。气门弹簧的两端面要经磨光处理并与弹簧轴线相垂直。

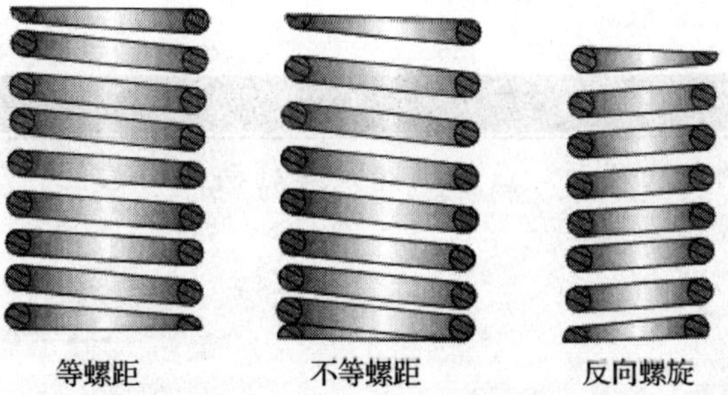

图 4—19 气门弹簧

二、气门传动组

不同的配气机构气门传动组的组成不同，其中凸轮轴下置式配气机构的气门传动组主要由凸轮轴、挺柱、推杆、摇臂及摇臂轴等组成，如图 4—20 所示。其作用是产生并传递周期性的驱动力，控制各缸气门的开、闭时刻及开启规律，使其符合发动机的工作顺序和配气要求。

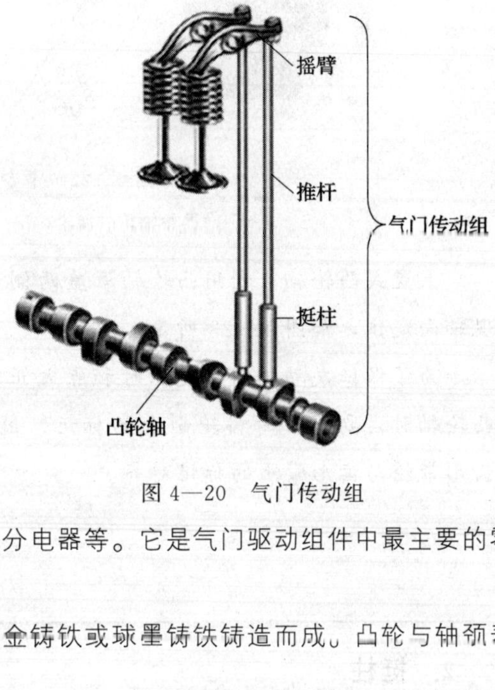

图 4—20 气门传动组

1. 凸轮轴

凸轮轴的作用是驱动和控制发动机各缸气门的开启和关闭，使其符合发动机的工作顺序、配气相位及气门开度的变化规律等要求。此外，有些汽油发动机还用它来驱动汽油泵、机油泵和分电器等。它是气门驱动组件中最主要的零件。

凸轮轴一般采用优质钢模锻而成，也有用合金铸铁或球墨铸铁铸造而成。凸轮与轴颈表面经过热处理，使之具有足够的硬度和耐磨性。

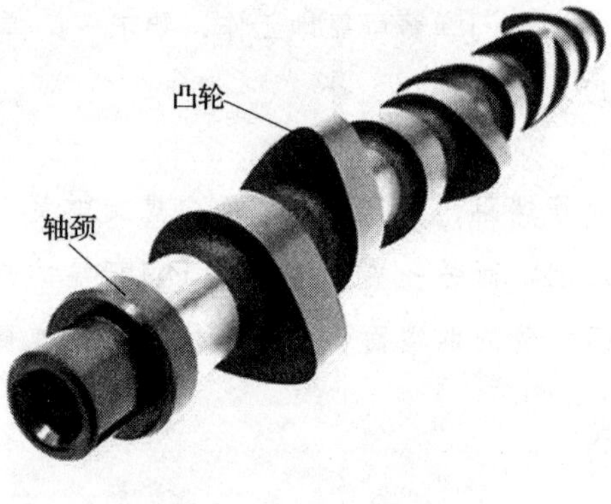

图 4—21 凸轮轴结构

结构特点：凸轮轴（图 4—21）主要由凸轮和轴颈组成。凸轮分为进气凸轮和排气凸轮两种，用来驱动气门的开启与关闭。轴颈对凸轮轴起支承作用。凸轮的排列影响气门的开闭时刻和工作顺序，对于四冲程发动机，曲轴每转两圈（凸轮轴转一圈），各缸都完成一个工作循环。

知识扩展：

为了防止凸轮轴的轴向窜动，凸轮轴必须有轴向定位装置。下置式凸轮轴利用止推凸缘定位，如图 4—22 所示。

图 4—22 下置式凸轮轴的轴向定位

1—凸轮轴正时齿轮 2—止推凸缘 3—隔圈 4—凸轮轴

上置式凸轮轴，利用凸轮轴承盖两侧面代替止推凸缘实现轴向定位，如图 4—23 所示。

为了保证发动机的配气正时和点火正时，在装配曲轴和凸轮轴时，要将正时齿轮副上的标记、链轮与链条间标记、齿形带轮与齿形带上的标记对齐。

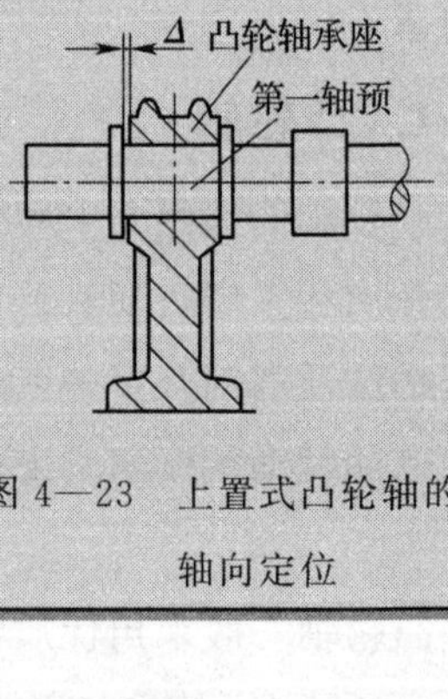

图 4—23 上置式凸轮轴的轴向定位

2. 挺柱

挺柱的作用是将凸轮的推力传给推杆或气门。它安装在气缸体或气缸盖上相应处镗出的导向孔中，常用镍铬合金铸铁或冷激合金铸铁制造。挺柱分为普通挺柱和液力挺柱两种。

(1) 普通挺柱

普通挺柱常用的形式有筒式和滚轮式两种，如图4—24所示。大多数发动机采用筒式挺柱；某些大型柴油机采用滚轮式挺柱，可以减少摩擦力和侧向力，但结构复杂，质量较大。

挺柱的下端设有油孔，以便将漏入挺柱内的机油引到凸轮处进行润滑。

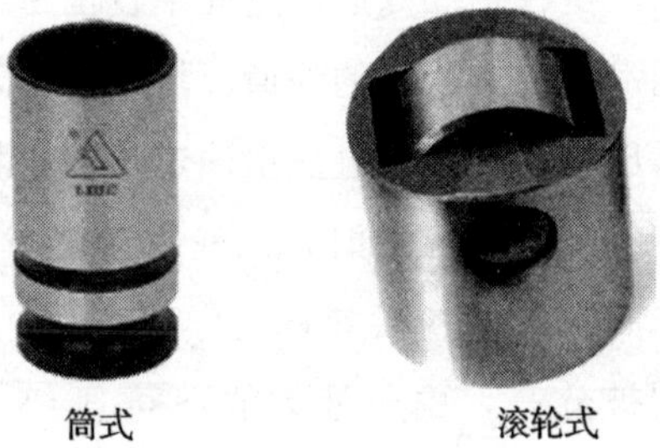

图 4—24　挺柱的形式

(2) 液力挺柱

具有气门间隙的配气机构，虽然解决了气门传动组件受热膨胀对气门正常工作的影响，但是有了气门间隙，会使配气机构在工作过程中出现撞击而产生噪声。为了解决这一矛盾，多数高转速发动机上采用液力挺柱，如桑塔纳JV型和奥迪JW型发动机均采用液力挺柱。

液力挺柱由挺柱体、柱塞、油缸、单向球阀、托架、球阀弹簧和柱塞回位弹簧等部件组成，如图4—25a所示。

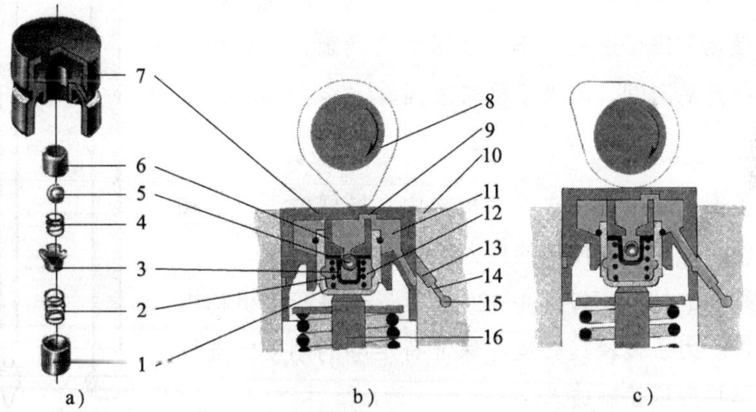

图 4—25　液力挺柱结构及工作原理

a) 组成　b) 气门打开　c) 气门关闭

1—油缸　2—柱塞回位弹簧　3—托架　4—球阀弹簧　5—单向球阀　6—柱塞　7—挺柱体　8—凸轮轴　9—键形槽　10—气缸盖　11—低压油腔　12—高压油腔　13—斜油孔　14—量油孔　15—气缸盖油道　16—气门杆

挺柱体的外圆柱面上加工有环形油槽，顶部内侧加工有键形油槽。油缸的内孔和外圆经精加工后研磨，外圆与挺柱体内导向孔配合，内孔则与柱塞配合，两者都有相对运动。油缸的底部装有　柱塞回位弹簧，把球阀压靠在柱塞的阀座上；柱塞回位弹簧还可以使挺柱的顶面和凸轮保持紧密接触，以消除气门间隙。柱塞、油缸、单向球阀和球阀弹簧装配到一起，便构成气门间隙的补偿偶件。球阀将油缸下部和柱塞上部分隔为两个油腔。当球阀关闭时，上部为低压油腔，下部为高压油腔；当球阀开启时，则成为一个通腔。

液力挺柱装在气缸盖的挺柱孔内，挺柱顶面与凸轮接触，油缸底面则与气门杆端面接触。挺柱在往复运动过程中，当挺柱体外圆的环形油槽与缸盖上的斜油孔对齐时，发动机的润滑油经缸盖上的油道、挺柱上的环形油槽流入低压油腔，然后经过键形槽进入柱塞上方的低压油腔，这时缸盖主油道与液力挺柱的低压油腔相通。

当气门开启时，凸轮推动挺柱体和柱塞向下移动，高压油腔内有润滑油被压缩，油压升高，加之补偿弹簧的作用，使球阀紧压在柱塞下端的阀座上，这时高压油腔与低压油腔被分开，由于液体的不可压缩性，油缸和柱塞如同一个刚体一样下移，推开气门，如图 4—25b 所示。此时挺柱外圆的环形油槽已离开了气缸盖上的进油位置，而停止进油。

当气门关闭时，挺柱体不再受凸轮的推压作用，高压油腔内的压力油和柱塞回位弹簧一起推动柱塞向上运动，使高压油腔内的压力下降，球阀离开阀座打开，从低压油腔来的压力油进入高压油腔，使两腔相通并充满油液，如图 4—25c 所示，保证液力挺柱的顶面仍然和凸轮的基圆接触，从而达到补偿气门间隙的作用。

采用液力挺柱，消除了配气机构中各部件间的间隙，减小了相互间的冲击载荷和噪声；不用调整气门间隙，简化了配气机构的装配、使用和维修过程；不用预留气门间隙，可有效地延长气门的实际开启时间，改善了换气过程。

3. 推杆

在凸轮轴下置（或中置）式配气机构中，推杆位于挺柱和摇臂之间，其作用是将挺柱传来的推力传给摇臂。

推杆是一细长的杆件，如图 4—26 所示，也是配气机构中最易弯曲的附件。为了减轻其质量并保证有足够的刚度，推杆多采用中空的圆柱形钢管制成。

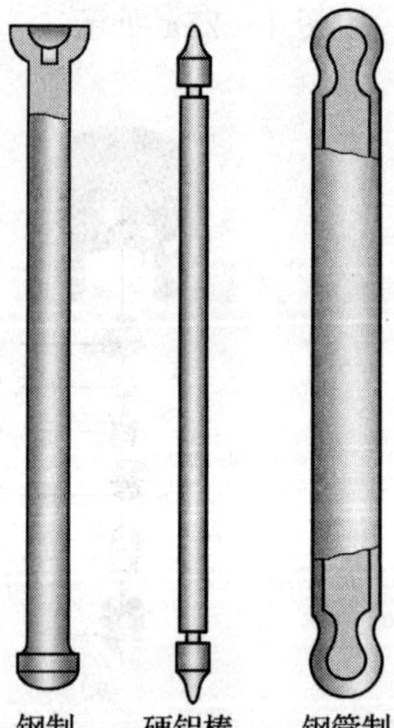

图 4—26 推杆的类型

4. 摇臂及摇臂组

(1) 摇臂

摇臂的作用是将推杆或凸轮传来的力改变方向（180°），作用到气门杆端部以推开气门。摇臂实际上是一个中间有圆孔、两边不等长的杠杆，此杠杆两边的比值（称摇臂比）约为 1.2～1.8。其中长臂一端用来推动气门，短臂一端制成螺纹孔，安装有气门间隙调整螺钉（使用液力挺杆的发动机则没有），在调整螺钉上还带有锁紧螺母，以调整配气机构的气门间隙，如图 4—27 所示。

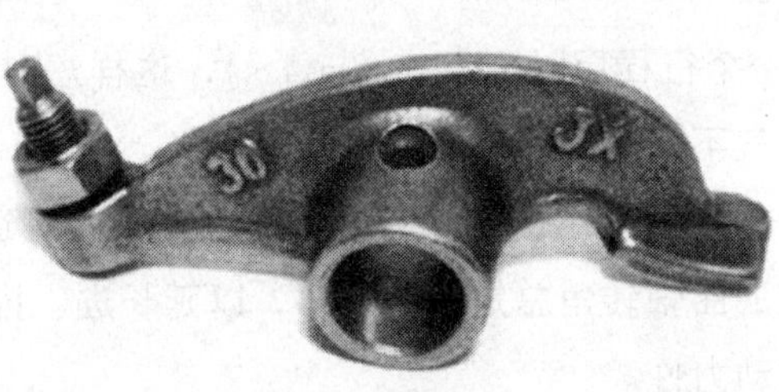
图 4—27 摇臂

摇臂一般用 45 号中碳钢模锻或球墨铸铁精密铸造而成。为了提高其耐磨性，摇臂的轴孔内镶有青铜衬套或装有滚针轴承与摇臂轴配合转动，有些高速发动机摇臂采用轻质铸铝合金，圆弧面上堆焊一层耐磨合金。

(2) 摇臂组

摇臂组由摇臂、摇臂轴、摇臂轴支座及定位弹簧等组成，如图 4—28 所示。摇臂通过摇臂轴支承在摇臂轴支座上，摇臂轴支座安装在气缸盖上，摇臂轴为空心管状结构。摇臂与推杆端、摇臂与摇臂轴间的润滑可采用来自挺杆座、挺杆、推杆、摇臂内油道或来自气缸盖、摇臂内孔的压力机油润滑。为了防止摇臂的窜动，在摇臂轴上每两摇臂之间都装有弹簧。

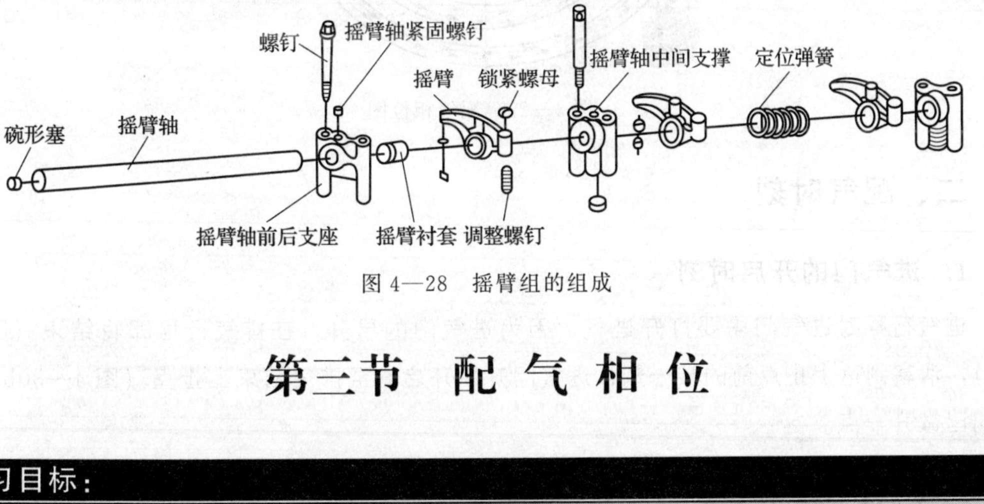

图 4—28 摇臂组的组成

第三节 配气相位

学习目标：

1. 掌握配气相位及配气相位图。
2. 掌握配气时刻。

一、配气相位图

在讲述四冲程发动机的工作原理时，为了便于理论分析，认为进气门在活塞处于上止点时开启，活塞运动到下止点时关闭；排气门在活塞处于下止点时开启，活塞运动到上止点时关闭。进、排气过程分别在活塞的一个行程内完成，即进气时间和排气时间各占 180°曲轴转角。但由于发动机的实际转速很高，活塞每一行程所用时间极短（如桑塔纳 AJR 发动机，转速在 5 600 r/min 时，一个行程历时仅为 0.005 4 s)，这样短时间的进气或排气过程，导致发动机进气不充分，排气不彻底，使发动机的功率下降。因此，现代汽车发动机气门的实际开启和关闭时刻并不恰好是活塞处在上、下止点的时刻，而是适当提前开启、延迟关闭，使气门持续开启过程对应的曲轴转角总是大于180°，以延长进、排气的时间，改善进、排气状况，从而提高发动机的动力性。

配气相位是指用曲轴转角表示进、排气门开闭的时刻和开启持续时间。通常用相对于上、下止点曲拐位置的曲轴转角的环形图来表示，这种图称为配气相位图，如图 4—29 所示。

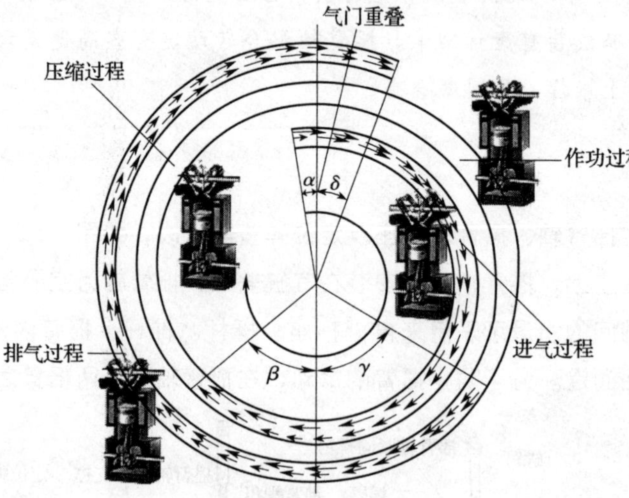

图 4—29 配气相位图

二、配气时刻

1. 进气门的开启时刻

进气行程时进气门需要打开进气，因为进气门的早开，在排气行程即将结束（图 4—30a)，活塞到达上止点前的某一刻，进气门开始开启，至排气结束上止点（图 4—30b)，进气门已微开一点。

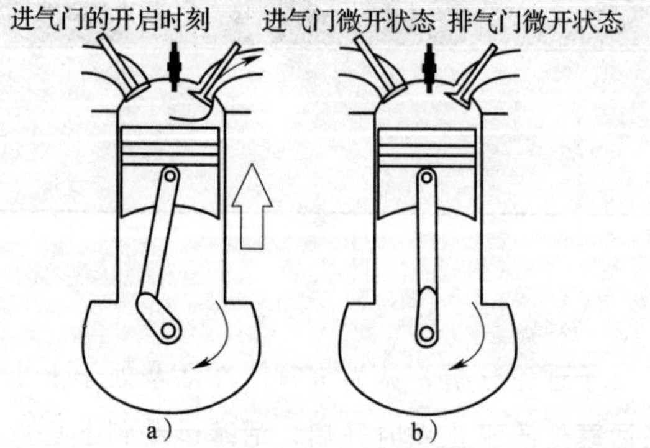

图 4—30 进气门的开启时刻

a）排气行程即将结束 b）排气结束上止点

> 进气提前角：
>
> 从进气门开始开启时刻至排气结束上止点所对应的曲轴转角称为进气提前角，用 α 表示。一般 $\alpha=10°\sim30°$。
>
> 进气门早开增大了进气行程开始时气门的开启高度，减小进气阻力，增加进气量。

2. 进气门的完全关闭时刻

进气行程结束，活塞处于下止点（图 4—31a），进气门并未完全关闭，活塞上行一段（已是压缩行程）后（图 4—31b），进气门才完全关闭。

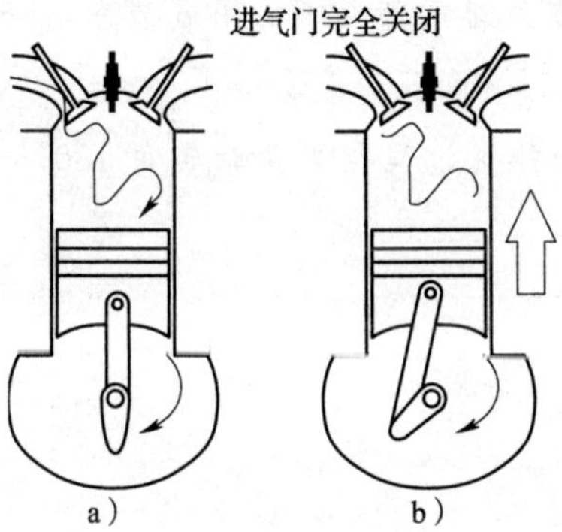

图 4—31 进气门的完全关闭时刻

a）活塞处于下止点 b）活塞上行一段距离

进气滞后角：

从下止点延迟至进气门关闭所对应的曲轴转角称为进气滞后角，用 β 表示。一般 $\beta=40^\circ\sim80^\circ$。进气门晚关延长了进气时间，增加了进气量。

整个进气过程延续时间相当于曲轴转角 $180^\circ+\alpha+\beta$。

3. 排气门的开启时刻

排气行程时排气门需要打开进气，因为排气门的早开，在作功行程即将结束（图 4—32a），活塞到达下止点前的某一刻，排气门开始开启，至作功结束下止点（图 4—32b），排气门已微开一点。

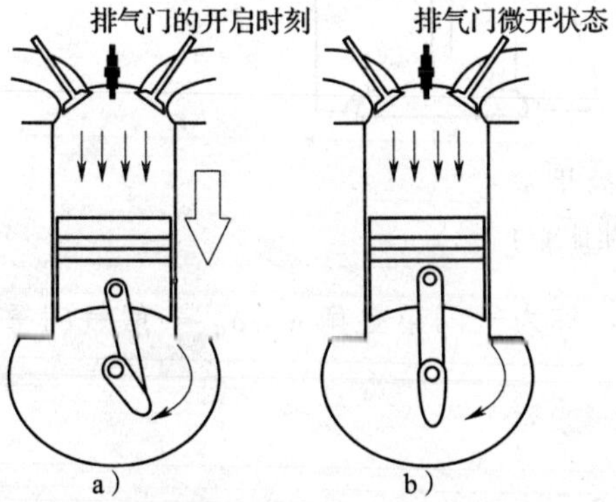

图 4—32 排气门的开启时刻

a）作功行程即将结束 b）作功结束下止点

排气提前角：

从排气门打开至下止点间所对应的曲轴转角叫做排气提前角，用 γ 表示。一般 $\gamma=40^\circ\sim80^\circ$。

排气门早开，借助气缸内的高压自行排气，大大减小了排气阻力，使排气干净。

4. 排气门的完全关闭时刻

排气冲程结束，活塞处于上止点（图 4—33a），排气门并未完全关闭，活塞下行一段（已是进气冲程）后（图 4—33b），排气门才完全关闭。

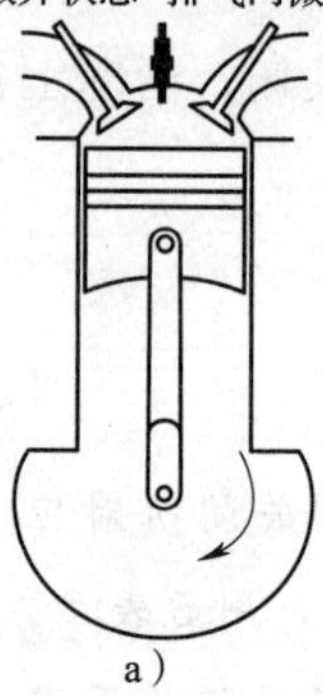

图 4—33　排气门的完全关闭时刻

a）活塞处于上止点　b）活塞下行一段距离

排气滞后角：

从上止点到排气门关闭所对应的曲轴转角称为排气滞后角，用 δ 表示，一般 $\delta=10^\circ\sim30^\circ$。

整个排气过程相当曲轴转角 $180^\circ+\gamma+\delta$。

三、气门的叠开

在排气结束上止点，因为进气门的早开，进气门已处于微开状态；因为排气门的晚关，排气门也处于微开状态。此时，如图 4—34 所示，凸轮的转向为顺时针时，即将打开的是进气门（图 4—34a），而即将关闭的是排气门（图 4—34b）。

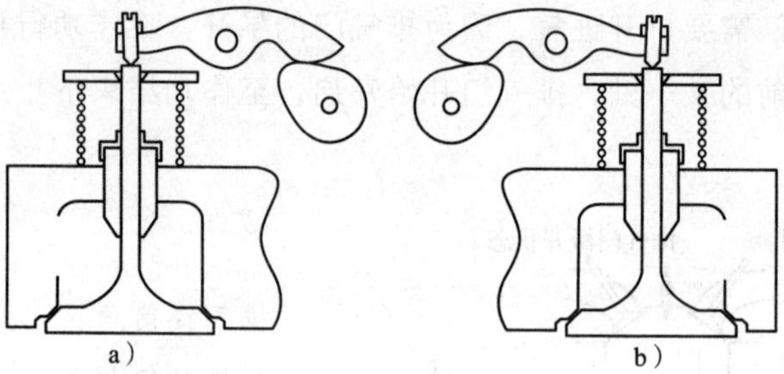

图 4—34　气门的叠开

a）开启进气门　b）关闭排气门

把两个气门同时开启的时间用曲轴转角来表示，称为气门重叠角 $\alpha+\delta$。一般气门重叠角 $\alpha+\delta=20^\circ\sim60^\circ$。

四、气门间隙

发动机运转时，在曲轴正时齿轮的驱动下凸轮轴随之旋转。当凸轮轴转到凸轮的凸起部分顶起气门摇臂的一端时，另一端即向下运动，压缩气门弹簧，从而使气门打开；当凸轮轴转到凸轮的凸起部分离开气门摇臂时，在气门弹簧的作用下使气门关闭。为消除发动机工作时气门因热膨胀而关闭不严的现象，在凸轮轴与气门摇臂之间留有一定的间隙称为气门间隙，如图 4—35 所示。它的作用是给热膨胀留有余地，并

图 4—35　气门间隙

保证气门的密封。

知识扩展：

不同机型，气门间隙的大小不同，需根据实验确定。一般冷态时，排气门间隙大于进气门间隙，进气门间隙约为 0.25～0.3 mm，排气门间隙约为 0.3～0.35 mm。

采用液压挺柱的配气机构不需要留气门间隙。

发动机在使用过程中，由于零件磨损，调整螺钉松动以及重新拆装缸盖、拧紧缸盖螺母等原因，都会使气门间隙改变。如果气门间隙过小，零件受热膨胀而伸长，造成气门关闭不严，发动机功率下降。同时气缸内的高温气体从缝隙中漏出，使气门过热，甚至烧坏；如果气门间隙过大，气门与气门座等零件撞击加剧，缩短使用寿命，同时使气门开启延续时间缩短，影响气缸内新鲜空气的进入及废气的排出，导致发动机功率下降。因此，为保证发动机正常工作，必须定期检查和调整气门间隙。

第四节 可变气门技术

学习目标：

1. 了解可变气门正时技术。
2. 了解可变气门升程技术。

一、可变气门正时技术

上世纪七八十年代，意大利的阿尔法·罗密欧率先将气门正时技术应用在量产车中。作为第一个开发出了双凸轮轴量产发动机的厂商，其用两根不同的凸轮轴来控制进气门和排气门的开闭时间，从而达到了比单凸轮轴更为有效的效果（图 4—36）。其基本做法就是在进气凸轮轴的主动链轮里加上一个设备，并由螺旋键槽将其与凸轮相连接，来改变气门的正时效果。它设计的发动机标准重叠时间为 16°，但在发动机高速运转的时候，它可以将开启时间增加 32°，从而使重叠时间扩大到 48°。

图 4—36 双顶置凸轮轴

随后，诸多企业开始投入了可变气门正时的研究，1989 年本田首次发布了“可变气门配气相位和气门升程电子控制系统”(Variable Valve Timing and Valve Life Electronic Control System)，也就是我们常见的 VTEC。此后，各家企业不断发展该技术，丰田开发了 VVT—i，保时捷开发了 Variocam，现代开发了 DVVT。几乎每家企业都有了自己的可变气门正时技术。一系列可变气门技术虽然各异，但其设计思想却基本相同。简单说，可变气门正时的原理就是根据发动机的运行情况，通过不同的设备和装置调整进气、排气的量，控制气门开闭的时间和角度，使进入的空气量达到最佳，从而提高燃烧效率。

下面我们简单介绍一下可变气门正时技术在一些厂家的应用。

Passat B5 和一汽奥迪 A6 轿车选用的发动机对可变进气门正时进行了特别设计。其传动方式以及进排气凸轮轴分布如图 4—37 所示，排气凸轮轴安装在外侧，进气凸轮轴安装在内侧。曲轴通过齿形皮带首先驱动排气凸轮轴，排气凸轮轴通过链条驱动进气凸轮轴。两轴之间设置一个可变气门正时调节器，在内部液压缸的作用下，调节器可以上升和下降（图 4—38)。

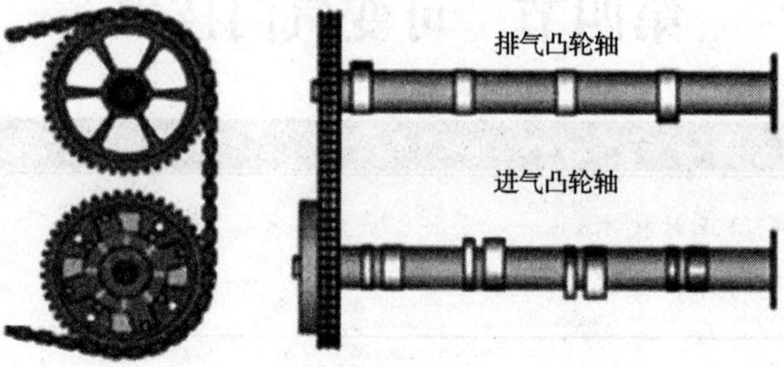

图 4—37　Passat B5 传动方式以及进排气凸轮轴分布

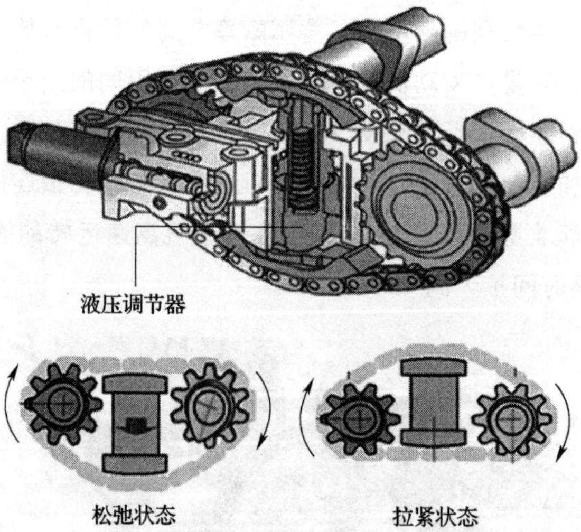

图 4—38　可变气门正时工作原理

当发动机转速下降时，可变气门正时调节器下降，上部链条被放松，下部链条作用着排气凸轮旋转拉力和调节器向下的推力。由于排气凸轮轴在曲轴正时皮带的作用下不可能逆时针反旋，所以进气凸轮轴受到两个力的共同作用：一是在排气凸轮轴正常旋转带动下链条的拉力；二是调节器推动链条，传递给排气凸轮的拉力。进气凸轮轴顺时针额外转过 θ 角，加快了进气门的关闭，即进气门迟闭角减少 θ 度。

当转速提高时，调节器上升，下部链条被放松。排气凸轮轴顺时针旋转，首先要拉紧下部链条成为紧边，进气凸轮轴才能被排气凸轮轴带动旋转。就在下部链条由松变紧的过程中，排气凸轮轴已转过 θ 角，进气凸轮才开始动作，进气门关闭变慢了，即进气门迟闭角增大 θ 度。

二、可变气门升程技术

可变气门正时技术，其功能主要是改变发动机气门开启和闭合的时间，以达到更合理的控制相应发动机转速所需的空气量，作用主要还是为了降低油耗，提高经济性。而发动机的实质动力表现却是和单位时间内进入到气缸内的进气量有关，可变气门正时系统无法有效改变这一点，因此它对动力的提升帮助不大。而可变气门升程技术却能够弥补这一缺点。

相比可变气门正时，气门升程系统目前还比较少见，尤其是连续可变气门升程技术更是只掌握在几个大厂商手中的绝密核心技术，因此我们能买到的装备可变气门升程系统的车型也不多。

本田是最早将可变气门升程技术应用到车载发动机上的厂商，而且不同于其他厂商先使用可变气门正时，后追加可变气门升程技术的做法，本田的工程师在研发项目之初就将这两种技术同步进行。结构简单、设计巧妙是本田可变气门升程机构的特点，如图 4—39 所示。

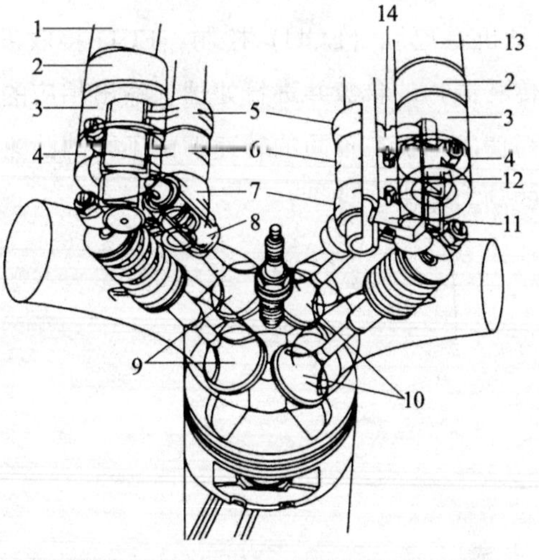

图 4—39 本田 VTEC 可变配气定时机构

1—进气凸轮轴 2—第一低速凸轮 3—高速凸轮 4—第二低速凸轮 5—第一摇臂 6—中间摇臂 7—第二摇臂 8—空动弹簧 9—进气门 10—排气门 11—液压活塞 A 12—液压活塞 B 13—排气凸轮轴 14—限位活塞

具体工作过程如下:

(1) 发动机在低负荷运转情况下，小活塞在原位置上，三根摇臂分离，第一低速凸轮和第二低速凸轮分别推动第一摇臂和第二摇臂，控制两个进气门的开闭，气门升量较少，其情形类似普通的发动机。虽然高速凸轮也推动中间摇臂，但由于摇臂之间已分离，其他两根摇臂不受它的控制，所以不会影响气门的开闭状态，如图 4—40a 所示。

(2) 但当发动机达到某一个设定的高转速（例如 3 500 r/min 时，本田 S2000 型跑车要达到 5 500 r/min)，电脑即会指令电磁阀启动液压系统，推动摇臂内的小活塞，使三根摇臂锁成一体，一起由中间凸轮驱动（图 4—40b)。

由于中间凸轮比其他凸轮都高，升程大，所以进气门开启时间延长，升程也增大了（图 4—40c)。

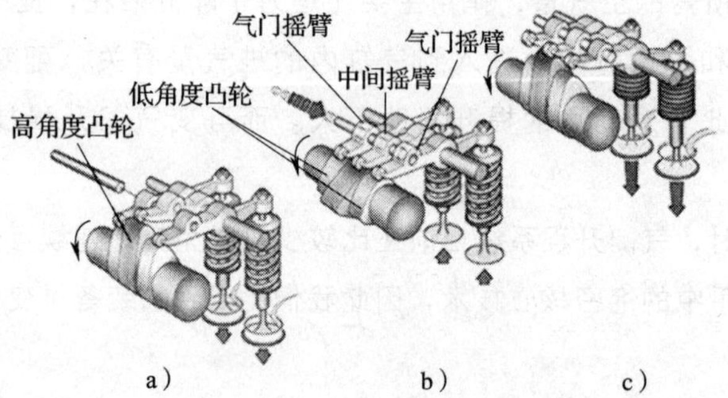

图 4—40　VTEC 可变配气定时机构工作过程

(3) 当发动机转速降低到某一个设定的低转速时，摇臂内的液压也随之降低，活塞在回位弹簧作用下退回原位，三根摇臂分开。这样一来就保证了在低转速时对油耗的控制，同时满足在发动机处于高转速下动力输出的需要。

整个 VTEC 系统由发动机主电脑（ECU）控制，ECU 接收发动机传感器（包括转速、进气压力、车速、水温等传感器）的参数并进行处理，输出相应的控制信号，通过电磁阀调节摇臂活塞液压系统，从而使发动机在不同的转速下由不同的凸轮控制，影响进气门的开度和时间，从而产生出获取的动力输出。

第五章　汽油机燃料供给系统

第一节　概　　述

学习目标：

1. 掌握可燃混合气浓度对发动机工况的影响。
2. 掌握燃料供给系的组成。

汽油机燃料供给系的作用是根据发动机各种不同工况的要求，配制出一定数量和浓度的可燃混合气，供入气缸，并在发动机做功完毕后将废气排出。

燃料供给系分为化油器式燃料供给系和电控喷射式燃料供给系两大类。化油器式因其不能满足进一步降低污染和提高动力性、经济性的要求，现已淘汰。

电控喷射式燃料供给系是通过电子控制装置将汽油喷射到相应气缸进气门前方的进气歧管上，形成可燃混合气并进入气缸燃烧的，是目前应用最广泛的可燃混合气供给装置。图5—1为桑塔纳电控喷射式燃料供给系。

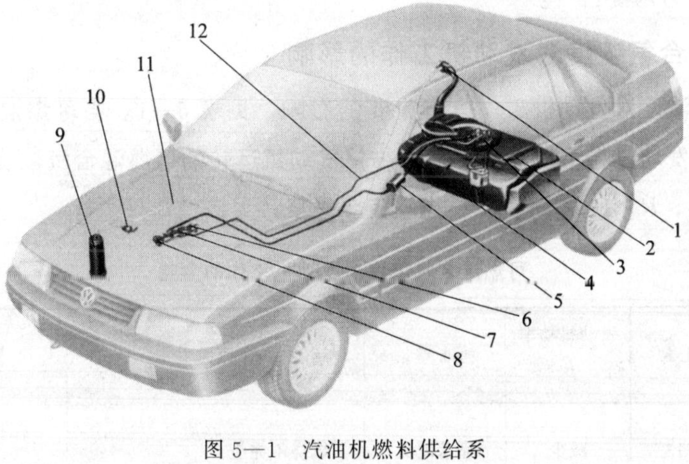

图5—1　汽油机燃料供给系

1—加油口　2—燃油箱　3—电动汽油泵　4—供油管　5—燃油滤清器
6—燃油分配管　7—喷油器　8—燃油压力调节器　9—活性炭罐
10—活性炭罐电磁阀　11—燃油箱油气排放管　12—回油管

一、可燃混合气浓度对汽油机工作的影响

1. 可燃混合气的形成过程

电控喷射式燃料供给系混合气的形成是在进气管或气缸中进行的。喷油器将来自供油系

统具有一定压力的汽油喷射到进气门前方的进气歧管内，与来自空气供给系统的新鲜空气在缸外混合形成可燃混合气，进入气缸被点燃做功。由于汽油是从细小的喷嘴喷出，可以充分的雾化，因此能够与空气均匀的混合，形成良好的可燃混合气；而且由于喷油量是由电脑控制的，所以混合气的浓度是最佳的。

2. 可燃混合气浓度

可燃混合气浓度常用空燃比来表示。空燃比 R 是可燃混合气中空气质量与燃油质量的比值。即：

$$\text{空燃比}\,R=\frac{\text{空气质量(kg)}}{\text{燃油质量(kg)}}$$

理论上 1 kg 汽油完全燃烧需要的空气量为 14.7 kg，即可燃混合气的空燃比为 14.7∶1 时，称为标准混合气；$R>14.7$ 时称为稀混合气；$R<14.7$ 时称为浓混合气。

另外，可燃混合气浓度还可以用过量空气系数来表示。过量空气系数 α 是指燃烧过程中 1 kg 燃料实际供给的空气质量（kg）与 1 kg 燃料理论上完全燃烧所需要的空气质量（kg）之比。即：

$$\alpha=\frac{\text{燃烧 1 kg 燃料实际所需的空气质量}}{\text{理论上完全燃烧 1 kg 燃料所需的空气质量}}$$

$\alpha=1$ 时，称为标准混合气。

$\alpha>1$ 时，称为稀混合气。

$\alpha<1$ 时，称为浓混合气。

3. 可燃混合气浓度对发动机工作的影响

可燃混合气浓度对发动机工作有着重要的影响，见表 5—1。当可燃混合气过浓或过稀到一定程度时，发动机将不能工作。能够维持发动机运转的可燃混合气浓度 R 值约在 6.5～20 范围内。当然，$R>14.7$ 时，燃料能够完全燃烧，经济性最好。

表 5—1　可燃混合气浓度对发动机工作的影响

混合气浓度	空燃比 R	发动机功率 P_e	耗油率 g_e	原因	发动机工作情况
过浓	6.5～13	减少	显著增大	燃烧不完全	有排黑烟、放炮现象，排气污染严重
稍浓	13.2 左右	最大	增大约 18%	燃烧速度快，热效率高	
标准	14.7	减少约 2%	增大 4%	不能充分混合，残余废气对燃烧有影响	
稍稀	16.7 左右	减少约 8%	最小	燃烧速度慢，热损失增加	加速性变坏，经济性好
过稀	17～20	显著减少	显著增大	燃烧速度过慢，热效率明显增大	不能加速，回火，排气有“突、突”声

发动机输出的扭矩，需与汽车施加给发动机的阻力矩，即发动机负荷相平衡。由于发动机的扭矩是随节气门开度变化而变化的，可以用节气门的开度大小来表示负荷的大小。

节气门开度在0%～25%时为小负荷工况。

节气门开度在25%～85%时为中负荷工况。

节气门开度在85%～100%时为大负荷和全负荷工况。

发动机还经常工作在怠速、加速等工况。发动机各种工况对可燃混合气浓度的要求见表5—2。

表5—2　　发动机各种工况对可燃混合气浓度的要求

工况	空燃比 R	混合气性质	原因
起动	3～9	极浓	转速低，机件温度低，雾化、汽化混合条件差，燃烧困难
怠速	9～11	过浓	进气量少，残余废气量相对多，燃烧困难
小负荷	11～13	稍浓	残余废气量仍然较多，燃烧相对困难
中负荷	13～16	经济混合比	进气量增多，燃烧速度较快，热效率较高，经济性最好
大负荷及全负荷	13～14	浓	燃烧速度快，热效率高，发动机输出功率最大，适应汽车爬坡、加速等工况
加速	8左右	过浓	由于燃油与空气密度不同，为防止加速瞬间混合气变稀，增加供油量以保证混合比

二、燃料供给系的组成

汽油机燃料供给系有化油器式燃料供给系和电控燃油供给系，化油器式燃料供给系已经淘汰，目前汽车使用的是电控燃油供给系。由于供给发动机燃油是以喷射的方式进行，所以一般称为电控燃油喷射系统。发动机电控燃油喷射系统由燃油供给系统、进排气系统、电子控制系统组成，如图5—2所示。

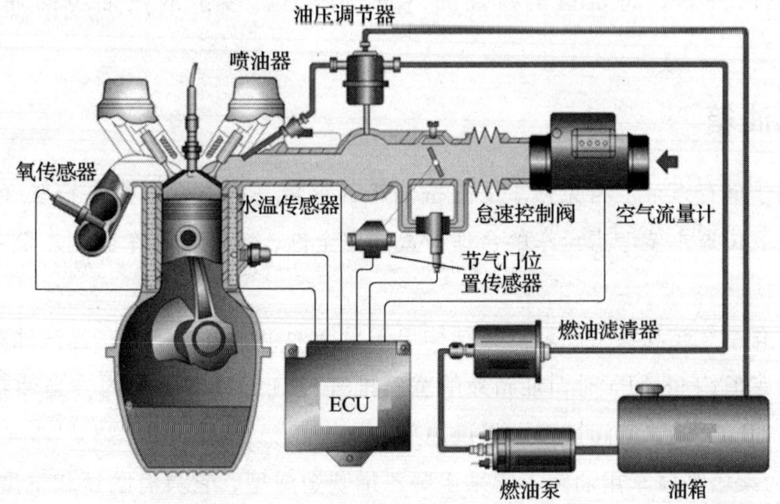

图5—2　发动机电控燃油喷射系统组成

第二节　燃油供给系统

学习目标：

1. 掌握燃油供给系统的作用及组成。
2. 掌握燃油供给系统主要部件的结构及作用。

电控发动机的燃油供给系统主要由汽油箱、电动燃油泵、汽油滤清器、燃油分配管、压力调节器、喷油器及连接油管组成，如图 5—3 所示。有些发动机还装有汽油压力缓冲器。

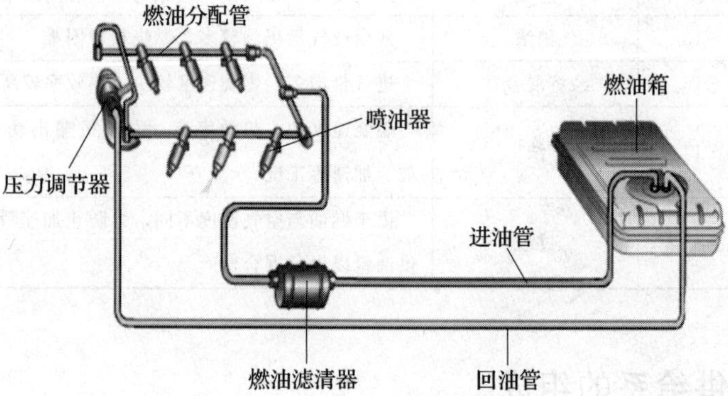

图 5—3　燃油供给系统的组成

燃油供给系统的作用是向发动机气缸供给燃烧所需的适量燃油。在发动机工作中，汽油经滤网被电动油泵吸出并加压，经汽油滤清器过滤后送至燃油分配管，在压力调节器的控制下使油压与进气歧管内的气压差始终保持恒定不变，控制单元（ECU）控制喷油器适时开启，将定量的汽油喷入进气歧管，多余的汽油经回油管流回到油箱。

一、汽油箱

汽油箱用于储存汽油。常见汽车上配备油箱的容量一般能保证汽车行驶 300～600 km。油箱外形和安装位置主要考虑全车的合理布置和安全性，多放置在车架的左侧中部或车身的后部。

油箱盖设有空气阀和蒸气阀。双阀结构用于平衡油箱内、外压力，当汽油减少，油箱内压力下降到预定值约 98 kPa 时，油箱外的空气推开空气阀进入油箱内；当油箱内蒸气压力增大到约 120 kPa 时，蒸气阀打开，将汽油蒸气排出。

图 5—5 为桑塔纳轿车用油箱，它采用聚乙烯吹塑成型，它具有防锈和重量轻的特点。

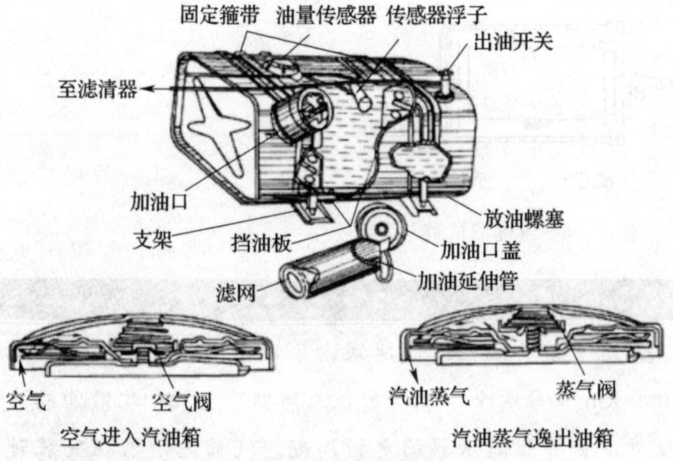

图 5—4　汽油箱与加油口盖

结构特点：汽油箱多数采用低碳钢薄板冲压焊接制成，上部焊接有加油管，内部一般设有隔板，以减轻汽车行驶时汽油的振荡。图 5—4 为常见中型和大型汽车的油箱。此类油箱在底部装有放油螺塞，用于排放油中的水分和杂质。

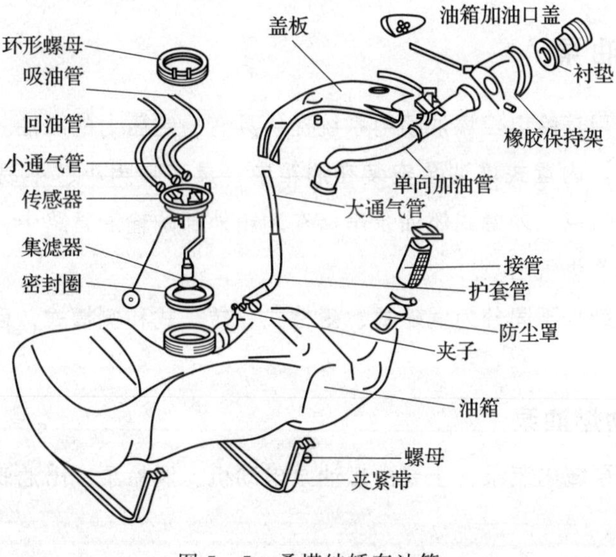

图 5—5　桑塔纳轿车油箱

二、汽油滤清器

汽油滤清器用于除去汽油中的水分、固体杂质和胶质，保证汽油泵和喷油器正常工作。在汽油进入油泵之前，一般采用金属滤网进行第一道滤清，去除大颗粒杂质，保证油泵正常工作。在油泵与喷油器之间，装有滤清能力更强的滤清器，保证燃油的清洁。

滤清器在结构上有可拆洗式和不可拆式（一次性使用）两种，目前多数汽车采用不可拆式的滤清器，如图 5—6 所示。常见滤清器芯有纸质和陶瓷质。纸质滤芯常用化纤或微孔滤纸材料，外壳由密封式塑料或金属制成。燃油经进油管接头进入滤清器后，由于容积变大，流速变小，密度大的水分、固体杂质、胶质沉淀于外壳底部，燃油经过滤芯过滤后从出油管接头流出。

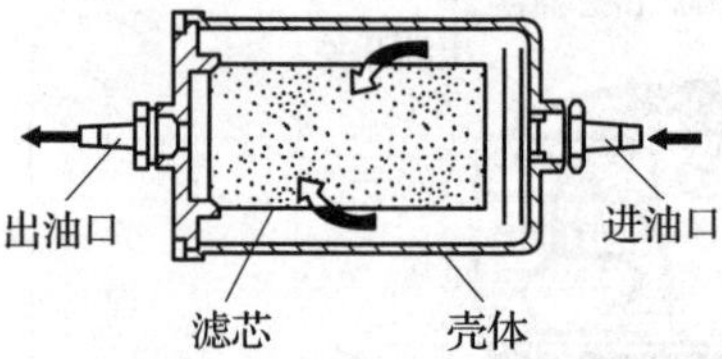

图 5—6 汽油滤清器

知识扩展：

汽油滤清器使用到一定时间，会因杂质的沉积造成堵塞，导致供油压力和供油量不足。一般汽车每行驶 30 000～40 000 km 或每两个二级维护作业周期应更换一次汽油滤清器。如发现使用的燃油杂质成分较多，应缩短滤清器的更换周期。汽油滤清器在安装时不能装反。

三、电动燃油泵

电动燃油泵的作用是给电控燃油喷射系统提供具有一定压力的燃油。根据安装位置不同分为内置式和外置式。内置式燃油泵安装在油箱中，具有噪声小、不易产生气阻、不易泄漏，管路安装简单的特点；外置式燃油泵串接在油箱外部的输油管路中，易布置，安装自由度大，但噪声大，易产生气阻。

电动燃油泵按其结构不同分为涡轮式、滚柱式、转子式和侧槽式，目前常用的是涡轮式和滚柱式。

1. 涡轮式电动燃油泵

涡轮式电动燃油泵属内装泵，主要由燃油泵电动机、涡轮泵、出油阀、卸压阀组成。如图 5—7 所示。

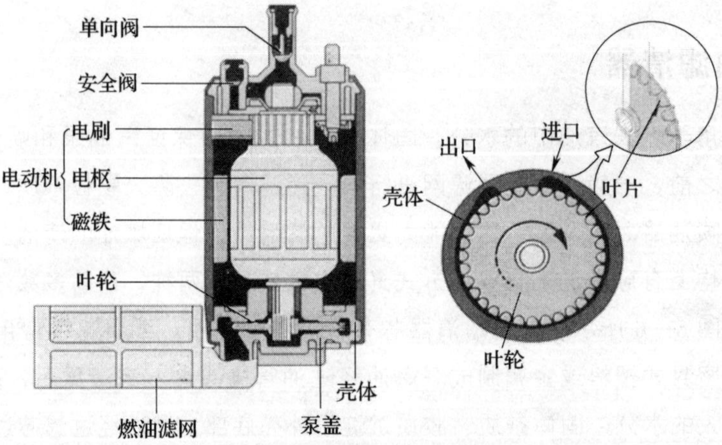

图 5—7 涡轮式电动燃油泵

工作原理：油泵电动机通电时，电动机驱动涡轮泵叶片旋转，由于离心力的作用，使叶轮周围小槽内的叶片贴紧泵壳，将燃油从进油室带往出油室。由于进油室的燃油不断减少，形成一定的真空度，将燃油从进油口吸入；而出油室燃油不断增多，燃油压力升高，当达到一定值时，顶开出油阀从出油口输出。出油阀在油泵不工作时阻止燃油流回油箱，保持油路中有一定的压力，便于下次起动。

2. 滚柱式电动燃油泵

滚柱式电动燃油泵属外装泵，主要由燃油泵电动机、滚柱式燃油泵、出油阀、卸压阀等组成。如图5—8所示。

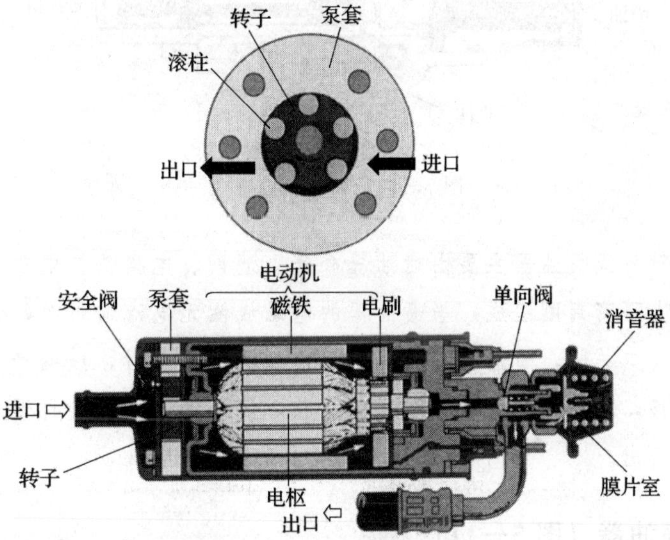

图5—8　滚柱式电动燃油泵

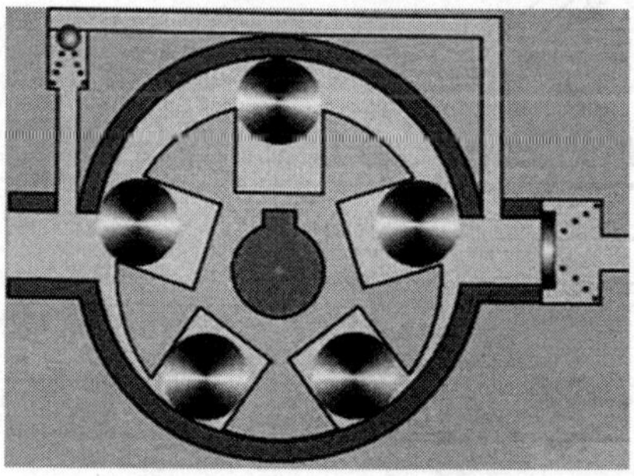

图5—9　工作原理图

工作原理（图5—9）：电动机带动转子转动，滚子在离心力的作用下紧压在壳体上，利用滚子和壳体间的体积大小的变化来吸入和输出汽油，并提高汽油的压力。

四、喷油器

喷油器的工作是由ECU发出的脉冲信号控制的。通电时，喷油器喷口打开，把一定压力的汽油以雾状喷入进气管，并与空气混合，在各缸进气行程时被吸入气缸。

喷油器实际上是一个电磁阀，由针阀与衔铁制成一个整体。当ECU发出脉冲信号时，衔铁与针阀一起被吸起，一定压力的燃油从喷口喷出；当电磁线圈断电时，磁力消失，衔铁与针阀在弹簧的弹力作用下回位关闭喷口。电子控制单元输出的脉冲时间长，阀口打开时间长，喷油器喷油量大，反之喷油量小。

喷油器一般分为轴针式喷油器和球阀式喷油器两种类型。

1. 轴针式喷油器（图 5—10）

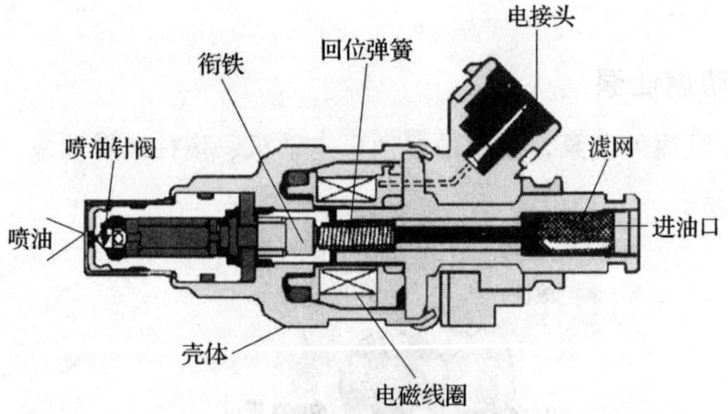

图 5—10　轴针式喷油器

结构特点：轴针式喷油器主要由喷油器外壳、滤网、电接头、电磁线圈、衔铁、针阀、喷油轴针、上下密封圈组成。当喷油器的电磁线圈无电流通过时，针阀在弹簧的作用下将喷油器的阀口关闭，喷油器不喷油；当电磁线圈通电时，线圈产生磁场，电磁吸力将铁心吸起上移，与铁心一体的针阀同时上移，喷油器的阀口被打开，燃油从精密的环形喷口以雾状喷出。

2. 球阀式喷油器（图 5—11）

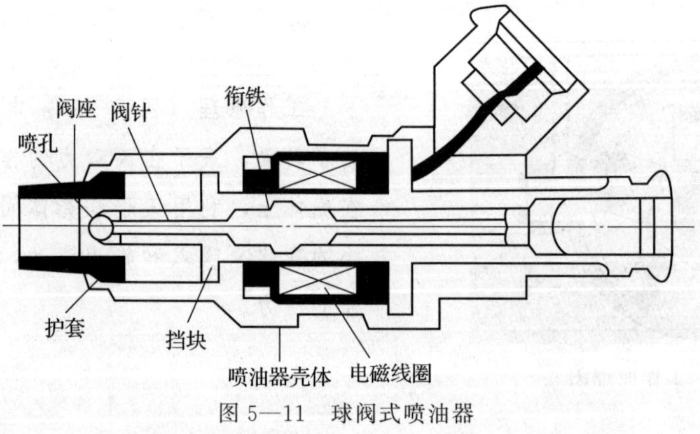

图 5—11　球阀式喷油器

结构特点：当喷油脉冲输入电磁线圈时，产生电磁吸力，固定在阀针上的衔铁向上吸起，阀针抬离阀座，燃油开始通过计量孔喷出；当喷油脉冲终止时，吸力消失，阀针在弹簧力作用下返回阀座，于是喷油结束。因此，每次喷油量取决于输入电磁线圈的电流脉冲宽度。

球阀式与轴针式电磁喷油器的主要区别在于阀针的结构，如图 5—12 所示。球阀式的阀针是由钢球、导杆和衔铁用激光束焊接成整体的结构。

为了保证燃油密封，轴针式阀针必须有较长的导向杆，而球阀具有自动定心作用，无须较长的导向杆，因此，球阀式的阀针质量小，只有普通轴针式阀针的一半，这是采用短的空心导杆实现的，且具有较高的燃油密封能力，明显优于轴针式针阀。

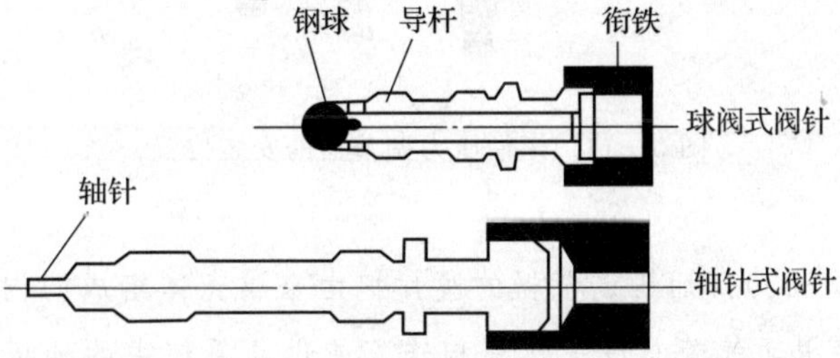

图 5—12　球阀式与轴针式电磁喷油器阀针的结构

五、冷起动喷油器

在低温下发动机冷起动时，吸入发动机的混合气，一部分处于冷凝状态，混合气不易燃烧，发动机不易起动。为了避免这个缺点，必须在冷起动时，附加喷入一定的燃油，使混合气加浓易于冷起动，冷起动喷油器在冷起动时喷入一定的燃油以增加混合气的浓度，改善冷起动性能。

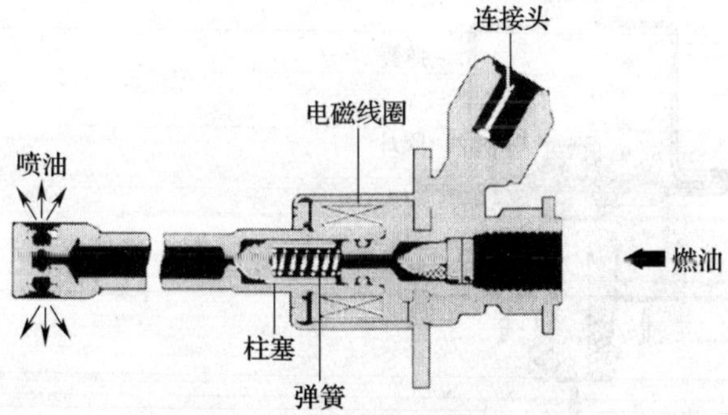

图 5—13　冷起动喷油器

冷起动喷油器的结构也是一个电磁阀，当点火开关和热限时开关均接通时，电磁线圈产生磁场，将阀门吸起，燃油通过旋流式喷油器以雾状喷出，进入进气管道加浓混合气。如图 5—13 所示。

六、燃油压力调节器

油压调节器的作用是根据进气歧管压力的变化来调节进入喷油器的燃油压力，使两者保持恒定的压力差，从喷油器喷出的燃油量便只取决于喷油器的开启时间，使电子控制单元能通过控制喷油时间的长短来精确地控制喷油量。油压调节器一般位于分配油管（燃油导轨）的一端，它可使燃油压力调节在 250～300 kPa 范围内，如图 5—14 所示。

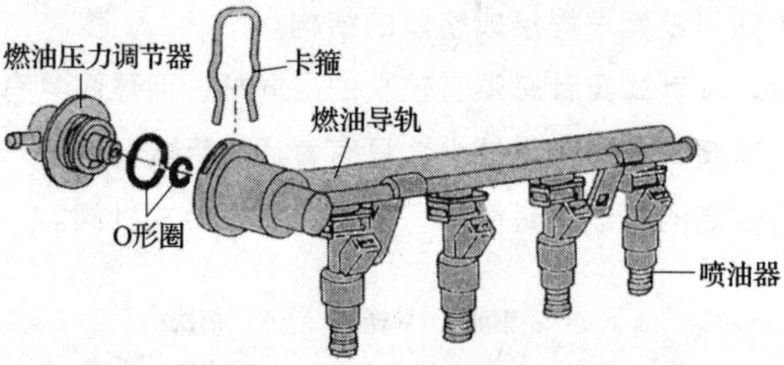

图 5—14　燃油压力调节器的安装位置

工作原理（图 5—15）：油压调节器的膜片把由金属壳体组成的内腔分为弹簧室和燃油室。弹簧室内有一根通气管与进气歧管相连，使供油系统中的油压不仅取决于弹簧预紧力，而且还取决于进气歧管内的气体压力。当输入的燃油压力高于弹簧预紧力与进气歧管压力之和时，燃油推动膜片，向上压缩弹簧，打开回油阀，使部分燃油流回油箱，油路中的油压降低；当燃油压力低于弹簧预紧力和进气歧管压力之和时，回油阀关闭，油压升高。喷油压力随进气歧管的压力而变化，从而使喷油压力与进气歧管压力之差值保持不变。

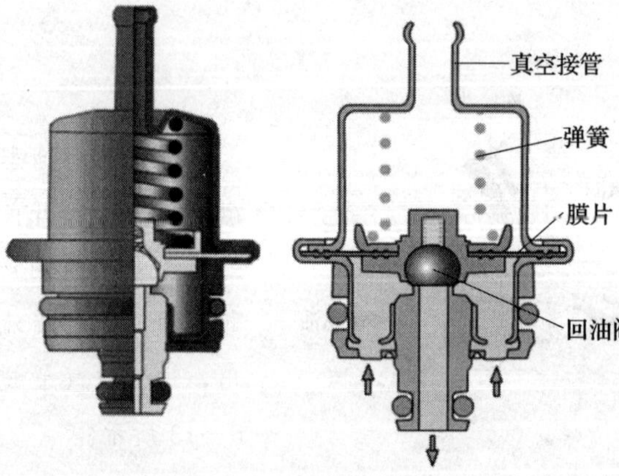

图 5—15　燃油压力调节器

七、汽油压力缓冲器

汽油压力缓冲器安装在燃油泵上或燃油导轨上（图 5—16）。其作用是消除由于泵油或喷油产生的压力脉动，抑制噪声；保持油压，以利于下次起动。

当油压升高时，膜片向上，油腔容积增大；当油压降低时，膜片在弹簧的作用下向下，油腔容积减小。

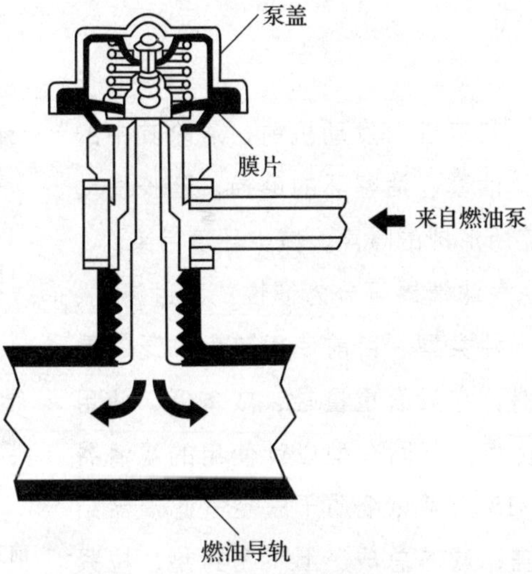

图 5—16 汽油压力缓冲器

第三节 进排气系统

学习目标：

1. 掌握进排气系统的作用及组成。
2. 掌握进排气系统主要部件的结构及作用。

进气系统的作用是尽可能多、尽可能均匀地向各缸供给可燃混合气或纯空气。进气系统由空气滤清器和进气歧管等组成。空气经空气滤清器过滤后，流过空气流量计，由进气道进入进气歧管，与喷油嘴喷出的汽油混合形成可燃混合气，经进气门进入汽缸。对于柴油机来说，空气经空气滤清器过滤后，进入进气歧管，经进气门进入气缸。

排气系统的作用是尽可能多地把燃烧后的废气排出气缸。排气系统主要由排气管和消声器等组成。

图 5—17 为发动机进排气系统。

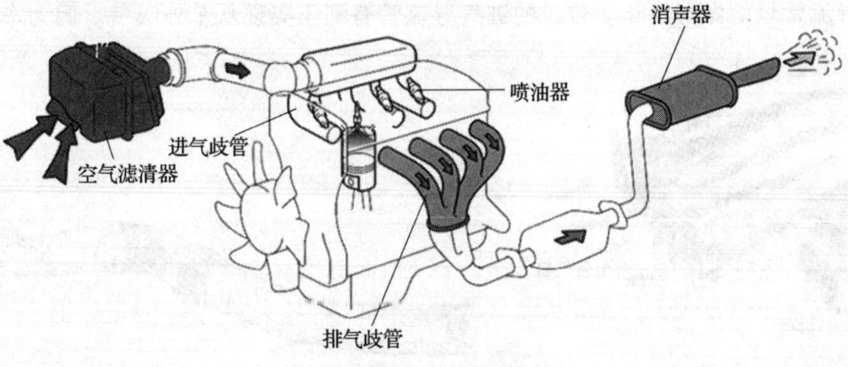

图 5—17 发动机进排气系统

一、空气滤清器

空气滤清器的作用是在空气进入发动机前，清除其中的尘土和沙粒，以减少气缸、活塞、活塞环的磨损，延长发动机的使用寿命，消除进气流所形成的噪声，减少环境污染。

按照滤清方式不同，空气滤清器可分为惯性式、过滤式、惯性与过滤合一的综合式三种类型。目前使用较为广泛的是过滤式纸质干式空气滤清器，它具有重量轻、成本低、使用维护方便、滤清效果好等优点。不同车型设计使用的滤清器结构形式有所不同，图 5—18 为常见纸质干式空气滤清器结构图，它主要由外壳、上盖、滤芯总成、上下密封垫、拉紧螺杆等组成。滤芯用标准空气滤纸折成柱状，上下端加盖和密封胶固定成型。在真空吸力作用下，空气从滤清器上盖与外壳之间的夹缝中吸入，经过滤芯过滤杂质后进入进气通道，干净的空气经进气软管、进气总管等进入发动机。

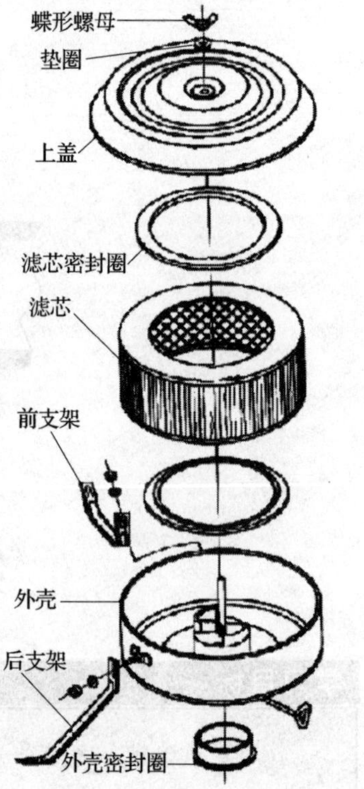

图 5—18　纸质干式空气滤清器结构图

二、进气管

进气管（图 5—19）的作用是将可燃混合气送至发动机的各个气缸。进气管一般用铸铁制成，也有用铝合金铸造的。进、排气管两者可铸成一体，也可分别铸出，用双头螺柱固定在气缸体上或气缸盖上，为防止漏气，其接合面装有石棉衬垫，进、排气管的各支管分别与进、排气门的通道相连。

三、空气滤清器进气导流管

在现代轿车上，为了增强发动机的谐振进气效果，空气滤清器进气导流管需要有较大的容积，如图 5—20 所示。但是导流管不能太粗，以保证空气在导流管内有一定的流速，因此，进气导流管只能做得很长。较长的进气导流管有利于实现从车外吸气。因为车外空气温

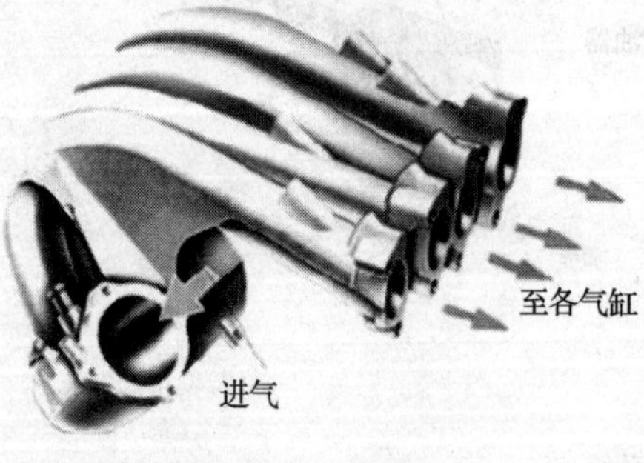

图 5—19　进气管

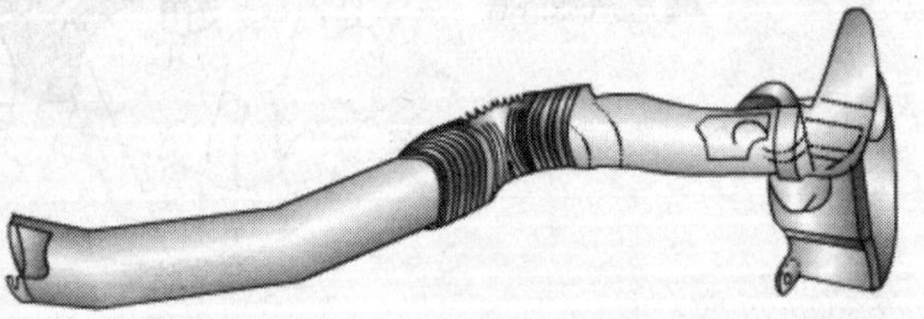
图 5—20　空气滤清器进气导流管

度一般比发动机罩下的温度低 30℃左右，所以从车外吸入的空气密度可增大近 10%，燃油消耗率可降低 3%。

四、排气歧管

一般排气歧管由铸铁或球墨铸铁制造，近些年来采用不锈钢排气歧管的汽车愈来愈多（图 5—21），其原因是不锈钢排气歧管质量轻，耐久性好，同时内壁光滑，排气阻力小。排气歧管的形状十分重要。为了不使各缸排气相互干扰及不出现排气倒流现象，并尽可能地利用惯性排气，应该将排气歧管做得尽可能的长，而且各缸支管应该相互独立、长度相等。

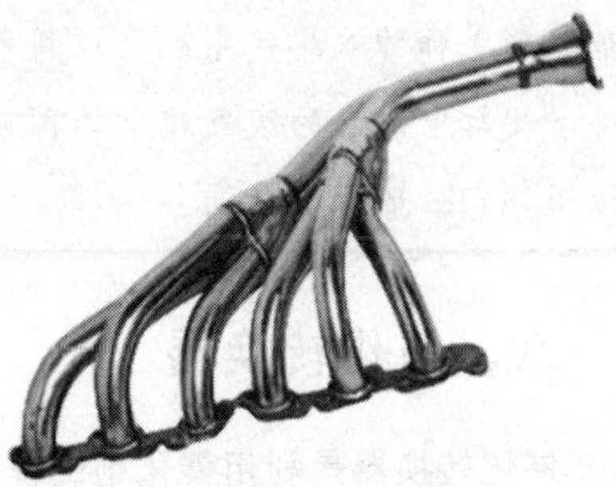

图 5—21 排气歧管

五、消声器

发动机的排气压力为 0.3～0.5 MPa，温度在 500～700℃，这表明排气有一定的能量。同时，由于排气的间歇性，在排气管内引起排气压力的脉动。若将发动机排气直接排放到大气中，将产生强烈的、频谱比较复杂的噪声。排气消声器（图 5—22）的作用是降低排气噪声。消声器通过逐渐降低排气压力和衰减排气压力的脉动，使排气能量耗散殆尽。

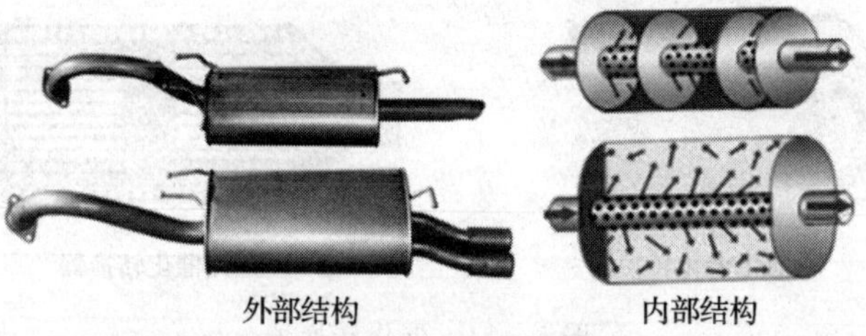

图 5—22 排气消声器

知识扩展：

直列型发动机在排气行程期间，气缸中的废气经排气门进入排气歧管，再由排气歧管进入排气管、催化转换器和消声器，最后由排气尾管排到大气中。这种排气系统称作单排气系统，如图 5—23 所示。

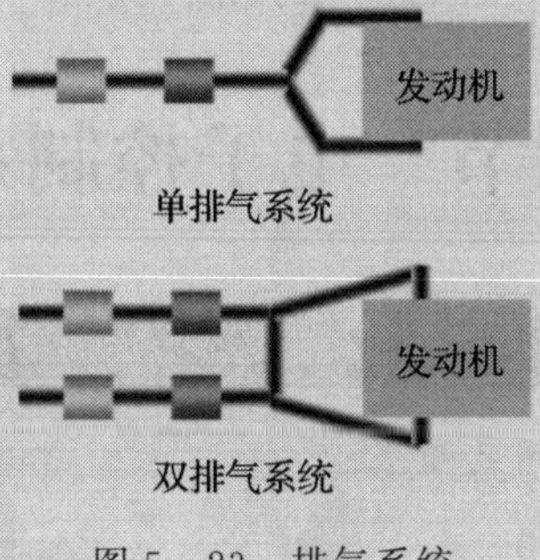

图 5—23 排气系统

V 形发动机有两个排气歧管，在大多数装配 V 形发动机的汽车上仍采用单排气系统，即通过一个叉形管将两个排气歧管连接到一个排气管上。来自两个排气歧管的废气经同一个排气管、同一个消声器和同一个排气尾管排出。但有些 V 形发动机采用两个单排气系统，即每个排气歧管各自都连接一个排气管、催化转换器、消声器和排气尾管。这种布置形式称作双排气系统。双排气系统降低了排气系统内的压力，使发动机排气更为顺畅，气缸中残余的废气较少，因而可以充入更多的空气、燃油混合气，发动机的功率和转矩都相应地有所提高。

六、催化转换器

催化转换器是利用催化剂的作用将排气中的 CO、HC 和 NO_x 转换为对人体无害的气体的一种排气净化装置，也称作催化净化转换器。金属铂、钯或铑均可作催化剂。在化学反应过程中，催化剂只促进反应的进行，不是反应物的一部分。

催化转换器有氧化催化转换器和三元催化转换器（OBD)，如图 5—24 所示。氧化催化转换器只将排气中的 CO 和 HC 氧化为 CO_2 和 H_2O，因此这种催化转换器也称为二元催化转换器。必须向氧化催化转换器供给二次空气作为氧化剂，才能使其有效地工作。

氧化催化转换器

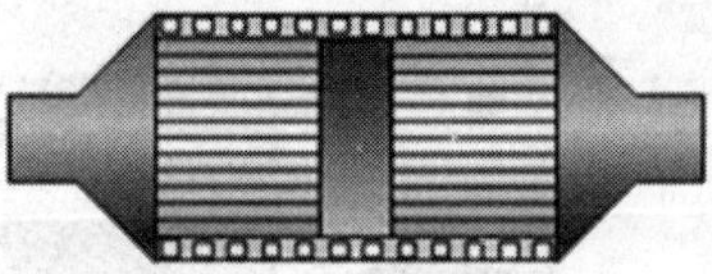
三元催化转换器

图 5—24　催化转换器

三元催化转换器可同时减少 CO、HC 和 NO_x 的排放，它以排气中的 CO 和 HC 作为还原剂，把 NO_x 还原为氮（N_2）和氧（O_2），而 CO 和 HC 在还原反应中被氧化为 CO_2 和 H_2O。

当同时采用两种转换器时，通常把两者放在同一个转换器外壳内，而且三元催化转换器置于氧化催化转换器前面。排气经过三元催化转换器之后，部分未被氧化的 CO 和 HC 继续在氧化催化转换器中与供入的二次空气进行氧化反应。

第四节　电子控制系统

学习目标：

1. 掌握电子控制系统的作用及组成。
2. 掌握传感器的结构及作用。

电子控制系统主要由传感器、电控单元（ECU）和执行器组成，如图 5—25 所示。

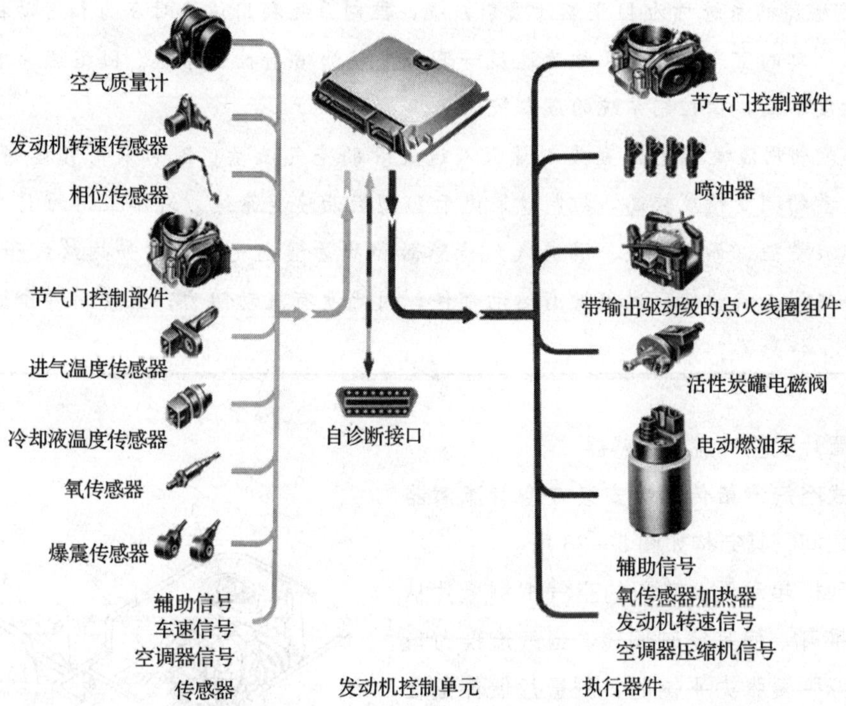

图 5—25　发动机电子控制系统的组成

发动机电子控制系统是将发动机的运行工况信息，如进气量、节气门位置、水温、进气温度信息等和汽车的运行状况信息（如车速），通过传感器转换成电信号并输送给电控单元，电控单元对这些电信号进行实时计算、分析等处理后，确定出最佳控制方案并向各有关执行元件发出控制指令信号，控制喷油量、点火时刻等，从而控制发动机在各种工况下都处于最佳工作状态。同时，电控单元还具有系统范围内的故障自诊断功能和后备控制（系统）功能，使某些元件出现故障时仍能保证发动机正常工作并通过故障指示灯告知驾驶员和用代码对故障进行记录。

一、传感器

1. 空气流量传感器

空气流量传感器（AFS）又称为空气流量计（AFM），其作用是检测发动机进气量大小，并将进气量信息变换成电信号输入 ECU，以供 ECU 计算确定喷油时间和点火时间。进气量信号是 ECU 计算喷油时间和点火时间的主要依据。

知识扩展：

根据检测进气量的方式不同，空气流量传感器分为 D 型（即压力型）和 L 型（即空气流量型）两种类型。

D型是利用压力传感器检测进气歧管内的绝对压力，测量方法属于间接测量法。装备D型传感器的系统称为D型燃油喷射系统，控制系统利用该绝对压力和发动机转速来计算吸入气缸的空气量，故又称为速度—密度型燃油喷射控制系统。D型燃油喷射系统的测量精度不高，但控制系统的成本较低。

L型是利用流量传感器直接测量吸入进气管的空气流量。因为采用直接测量方式，所以进气量的测量精度较高，控制效果优于D型燃油喷射系统。汽车采用的L型传感器分为体积流量型（如翼片式、涡流式）传感器和质量型空气流量（如热丝式和热膜式）传感器。热膜式流量传感器内没有运动部件，因此没有流动阻力，且使用寿命远远长于热丝式流量传感器。

(1) 翼片式空气流量传感器

翼片式空气流量传感器安装在空气滤清器和节气门之间，其结构如图5—26所示。

当发动机起动后，吸入的空气把测量片从全闭位置推开，使其绕轴偏转。当气流推力与测量片复位弹簧张力平衡时，测量片便停留在某一位置上。进气量越大，测量片开启的角度也越大。这时测量片转轴上的电位计滑臂也绕轴转动，使电位计的输出电压随之变化。这一信号输入到电控单元，电控单元再根据进气温度传感器的信号进行修正，即可测出实际的进气流量。

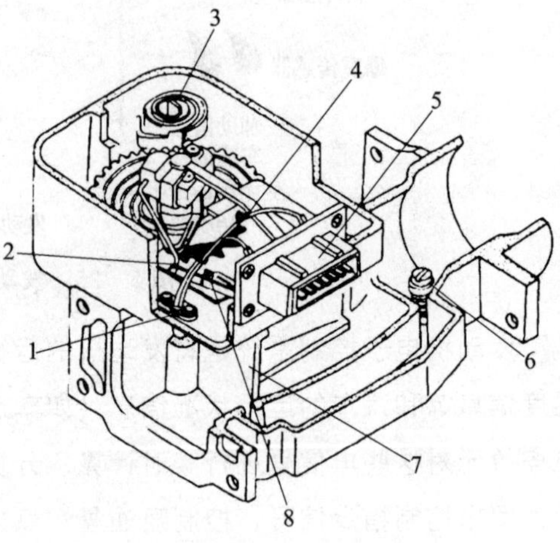

图5—26 翼片式空气流量传感器

1—进气温度传感器 2—电动油泵开关动触点 3—回位弹簧 4—电位计 5—导线连接器 6—CO调节螺钉 7—测量片 8—电动油泵静触点

空气流量传感器上还有电动燃油泵开关。当发动机起动后，测量片偏转时，其触点闭合；当发动机熄火时，其触点分开，避免出现意外事故时，燃油泵仍在工作，使汽油外溢而引起火灾。

(2) 光电卡门涡旋空气流量传感器

光电卡门涡旋空气流量传感器（图5—27）是利用卡门涡旋理论来测量空气流量的。在传感器进气道的正中间有一个流线型或三角形立柱，空气流经这个立柱时，在立柱后方的气流中会产生空气涡旋，涡旋发生器两侧的压力会发生变化，这个压力加至金属箔（安装反射镜）的表面上时，金属箔产生振动。发光二极管发出的光束被一个反射镜反射到光敏三极管上，使光敏三极管导通。由于反射镜同金属箔一同振动，因此被反射的光束也具有相同的频率，致使光敏三极管也随光束的变化以同样的频率导通和截止。电脑根据导通和截止的频率即可计算出进气量。

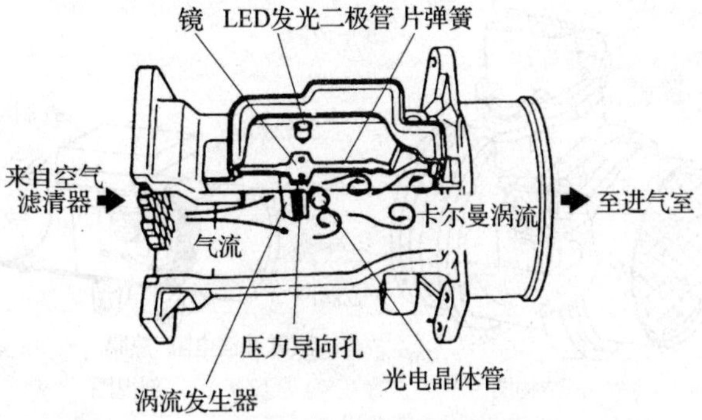

图 5—27 光电卡门涡旋空气流量传感器

(3) 热丝式空气流量传感器

热丝式空气流量传感器的结构如图 5—28 所示。在进气道的量化管中有一根铂丝（热丝，直径约为 0.07 mm)，经通电后发热。当发动机起动后，空气流进铂丝周围，使其热量散失，温度下降，此时与铂丝相连的桥式电路将改变电流，以保持铂丝的温度恒定，即当空气流量变化时，流进铂丝的电流随之发生变化。将这种变化的信号输入电控单元，即可测得空气流量。

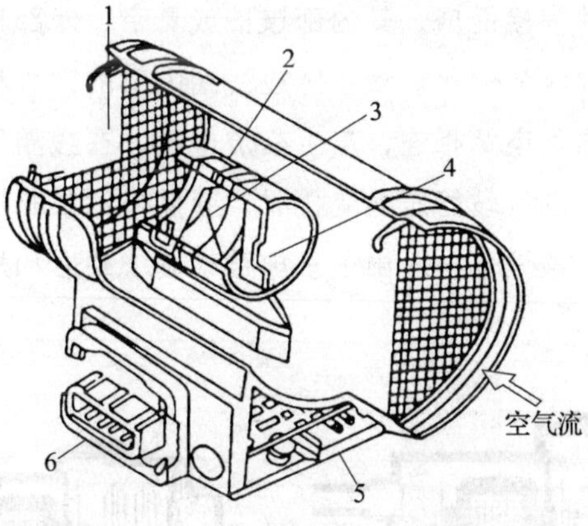

图 5—28 热丝式空气流量传感器

1—防护网 2—取样管 3—铂丝 4—温度传感器 5—控制线路板 6—接线插座

这种流量传感器中的前保护网用于进气整流，后保护网用于防止发动机回火时烧坏铂丝。

(4) 热膜式空气流量传感器

热膜式空气流量传感器的测量原理和热丝式空气流量传感器基本相同。它采用板式热电阻代替热丝式空气流量传感器中的铂丝，如图 5—29 所示，因而使用寿命较长。被电流加热的热电阻放在进气通道中，由于进气气流的冷却作用，使热电阻温度下降。其温度下降的程度与进气量、空气温度、空气密度有关。当热电阻温度下降时，电阻值变小，流过热电阻的电流随之增大，直至热电阻恢复原来的温度和电阻值为止。电子控制单元根据电压的大小计算出进气量。

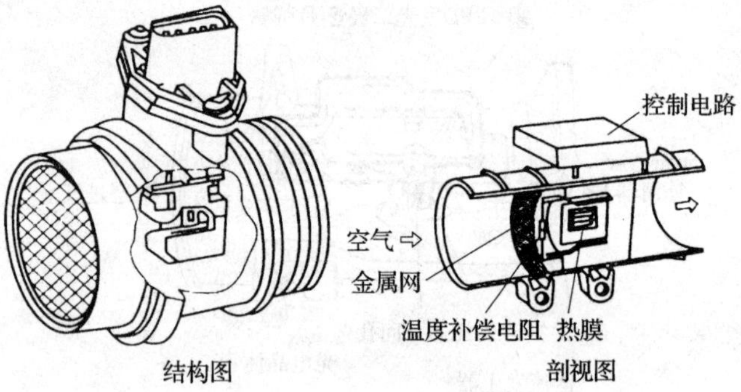

图 5—29　热膜式空气流量传感器

2. 进气压力传感器

进气压力传感器的功用是检测进气歧管的负压变化，感知发动机进气量的大小，电子控制单元以此信号和其他传感器信号控制喷油器的喷油量。

常用进气压力传感器有膜盒式进气压力传感器和应变仪式进气压力传感器。

(1) 膜盒式进气压力传感器

膜盒式进气压力传感器结构如图 5—30 所示，主要由膜盒、铁心、感应线圈和电子电路等组成。膜盒是由薄金属片焊接而成，其内部被抽成真空，外部与进气歧管相通。外部压力变化将使膜盒产生膨胀和收缩的变化。置于感应线圈内部的铁心和膜盒联动。感应线圈由两个绕组构成，其中一个与振荡电路相连，产生交流电压，在线圈周围产生磁场，另一个为感应绕组，产生信号电压。当进气歧管压力变化时，膜盒带动铁心在磁场中移动，使感应线圈产生的信号电压随之变化。该信号电压由电子电路检波、整形和放大后，作为传感器的输出信号送至 ECU。

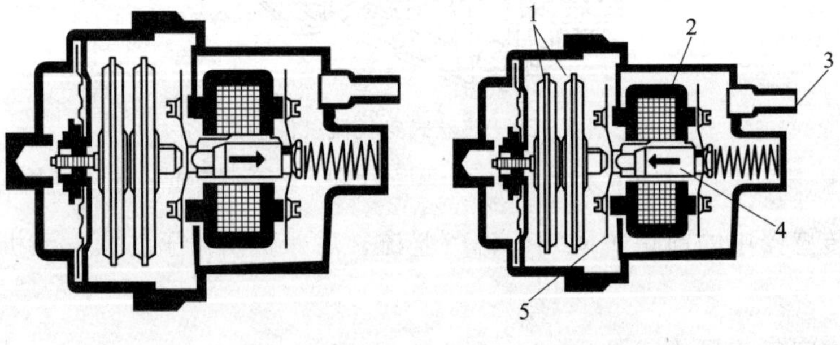

图 5—30　膜盒式进气压力传感器

1—膜盒　2—感应线圈　3—至进气歧管　4—铁心　5—回位弹簧

(2) 半导体应变式进气压力传感器

半导体应变式进气压力传感器如图 5—31 所示，由压力转换元件（硅膜片）和把转换元件输出信号进行放大的混合集成电路组成。压力转换元件是利用半导体的压阻效应制成的硅膜片。硅膜片的一侧是真空室，另一侧导入进气歧管压力，所以进气管内绝对压力越高，硅膜片的变形越大，其变形量与压力成正比。附着在薄膜上的应变电阻的阻值则产生与其变形量成正比的变化。利用这种原理，可把进气歧管内压力的变化变换成电信号。

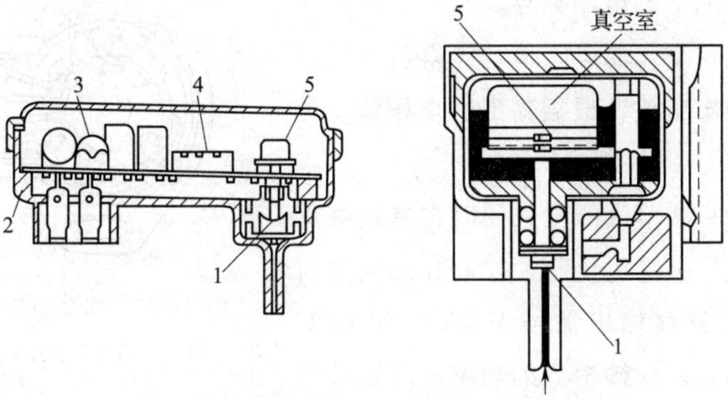

图 5—31　半导体应变式进气压力传感器

1—过滤器　2—塑料外壳　3—MFI 过滤器　4—混合集成电路　5—压力转换元件

3. 节气门位置传感器

节气门位置传感器用于检测节气门的开度，并将其转换成电信号输送给电控单元，作为电控单元判定发动机运转工况的依据。

节气门位置传感器有开关型、线性电位计型和综合型（怠速开关、节气门位置电位计），目前综合型使用最为广泛。

(1) 开关型节气门位置传感器

开关型节气门位置传感器如图 5—32 所示，由一个可动触点和两个固定触点（功率触点及怠速触点）构成。

节气门全关闭时，可动触点与怠速触点接触，可检测节气门的全关闭状态。当节气门开度达 500 以上时，可动触点与功率触点接触，可检测节气门大开度状态。在中间开度时可动触点同哪一个触点都不接触。

开关型节气门位置传感器与线性输出型传感器相比，结构简单且价廉，但节气门开度的检测精度差。

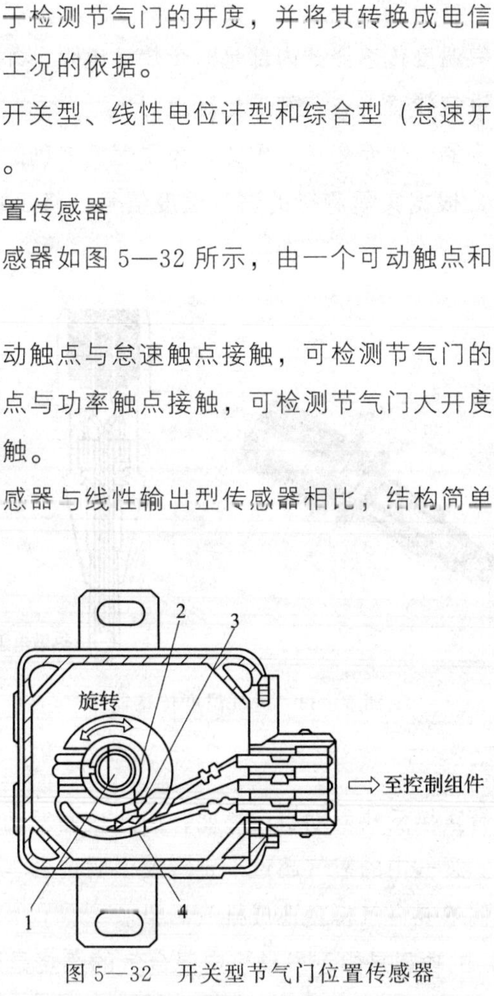

图 5—32　开关型节气门位置传感器

1—节气门轴　2—功率触点　3—动触点　4—怠速触点

(2) 综合型节气门位置传感器

如图 5—33 所示，综合型节气门位置传感器有两个与节气门联动的可动电刷触点。一个触点可在电阻体上滑动，利用变化的电阻值，测得与节气门开度对应的线性输出电压，根据输出的电压值，可知节气门开度。

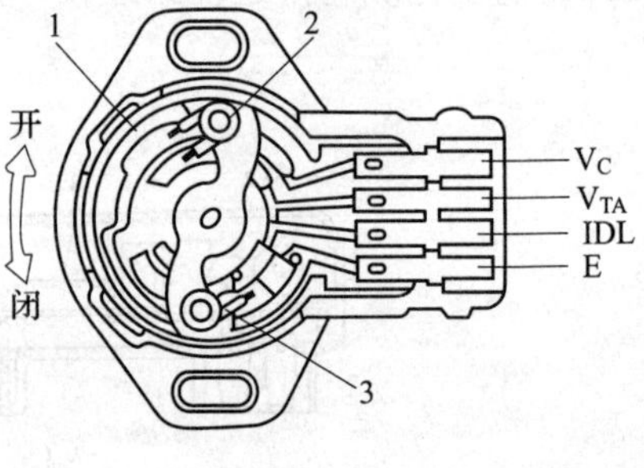

图 5—33 综合型节气门位置传感器

1—电阻 2—VTA 信号触点 3—IDL 信号触点

另一个电刷触点在节气门全关闭时与怠速触点 IDL 接触。IDL 信号主要用于断油控制和点火提前角的修正。节气门开度输出信号 VTA 则使 ECU 对喷油量进行控制，以获得相应的功率。随着节气门开度的增大，节气门开度输出电压线性增大。

4. 进气温度传感器

进气温度传感器的作用是检测进气温度，向电控单元输入进气温度信号，作为燃油喷射和点火正时的修正信号。

如图 5—34 所示，进气温度传感器的内部是一个热敏电阻，外部由环氧树脂密封。通常安装在空气滤清器之后的进气软管上或空气流量计上。

由于空气的密度随温度的变化而变化，因此，为了保持准确的空燃比，电子控制单元以 20℃时的空气密度为标准，根据实际测得的进气温度信号，修正喷油量。温度低时增加油量，温度高时减少油量。

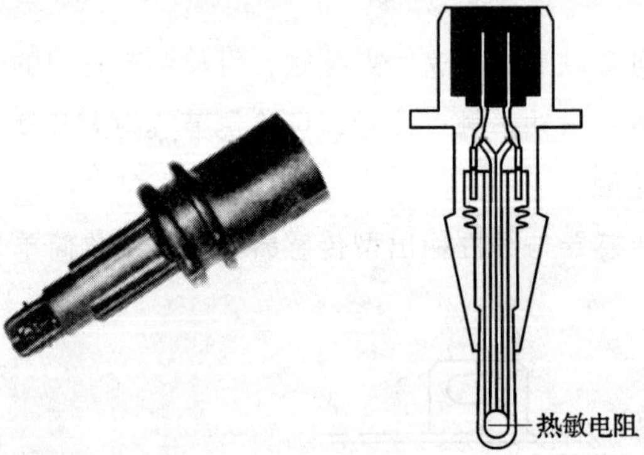

图 5—34 进气温度传感器

5. 氧传感器

发动机废气中的氧含量直接反映发动机空燃比，因此检测发动机废气中的氧含量是控制混合气空燃比的有效手段。废气中的氧气超过一定限度说明混合气偏稀，而废气中完全没有氧气则说明混合气偏浓，偏浓混合气将会造成排气污染。

氧传感器（图 5—35）的功用是指示发动机中混合气的燃烧是否完全，测定废气中的氧含量，然后将检测的结果及时反馈给发动机的控制系统，以便使发动机控制系统对燃料系统进行调控，把混合气的空燃比控制在理论空燃比附近很窄的范围内，使装有三元催化转换器的发动机达到最佳的排气净化效果。

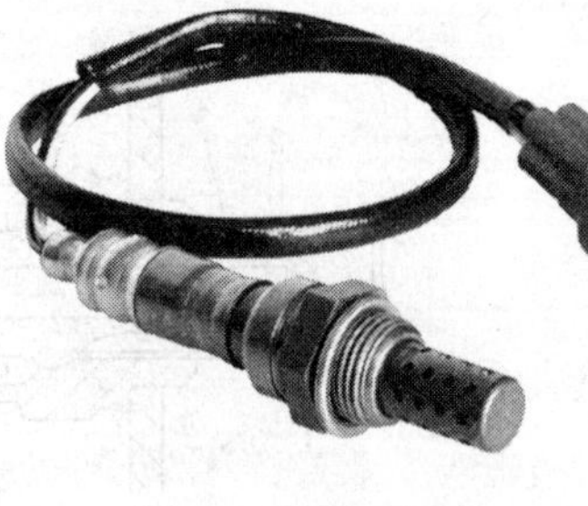

图 5—35　氧传感器

氧传感器安装在排气歧管前或排气管内。

目前使用的氧传感器有氧化锆式和氧化钛式两种，其中应用最多的是氧化锆式氧传感器。

(1) 氧化锆式氧传感器

氧化锆式氧传感器的基本元件是氧化锆陶瓷管（固体电解质），亦称锆管（图 5—36）。锆管固定在带有安装螺纹的固定套中，内外表面均覆盖着一层多孔性的铂膜，其内表面与大气接触，外表面与废气接触。氧传感器的接线端有一个金属护套，其上开有一个用于锆管内腔与大气相通的孔；电线将锆管内表面铂极经绝缘套从此接线端引出。

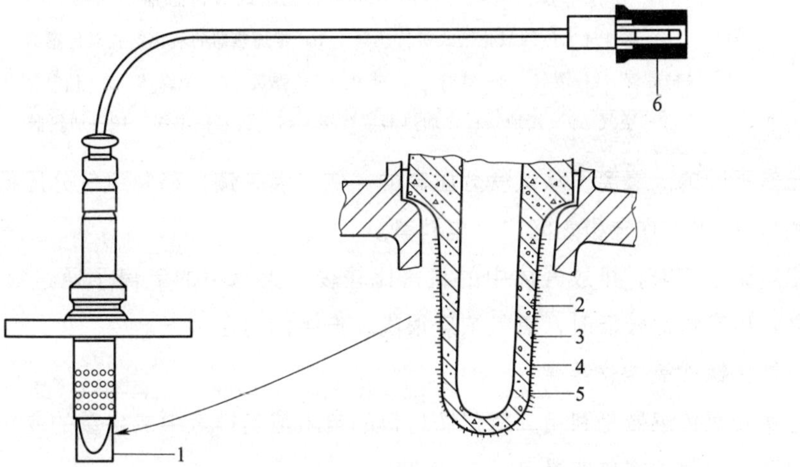

图 5—36　氧化锆式氧传感器

1—保护套管　2—内表面铂电极层　3—氧化锆陶瓷体　4—外表面铂电极层
5—多孔氧化铝保护层　6—线束接头

氧化锆在温度超过 300℃后，才能进行正常工作。早期使用的氧化锆式氧传感器靠排气加热，这种传感器必须在发动机起动运转数分钟后才能开始工作，它只有一根接线与 ECU 相连（图 5—37a）。现在，大部分汽车使用带加热器的氧化锆式氧传感器（图 5—37b）。

这种传感器内有一个电加热元件，可在发动机起动后的 20～30 s 内迅速将氧传感器加热至工作温度。它有三根接线，一根接 ECU，另外两根分别接地和电源。

氧化锆式氧传感器的工作原理如下（图 5—38）：

氧化锆是一种具有氧离子传导性的固体电解质，氧化锆在高温下具有这样一种特性，即当内外侧的氧浓度差较大时，就会产生电动势。大气一侧和汽车排出废气一侧的氧气浓度及

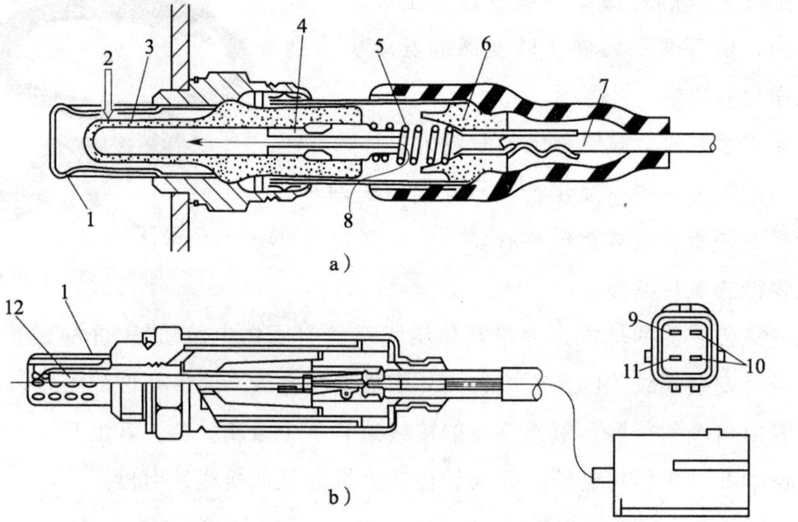

图 5—37 两种不同的氧化锆式氧传感器

a) 靠排气加热的氧化锆式氧传感器 b) 带加热器的氧化锆式氧传感器

1—保护套管 2—废气 3—锆管 4—电极 5—弹簧 6—绝缘体 7—信号输出导线

8—空气 9—接地 10—加热器接线端 11—信号输出端 12—加热器

氧气分压是不同的。氧离子从氧气分压高的一侧（大气侧）移向氧气分压低的一侧（汽车排出废气侧），结果，在电极之间产生电动势。

当空燃比较浓时，排放气体中的氧气比较少，大气中的氧离子通过氧化锆管后产生电压；反之，当空燃比较低时，氧气浓度很高，产生的电压很低。

(2) 氧化钛式氧传感器

氧化钛式氧传感器是利用二氧化钛材料的电阻值随排气中氧含量的变化而变化的特性制成的，故又称电阻型氧传感器。

氧化钛式氧传感器的外形和氧化锆式氧传感器相似，如图 5—39 所示。在传感器前端的护罩内是一个二氧化钛厚膜元件。纯二氧化钛在常温下是一种高电阻的半导体，但表面一旦缺氧，其晶格便出现缺陷，电阻也随之减小。

由于二氧化钛的电阻也随温度不同而变化，因此，在氧化钛式氧传感器内部也有一个电加热器，以保持氧化钛式氧传感器在发动机工作过程中的温度恒定不变。

当发动机的可燃混合气浓时，排出的废气中的氧离子含量较少，氧化钛管外表面氧离子很少或没有氧离子，二氧化钛呈现低阻状态；当发动机的可燃混合气稀时，排出的废气中的氧离子含量较多，氧化钛管外表面的氧离子浓度较大，二氧化钛呈现高阻状态。由于氧传感器的电阻发生改变，使得与电控单元连接的氧传感器负极上的电压降也产生变化。当氧传感器负极上的电压高于参考电压时，电控单元判定混合气过浓，于是就控制喷油器逐渐减少喷油量。

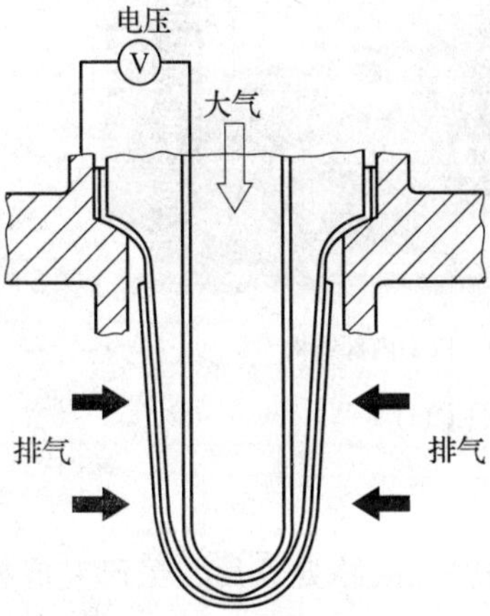

图 5—38 氧化锆式氧传感器的工作原理

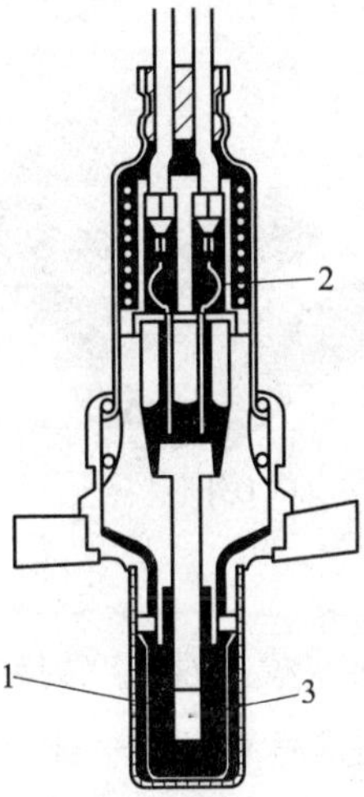

图 5—39 氧化钛式氧传感器

1—保护套管 2—连接线 3—二氧化钛厚膜元件

通过这样的反馈控制，使混合气的浓度保持在理论空燃比附近的狭小范围内。

二、节气门

节气门是用来控制空气进入发动机气缸的一道可控阀门，空气进入进气管后和汽油混合，成为可燃混合气体，参与燃烧做功。节气门安装在节气门体上，节气门体是当今电控发动机系统最重要的部件，它的上部是空气滤清器，下部是发动机缸体，发动机缸体是汽车发动机的咽喉。

驾驶员通过加速踏板控制节气门体上的节气门开度，以此来改变发动机的进气量，进行发动机的功率调节。节气门体上除安装有节气门外，还安装有节气门位置传感器和用于控制发动机怠速的怠速空气阀等部件，如图 5—40 所示。

图 5—40 节气门体

三、电控单元（ECU）

电控单元（ECU）是发动机的综合控制装置。它的作用是根据自身存储的程序对发动机各传感器输入的各种信息进行运算、处理、判断，然后输出指令，控制有关执行器动作，达到快速、准确、自动控制发动机工作的目的。

1. ECU 的组成

ECU 的基本构成主要是微型计算机，如图 5—41 所示。

(1) 输入回路

从传感器来的信号，首先进入输入回路。在输入回路里，对输入信号进行预处理，一般是去除杂波和把正弦波变为矩形波后，再转换成输入电压信号。

ECU外形　　ECU内部结构

图 5—41　电控单元（ECU）

(2) A/D 转换器（模拟/数字转换器）

从传感器送出的信号有相当一部分是模拟信号经输入回路处理后，虽已变成相应的电压信号，但微机不能直接处理这些信号，需经过相应的 A/D 转换器，将模拟信号转换成数字信号后再输入微机。

(3) 微型计算机

微机是发动机电子控制的中心，它能根据需要把各种传感器送来的信号，用内存程序和数据进行运算处理，并把处理结果送往输出回路。

微机主要由中央处理器（CPU）、存储器、输入/输出接口（I/O）等组成。

中央处理器（CPU）：中央处理器主要由运算器、寄存器、控制器组成。CPU 的工作是在时钟脉冲发生器操作下进行的，当微机通电后脉冲发生器立即产生一连串的具有一定频率和脉宽的电压脉冲，使计算机全部工作同步，保证同一时间内完成一定的操作，实现控制系统各部分协调工作的目的。

存储器：存储器的主要功能是存储信息。存储器一般分为以下两种：RAM 和 ROM。

RAM（随机存储器）主要用来存储计算机操作时的可变数据。如用来存储计算机输入、输出数据和计算过程产生的中间数据等。当电源切断时，所存入 RAM 的数据均完全消失，所以一般 RAM 都通过专用电源后备电路与蓄电池直接连接。但拔掉蓄电池缆线时，数据仍会消失。

ROM（只读存储器）是只能读出的存储器，用来存储固定数据，即存放各种永久性的程序和数据。如喷油特性脉谱、点火控制特性脉谱等。这些资料一般都是制造时厂家一次存入的，新的数据不能存入，电源切断时 ROM 信息不会消失。

只读存储器存储的大量程序和数据，是计算机进行操作和控制的重要依据，它们都是通过大量试验获得的，存入只读存储器中数据的精确性（如各种工况和各种因素影响下发动机的喷油控制数据、点火控制数据等），是满足微机控制发动机动力性、经济性和排放等的最重要的保证。

输入/输出接口（I/O）：I/O 是 CPU 与输入装置（传感器）、输出装置（执行器）间进行信息交流的控制电路，根据 CPU 的命令，输入信号以所需要的频率通过 I/O 接口接收，输出信号则按发出控制信号的形式和要求通过 I/O 接口，以最佳的速度送出。输入、输出装置一般都通过 I/O 接口与微机连接。它起着数据缓冲、电压信号匹配、时序匹配等多种功能。

(4) 输出回路

它是微机与执行器之间建立联系的一部分装置，它将微机发出的指令转变成控制信号来驱动执行器工作。输出回路一般起着控制信号的生成和放大等功能。

2. ECU 的工作过程

当发动机起动时，电控单元进入工作状态，某些程序和步骤从 ROM 中取出，进入 CPU。这些程序可以是控制点火时刻、控制汽油喷射、控制怠速等。通过 CPU 的控制，一个个指令逐个地进行循环。执行程序中所需的发动机信息，来自各个传感器。从传感器来的信号，首先进入输入回路，对其信号进行处理。若是数字信号，根据 CPU 的安排，经 I/O 接口，直接进入微机。若是模拟信号，还要经过 A/D 转换器，转换成数字信号后，才能经 I/O 接口进入微机。大多数信息，暂存在 RAM 内，根据指令再从 RAM 送至 CPU。下一步是将存储器 ROM 中参考数据引入 CPU，使输入传感器的信息与之比较。对来自相关传感器的每个信号，依次取样，并与参考数据进行比较。CPU 对这些数据进行比较运算后，作出决定并发出输出指令信号，经 I/O 接口进行放大，必要的信号还需经 D/A 转换器变成模拟信号，最后经输出回路去控制执行器动作。

第六章　柴油机燃料供给系统

第一节　概　　述

学习目标：

1. 掌握柴油机燃料供给系的作用及组成。
2. 了解混合气的形成及燃烧室的结构形式。

一、柴油机燃料供给系的作用

柴油机所用的燃料是柴油。柴油的蒸发性和流动性比汽油差，因此柴油机不能像汽油机那样，在气缸外部形成可燃混合气。柴油机的可燃混合气在气缸内部形成。

柴油机燃料供给系的作用是根据柴油机的工作顺序，在气缸压缩行程接近终了时，通过喷油器将高压的柴油定时、定量地喷入气缸内，雾状的柴油与燃烧室内炽热的压缩空气混合，形成可燃混合气，并自行发火燃烧，最后将燃烧后的废气排入大气。

二、柴油机燃料供给系的组成

柴油机燃料供给系由燃油供给装置、空气供给装置、混合气形成装置及废气排出装置组成，如图 6—1 所示。

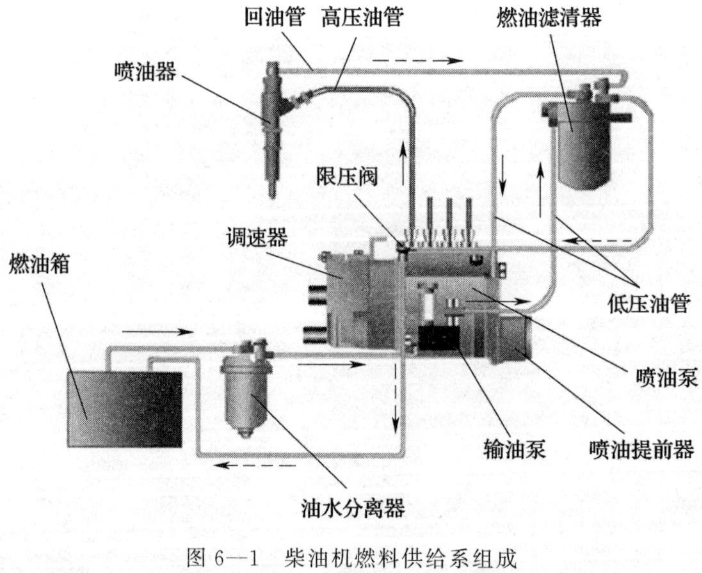

图 6—1　柴油机燃料供给系组成

(1) 燃油供给装置

燃油供给装置由柴油箱、低压油管、输油泵、柴油滤清器、喷油泵、高压油管、喷油器、回油管等组成。

(2) 空气供给装置

空气供给装置由空气滤清器、进气管道和气缸盖内的进气道等组成。

(3) 混合气形成装置

燃烧室。

(4) 废气排出装置

排气管道、消声器。

三、柴油机燃料供给系的油路(图 6—2)

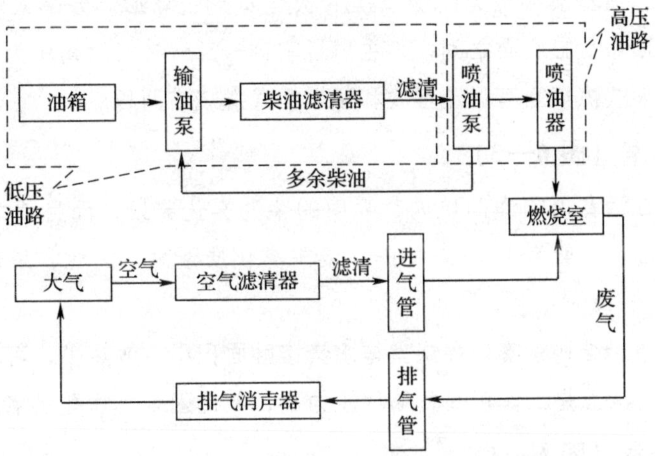

图 6—2 柴油机燃料供给系油路示意图

1. 低压油路

从油箱到喷油泵入口这一段油路，其油压由输油泵建立，一般为 150～300 kPa，故称低压油路。该油路主要完成柴油储存、输送和滤清等任务。

2. 高压油路

从喷油泵到喷油器这一段油路，其油压由喷油泵建立，一般在 10 MPa 以上，故称高压油路。柴油供给任务主要由它来完成。

3. 回油油路

由于输油泵供油量是喷油泵出油量的 3～4 倍，滤清器和喷油泵上都装有溢流阀，使多余燃油经溢流阀和回油管流回输油泵进口或直接流回油箱。

四、可燃混合气的形成与燃烧

柴油机可燃混合气的形成和燃烧都是直接在燃烧室内进行的。当活塞接近压缩上止点时，柴油喷入气缸，与高压高温的空气接触、混合，经过一系列的物理、化学变化才开始燃烧。之后便是边喷射、边燃烧。其混合气的形成和燃烧是一个非常复杂的物理化学变化过程，其主要特点是：

(1) 燃料的混合和燃烧是在气缸内进行的。

(2) 混合与燃烧的时间很短，大约为 0.001 7～0.004 s (气缸内)。

(3) 柴油黏度大，不易挥发，必须以雾状喷入。

(4) 可燃混合气的形成和燃烧过程是同时、连续重叠进行的，即边喷射、边混合、边燃烧。

五、燃烧室

柴油机的燃烧室在总体上分为直接喷射式燃烧室和分隔式燃烧室。直接喷射式燃烧室的气缸盖底面是平的，活塞顶部常见的燃烧室形状有 ω 形、球形。分隔式燃烧室由两部分组成，一部分在活塞顶与气缸底面之间，为主燃烧室；一部分在气缸盖中为副燃烧室。这两部分由孔道相连。分隔式燃烧室有涡流室式和预燃室式燃烧室两种。

1. ω 形燃烧室 (图 6—3)

柴油直接喷射在活塞顶的浅凹坑内，喷射的柴油雾化要好，而且要均匀地分布在空气中。要求喷射压力高，一般为 17～22 MPa；要求雾化质量高，因此，采用多孔喷咀，孔数一般为 6～12 个。

优点是形状简单，结构紧凑，燃烧室与水套接触面积小，散热少，可减少热损失，热效率高，经济性较好；缺点是工作粗暴，喷射压力高，制造困难，喷孔易堵。

2. 球形燃烧室 (图 6—4)

空气由缸盖螺旋形进气道以切线方向进入气缸，绕气缸轴线作高速螺旋转动，并一直延续到压缩行程。喷油器沿气流运动的切线方向喷入柴油，使绝大部分柴油直接喷射在燃烧室壁面上形成油膜；小部分柴油雾珠散布在压缩空气中，并迅速蒸发燃烧，形成火源。

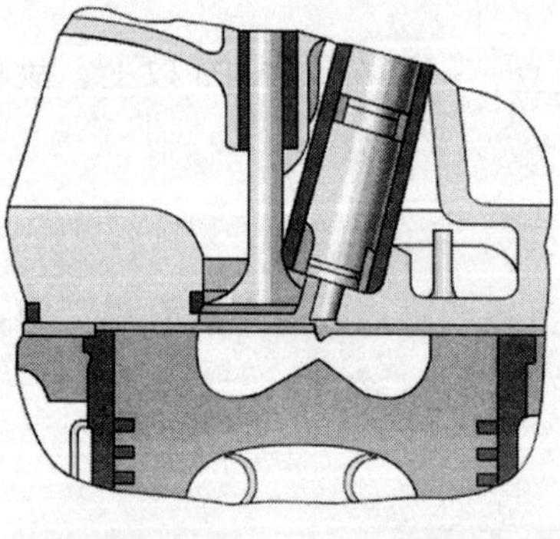

图 6—3 ω 形燃烧室

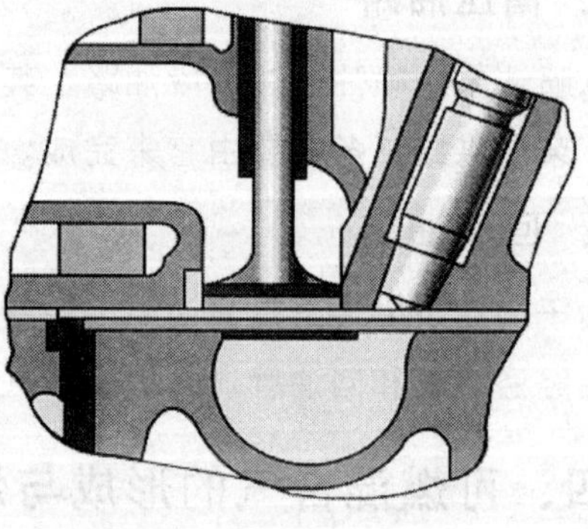

图 6—4 球形燃烧室

优点是工作柔和，噪音小；缺点是起动困难，螺旋形进气道结构复杂，制造困难。

3. 涡流室式燃烧室（图 6—5）

它的副燃烧室是球形或圆柱形的涡流室，其容积约占燃烧室总容积的 50%～80%，涡流室有切向通道与主燃烧室相通。在压缩行程中，气缸内的空气被活塞推挤，经过通道进入涡流室，形成强烈的有组织的高速旋转运动的（几百转/分）气流。柴油喷入涡流室后，在空气涡流的作用下，形成较浓的混合气。部分混合气在涡流室中着火燃烧，已燃与未燃的混合气高速（经通道）喷入主燃烧室，借活塞顶部的双涡流凹坑，产生第二次涡流，促使进一步混合和燃烧。

要求：顺气流方向喷射，由于涡流运动促进了混合气的形成与燃烧，可采用较大孔径的喷油器，喷射压力也较低（12～14 MPa）。

优点是工作柔和，空气利用率较高，喷射压力较低。缺点是热损失大，经济性差，起动困难。

4. 预燃室式燃烧室（图 6—6）

缸盖上有预燃室，占燃烧室总容积的 1/3，预燃室与主燃室有通道，活塞为平顶。因为通道不是切向的，所以压缩时不产生涡流。连通预燃室与主燃室的孔道直径较小，由于节流作用产生压力差，使预燃室内形成紊流运动，油束大部分射在预燃室的出口处，只有少部分与空气混合（出口处较浓，而上部较稀），上部着火后，产生高压，已燃的和出口处较浓的混合气一同高速喷入主燃烧室，在主燃烧室内产生强烈的燃烧扰流运动，使大部分燃料在主燃烧室内混合和燃烧。

其优缺点与涡流室式燃烧室基本相同。

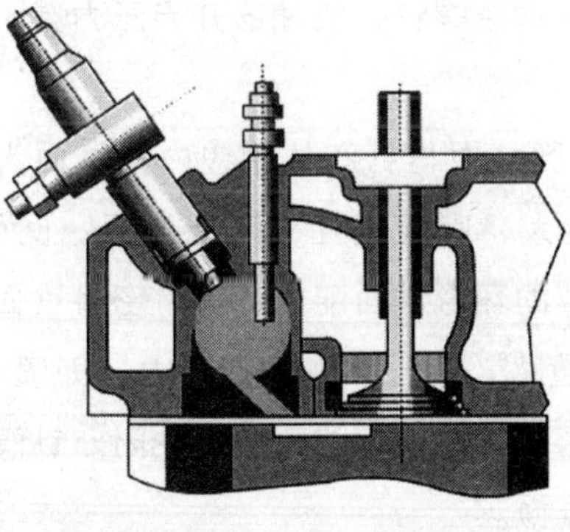

图 6—5　涡流室式燃烧室

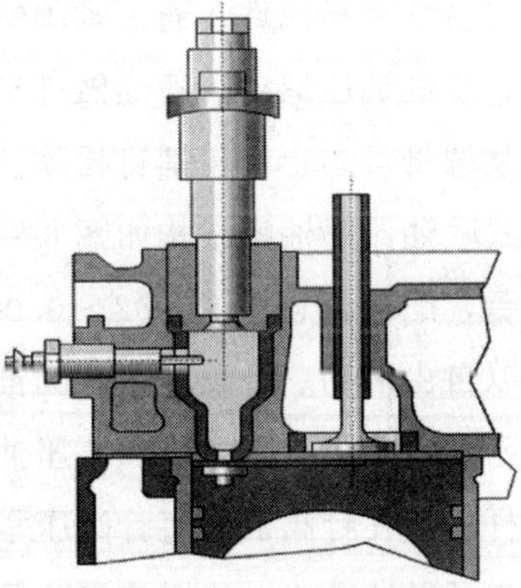

图 6—6　预燃室式燃烧室

第二节　喷　油　器

学习目标：

1. 掌握喷油器的分类及作用。
2. 掌握喷油器的结构。

喷油器的作用是将喷油泵供给的高压柴油雾化成细微颗粒，以一定的速度和形状喷入燃烧室，便于混合气的混合与燃烧；另外，喷油器在规定的停止喷油时刻能迅速切断柴油供给，避免发生泄漏现象。

汽车柴油机广泛采用闭式喷油器。闭式喷油器分为孔式和轴针式两类，如图 6—7 所示。孔式喷油器多用于直接喷射式燃烧室，轴针式喷油器多用于分隔式燃烧室。

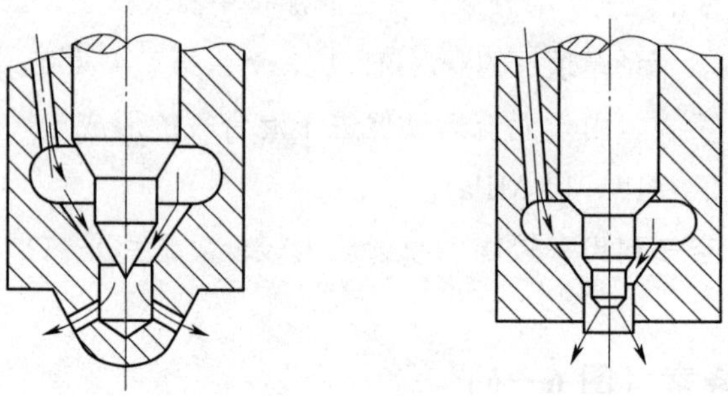

a） b）

图 6—7 喷油器的头部结构

a）孔式喷油器 b）轴针式喷油器

一、孔式喷油器

孔式喷油器的结构如图 6—8 所示，由针阀、针阀体、顶杆、调压弹簧、调压螺钉、调压螺钉锁紧螺母及喷油器体等组成。其中最主要的部件是用优质合金钢制成的针阀和针阀体，二者合称针阀偶件，通过紧固螺套与喷油器体紧固在一起。调压弹簧的预紧力由调压螺钉调节，旋进调压螺钉，喷油器开启压力增大；旋出调压螺钉，喷油器开启压力减小。调压螺钉锁紧螺母可防止调压螺钉松动。

孔式喷油器喷油嘴结构如图 6—9 所示，针阀的圆柱面与针阀体相应内圆柱面为高精度间隙配合，配合间隙为 0.002～0.003 mm。间隙过大，则会漏油，降低油压；间隙过小，针阀难以自由滑动。针阀下端的圆锥面与针阀体下端的环形锥面配合，称为密封锥面，以实现内腔密封，用于切断或打开高压油腔和燃烧室的通路。调压弹簧的预紧力（即喷油压力）通过顶杆作用在针阀上，将针阀压紧在针阀体内的密封锥面上，使喷油器关闭。针阀中部锥面露出在环形油腔中，用以承受油压的面称为承压锥面。

为防止细小杂物堵塞喷孔，有些喷油器进油管接头上装有缝隙式滤芯。滤芯有磁性，可以吸住金属磨屑，防止金属杂质进入。

柴油机工作时，喷油泵输出的高压柴油从进油管接头进入，经喷油器体和针阀体的油道孔进入针阀中部的环形高压油腔。油压作用在针阀的承压锥面上，形成一个向上的轴向推力，当此推力足以克服调压弹簧的预紧力和针阀与针阀体之间的摩擦力时，针阀随即向上移动而打开喷孔，高压柴油从针阀体下端的喷油孔喷入燃烧室中（图 6—9）。当喷油泵停止供油时，高压油路中的油压迅速下降，针阀在调压弹簧的作用下，迅速回位关闭喷孔。

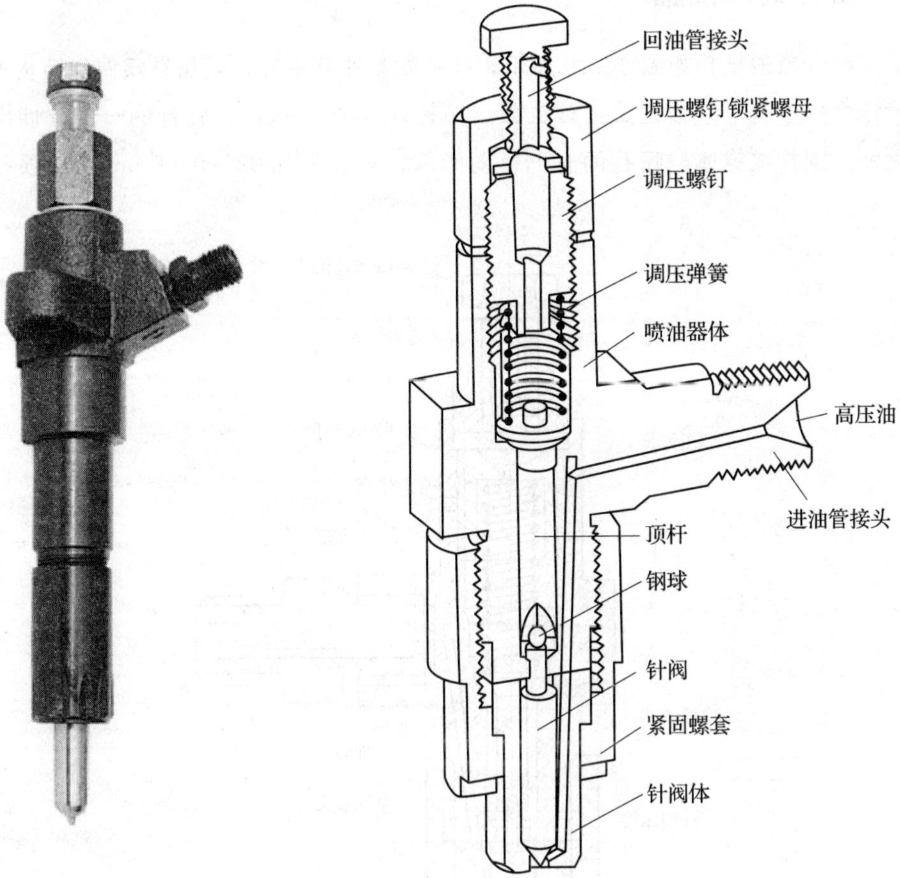

图 6—8 孔式喷油器结构图

喷油器工作时，有少量的柴油从针阀与针阀体配合面之间的缝隙泄漏出，这些柴油给针阀偶件润滑后，沿顶杆周围的空隙上升，通过回油管接头流回柴油滤清器或回油箱。

孔式喷油器的特点是喷孔数目多，一般有 1～8 个喷孔；喷孔直径小，一般在 0.25～0.5 mm 之间，喷孔的数目和分布的位置，根据燃烧室形状和要求而定。

对于多缸柴油机，为使各缸喷油器工作一致，应采用长度相同的高压油管。

YC6105QC 型和 YC6110Q 型柴油机采用孔式喷油器，有喷孔四个，孔径为 0.32 mm，喷油压力为 (18.62±0.49) MPa。康明斯 B 系列柴油机采用长型多孔式 390953 型喷油器，喷油器标准开启压力为 24.5～25.3 MPa。

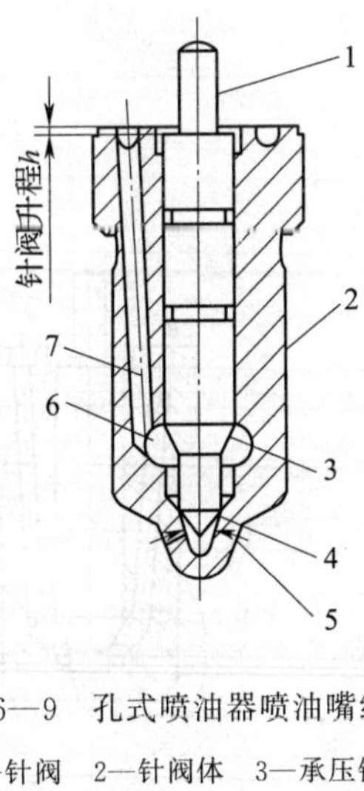

图 6—9 孔式喷油器喷油嘴结构

1—针阀 2—针阀体 3—承压锥面 4—密封锥面 5—喷孔 6—压力室 7—进油道

二、轴针式喷油器

轴针式喷油器的结构如图6—10所示，和孔式喷油器相似，只是针阀偶件结构不同。该针阀密封锥面以下有一段圆柱面或截锥面，即轴针（图6—11），轴针的一部分伸出针阀体的喷孔之外，圆柱或锥体与喷孔间有一径向间隙，一般为0.02～0.06 mm，使喷孔呈圆环形。

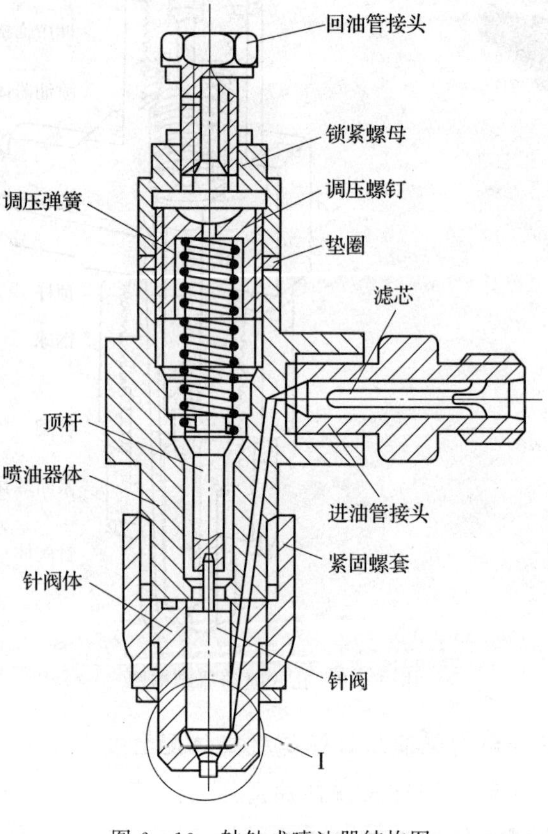

图6—10 轴针式喷油器结构图

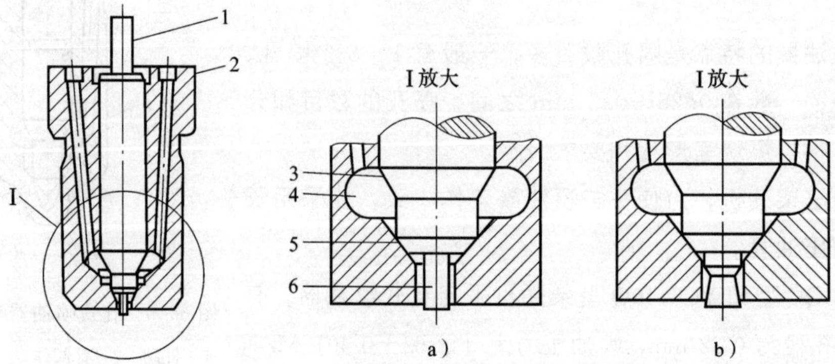

图6—11 轴针式喷油器喷油嘴结构

a）圆柱形针孔 b）截锥形针孔

1—针阀 2—针阀体 3—承压锥面 4—压力室 5—密封锥面 6—轴针

轴针式喷油器工作原理与孔式喷油器相同。喷雾的形状呈空心的圆柱面或扩散的锥面，以配合燃烧室的形状。

常见的轴针式喷油器只有一个喷孔，其直径一般在1～3 mm。因喷孔直径大，不易积炭，且由于轴针可上、下运动，能自动清除积炭，不易堵塞；但喷油压力不高，一般在12～14 MPa。

轴针式喷油器适用于喷雾要求不高的涡流室式和预燃室式柴油机。

第三节　喷　油　泵

学习目标：

1. 掌握喷油泵的分类及作用。
2. 掌握柱塞式、分配式喷油泵的结构及工作原理。

喷油泵又称高压油泵，其作用是接受输油泵送来的已经具备了初级压力的柴油，进一步提高它的压力，按照发动机的工作顺序和各缸的工作循环、发动机的负荷大小要求，定时、定量地向喷油器输送高压柴油，且各缸供油压力均等。

喷油泵的结构形式很多，车用柴油机的喷油泵一般分为柱塞式喷油泵、喷油泵—喷油器和分配式喷油泵三类。

(1) 柱塞式喷油泵性能好，使用可靠，为目前大多数汽车柴油机所使用。

(2) 喷油泵—喷油器的特点是将喷油泵和喷油器合成一体，直接安装在缸体上，可消除高压油管带来的不利影响，但要求在发动机上另加驱动机构。应用于PT燃油供给系统的喷油器即属于此类。

(3) 分配式喷油泵具有体积小、结构简单、使用方便等优点，尤其是体积小，对发动机和汽车的整体布置十分有利。

国产系列喷油泵有A、B、P型和VE型泵等。前三种属于柱塞式喷油泵，它们的结构形式和工作原理基本相同，即利用柱塞副的精密配合提供高压柴油，但是每个喷油泵中柱塞的数量与喷油泵匹配的发动机缸数相对应，也就是说，如果发动机有四个缸，则喷油泵中需要四套柱塞；后一种是分配式喷油泵，它只需用一个柱塞即可满足多缸发动机供油的需要。

一、柱塞式喷油泵

柱塞式喷油泵由泵体、分泵（泵油机构）、油量调节机构和传动机构四部分组成。

柱塞式喷油泵是利用柱塞在柱塞套内的往复运动进行吸油和压油，每一副柱塞和柱塞套向一个气缸供油。单缸柴油机由一柱塞偶件组成单体泵；多缸柴油机由多副柱塞偶件在同一壳体中组成多缸泵，分别向各缸供油。

1. 泵油机构

柱塞式喷油泵分泵的结构如图 6—12 所示。其关键部件是泵油机构，由柱塞偶件（柱塞和柱塞套）和出油阀偶件（出油阀和出油阀座）等组成。柱塞的下部固定有调节臂，通过它可调节和转动柱塞的位置。出油阀由弹簧压紧在阀座上，柱塞弹簧通过弹簧座使柱塞的下端与滚轮架的垫块相接触，并使滚轮与凸轮轴上的凸轮相接触。凸轮轴由曲轴通过传动机构驱动。对于四冲程柴油机，曲轴转两周，喷油泵凸轮轴转一周。

柱塞偶件由柱塞和柱塞套构成，如图 6—13 所示。柱塞偶件一般用优质合金钢制成，经过精细加工和配对研磨，使其配合间隙在 0.001 5～0.002 5 mm 范围内。正是由于柱塞偶件的精密配合及柱塞的高速运动，才得以实现对柴油的增压。柱塞头部加工有螺旋槽和直槽，柱塞下部加工有榫舌。柱塞套安装在喷油泵泵体的座孔中。

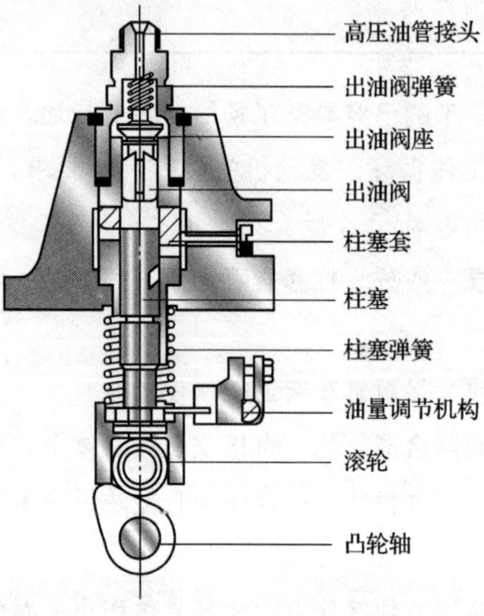

图 6—12　分泵结构

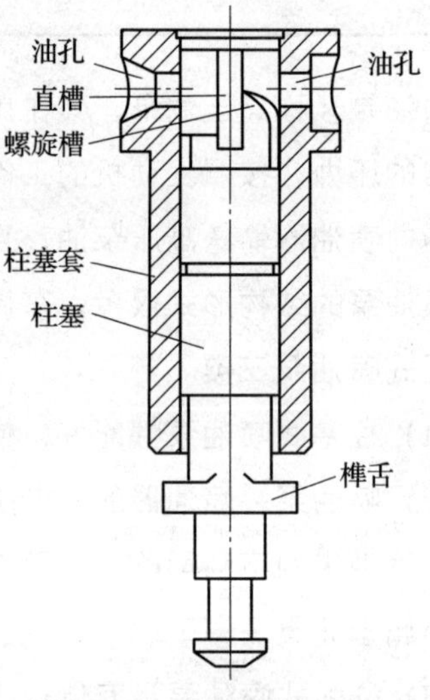

图 6—13　柱塞偶件

出油阀偶件由出油阀和出油阀座组成，位于柱塞偶件的上方。如图 6—14 所示，出油阀头部的密封锥面与出油阀座的接触表面经过精细研磨，中间有一环形减压带，尾部铣出四个三角形槽，使导向部分的横截面为十字形。出油阀被出油阀弹簧压紧在阀座上。

在有些出油阀座中装有减容器，以减小高压管路系统的容积，改善燃油的喷射质量；同时减容器还可限制出油阀的最大升程。

柱塞式喷油泵的工作原理如图 6—15 所示。柱塞套上有两个圆孔，都与喷油泵体上的低压油腔相通，柱塞套装于泵体内部，与泵体相对固定。柱塞表面上铣有斜槽（直线形或螺旋线形），斜槽内腔与柱塞上面的泵腔经孔道相连接。柱塞由凸轮驱动，柱塞在柱塞套内可作往复直线运动，也可绕自身轴线在一定角度内转动。

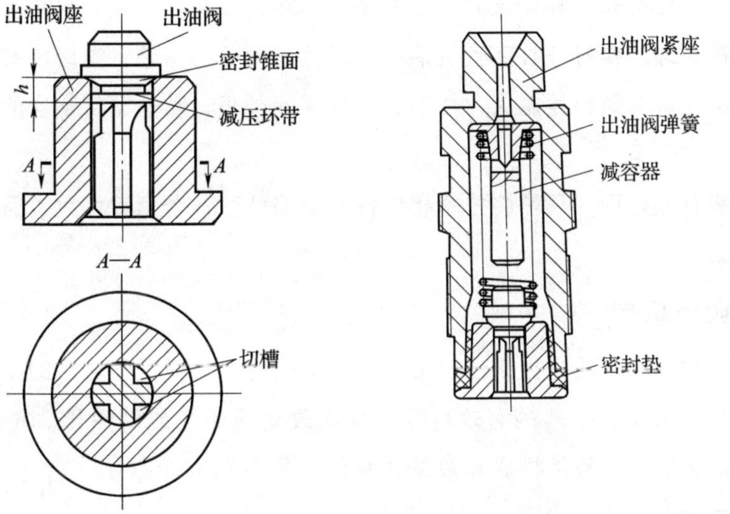

图 6—14　出油阀偶件

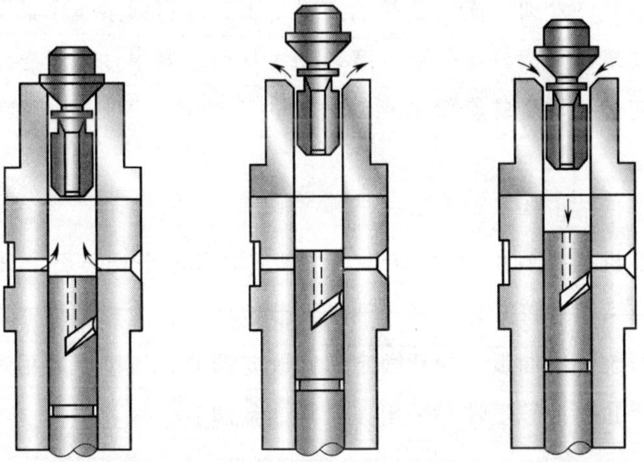

图 6—15　柱塞式喷油泵的工作原理

进油：当柱塞下行时，泵腔内的容积增大，产生真空，柴油被吸入到泵腔内。

供油：当柱塞上行时，泵腔中的一部分燃油被挤回泵体油道。当柱塞顶平面将进油孔封闭时，随着柱塞的继续上行，燃油受压，压力急剧升高。当其压力大于出油阀弹簧压力与高压油管中的残余油压之和时，出油阀便被顶离阀座，高压柴油经出油阀向高压油管、喷油器供油。

停油：柱塞继续上行，至其螺旋槽与柱塞套的回油孔相通时，柱塞顶部的高压油便经柱塞的中心油道流回泵体低压油腔。由于柱塞顶部油压急剧下降，在出油阀弹簧作用下，出油阀迅速落座，供油过程结束。此后柱塞虽然继续上行到上止点，但并不能向高压油管供油。

柱塞由其下止点移动到上止点所经过的距离称作柱塞行程，也就是喷油泵凸轮的最大升程。由上述泵油过程可知，喷油泵并不是在整个柱塞行程内都供油，只是在柱塞顶面封闭柱塞套进油孔到柱塞螺旋槽打开柱塞套进油孔这段柱塞行程内供油，这段柱塞行程称为柱塞有效行程。显然，柱塞有效行程越大，供油的持续时间越长，喷油泵每一次的泵油量即循环供油量便越多。

欲改变柱塞有效行程，只需将柱塞相对柱塞套偏转过一个角度即可，通常由油量调节机构来实施这个动作。

2. 油量调节机构

油量调节机构的作用是根据柴油机负荷和转速的变化，根据驾驶员的操纵或调速器的控制，通过转动柱塞来改变柱塞的有效行程，从而改变喷油泵的供油量，并使各缸供油量一致。常用的油量调节机构有齿杆式和拨叉式两种（图 6—16)。

(1) 齿杆式油量调节机构

齿杆式油量调节机构如图 6—16a 所示。柱塞下端的条状凸块伸入旋转套筒的槽内，旋转套筒则松套在柱塞套的外面。旋转套筒的上部用固定螺钉锁紧一个调节齿圈，齿圈与齿杆相啮合，所以拉动油量调节齿杆可带动柱塞转动，从而改变供油量。各缸供油均匀度和最大供油量，可通过改变齿圈与旋转套筒的相对位置进行调整。国产 A 型喷油泵采用齿杆式油量调节机构。

(2) 拨叉式油量调节机构

拨叉式油量调节机构如图 6—16b 所示。柱塞下端有一个调节臂，调节臂的端头固定在调节叉的槽内。调节叉用螺钉固定在同一油量调节拉杆上，这样移动油量拉杆就可以通过调节叉转动柱塞，从而改变供油量。松开固定螺钉改变调节叉与拉杆的相对位置即可调节各缸的供油量。国产Ⅰ、Ⅱ、Ⅲ号喷油泵采用拨叉式油量调节机构。

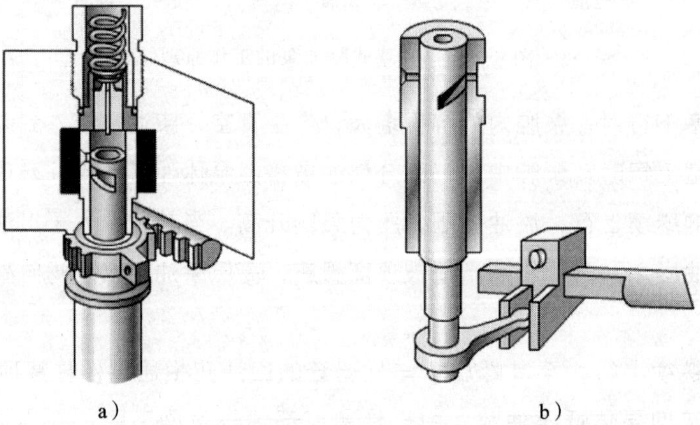

图 6—16　油量调节机构

a) 齿杆式油量调节机构　b) 拨叉式油量调节机构

3. 传动机构

喷油泵传动机构的作用是控制喷油泵柱塞的上、下移动。它是由凸轮轴和挺杆传动部件组成，喷油泵的挺杆多采用滚轮式。凸轮轴由轴承支承在泵体下部，前端装有联轴器从动盘，后端装有调速器。带有衬套的滚轮松套在滚轮轴上，滚轮轴装在滚轮架的座孔中。滚轮架外形为圆柱体，只能在泵体的圆孔中作上、下移动而不能转动。其上部装有调整垫块，以支承喷油泵柱塞。

凸轮轴上凸轮的数量与喷油泵柱塞偶件数量相同，各凸轮间的夹角与气缸工作顺序相适应。凸轮轴一般由曲轴的正时齿轮驱动，四冲程柴油机的喷油泵，凸轮轴与曲轴的转速比是1∶2，以保证凸轮轴每转一周，喷油泵向各缸供油一次。

知识扩展：

喷油泵的供油正时用供油提前角表示。供油提前角的调整方法有两种，一是改变喷油泵凸轮轴和曲轴的相对角位置，但这只能使各分泵作同一数量的改变。二是改变滚轮传动部件的高度，高度增大，则供油正时提前，反之供油正时滞后，这样可以单独改变某一分泵的供油量。

如图 6—17 所示，更换不同厚度的调节垫片即可改变滚轮传动部件的高度。这种结构简单，工作可靠，但更换时须拆开泵体，易使已调整好的油量发生变化；另一种调整方法是通过调整滚轮架上的调整螺母改变滚轮高度，然后用锁紧螺母将调整螺母锁紧。这种方法较简单。

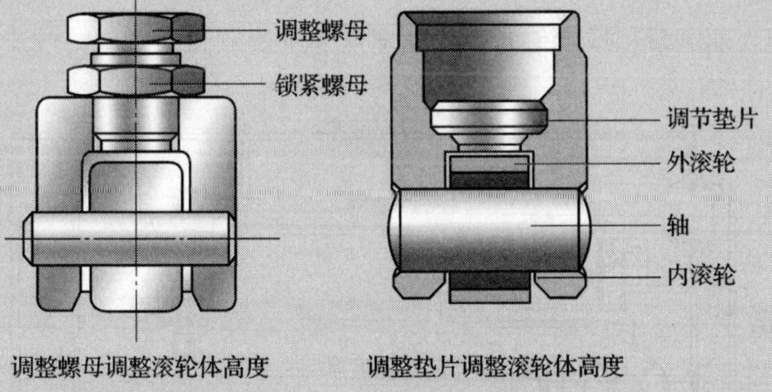

图 6—17　供油正时的调整

4. 泵体

泵体是喷油泵的基础零件，泵油机构、供油量调节机构和传动机构以及调速器等都安装在喷油泵体上，它在工作中承受较大的作用力。因此，泵体应有足够的强度、刚度和良好的密封性。此外，它还应该便于拆装、调整和维修，如图 6—18 所示。

图 6—18　A 型柱塞式喷油泵

二、分配式喷油泵

分配式喷油泵简称分配泵，有转子式和单柱塞式两大类。英国 CAV 公司的 DPA 型分配泵和法国 SIGMA 公司的 PRS 型分配泵均属于转子式，也称径向压缩式。德国 Bosch 公司的 VE 型分配泵为单柱塞式，又称为轴向压缩式。

VE 型分配泵采用一组供油元件通过分配机构定时、定量地将柴油供给各气缸。分配泵结构简单、体积小、质量轻、成本低，使用中故障少，容易维修；另外，分配泵的凸轮升程小，有利于提高柴油机转速。因此在康明斯 6BT 系列柴油机、南京依维柯柴油机、德国大众 Golf 型轿车柴油机上广泛应用。

采用 VE 型分配泵的柴油供给系结构如图 6—19 所示。柴油经过膜片式输油泵（一级输油泵）从油箱吸出，经油水分离器和柴油滤清器，将其送入泵体内的滑片式输油泵（二级输油泵），柴油经二级输油泵加压后压入 VE 型分配泵，通过 VE 型分配泵增压、计量，经过高压油管从喷油器喷出。当油压超过规定值时，柴油便从油压调节阀的入口一侧流回输油泵。

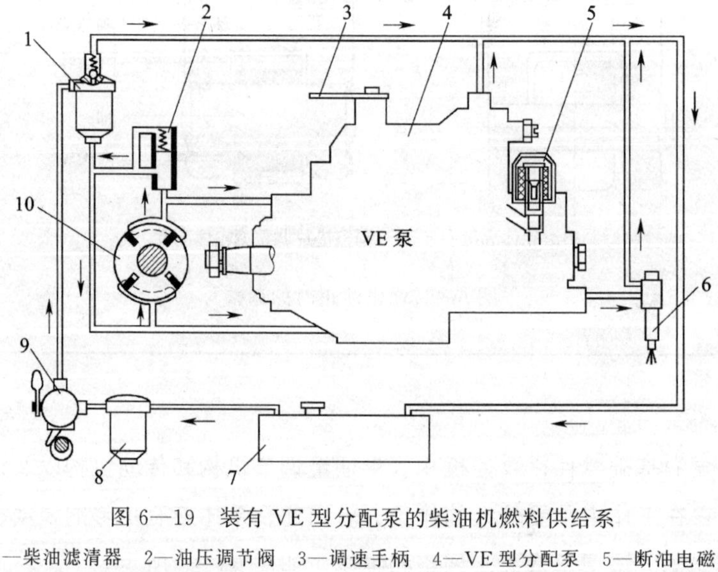

图 6—19　装有 VE 型分配泵的柴油机燃料供给系

1—柴油滤清器　2—油压调节阀　3—调速手柄　4—VE 型分配泵　5—断油电磁阀
6—喷油器　7—柴油箱　8—油水分离器　9—一级输油泵　10—二级输油泵

1. VE型分配泵的结构

VE型分配泵的结构如图6—20所示，由驱动机构、二级滑片式输油泵、高压分配泵和电磁式断油阀等部分组成。此外，机械式调速器和液压式喷油提前器也安装在分配泵体内。

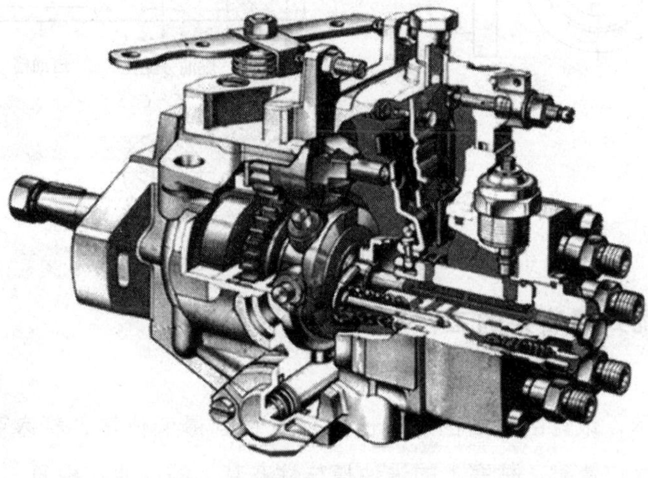

图6—20 VE型分配泵

驱动轴由柴油机曲轴定时齿轮驱动。驱动轴带动二级滑片式输油泵工作，并通过调速器驱动齿轮带动调速器轴旋转。在驱动轴的右端通过联轴器与平面凸轮盘连接，利用平面凸轮盘上的传动销带动分配柱塞。柱塞弹簧将分配柱塞压紧在平面凸轮盘上，并使平面凸轮盘压紧滚轮，如图6—21所示。当驱动轴旋转时，平面凸轮盘与分配柱塞同步旋转，而且在滚轮、平面凸轮和柱塞弹簧的共同作用下，凸轮盘还带动分配柱塞在柱塞套内作往复运动。往复运动使柴油增压，旋转运动进行柴油分配。

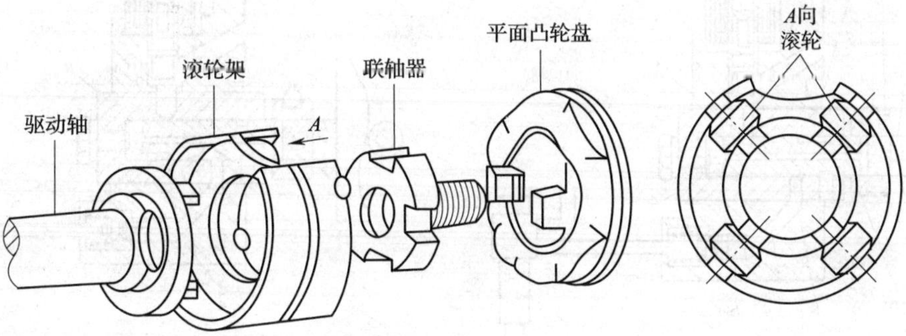

图6—21 滚轮、联轴器及平面凸轮

凸轮盘上平面凸轮的数目与柴油机气缸数相同。在分配柱塞的中心加工有中心油孔，其右端与柱塞腔相通，而左端与泄油孔相通。分配柱塞上还加工有燃油分配孔、压力平衡槽和数目与气缸数相同的进油槽。柱塞套上有一个进油孔和数目与气缸数相同的分配油道，每个分配油道都连接一个出油阀和一个喷油器，如图6—22所示。

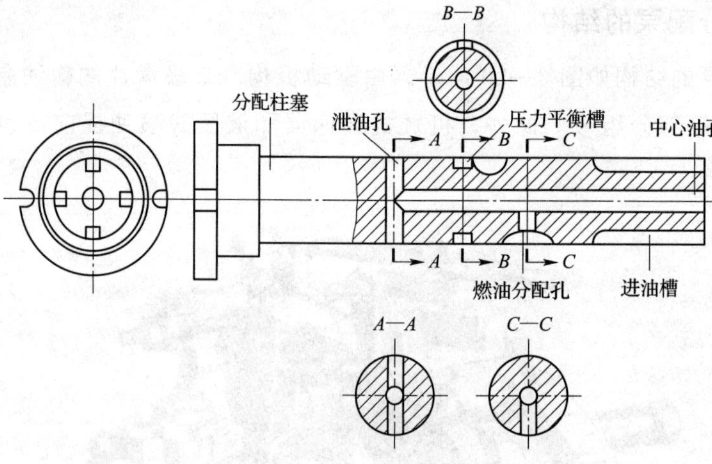

图 6—22 分配柱塞

2. VE 型分配式喷油泵的工作原理

(1) 进油过程

如图 6—23 所示，滚轮由平面凸轮的凸起部分移到最低位置，柱塞弹簧将柱塞向左推移，在柱塞接近终点位置时，柱塞上的进油槽与柱塞套上的进油孔相通，柴油经电磁阀下部的油道流入柱塞右端的柱塞腔内。

(2) 泵油与配油过程

如图 6—24 所示，随着滚轮由平面凸轮的最低处向凸起部分移动时，柱塞在旋转的同时，受平面凸轮推力的作用向右移动。当进油孔关闭后，柱塞即开始压缩油腔内的柴油，使油压迅速升高。此时，柱塞上的燃油分配孔与柱塞套的出油孔相通，高压柴油经出油孔和出油阀从喷油器喷出。

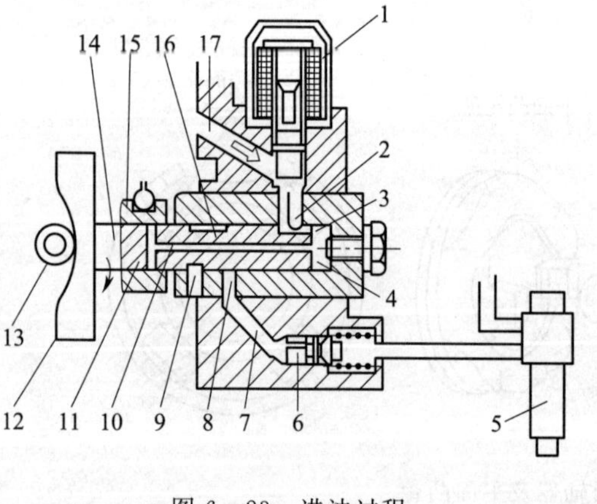

图 6—23 进油过程

1—电磁阀 2—进油孔 3—进油槽 4—柱塞腔
5—喷油器 6—出油阀 7—分配油道 8—出油孔
9—压力平衡孔 10—中心油孔 11—泄油孔
12—平面凸轮 13—滚轮 14—柱塞
15—控制套筒 16—压力平衡槽 17—进油道

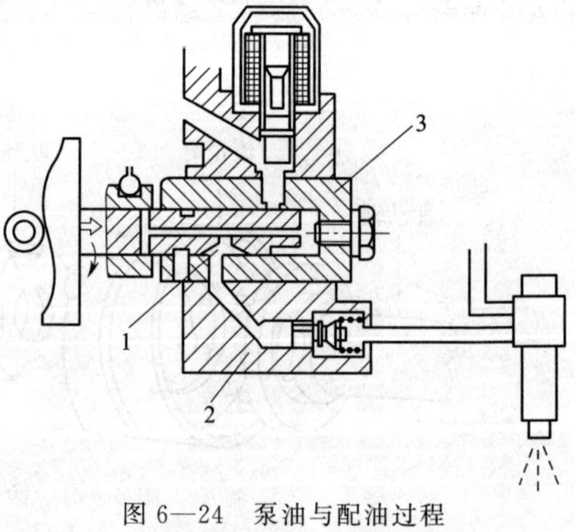

图 6—24 泵油与配油过程

1—燃油分配孔 2—喷油泵体
3—柱塞套

平面凸轮上的凸起数与气缸数相等，因此，平面凸轮每转一周，柱塞上的燃油分配孔与各缸分配油路接通，轮流向各缸喷油器供油一次。

(3) 供油结束

如图 6—25 所示，柱塞在平面凸轮的推动下继续右移，柱塞左端的泄油孔与分配泵内腔相通时，柱塞内的高压油立即经泄油孔流入泵内腔中，柴油压力迅速下降，出油阀关闭，供油停止。

(4) 供油量的调节

柱塞上的泄油孔何时与泵内腔相通，由控制套筒的位置来控制。如图 6—26 所示，当移动控制套筒时，柱塞上的泄油孔与泵内腔相通的时刻改变，使供油有效行程 h 改变，即结束供油的时刻改变。向左移动控制套筒，有效行程 h 减小，供油量减小；向右移动控制套筒，有效行程 h 增大，供油量增加。

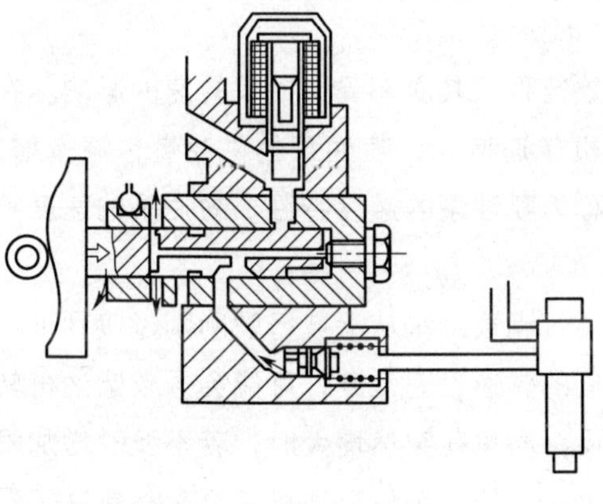

图 6—25　供油结束

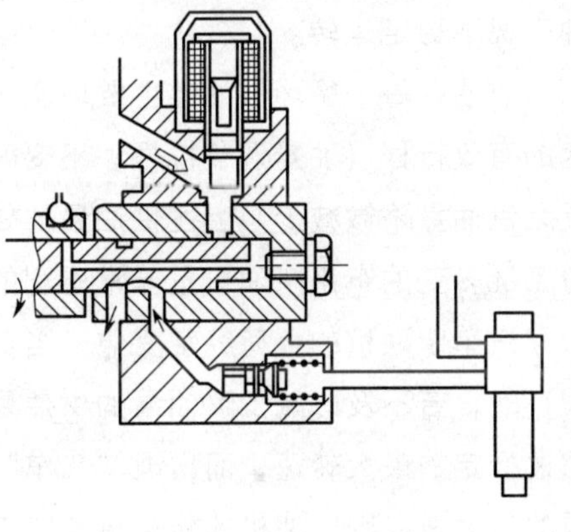

图 6—26　供油量的调节

(5) 柴油机停车

如图 6—27a 所示，起动柴油机时，先将电磁阀的触点接通，阀门在电磁线圈吸力的作用下克服阀门弹簧弹力向上移动，使泵体内进油孔打开，供油开始。

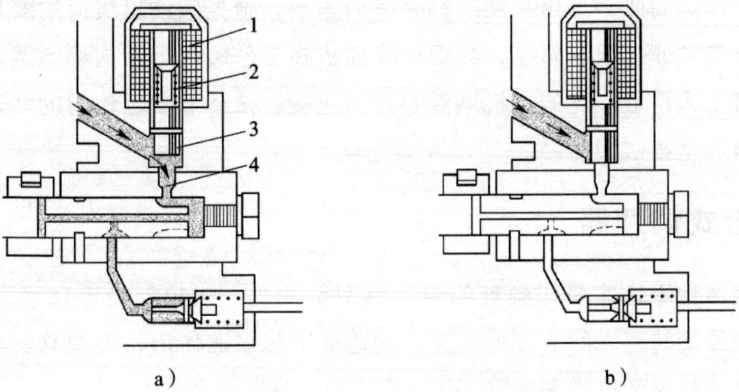

图 6—27　电磁阀停油装置

a) 进油阀开启　b) 进油阀关闭

1—电磁线圈　2—弹簧　3—阀门　4—进油孔

如图 6—27b 所示，需要柴油机停车时，可转动控制电磁阀的旋钮，使电路触点断开，电磁线圈对阀门的吸力消失，在阀门弹簧的作用下，阀门向下移动，使泵体内进油孔关闭，停止供油，柴油机熄火。

第四节 调 速 器

学习目标：

1. 了解调速器的分类及作用。
2. 掌握两极式调速器和全程式调速器的工作原理。

调速器的作用是根据柴油机负荷的变化，自动调节喷油泵的供油量，以保证柴油机在各种工况下稳定运转。

喷油泵每一循环供油量主要取决于柱塞的有效行程，其次还受柴油机转速的影响。在柱塞的有效行程（油量调节拉杆）不变时，当柴油机转速增加，喷油泵的供油量也略微增加；反之供油量略微减少。上述供油量与转速的关系称为喷油泵的速度特性。喷油泵的速度特性对工况多变的车用柴油机是非常不利的。

汽车柴油机的负荷经常变化，当负荷突然减小（满载汽车从上坡行驶刚刚过渡到下坡行驶）时，若不及时减少喷油泵的供油量，则柴油机的转速迅速上升，可能会导致柴油机转速超过标定的最大转速，而出现“飞车”现象；相反，当负荷突然增大时，若不及时增加喷油泵的供油量，则柴油机的转速将急速下降直至熄火。此外，车用柴油机还经常在怠速工况下工作，即柱塞保持在最小供油量位置不变，当内部阻力略有增大而柴油机转速略有降低时，由于喷油泵的速度特性，其供油量会自动减少，使柴油机转速进一步降低，如此循环作用，最后将使柴油机熄火。

由于喷油泵速度特性的作用，使柴油机转速的稳定性变差，特别是在怠速和高速时根本无法维持正常工作。因此，车用柴油机都装有调速器，根据柴油机负荷的变化，自动调节供油量，以达到稳定怠速、限制超速，并保证柴油机在工作转速范围内稳定运转。

车用柴油机上应用最广泛的是机械离心式调速器。按调节器起作用的转速范围不同，分为两极式调速器和全程式调速器。

一、两极式调速器

两极式调速器用于转速变化频繁的中、小型柴油机，以起到稳定怠速和限制超速的作用，而在怠速和最高转速之间的任何转速，调速器不起调速作用，而由驾驶员通过加速踏板直接操纵喷油泵油量调节机构来实现。

1. 工作原理

图 6—28 所示为两极式调速器的工作原理示意图。调速器的飞球为感应元件，滑动盘为

执行机构。当柴油机负荷改变引起转速变化时，飞球产生的离心力随之改变。而飞球的离心力通过飞球臂作用到滑动盘上，产生的轴向分力使滑动盘移动。柴油机不工作时，低速弹簧通过球面顶块将齿杆压在最左边，即供油最大位置。起动后，喷油泵的凸轮轴通过支承盘使飞球转速升高，飞球产生的离心力克服低速弹簧弹力推动杠杆向右移动，带动齿杆右移使供油量减少。当转速上升到一定程度，飞球的惯性力使球面顶杆与弹簧滑套相接触，飞球的惯性力不足以推动高速弹簧右移，即齿杆不再随转速变化而移动，只能通过操纵杆进行人工操作。

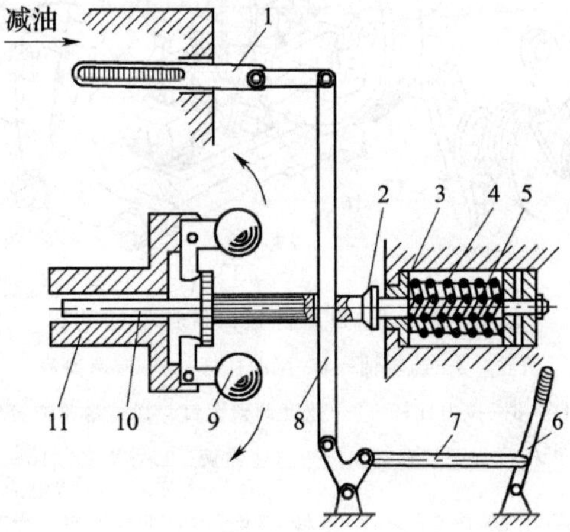

图 6—28 两极式调速器的工作原理

1—齿杆 2—球面顶块 3—弹簧滑套 4—高速弹簧 5—低速弹簧

6—操纵杆 7—拉杆 8—杠杆 9—飞球 10—滑动盘 11—支承盘

2. 典型结构与工作过程

如图 6—29 所示是 YC6110Q 型和 YC6105QC 型柴油机所用 RAD 型两极式调速器的结构示意图。调速器与喷油泵用螺钉连接成一体。两个飞块装在凸轮轴上，当转速上升、飞块张开时，飞块臂上的滚轮推动滑套沿轴向右移。导动杠杆上端与速度调定杠杆、拉力杠杆一起铰接在调速器壳体上，下端连在滑套上，中部与浮动杠杆相连接。浮动杠杆上部通过连杆与供油调节齿杆相连，下部与支承杠杆连接，起动弹簧装在浮动杠杆顶部。支承杠杆的上部与控制杠杆相连，控制杠杆的另一臂由驾驶员通过加速踏板和杆系进行操纵。速度调定杠杆用速度调整螺钉顶住，使装在速度调定杠杆和拉力杠杆之间的调速弹簧保持拉伸状态。所以在所有中间转速范围内，拉力杠杆始终靠在齿杆行程调整螺钉的头部。拉力杠杆的中部有一轴销插在支承杠杆上端的凹槽内。怠速弹簧装在拉力杠杆的下部，用于怠速控制。

RAD 调速器的工作过程分为起动加浓、稳定怠速、正常工作时的油量调节和限制超速。

(1) 起动加浓

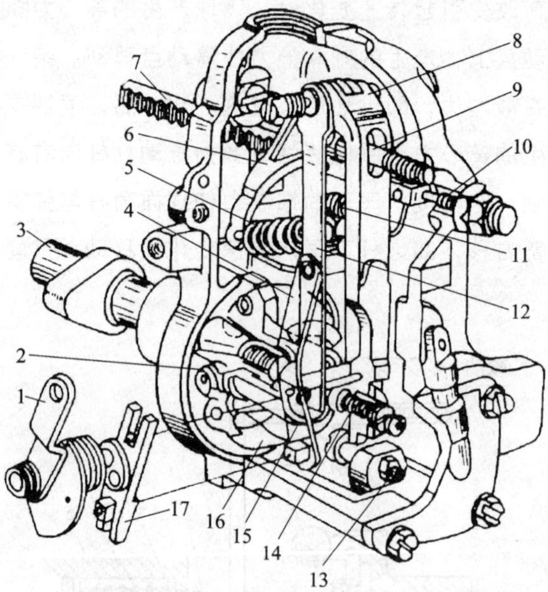

图 6—29 RAD 型两极式调速器的结构

1—控制杠杆 2—滚轮 3—凸轮轴 4—浮动杠杆 5—调速弹簧 6—速度调定杠杆
7—供油调节齿杆 8—拉力杠杆 9—速度调整螺钉 10—稳速弹簧 11—起动弹簧
12—导动杠杆 13—齿杆行程调整螺钉 14—怠速弹簧 15—滑套 16—飞块 17—支承杠杆

如图 6—30 所示，发动机静止时，飞块处于向心极限位置。起动前应将控制杠杆推至全负荷供油量位置Ⅰ。此时，支承杠杆绕 D 点逆时针转动，浮动杠杆也绕 B 点逆时针转动，因此供油调节齿杆向左移动，增加供油。在起动弹簧作用下，浮动杠杆绕 C 点作逆时针偏转，同时带动 B 点（销轴）和 A 点（滑套）进一步向左移动，直至飞块到达向心极限位置为止，从而保证供油调节齿杆越过全负荷进入起动最大供油量位置（即起动加浓位置）。此时的供油量约为全负荷额定供油量的 150％左右。

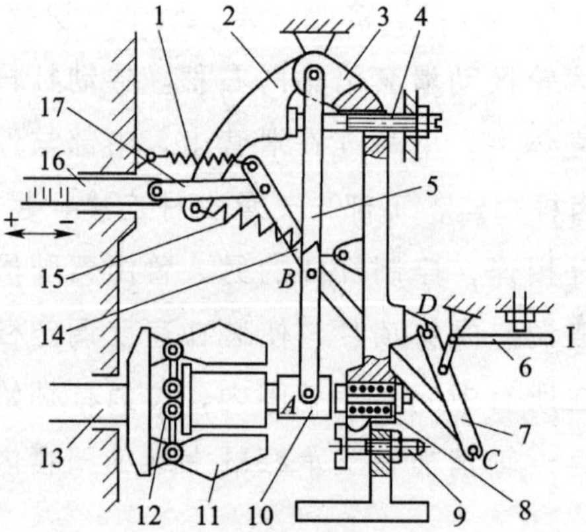

图 6—30 起动加浓工作示意图

1—起动弹簧 2—速度调定杠杆 3—拉力杠杆 4—速度调整螺钉 5—导动杠杆 6—控制杠杆
7—支承杠杆 8—怠速弹簧 9—齿杆行程调整螺钉 10—滑套 11—飞块 12—滚轮 13—凸轮轴
14—浮动杠杆 15—调速弹簧 16—供油调节齿杆 17—连杆

(2) 稳定怠速

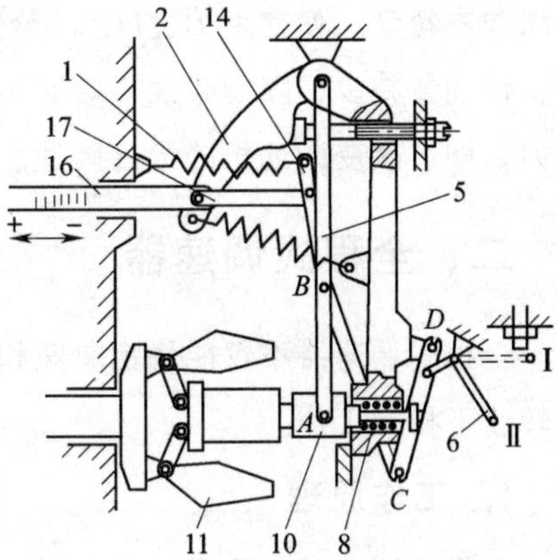

图 6—31　怠速工作示意图

(图注同图 6—30)

如图 6—31 所示，柴油机起动后，将控制杠杆拉到怠速位置Ⅱ，柴油机进入怠速工况。飞块的离心力使滑套压缩怠速弹簧，当离心力与怠速弹簧和起动弹簧的弹力达到平衡时，供油调节齿杆便保持在某一位置，柴油机就在某一相应转速下稳定运转。若此时阻力增大使柴油机转速下降，则飞块离心力减小，原来的平衡被破坏，在怠速弹簧和起动弹簧弹力的作用下，滑套向左移动，从而使导动杠杆绕上端支点顺时针转动，供油调节齿杆左移使供油量增加，柴油机转速回升。相反，若转速上升，则飞块的离心力增大，供油调节齿杆右移，使供油量减小，转速下降，从而使怠速稳定。调整怠速弹簧的预紧力即可改变怠速的稳定转速。

(3) 正常工作时的油量调节

如图 6—32 所示，当转速超过怠速时，怠速弹簧完全被压入拉力杠杆内，滑套直接与拉力杠杆端面接触。由于拉力杠杆被很强的调速弹簧拉住，若转速低于最大工作转速，飞块离心力不足以推动拉力杠杆，导动杠杆的位置保持不变，即 B 点位置不会移动，若控制杠杆的位置一定，则浮动杠杆的位置也固定不动，供油调节齿杆的位置保持不动，即供油量不会改变，调速器不起作用。

在全部中间转速范围内，如果需要改变供油量，则必须由驾驶员改变控制杠杆的位置才能实现。如控制杠杆从怠速位置Ⅱ推到部分负荷位置Ⅲ，则支承杠杆绕 D 点转动，同时浮动杠杆绕 B 点逆时针转动，齿杆左移，供油量增加。

(4) 限制超速

如图 6—33 所示，无论柴油机是在全负荷或部分负荷工况下工作，只要转速超过额定转速时，飞块的离心力就能克服调速弹簧的拉力，推动滑套和拉力杠杆并带动导动杠杆绕其上

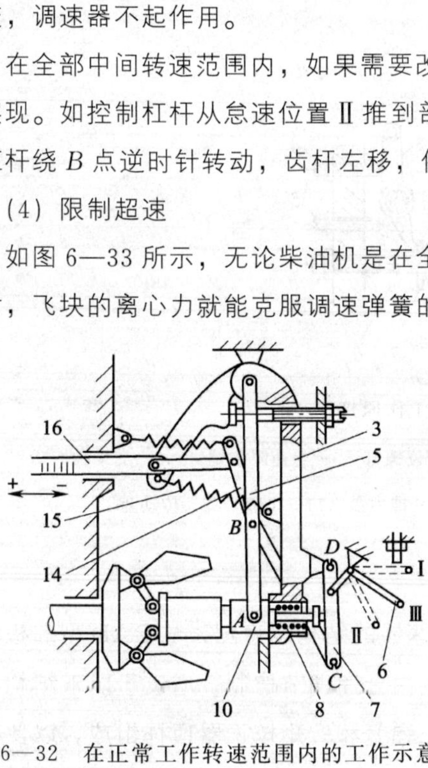

图 6—32　在正常工作转速范围内的工作示意图

(图注同图 6—30)

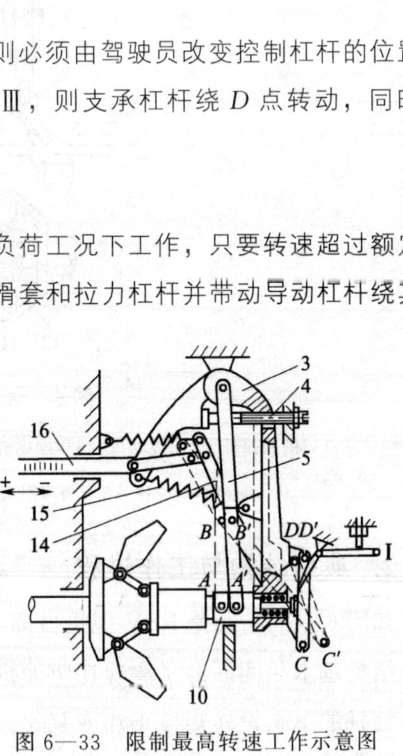

图 6—33　限制最高转速工作示意图

(图注同图 6—30)

支点向右移动，使支点 B、D、C 分别移动到 B'、D'、C' 位置，从而使供油调节齿杆向右移动，供油量减少，限制柴油机转速不会超过额定转速。利用速度调整螺钉改变调速弹簧的预紧力，即可改变柴油机的最高转速。

二、全程式调速器

全程式调速器不仅能稳定怠速和限制超速，而且还能控制柴油机在允许转速范围内的各种转速下稳定工作。

1. 工作原理

全程式调速器与两极式调速器不同，供油拉杆只由推力盘的轴向位置决定。如图 6—34 所示，柴油机不工作时，推力盘在调速弹簧的作用下处于最左端，供油量最大。调速弹簧被操纵臂和支承轴的左端凸缘压紧，弹力大小取决于操纵臂。操纵臂的转动范围受低速限位螺钉（即怠速限位螺钉）和最高转速限位螺钉的限制。

柴油机工作后转速上升至一定值时，飞锤产生离心力，其轴向分力可与调速弹簧的弹力平衡（即保持操纵臂不动）。若外界负荷减小，发动机转速上升，则飞锤的离心力增大，推力盘压缩调速弹簧推动供油拉杆右移，供油量减小，转速下降；反之则供油量增加，转速上升。操纵臂位置改变，则转速也随之而变。操纵臂的各个位置，都有与之对应的稳定工作转速，所以称为全程式调速器。

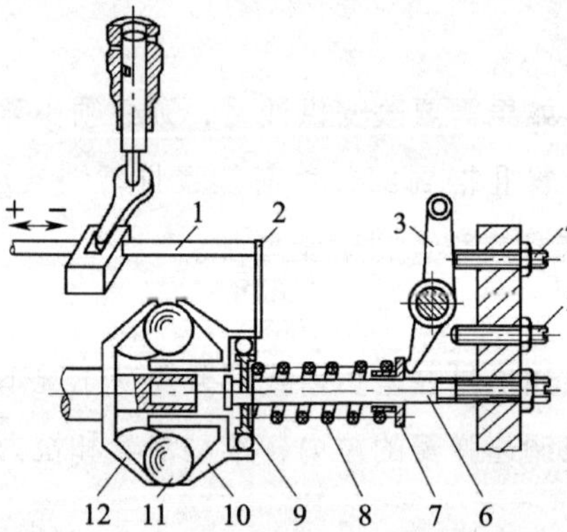

图 6—34　全程式调速器工作原理图

1—供油拉杆　2—传动板　3—操纵臂　4—最高转速限位螺钉　5—怠速限位螺钉　6—支承轴

7—调速弹簧滑座　8—调速弹簧　9—弹簧座　10—推力盘　11—飞锤　12—传动盘

2. 典型结构与工作过程

如图 6—35 所示是 RSV 型机械离心式全程式调速器的结构示意图，与 RAD 型二极式调速器结构基本相同。为了实现在柴油机工作转速范围内全速调节控制，增设了以下结构：在拉力杠杆的下端设转矩校正加浓装置，该装置由校正弹簧和转矩校正器顶杆组成，以便在超负荷时使用；采用了弹力可调的调速弹簧，而没有专门的怠速弹簧，但在拉力杠杆中部增设了怠速稳定弹簧，使怠速运转平稳；调速弹簧的弹簧摇臂上装有调整螺钉，它可以调整调速弹簧安装时预紧力的大小；在拉力杠杆的下端增设可调的全负荷供油量限位螺钉，以限制拉力杠杆的全负荷位置。在拉力杠杆上方的后壳体上，装有怠速调整螺钉，用来调整怠速的高低，并限制弹簧摇臂向低速摆动的位置。

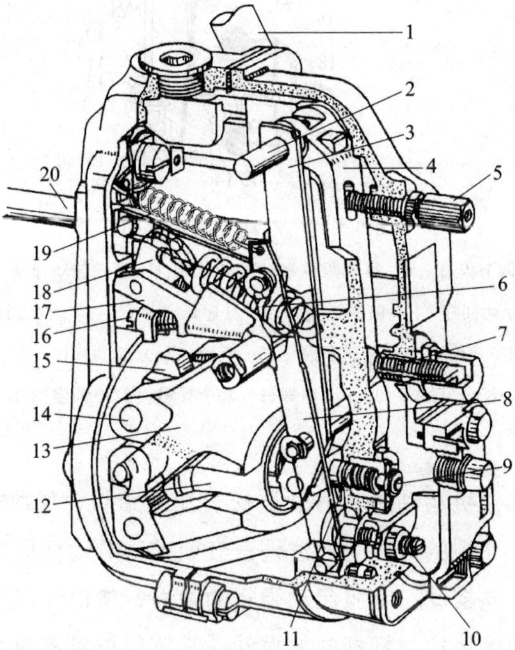

图 6—35 RSV 型全程式调速器结构

1—操纵臂 2—销轴 3—导动杠杆 4—拉力杠杆 5—怠速调整螺钉 6—调速弹簧 7—怠速稳定弹簧 8—浮动杠杆 9—转矩校正器顶杆 10—全负荷供油限位螺钉 11—校正弹簧 12—调速套筒 13—飞锤 14—飞锤销 15—飞锤支架 16—调整螺钉 17—弹簧摇臂 18—弹簧挂耳 19—起动弹簧 20—供油调节齿杆

如图 6—36 所示，弹簧摇臂与弹簧挂耳相连，弹簧挂耳右端连接着调速弹簧，左端设有调整螺钉。弹簧摇臂的支点 O 与拉力杠杆凸缘上的弹簧孔 C 点稍微有一点偏心。操纵杆可根据需要装在弹簧摇臂的左侧或右侧，拨动操纵杆时弹簧摇臂随之转动。由于存在偏心，使调速弹簧的预紧力发生变化，从而改变调速器起作用时的转速。

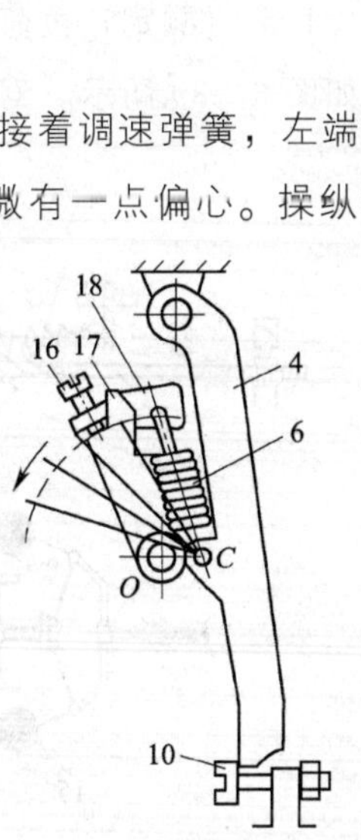

图 6—36 调速弹簧张力的改变

（图注同图 6—35）

RSV 全程式调速器的调速过程如下：

(1) 起动加浓

如图 6—37 所示。起动前，起动弹簧的预紧力通过浮动杠杆、导动杠杆和调速套筒，使飞锤处于向心极限位置。起动时，驾驶员将加速踏板踩到底，使操纵杆接触高速限位螺钉而置于起动加浓位置 A，浮动杠杆把供油调节齿杆向左推至起动供油位置，使柴油机顺利起动。

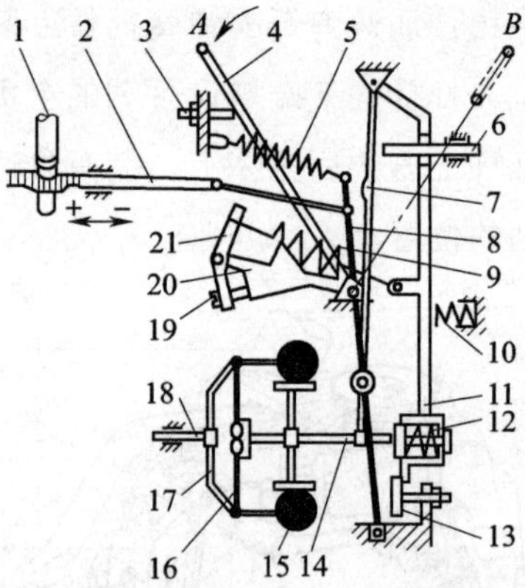

图 6—37 起动工况示意图

1—柱塞 2—供油调节齿杆 3—高速限位螺钉 4—操纵杆 5—起动弹簧 6—怠速限位螺钉 7—导动杠杆 8—浮动杠杆 9—调速弹簧 10—怠速稳定弹簧 11—拉力杠杆 12—校正弹簧 13—行程调节螺钉 14—调速套筒 15—飞锤 16—活动杠杆 17—飞锤支架 18—凸轮轴 19—调整螺钉 20—摇臂 21—调整摆片

(2) 怠速工况

如图 6—38 所示。柴油机起动后，驾驶员松开加速踏板，操纵杆转至怠速位置。此时，调速弹簧处于放松状态。飞锤的离心力通过调速套筒推动导动杠杆向右偏转，并带动浮动杠杆以下端为支点顺时针方向摆动，克服起动弹簧的弹力，将供油调节齿杆拉到怠速位置。同时，调速套筒通过校正弹簧使拉力杠杆向右摆动，其背部与怠速稳定弹簧相接触。怠速的稳定平衡作用，由调速弹簧、怠速弹簧和起动弹簧共同来保持。

发动机转速降低时，飞锤离心力变小，弹簧力把支承杠杆推向左侧，齿杆向增油的方向移动，使发动机转速上升；反之，发动机转速下降，从而使发动机保持稳定怠速运转。

(3) 全 (额定) 负荷及转矩校正工况

如图 6—39 所示。驾驶员将加速踏板踩到底，使操纵杆处于极限位置 A，与高速限位螺

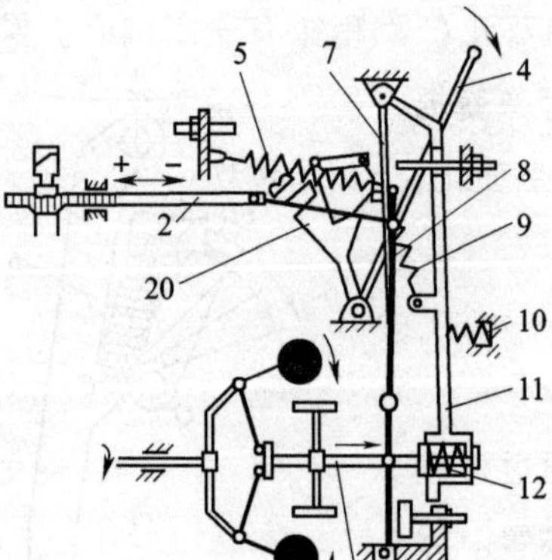

图 6—38 怠速工况示意图

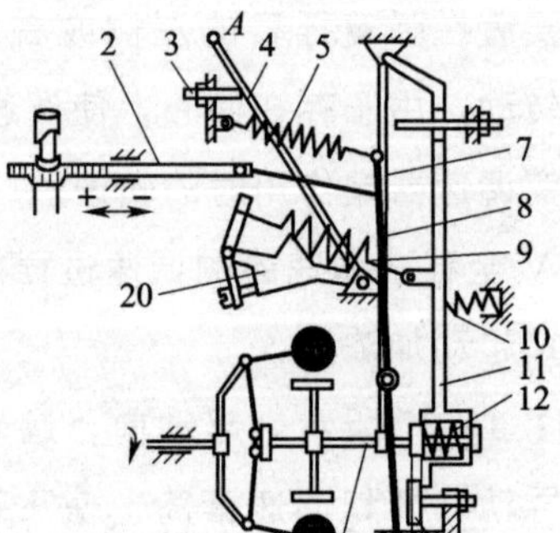

图 6—39 额定工况示意图

(图注同图 6—37)

钉接触。这时，拉力杠杆在调速弹簧的作用下，下端紧靠在行程调节螺钉上。此时柴油机转速很高，为额定转速。

当外界阻力增大，柴油机转速低于额定转速时，飞锤产生的离心力也随之下降，此时被压缩的校正弹簧开始伸张，通过导动杠杆推动调速套筒向左移动一段距离$\triangle a$（即校正行程），带动导动杠杆和浮动杠杆向左偏摆，将供油齿杆向左推移，实现加油，柴油机的输出转矩增加，同时也限制了转速的进一步降低。反之，当负荷减小、转速升高时，飞锤离心力增大，调速套筒推动拉力杠杆向右摆动，同时通过导动杠杆、浮动杠杆使供油调节齿杆向供油减少的方向移动，使柴油机转速不再升高，从而限制了柴油机的最高转速。

由此可见，转矩校正装置只是在转速低于标定转速时的一定范围内起作用。

（4）部分负荷工况

如图6—40所示。驾驶员将操纵杆置于怠速与高速限位螺钉之间的某一选定位置C时，柴油机进入部分负荷工况。这时调速弹簧对拉力杠杆的拉力也被选定，使飞锤产生的离心力与调速弹簧和起动弹簧的拉力平衡，供油调节齿杆处于某一相对稳定位置。当柴油机转速改变时，飞锤离心力与调速弹簧作用力的平衡被破坏，调速套筒产生轴向位移，并通过导动杠杆、浮动杠杆带动供油调节齿杆轴向移动，自动减少或增加供油量，以维持柴油机在给定的某一转速下稳定运转。

（5）停止供油工况

如图6—41所示。调速器的下部装有停车手柄，需要停车时，可转动停车手柄，通过支持杠杆带动浮动杠杆，使供油调节齿杆向减油（向右）方向移动，直至燃油泵供止供油，柴油机熄火。停机后，放松停车手柄，停车手柄在复位弹簧的作用下自动复位。

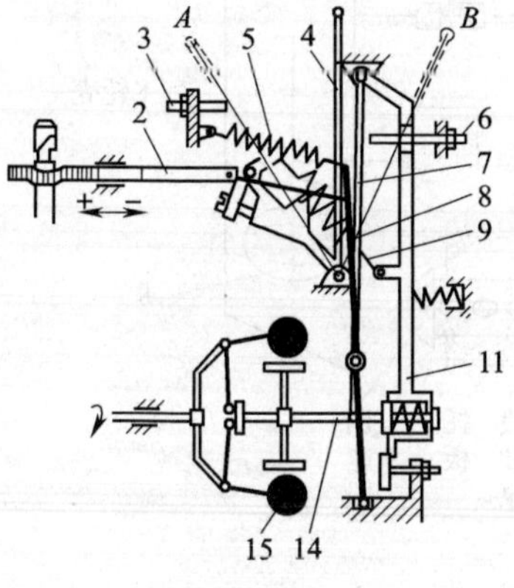

图6—40　部分负荷工况示意图

（图注同图6—37）

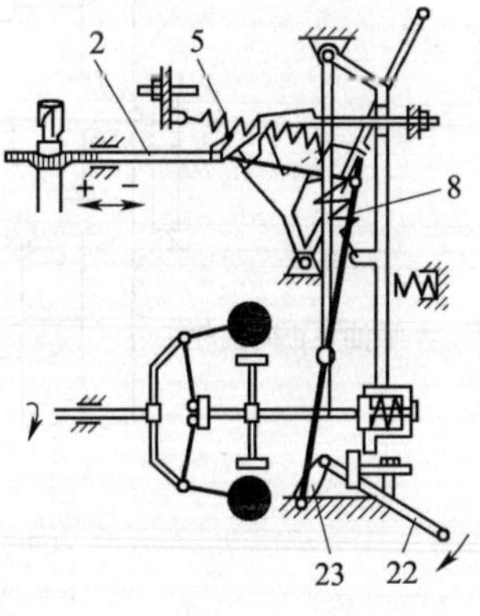

图6—41　停止供油工况

22—停车手柄　23—支持杠杆

（其余图注同图6—37）

第五节　供油提前角调节装置

学习目标：

1. 了解供油提前角调节装置的作用。
2. 掌握供油提前角调节装置的结构。

车用柴油机工作时，转速变化范围很大。当柴油机的转速升高时，活塞往复运动周期缩短，但柴油的燃烧速度并不能作相应的改变，使可燃混合气的燃烧拖延到缓燃期和后燃期进行，导致柴油机的动力性、经济性和排放性变差。因此，喷油提前角应随发动机转速的增加而加大。在实际使用中一般通过调整供油提前角来控制喷油提前角。

供油提前角调节装置由两部分组成：静态调节部分，即在静态时把供油提前角调整到适当值；动态调节部分，即在柴油机运转时随转速变化而自动改变供油提前角。

一、联轴器

联轴器用来连接喷油泵正时齿轮与供油提前角自动调节器，以传递动力。同时弥补喷油泵安装时造成的喷油泵凸轮轴和驱动轴的同轴度偏差，并用少量的角位移调节供油提前角。

喷油泵正时齿轮的输出轴与供油提前角自动调节器的主动凸缘盘之间用联轴器连接，如图 6—42 所示，以驱动喷油泵转动。

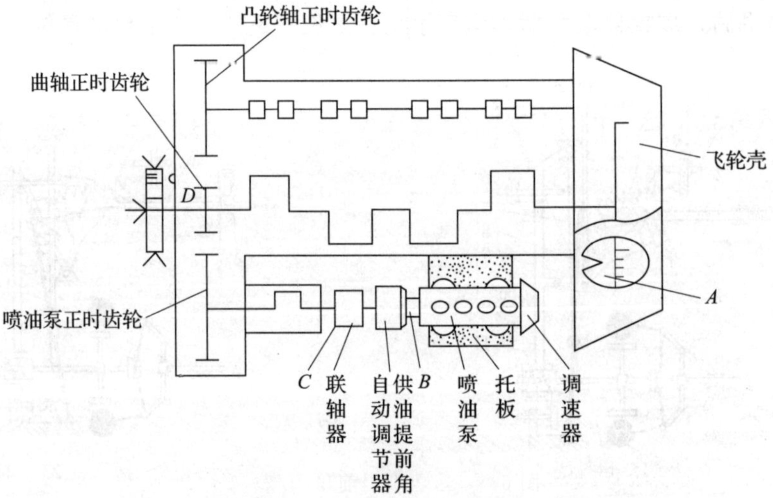

图 6—42　喷油泵的驱动和供油正时

A—飞轮与飞轮壳标记　B—供油提前角自动调节器与喷油泵体标记

C—联轴器主、从动轴标记　D—曲轴风扇带轮与正时齿轮盖标记

二、供油提前角的静态调节

柴油机出厂前及工作一段时间或拆装后，均须对供油提前角进行检查、调整，实际上就是对喷油泵凸轮轴和柴油机曲轴相对转角位置的调整。

按柴油机工作转向旋转曲轴，使第一缸活塞处于压缩上止点附近时，飞轮和飞轮壳体上的供油提前角刻线记号对齐，然后再观察喷油泵提前器（即供油提前角自动调节器）壳体上的刻线与喷油泵泵体上的刻线是否对齐。若对齐，则说明供油提前角正确；若没对齐，则需要调整。

由于主动凸缘盘上开有弧形孔，旋松螺栓可使主动传动钢片相对于主动凸缘盘沿弧形转过一个角度，这样就改变了喷油泵凸轮轴与发动机曲轴之间的相位关系，即改变了各缸的喷油时刻（即初始供油提前角）。

三、供油提前角自动调节装置

柴油机工作时，供油提前角随转速的变化是通过供油提前角自动调节装置来实现的。目前车用柴油机采用较多的是机械离心式供油提前角自动调节装置，如图 6—43 所示。

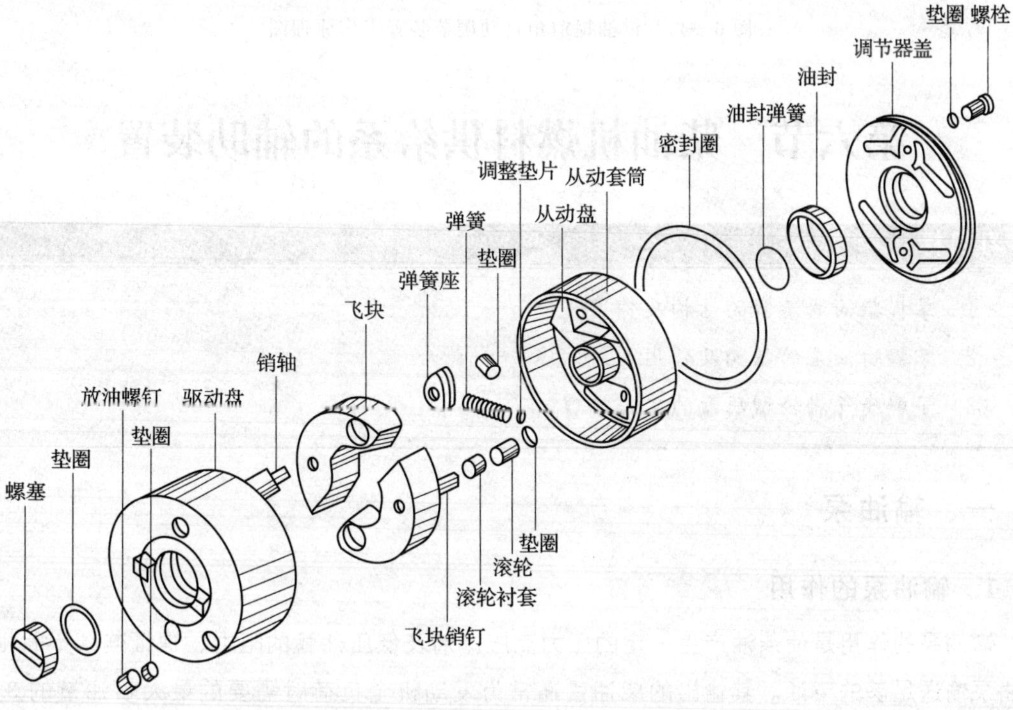

图 6—43　供油提前角调节装置

供油提前角自动调节装置通常安装在联轴器与喷油泵之间，由主动部分、从动部分组成。主动部分是由两个矩形凸块的驱动盘组成，驱动盘腹板上压装着两个驱动销，凸块插入联轴器相对的凹槽中，随着联轴器一起旋转。从动部分分为从动盘和两对称离心飞块，从动盘中心有轴孔，用键和坚固螺栓与喷油泵凸轮轴连成一体，从动盘上固定有两个对称的离心飞块销，飞块套在飞块销上。主、从动部分之间安装有调节弹簧。

供油提前角自动调节装置的工作原理如图 6—44 所示，当柴油机工作时，驱动盘连同离心飞块受曲轴的驱动而转动，两个离心飞块的活动端向外甩出，迫使从动盘也沿旋转方向转动一个角度，直到调速器的弹力与飞块离心力平衡为止，此时驱动盘与从动盘同步旋转。当转速升高时，飞块活动端便进一步向外甩出，从动盘被迫再相对于驱动盘前进一个角度，直到弹簧弹力足以平衡新的离心力为止，供油提前角便相应地增大。反之，当柴油机转速降低时，供油提前角则相应地减小。

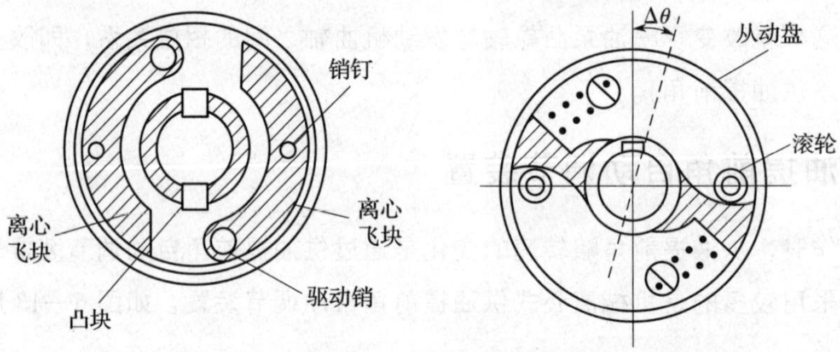

图 6—44　供油提前角自动调节装置工作原理图

第六节　柴油机燃料供给系的辅助装置

学习目标：

1. 掌握柴油滤清器的结构及作用。
2. 掌握输油泵的结构及作用。
3. 了解废气涡轮增压器的工作原理。

一、输油泵

1. 输油泵的作用

输油泵的作用是使柴油产生一定的压力克服滤清及低压油管的阻力，保证连续不断地向喷油泵输送足够的柴油。其输出的柴油量通常为发动机全负荷时需要的最大喷油量的 3～4 倍。

2. 输油泵的结构

输油泵的结构形式有活塞式、膜片式、齿轮式和叶片式等几种，其中，活塞式输油泵由于工作可靠，目前应用广泛，如图 6—45 所示。

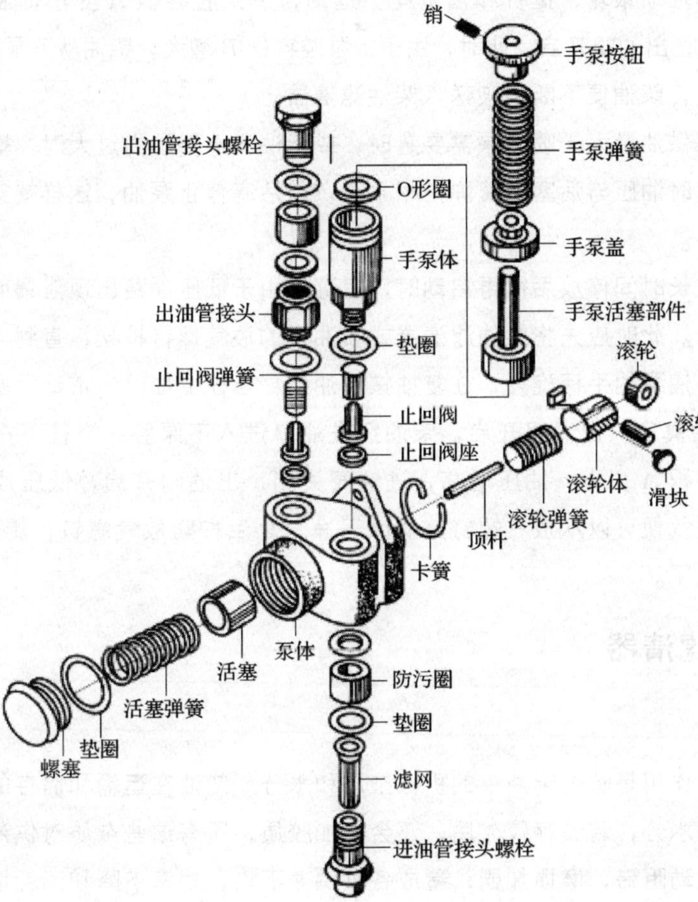

图 6—45 输油泵

活塞式输油泵由泵体、机械油泵总成、手油泵总成、止回阀和油道等组成。它安装在喷油泵的一侧，由喷油泵凸轮轴上的偏心轮驱动。

机械油泵总成由滚轮部件（滚轮轴、滚轮架和滚轮）、顶杆、活塞和弹簧等组成。手油泵总成由手油泵体、活塞、手柄和弹簧等组成。止回阀由进油阀、出油阀和弹簧等组成。

3. 输油泵的工作原理

喷油泵凸轮轴转动时，轴上的偏心轮推动滚轮、挺杆、推杆和活塞向下运动，如图 6—46 所示。

(1) 当活塞经过被推压向下运动到了下止点后，偏心轮继续偏转，活塞开始上行，下泵腔容积 A 增大，产生真空，进油阀开启，柴油经进油口进入下泵腔。同时，上泵腔容积 B 缩小，压力增大，出油阀关闭，上泵腔中的柴油经出油口被压出，流向柴油滤清器。

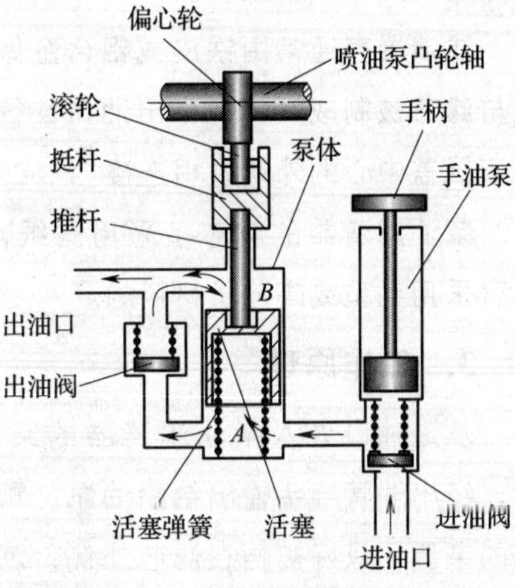

图 6—46 活塞式输油泵的工作原理图

(2) 当偏心轮推动滚轮、挺杆和活塞向下运动，下泵腔容积 A 变小，油受挤压，压力增大，进油阀关闭，出油阀开启，此时，由于上泵腔容积 B 增大，柴油从下泵腔流入上泵腔。

(3) 如此反复，柴油便不断地被送入柴油滤清器。

(4) 当输油泵供油量大于喷油泵需要量时，或柴油滤清器阻力过大时，输出油路和上泵腔油压增高，若此时油压与活塞弹簧弹力相平衡，则活塞停止泵油，这样就实现了输油量的供油压力自动调节。

(5) 当柴油机长时间停放后欲再启动时，有可能由于低压油路出现泄漏而产生气泡，柴油机不能立即启动。此时应先将柴油滤清器或喷油泵的放气螺钉拧松，直到可以让柴油从螺纹处渗出，再将手油泵的手柄旋开，往复抽按手油泵：当往上抽时，带动活塞上行，下泵腔容积 A 变大，产生真空，进油阀开启，柴油经进油口进入下泵腔；当往下按压时，推动活塞下行，下泵腔容积 A 变小，油压增高，进油阀关闭，出油阀开启，低压油路的油量得到补充，管路中的空气便可以从放气螺钉处驱除干净。之后拧紧放气螺钉，旋紧手油泵手柄，便可以启动发动机了。

二、柴油滤清器

1. 作用

柴油滤清器的作用是除去柴油中的机械杂质和水分。柴油在运输和储存的过程中，不可避免地混入尘土和水分，若储存较久后，还会增加胶质，所有这些杂质对供油系精密偶件危害很大，会导致运动阻滞，磨损加剧，造成各缸供油不均，功率下降和油耗增加。柴油机中的水分将引起零件的锈蚀。

2. 结构

柴油滤清器通常由滤清器盖、壳体和滤芯等构件组成，如图 6—47 所示。

滤清器盖上安装有进、出油口，有些甚至还设计有回油口和放气螺钉。柴油滤清器盖通过螺栓固定在发动机上。

滤清器壳通常由铁皮或铝合金做成桶状。当滤清器壳与滤芯被制成一体时，出油口往往加工出内螺纹，与滤清器盖中心的外螺纹相连接。

柴油滤清器的滤芯多采用滤纸，如图 6—48 所示，也有采用毛毡或高分子材料的。

3. 工作原理

从进油口进入柴油滤清器的柴油，经过滤芯过滤后，经出油管接头输出给喷油泵。颗粒直径大于滤芯网眼的杂质，只好被挡在滤芯外侧，沉积在柴油滤清器下方；同时，如果柴油中含有水分，水的密度大于柴油，

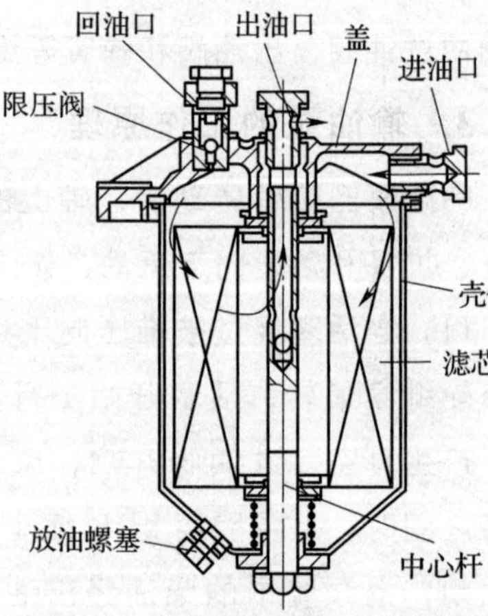

图 6—47 柴油滤清器结构示意图

水也沉积在柴油滤清器下方，所以柴油中的较大颗粒杂质和水不会从出油口流出来。

为了使滤清的效果更好，不少柴油机使用两级柴油滤清器，如图 6—49 所示。

图 6—48 纸质滤芯

图 6—49 两级柴油滤清器

三、废气涡轮增压器

1. 作用

提高柴油机功率的最有效措施是增加充气量和供油量。废气涡轮增压技术就是利用柴油机排气压力驱动涡轮机来带动压气机，从而提高进气压力，增加充气量。废气涡轮增压技术目前已成为柴油机重要发展趋势之一，得到了广泛的应用。

2. 结构

废气涡轮增压器的结构通常由压气机、涡轮机和中间壳三部分组成，如图 6—50 所示。

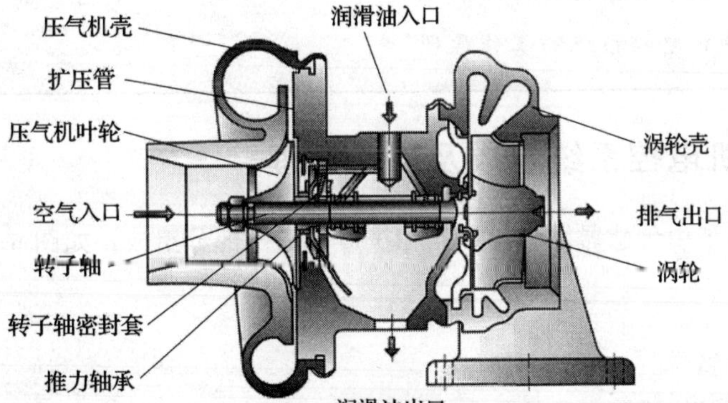

图 6—50 废气涡轮增压器的结构

压气机部分由压气机叶轮、压气机壳和扩压器等组成单级离心式压气机；涡轮机部分由涡轮壳、涡轮叶轮、喷嘴环和涡轮端盖板等组成单级径流式涡轮机。压气机叶轮与涡轮机叶轮安装在同一轴上构成转子组，并支承在中间支承体两端的浮动轴承上。中间支承体左端装有压气机壳，右端装有涡轮壳。

3. 工作原理

如图 6—51 所示，将排气管接到增压器的涡轮壳上，柴油机排出的高温高压废气经排气

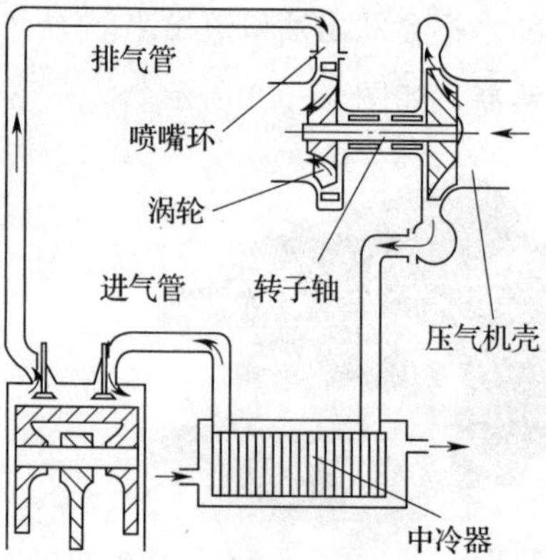

图 6—51 废气涡轮增压器的工作原理

管进入涡轮壳内的喷嘴环。由于喷嘴环通过的面积是逐渐收缩的，因而废气的压力和温度降低，但速度提高。这股高速的废气流，按一定的方向冲击涡轮，使涡轮高速运转。废气的压力和温度越高，速度越快，那么涡轮的转速就越高。这时，与涡轮机叶轮安装在同一轴上构成转子组一部分的压气机叶轮，也以相同的速度高速运转，叶轮从空气滤清器吸入的新鲜空气甩向叶轮的外缘，使其速度和压力增加，并进入形状为进口小出口大的扩压器，气流的速度下降、压力升高。再通过断面由小到大的环形压气机壳，使空气压力继续升高。这些压缩了的新鲜空气经柴油机进气管进入气缸与柴油混合燃烧，使发动机发出更大的功率。

随着涡轮增压器压比的增加，空气压缩后温度升高，空气密度并未正比地增加。为进一步提高发动机功率，目前在中、高增压器中一般采用中间冷却器（简称中冷器），以降低压气机出口的空气温度，增加充气密度。

第七节 柴油机电子控制燃油喷射系统

学习目标：

1. 了解柴油机电控系统的作用和组成。
2. 了解柴油机电控系统的工作原理。

一、柴油机电控系统组成及工作原理

柴油机电控系统由传感器、电控单元和执行器等三部分组成，如图 6—52 所示。

1. 传感器

(1) 位置类传感器

主要有曲轴位置传感器、凸轮轴位置传感器、油门踏板位置传感器等。

(2) 温度类传感器

主要有冷却水温度传感器、进气温度传感器、燃油温度传感器、大气温度传感器等。

(3) 压力类传感器

主要有共轨压力传感器、增压压力传感器、大气压力传感器、机油压力传感器等。

2. 电控单元（ECU）

电控单元根据各传感器输入信号和内存程序，计算出供（喷）油量和供（喷）油开始时刻，并向执行器元件发出执行命令信号，使执行器发生动作。

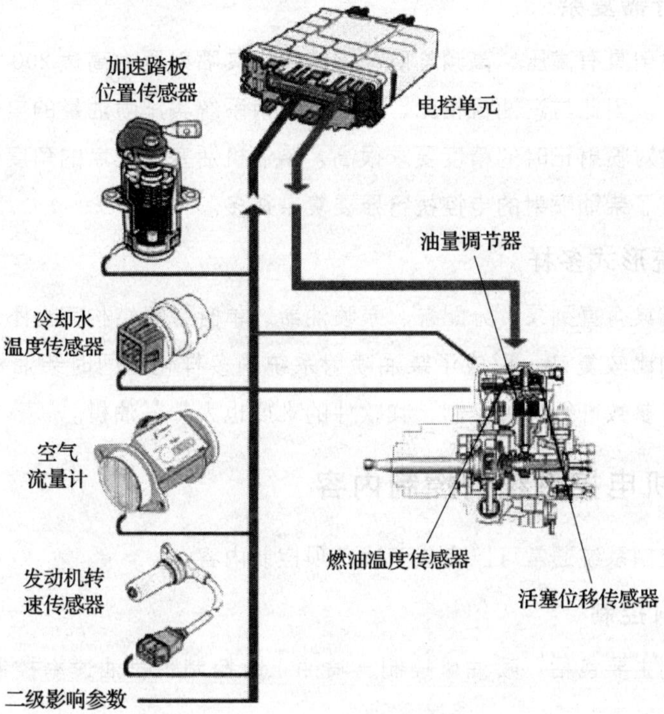

图 6—52　柴油机电控系统结构组成

3. 执行器

执行器包含电动调速器、溢流控制电磁铁、电子控制正时控制阀、电子控制正时器、电磁溢流阀、高速电磁阀和电子液力控制喷油器等元件。

柴油机电控系统的工作原理是对喷油系统进行电子控制，实现对柴油发动机的供油量以及喷油定时随运行工况的实时控制。采用转速、油门踏板位置、喷油时刻、进气温度、进气压力、燃油温度、冷却水温度等传感器，将实时检测的参数同时输入计算机（ECU），与已储存的设定参数值或参数图谱（MAP 图）进行比较，经过处理计算，按照最佳值或计算后的目标值把指令送到执行器。执行器根据 ECU 指令控制喷油量（供油齿条位置或电磁阀关闭持续时间）和喷油正时（正时控制阀开闭或电磁阀关闭始点），同时对废气再循环阀、预热塞等执行机构进行控制，使柴油机运行状态达到最佳。

二、柴油机电控系统的特点

柴油机电控系统与汽油机电控系统有许多相似之处，整个系统也是由传感器、电控单元和执行器三部分组成。在电控喷射方面柴油机与汽油机的主要差别是，汽油机的电控喷射系统只是控制空燃比，柴油机的电控喷射系统则是通过控制喷油时间来调节输出油量的大小，且柴油机喷油控制是由发动机的转速和加速踏板位置（油门、供油拉杆位置）来决定的。柴油机电控技术有两个明显的特点：一是柴油喷射电控执行器复杂，二是柴油电控喷射系统形式多样化。

1. 电控执行器复杂

柴油机燃油喷射具有高压、高频、脉动等特点。其喷射压力高达200 MPa，为汽油机喷射压力的百倍以上。因此与汽油机相比，对柴油喷射系统实施喷油量的电子控制，难度大得多；而且柴油喷射对喷射正时的精度要求很高，柴油机活塞上止点的角度位置远比汽油机要求准确，这就导致了柴油喷射的电控执行器要复杂得多。

2. 喷射系统形式多样

传统的柴油机具有直列泵、分配泵、泵喷油器、单缸泵等结构完全不同的系统。实施电控技术的执行机构比较复杂，形成了柴油喷射系统的多样化；同时柴油机需要对油量、定时、喷油压力等多参数进行综合控制，其软件的难度也大于汽油机。

三、柴油机电控系统的控制内容

柴油机电子控制系统通常可以完成下述各项控制内容：

1. 燃油喷射控制

燃油喷射控制主要包括：喷油量控制、喷油正时控制、喷油速率控制和喷油压力控制等。

2. 怠速控制

柴油机的怠速控制主要包括怠速转速控制和怠速时各缸均匀性的控制。

3. 进气控制

柴油机的进气控制主要包括进气节流控制、可变进气涡流控制和可变配气正时控制。

4. 增压控制

增压控制主要包括废气旁通控制和涡流通流面积的控制。

5. 排放控制

柴油机的排放控制主要是废气再循环（EGR）控制。ECU主要根据柴油机转速和负荷信号，按内存程序控制EGR阀开度，以调节EGR率。

6. 起动控制

柴油机起动控制主要包括供（喷）油量控制、供（喷）油正时控制和预热装置控制，其中供（喷）油量控制和供（喷）油正时控制与其他工况相同。

7. 巡航控制

带有巡航控制功能的柴油机电控系统，当通过巡航控制开关选定巡航控制模式后，ECU即可根据车速信号等自动维持汽车以一定车速行驶。

8. 故障自诊断和失效保护

柴油机电控系统中也包含故障自诊断和失效保护两个子系统。柴油机电控系统出现故障时，自诊断系统将点亮仪表盘上的“故障指示灯”，提醒驾驶员注意，并储存故障码，检修时可通过一定的操作程序调取故障码等信息；同时失效保护系统启动相应保护程序，使柴油机能够继续保持运转或强制熄火。

9. 柴油机与自动变速器的综合控制

在装有电控自动变速器的柴油车上，将柴油机控制 ECU 和自动变速器控制 ECU 合为一体，实现柴油机与自动变速器的综合控制，以改善汽车的变速性能。

四、电控柴油喷射系统分类

柴油机电控喷射系统自 20 世纪 70 年代开始，到目前为止已经历了三代的发展过程。

1. 第一代柴油机电控燃油喷射系统

第一代也称位置控制系统，它用电子伺服机构代替机械调速器控制供油滑套位置以实现供油量的调整。其特点是保留了传统的喷油泵—高压油管—喷油器系统，只是对齿条或滑套的运动位置由原来的机械调速器控制改为计算机控制（图 6—53）。这类技术已发展到了可以同时控制定时和预喷射的 TICS 系统。

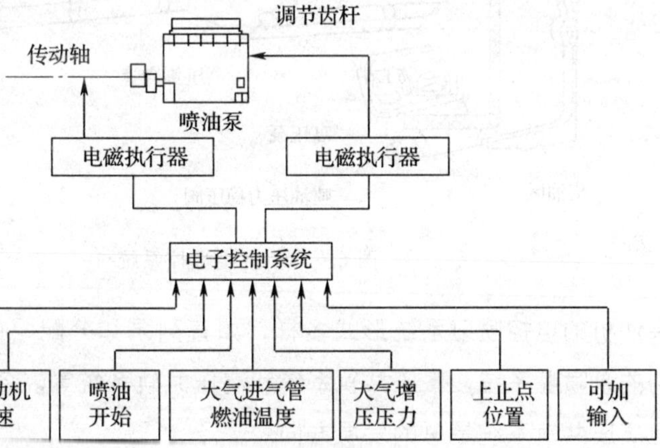

图 6—53 位置控制系统

2. 第二代柴油机电控燃油喷射系统

第二代也称时间控制系统，其特点是供油仍维持传统的脉动式柱塞泵油方式，如博世公司的电控泵喷嘴系统（图 6—54），但供油量和喷油定时的调节则由电磁阀（电脑控制）的开闭时刻决定。一般情况下，电磁阀关闭时，执行喷油，电磁阀打开时，喷油结束；喷油始点取决于电磁阀关闭时刻，喷油量则取决于电磁阀关闭时间的长短。时间控制系统的控制自由度更大。

3. 第三代柴油机电控燃油喷射系统

第三代也称为直接数控系统，它完全脱开了传统的油泵分缸燃油供应方式，通过共轨和喷油压力/时间的综合控制，实现各种复杂的供油回路和特性（图 6—55）。

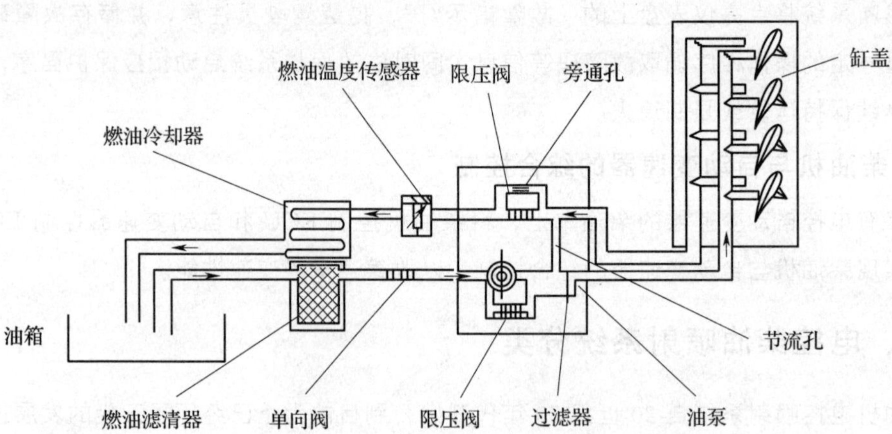

图 6—54　时间控制系统

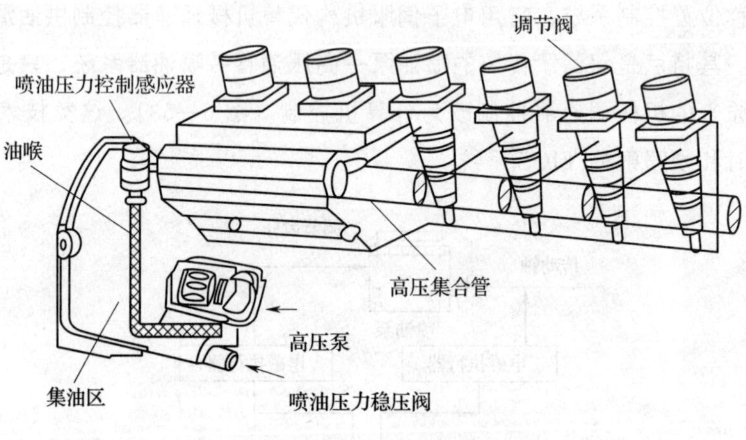

图 6—55　直接数控系统

国内外柴油机的电控喷射系统形式多样，如直列泵和分配泵的可变预行程 TICS 系统，基于时间控制的泵喷嘴系统，蓄压共轨系统和高压共轨系统等。各种技术方案都在原有的基础上发展，但高压共轨系统是总的发展方向。

五、高压共轨电控喷射系统

1. 共轨（Common - rail）式电控燃油喷射技术的原理

在汽车柴油机中，高速运转使柴油喷射过程的时间只有千分之几秒。实验证明，在喷射过程中高压油管各处的压力是随时间和位置的不同而变化的。由于柴油的可压缩性和高压油管中柴油的压力波动，使实际的喷油状态与喷油泵所规定的柱塞供油规律有较大的差异。油管内的压力波动有时还会在主喷射之后使高压油管内的压力再次上升，达到令喷油器的针阀开启的压力，将已经关闭的针阀又重新打开，产生二次喷油现象。由于二次喷油不可能完全燃烧，于是增加了烟度和碳氢化合物（HC）的排放量，油耗增加。此外，每次喷射循环后高压油管内的残余压力都会发生变化，随之引起不稳定的喷射，尤其在低转速区域容易产生上述现象，严重时不仅喷油不均匀，而且会发生间歇性不喷射现象。为了解决柴油机燃油压力变化的缺陷，现代柴油机采用了一种称为“共轨”的技术。

共轨技术是指由高压油泵、压力传感器和ECU组成的闭环系统中，将喷射压力的产生和喷射过程彼此完全分开的一种供油方式，由高压油泵把高压燃油输送到公共供油管，通过对公共供油管内的油压实现精确控制，使高压油管压力大小与发动机的转速无关，这样可以大幅度减小柴油机供油压力随发动机转速的变化，因此也就减少了传统柴油机的缺陷。ECU控制喷油器的喷油量，喷油量大小取决于共轨管（公共供油管）压力和电磁阀开启时间的长短。

共轨式电控燃油喷射技术，通过共轨直接或间接地形成恒定的高压燃油，分送到每个喷油器，并借助于集成在每个喷油器上的高速电磁开关阀的开启与闭合，定时定量地控制喷油器喷射至柴油机燃烧室的油量，从而保证柴油机达到最佳的燃烧比和良好的雾化，以及最佳的着火时间、足够的着火能量和最少的污染排放。

2. 共轨式电控燃油喷射技术的特点

柴油机共轨式电控燃油喷射技术是一种全新的技术，集计算机控制技术、现代传感检测技术以及先进的喷油器结构于一身。它不仅能达到较高的喷射压力、实现喷射压力和喷油量的控制，而且还能实现预喷射和分段喷射，从而优化喷油特性、降低柴油机噪声和大大减少废气有害成分的排放量。其特点为：

（1）采用先进的电子控制装置及配有高速电磁阀，使得喷油过程的控制十分方便，并且可控参数多，利于柴油机燃烧过程的全程优化。

（2）采用共轨方式供油，喷油系统压力波动小，各喷油器间相互影响小，喷射压力控制精度较高，喷油量控制较准确。

（3）高速电磁开关阀频率高，控制灵活，使得喷油系统的喷射压力可调范围大，并且能方便地实现预喷射等功能，为优化柴油机喷油规律、改善其性能和降低废气排放提供了有效手段。

（4）系统结构移植方便，适应范围广，尤其是与目前的小型、中型及重型柴油机均能很好匹配，因而市场前景广阔。

3. 高压共轨电控喷射系统的组成

高压共轨电控喷射系统（图6—56）主要由电控单元、高压油泵、共轨管、电控喷油器以及各种传感器等组成。

低压燃油泵将燃油输入高压油泵，高压油泵将燃油加压送入高压共油轨，高压共油轨中的压力由电控单元根据共油轨压力传感器测量的共油轨压力以及需要进行调节，高压共油轨内的燃油经过高压油管，由电子喷油器喷入气缸（根据柴油机的运行状态，由电控单元从预设的MAP图中确定合适的喷油定时、喷油持续期）。

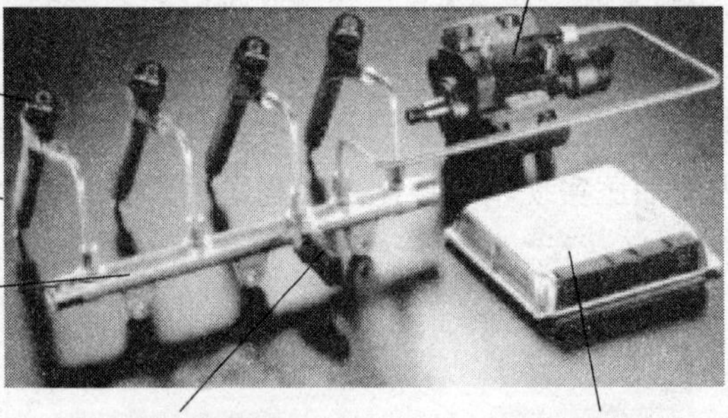

图 6—56　高压共轨电控喷射系统

第七章　润　滑　系

第一节　概　述

学习目标：

1. 掌握润滑系的组成及作用。
2. 掌握润滑系油路。

一、润滑系的作用

发动机工作时，各运动零件在很小的配合间隙下作高速相对运动。由于零件接触表面的微观呈凹凸不平状，如果零件的金属表面之间直接摩擦，将增大发动机的功率消耗，加速零件工作表面的磨损，摩擦产生的热量还可能将零件工作表面烧损，致使发动机无法正常运转。为了提高发动机工作的可靠性，延长其使用寿命，发动机工作时，润滑系连续不断地将足够数量、温度适宜、清洁的润滑油输送到各摩擦表面，并在摩擦表面形成油膜，实现液体摩擦，其主要作用有：

1. 润滑作用

在两相对运动零件表面之间形成油膜，避免它们直接接触，实现液体摩擦，使摩擦系数大大减小，以减少零件磨损和发动机的功率损失。

2. 冷却作用

循环流动的润滑油不断地吸收并带走摩擦表面的热量，保持零件的正常工作温度。

3. 清洗作用

具有一定压力和黏度的润滑油在摩擦表面循环流动时，带走摩擦面间的金属磨屑、积炭和沙粒等。

4. 密封作用

附着在气缸壁、活塞和活塞环等零件上的油膜，填充了相互间的间隙，减少了漏气，提高了零件的密封效果。

5. 减振与防锈作用

零件接触表面间的油膜，可吸收零件间的冲击振动，从而降低了发动机的噪声；油膜还可以防止水、空气和酸性气体对零件表面的氧化和腐蚀。

二、发动机的润滑方式

发动机工作时，各运动零件所承受的载荷大小及相对运动速度不同，所要求的润滑强度也不同，因此需要采取不同的润滑方式。现代汽车发动机多采用压力润滑和飞溅润滑相结合的综合润滑方式。

1. 压力润滑

压力润滑是指发动机工作时，机油泵将一定压力的润滑油连续不断地压送到各摩擦表面的润滑方式，如图 7—1 所示。压力润滑主要用于承受载荷大、相对运动速度较高的摩擦表面。如曲轴的主轴颈、连杆轴颈、凸轮轴轴颈和摇臂轴等与各自对应的轴承（或座孔）之间的润滑。

2. 飞溅润滑

飞溅润滑是指发动机工作时，利用运动零件飞溅起来的油滴和油雾润滑摩擦表面的润滑方式，如图 7—2 所示。飞溅润滑主要适用于外露表面、承受载荷较小的工作表面，如气缸壁、活塞销、挺柱、气门杆、凸轮、偏心轮等。

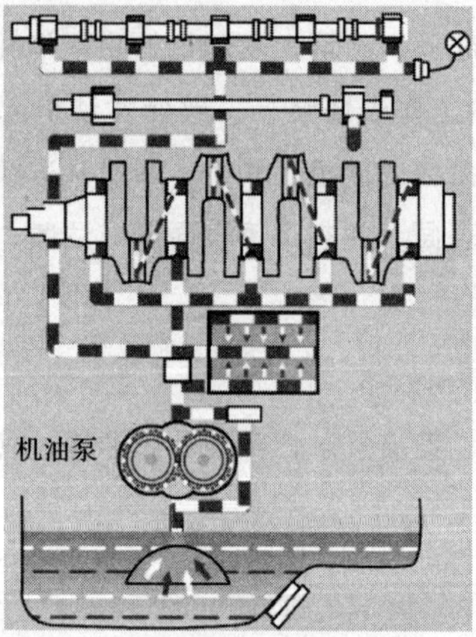

图 7—1　压力润滑

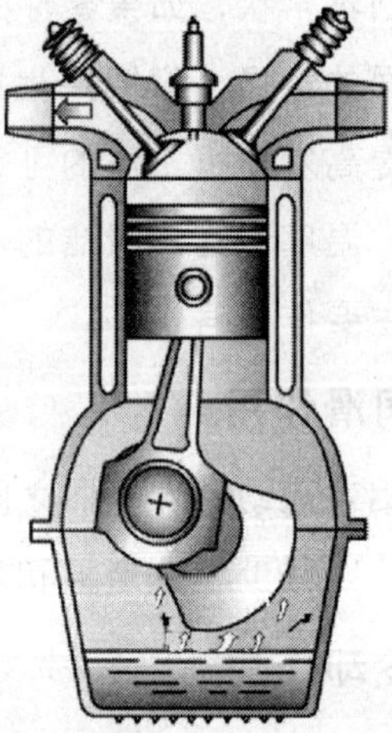

图 7—2　飞溅润滑

三、润滑系的组成

如图 7—3 所示，为保证发动机得到正常的润滑，发动机润滑系一般由以下几部分组成：

1. 润滑油储存与输送装置

包括油底壳、机油泵、输油管和气缸体与气缸盖上的润滑油道等。其作用是保证润滑油的储存、加压和循环流动。

2. 润滑油滤清装置

包括集滤器、粗滤器和细滤器等。其作用是滤除润滑油中的金属磨屑、机械杂质和胶质等，防止堵塞油道和油管。

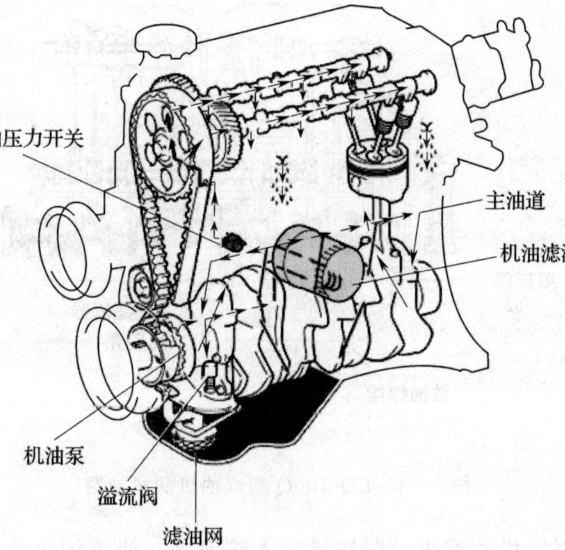

图 7—3 润滑系组成

3. 润滑油冷却装置

一些热负荷较高的发动机设有机油散热器，以加强润滑油的冷却，确保润滑油在最佳温度范围内（70～90℃）工作。

4. 安全和限压装置

设在机油泵上或主油道中的限压阀、粗滤器或细滤器上的旁通阀，可以限制润滑系中的最高油压，保证润滑系工作时有足够的润滑油量。

5. 润滑系工作检查装置

包括机油压力表、油温表、机油标尺和机油压力过低警告灯等，以便驾驶员能随时掌握润滑系的工作状况。

四、润滑系的油路

润滑系统的具体润滑部位则因车型而异，下面举例说明。

1. 中型汽油机润滑油路

我们以 EQ6100Q 型发动机为例。EQ6100Q 型汽油机润滑油路如图 7—4 所示。润滑系由加油管、油底壳、集滤器、机油泵、粗滤器、细滤器、机油散热器、主油道、分油道、限压阀、旁通阀等组成。

发动机曲轴的主轴承、连杆轴承、凸轮轴轴承、摇臂孔、空气压缩机、正时齿轮和机油泵驱动轴等采用压力润滑。

活塞、活塞环、活塞销、气缸壁、气门、挺杆和凸轮等采用飞溅润滑。

发动机工作时，机油经固定式集滤器初步过滤后进入机油泵，由机油泵输出的油分为两路：大部分（90％）的机油经粗滤器后进入纵向主油道，并由此流向各运动零件的工作表

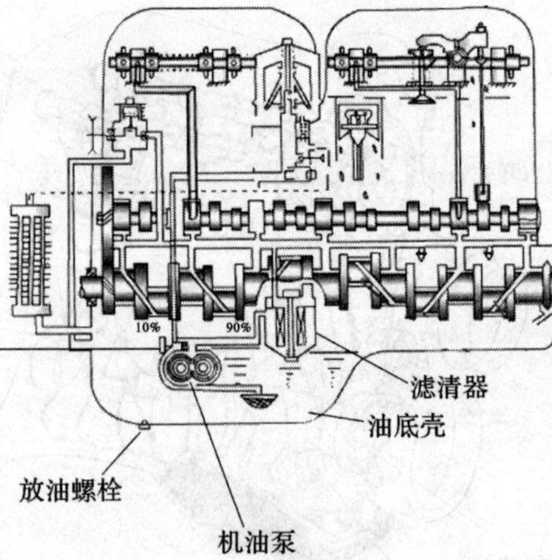

图 7—4 EQ6100Q 型汽油机润滑油路

面。另一小部分（10%）机油经进油限压阀流入细滤器，滤去细小杂质后流回油底壳。

其油路为：油底壳机油→集滤器→机油泵→细滤器（10%）→油底壳→粗滤器（90%）→主油道→曲轴主轴承。

2. 轿车汽油机的润滑油路

轿车润滑系的特点是：

(1) 由于轿车发动机转速高、功率大，凸轮轴多为顶置，机油泵一般由中间轴驱动。

(2) 配气机构多采用液力挺柱，由油道向液力挺柱供油。

(3) 在主油道与机油泵之间多用单级全流式滤清器，以简化滤清系统。

(4) 集滤器为固定淹没式，避免机油泵吸入表面泡沫，保证润滑系工作可靠。

图 7—5 所示为桑塔纳系列轿车润滑系的油路。油底壳内的润滑油经粗集滤器滤掉大的机械杂质后，被机油泵压入机油滤清器后分三路送出：

第 1 路经主油道后分为两支：一支送入曲轴主轴承分油道，润滑主轴承，经曲轴内油道滑润连杆大端轴承，再经连杆内油道润滑连杆小端轴承后回到油底壳；另一支则进入中间轴的轴承（AJR 型发动机无中间轴）后流回油底壳。

第 2 路从主油道进入凸轮轴的轴承后再润滑气门机构，然后流回油底壳。

第 3 路，在主油道油压太高或流量太大的情况下，润滑油冲开安全阀，分流回油底壳。

3. 柴油机润滑油路

由于柴油机与汽油机的结构和工作条件不一样，其润滑系的组成和油路也各有不同。柴油机润滑系的特点如下：

(1) 柴油机活塞一般专设油道进行冷却，因其机械负荷和热负荷较大。

(2) 柴油机所配用的喷油泵、调速器、增压器等也需要润滑，因此，要求柴油机的润滑强度较高。

(3) 为了保证润滑系工作可靠，通常设有机油散热器。

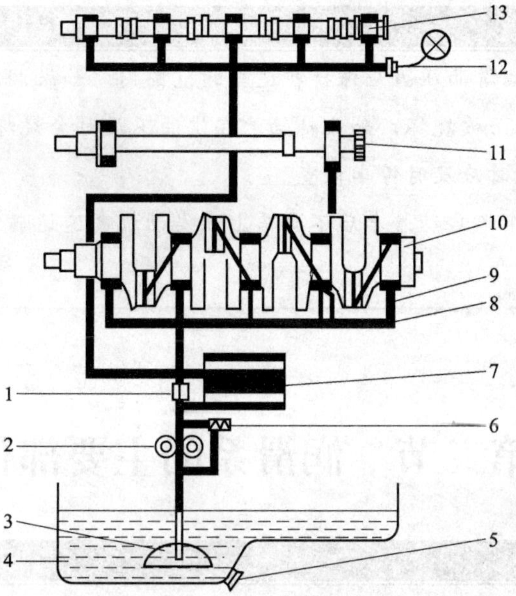

图 7—5　桑塔纳轿车发动机润滑系统示意图

1—旁通阀　2—机油泵　3—粗集油器　4—油底壳　5—放油塞　6—安全阀
7—机油滤清器　8—主油道　9—油道　10—曲轴　11—中间轴　12—压力开关　13—凸轮轴

（4）由于柴油机无需驱动分电器，所以机油泵可安装在曲轴箱内第一道或第二道主轴承盖处，由曲轴正时齿轮直接或间接驱动。这样，可使机油泵的转速等于或高于发动机转速，以满足柴油机高强度润滑的需要。

图 7—6 为斯太尔 WD615 系列柴油机润滑油路。油底壳中的机油经集滤器、机油泵、机油滤清器、机油散热器进入主油道。主油道中的机油通过各支油道分别流向增压器（若柴油机为自然吸气式则无增压器）、压气机、喷油泵、经推杆到摇臂轴、凸轮轴轴颈、曲轴主轴颈和连杆轴颈等处进行压力润滑。为了保证活塞的冷却，对应各缸处有机油喷嘴，来自于主油道的机油直接喷到活塞内腔。

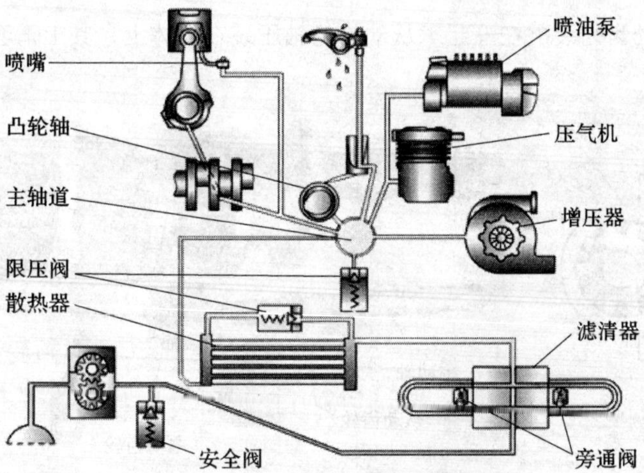

图 7—6　柴油机润滑油路示意图

注意：

1. 发动机工作时润滑油压力应保持在适当的范围内，如果润滑油压力过低将造成发动机润滑部位缺润滑油而被烧坏，如曲轴轴承在供油不足时会烧坏而使发动机无法运转。所以当润滑油压力过低时应及时停车检查。

2. 长时间停止的车辆启动着车后不要马上让发动机高速运转，以免暂时性的缺润滑油而损害发动机。

第二节　润滑系的主要部件

学习目标：

掌握润滑系主要部件的结构及工作原理。

一、机油泵

机油泵的作用是将一定压力和足够数量的润滑油压送到各润滑表面，并保证润滑油在系统内的正常循环流动。

机油泵根据结构形式的不同分为齿轮式机油泵和转子式机油泵两种。而齿轮式机油泵又分为外啮合式机油泵和内啮合式机油泵两种，一般将前者称为齿轮式机油泵。

1. 齿轮式机油泵

(1) 结构

机油泵由泵体、泵盖、主动齿轮轴、从动齿轮轴、主动齿轮、从动齿轮和限压阀等组成，如图 7—7 所示。主动齿轮轴安装在泵体的轴孔内，其上端通过销与机油泵传动齿轮连接，下端则用半圆键与主动齿轮装配在一起。从动齿轮轴压装在泵体上，其上滑套有从动齿轮。

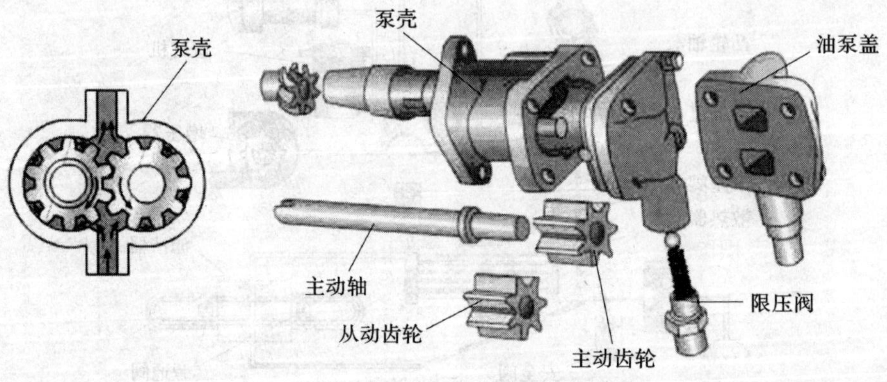

图 7—7　外啮合齿轮式机油泵的结构

泵盖上装有限压阀，限压阀一端与出油腔相通，另一端与进油腔相连。其作用是将主油道内的油压控制在额定范围内。当出油压力超过预设压力值时，油压克服限压弹簧预紧力顶开限压阀，部分润滑油流回进油腔，以达到泄油限压的目的。

泵体上的进油口经进油管与集滤器相连，出油口与机体上的油道及机油滤清器连接。整个机油泵用螺栓固定在曲轴箱内一侧，并淹没在润滑油中。

机油泵齿轮与泵体内壁之间的间隙较小，以保证机油泵可靠工作，如果间隙过大，机油压力降低，泵油量减少。在泵体与泵盖之间有衬垫，既可以防止漏油，又可以用来调整齿轮与泵盖之间的端面间隙。

外啮合齿轮式机油泵的结构简单、制造方便、工作可靠，所以应用较广泛。

(2) 工作原理

齿轮式机油泵的工作原理如图 7—8 所示。机油泵体内装有一个主动齿轮和一个从动齿轮，齿轮的端面由机油泵盖封闭，泵体、泵盖和齿轮的各个齿槽间组成工作腔。主动齿轮由凸轮轴上的斜齿轮或曲轴前端齿轮驱动。

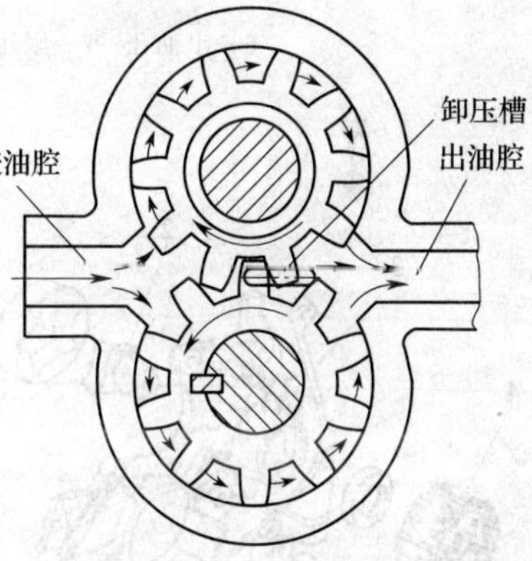

图 7—8　外啮合齿轮式机油泵工作原理

当齿轮按图示方向旋转时，进油腔的容积由于轮齿逐渐脱离啮合而增大，使进油腔内产生一定的真空度，在真空吸力作用下，润滑油被吸入进油腔，随后又被轮齿带到出油腔；出油腔的容积由于轮齿逐渐进入啮合而减小，使油压升高，润滑油经出油口被不断地压入发动机的主油道中。

当轮齿进入啮合时，由于容积变小，轮齿间隙内润滑油的压力急剧升高，使齿轮受到很大的推力，从而加剧了机油泵轴与衬套的磨损。为此，在泵盖上对应啮合齿隙处铣出一条卸压槽与出油腔相连，以降低啮合齿隙间的油压。

2. 内啮合齿轮式机油泵

内啮合齿轮式机油泵的结构如图 7—9 所示。机油泵由泵体、泵盖、内齿轮、外齿圈、月牙形块和限压阀等组成。其内齿轮是主动齿轮，套在曲轴前端，通过花键由曲轴直接驱动，外齿圈是从动齿轮，装在机油泵体内。泵体固定在曲轴的前端。

内啮合齿轮式机油泵的工作原理与外啮合齿轮式机油泵的工作原理基本相同。发动机工作时，曲轴带动内齿轮按箭头方向旋转，润滑油从进油口被吸入两齿轮的轮齿之间，并被推向出油室；出油室容积随着内齿轮和外齿圈逐渐进入啮合而减小，将油压升高后压入主油道。

内啮合齿轮式机油泵由曲轴直接驱动，不需中间传动机构，所以其零件数量少、制造成本低，占用空间小，使用范围较广。

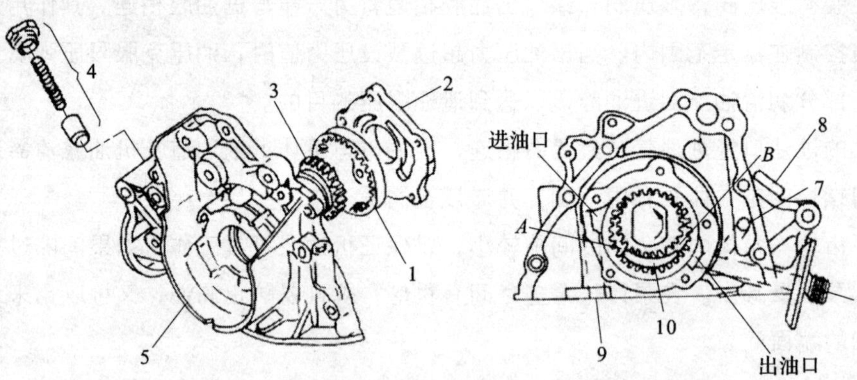

图 7—9　内啮合齿轮式机油泵

1—内齿圈　2—泵盖　3—小齿轮　4—限压阀组件　5—泵体
6—出油孔　7—限压阀油孔　8—限压阀　9—进油孔　10—月牙形块

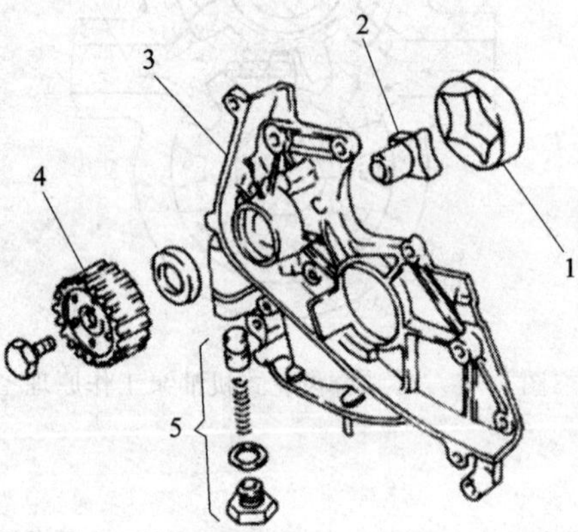

图 7—10　转子式机油泵

1—外转子　2—内转子　3—机油泵体
4—机油泵驱动带轮　5—限压阀组件

3. 转子式机油泵

转子式机油泵也称为偏心内啮合转子式机油泵，其结构如图 7—10 所示，由泵体、泵盖、内转子、外转子、油泵轴和限压阀等组成。主动的内转子和从动的外转子都装在泵体内。主动的内转子固定在油泵轴上，从动的外转子在油泵体内可以自由转动，两者之间有一定的偏心距。内转子有四个凸齿，外转子有五个凹齿，内、外转子在任何位置，两者间都可形成四个相互独立的工作腔。

转子式机油泵的工作原理如图 7—11 所示。转子式机油泵的内转子旋转时，转子每个齿的齿形轮廓线上总能互相成点接触，所以在内外转子之间形成了多个互相封闭的工作腔，由于外转子总是慢于

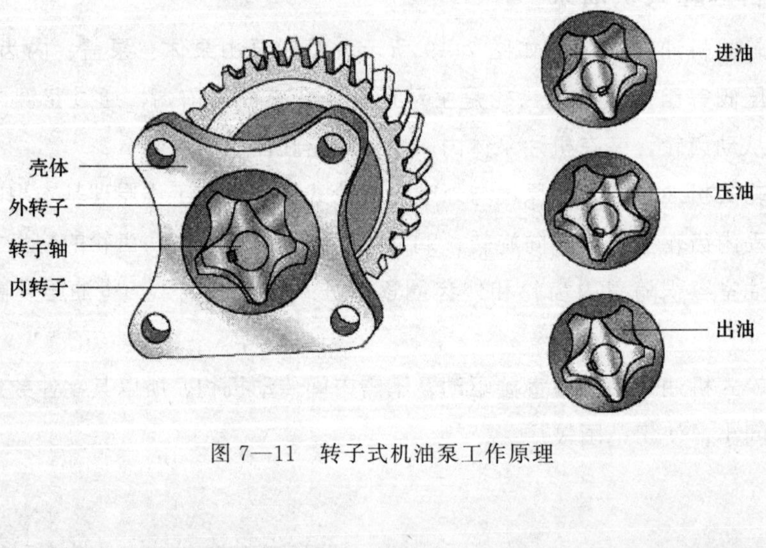

图 7—11　转子式机油泵工作原理

内转子，这几个工作腔在旋转过程中位置和容积大小都发生了改变。每个工作腔总是在最小时开始与壳体上的进油孔接通，然后容积逐渐变大，形成真空，把润滑油吸进工作腔，当该容积旋转到与泵体上的出油孔接通且与进油孔断开时，容积逐渐变小，工作腔内压力升高，腔内润滑油从油孔被压出。

二、机油滤清器

机油滤清器的作用是滤除润滑油中的金属磨屑、机械杂质、胶质、水和润滑油中的氧化物，保持润滑油的清洁及良好的润滑性能，保证润滑系正常工作。

机油滤清器根据滤清效果不同分为集滤器、粗滤器和细滤器，并分别串联或并联在主油道中，这样既能使润滑油得到较好的滤清，又不至于造成很大的流动阻力。其中串联于机油泵与主油道之间的称为全流式滤清器，发动机工作时润滑油全部经滤油器滤清；与主油道并联的称为分流式过滤器，如图 7—12a、b 所示。

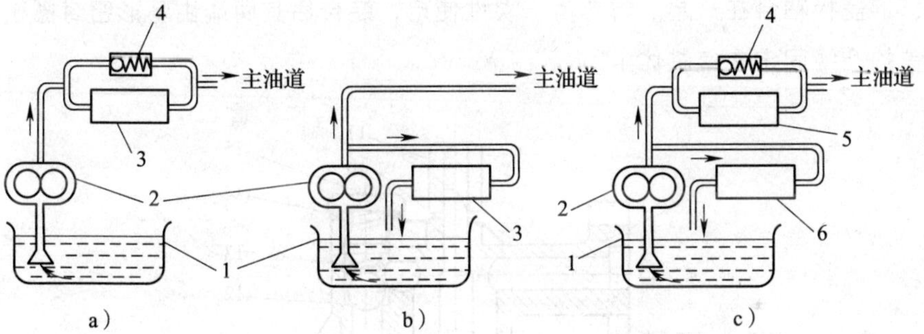

图 7—12 润滑系机油滤清的形式

a）全流过滤式 b）分流过滤式 c）并联过滤式

1—油底壳 2—机油泵 3—机油滤清器 4—旁通阀 5—机油粗滤器 6—机油细滤器

为了保证滤清效果，发动机一般采用集滤器、粗滤器和细滤器等多级滤清方式（图 7—12c）。现代轿车发动机上普遍只设有集滤器和一个全流式机油滤清器。

1. 机油集滤器

机油集滤器一般采用金属网式结构，装在机油泵进油口之前，用来滤除润滑油中较大颗粒的杂质，防止杂质进入机油泵。目前汽车发动机所用的集滤器有浮式和固定式两种。

浮式集滤器漂浮于机油表面吸油，目前应用不多。固定式集滤器（图 7—13）淹没在油面之下，吸入的机油清洁度较差，但可以防止泡沫吸入，润滑可靠，结构简单，已逐步取代浮式集滤器。

2. 机油粗滤器

机油粗滤器的作用是滤去润滑油中较大颗粒（直径为 0.05～0.1 mm）的杂质，向主油道和摩擦表面供给较清洁的润滑油。由于其通过能力较好，一般串联在机油泵与主油道之间，属于全流式滤清器。

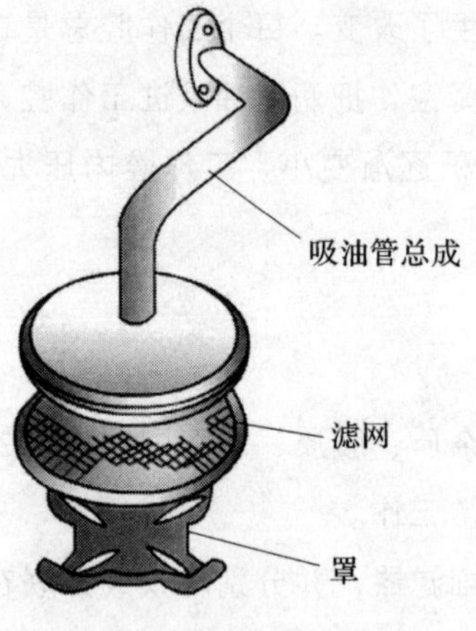

图 7—13　固定式机油集滤器

结构特点：吸油管总成的上端有与机油泵进油孔连接的凸缘，下端与滤网支座中心固定连接。滤网夹装在支座与罩之间，滤网靠自身的弹力紧压在罩上。罩的边缘有四个缺口，形成进油通道。

当机油泵工作时，润滑油从罩的缺口处经滤网被吸入，粗大的杂质被滤网滤去，然后经吸油管进入机油泵。

纸质滤芯机油粗滤器的结构如图 7—14 所示，由壳体、上盖、滤芯等组成。滤芯的内层芯筒由薄铁皮制成，其上加工出许多圆孔；外层由经过酚醛树脂处理的微孔滤纸折叠而成，滤芯与上、下盖板粘合在一起。滤芯为一次性使用，装合后其两端由环形密封圈密封。粗滤器通过上盖的凸缘固定在气缸体上。

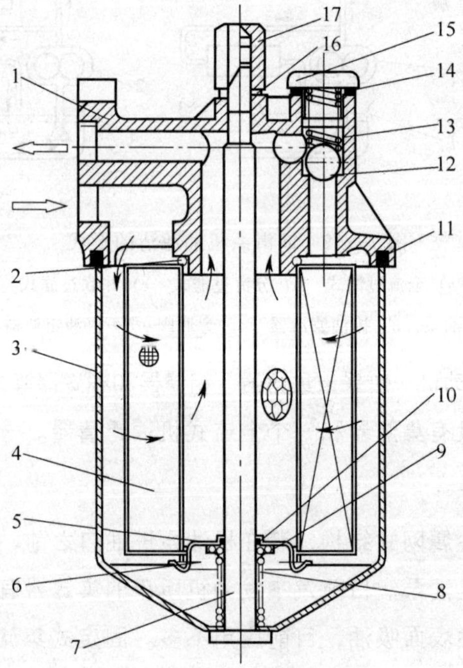

图 7—14　纸质滤芯式粗滤器

1—上盖　2、6—密封圈　3—外壳　4—滤芯　5—托板　7—拉杆　8—托簧　9—垫圈
10、11—密封圈　12—球阀　13—弹簧　14—垫圈　15—阀座　16—垫圈　17—螺母

发动机工作时，机油泵将一定压力的润滑油从上盖的进油孔压入，从滤芯的外部空间通过滤芯滤清后到达滤芯内部空间，并由上盖的出油孔流入主油道。当滤芯堵塞，使内、外空间压力差达到 147～176 kPa 时，上盖上的旁通阀打开，润滑油不经过滤芯的滤清直接进入

主油道，以保证润滑系所需的润滑油量。

纸质滤芯式机油滤清器具有质量轻、体积小、结构简单、滤清效果好和成本低等优点，因而得到了广泛的应用。

3. 机油细滤器

机油细滤器的作用是滤除润滑油中细小颗粒（直径小于 0.05 mm）的杂质。由于其通过能力较差，一般与主油道并联安装，属于分流式滤清器。发动机工作时，只有15%左右的润滑油通过细滤器。

机油细滤器有过滤式和离心式两种类型。由于过滤式细滤器存在着滤清效果和通过能力的矛盾，目前应用较少。而离心式细滤器具有滤清效果好，通过能力强，且结构简单、使用可靠、寿命长等优点，所以应用广泛。

离心式机油细滤器的结构如图 7—15 所示，由底座、转子总成、外罩等组成。在底座上

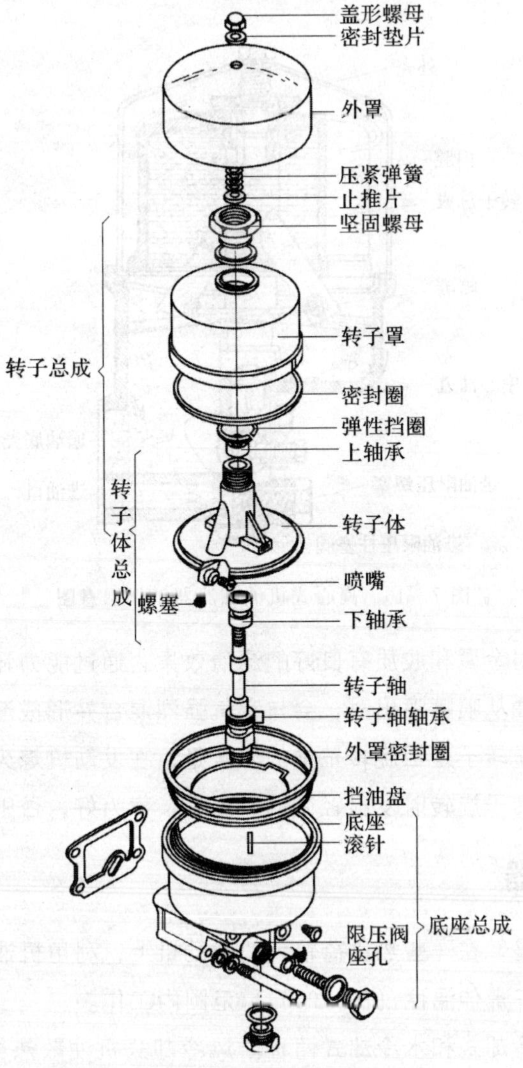

图 7—15 离心式机油细滤器结构图

装有限压阀和带中心孔的转子轴，转子轴用锁片锁紧。转子体通过上、下两个转子衬套套在转子轴上，使转子体可以绕转子轴自由转动，其下端装有两个对称布置的喷嘴。导流罩套装于转子体上，并由紧固螺钉固定，形成一个空腔，通过导流罩、转子体及转子轴上的径向油孔与转子中心孔相通。外罩用盖形螺母紧固在底座上。

如图 7—16 所示，发动机工作时，从机油泵压出的部分润滑油进入进油孔，若油压低于 147 kPa 时，进油限压阀关闭，润滑油全部进入主油道，保证发动机可靠润滑，此时细滤器不起作用；若油压超过 147 kPa 时，进油限压阀开启，润滑油沿转子轴的中心油孔，经转子体和导流罩上对应的油孔流入转子总成内腔，再经导流罩的引导从两个喷嘴反向喷出。转子体在喷射反作用力的推动下高速旋转（方向与喷油方向相反）。当油压达到 294 kPa 时，转子转速可达 5 000～6 000 r/min。转子内腔的润滑油随着转子高速旋转，使润滑油中的杂质在离心力的作用下被甩向转子罩的内壁，清洁的润滑油不断从喷嘴喷出，并从底座上的出油口流回油底壳。

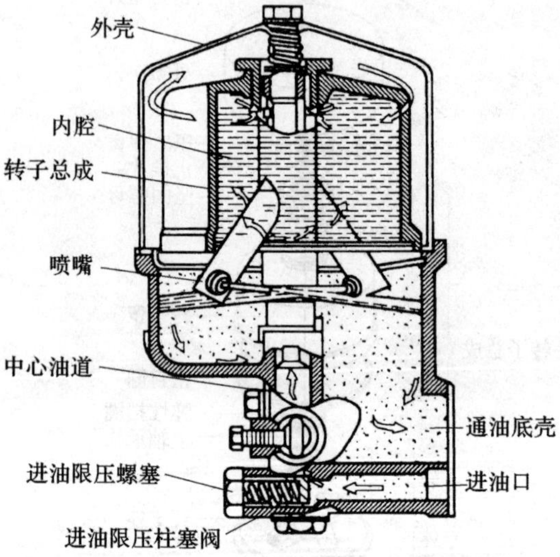

图 7—16　离心式机油细滤器工作示意图

离心式机油细滤器对金属和胶质有良好的滤清效果，通过能力强，不需更换滤芯，只需定期清洗即可；但润滑油从喷嘴喷出时，会与空气强烈混合并形成泡沫，将加快润滑油氧化变质的速度。使用中判断转子是否旋转正常的方法是，在发动机熄火后的 2～3 min 时间内，由于惯性作用仍能听到转子旋转时发出轻微的“嗡嗡”声为好，否则应予检修。

三、机油散热器

机油散热器的作用是，在一些热负荷较大的发动机上，利用机油散热器对润滑油进行强制冷却，以保持润滑油在最佳温度（70～90℃）范围内工作。

机油散热器分为风冷却式和水冷却式两种。风冷却式机油散热器结构如图 7—17 所示，它为管片式结构，管的周围有散热片，管、片均采用导热性好的铜质材料制成。机油散热器通常布置在冷却液散热器的前面，利用汽车行驶时的迎面气流以及风扇的强力抽风作用，使管中的润滑油冷却。

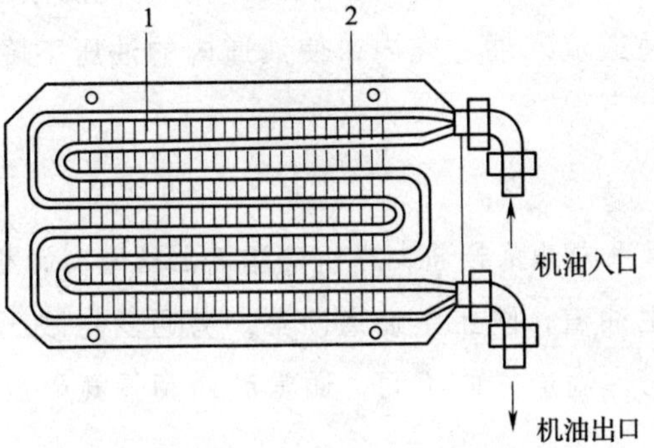

图 7—17 风冷却式机油散热器

1—散热片 2—机油管

水冷却式机油散热器结构如图 7—18 所示，由散热器芯和壳体等组成。散热器芯由铜制的圆形或椭圆形管与散热片组成，与两端的进、出水腔相通。机油散热器多与机油滤清器支架装在一起，并与主油道串联。

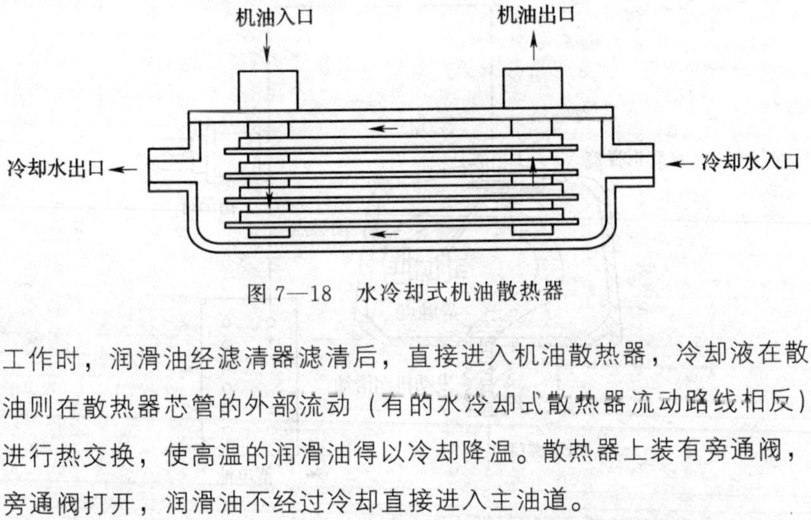

图 7—18 水冷却式机油散热器

发动机工作时，润滑油经滤清器滤清后，直接进入机油散热器，冷却液在散热器芯管内流动，润滑油则在散热器芯管的外部流动（有的水冷却式散热器流动路线相反），两种流体在散热器内进行热交换，使高温的润滑油得以冷却降温。散热器上装有旁通阀，当润滑油温度过低时，旁通阀打开，润滑油不经过冷却直接进入主油道。

水冷却式机油散热器外形尺寸小，布置方便，温度稳定，又不会使润滑油过度冷却，因而在轿车中得到广泛的应用。

四、安全阀

在润滑系中都设有几个限压阀和旁通阀，以确保润滑系正常工作。

1. 限压阀

限压阀用以限制润滑系中机油的最大压力。发动机工作时，机油泵的泵油压力是随发动机转速增加而增大的，并且当润滑系中油路淤塞、轴承间隙过小或使用的机油黏度过大时，也将使供油压力增大。因此，在润滑系机油泵和主油道中设有限压阀，限制机油最大压力，以确保安全。

当机油泵和主油道上机油压力超过预定的压力时，将克服限压阀弹簧作用力，顶开阀门，一部分机油从侧面通道流入油底壳内，使油道内的油压下降至设定的正常值后，阀门关闭。

2. 旁通阀

旁通阀用以保证润滑系内油路畅通，当机油滤清器堵塞时，机油通过并联在其上的旁通阀直接进入润滑系的主油道，防止主油道断油。旁通阀与限压阀的结构基本相同，只是其安装位置、控制压力，溢流方向不同，通常旁通阀弹簧刚度要比限压阀弹簧刚度小得多。

五、机油压力开关

机油压力开关安装在润滑系主油道上与机油相通，用于检测发动机有无机油压力。它由管形弹簧及触点等组成。若发动机运转后机油压力太低，则动触点与静触点接触，接通警告灯，指示油压情况异常，如图 7—19 所示。

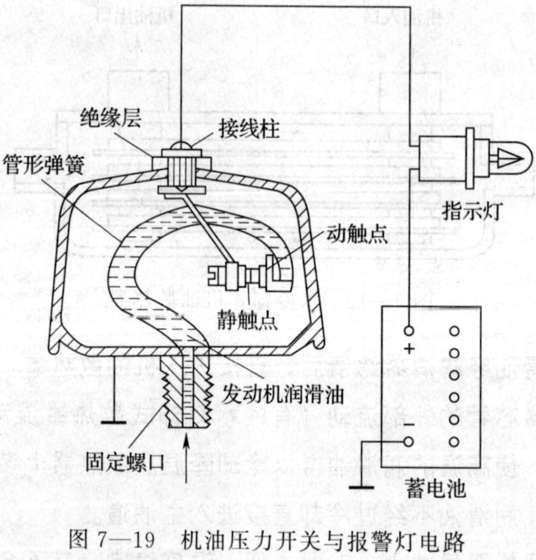

图 7—19　机油压力开关与报警灯电路

六、油尺和机油压力表

油尺是用来检查油底壳内油量和油面高低的。它是一片金属杆，下端制成扁平，并有刻线。机油油面必须处于油尺上下刻线之间。

机油压力表用以指示发动机工作时润滑系中机油压力的大小，一般都采用电热式机油压力表，它由油压表和传感器组成，中间用导线连接。传感器装在粗滤器或主油道上，它把感受到的机油压力传给油压表。油压表装在驾驶室内仪表板上，显示机油压力的大小。

第三节 曲轴箱的通风

学习目标：

1. 了解自然通风的原理。
2. 了解强制通风的原理。

发动机工作时，一部分可燃混合气和废气经活塞环泄漏到曲轴箱内。泄漏到曲轴箱内的汽油蒸气凝结后，将使润滑油变稀。同时，废气的高温和废气中的酸性物质及水蒸气将侵蚀零件，并使润滑油性能变坏。另外，由于混合气和废气进入曲轴箱，使曲轴箱内的压力增大，温度升高，易使机油从油封、衬垫等处向外渗漏。为此，一般汽车发动机都有曲轴箱通风装置，以便及时将进入曲轴箱内的混合气和废气抽出，使新鲜气体进入曲轴箱，形成不断的对流。曲轴箱通风方式一般有两种，一种是自然通风，另一种是强制通风。

一、自然通风

将从曲轴箱抽出的气体直接导入到大气中的通风方式称为自然通风，如图 7—20 所示。柴油机多采用这种曲轴箱自然通风方式。在曲轴箱连通的气门室盖或润滑油加注口接出一根下垂的出气管，管口处切成斜口，切口的方向与汽车行驶的方向相反。利用汽车行驶和冷却风扇的气流，在出气口处形成一定真空度，将气体从曲轴箱抽出。

二、强制通风

将从曲轴箱抽出的气体导入发动机的进气管并吸入气缸再燃烧的通风方式称为强制通风，如图 7—21 所示。

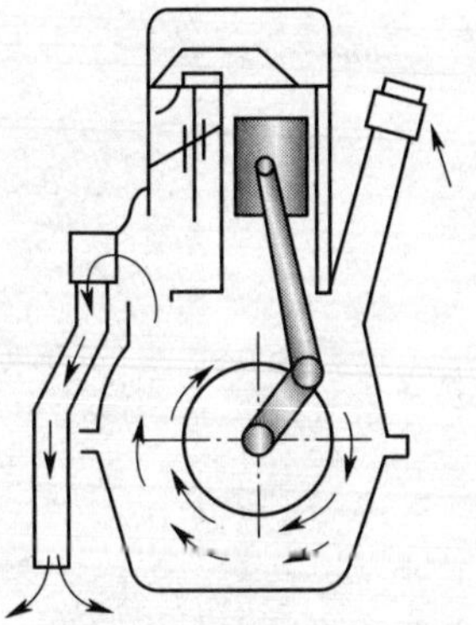

图 7—20 自然通风

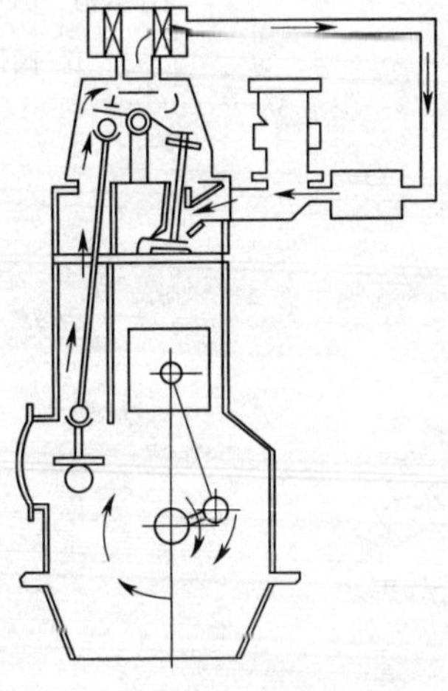

图 7—21 强制通风

发动机在小负荷低转速下工作时，由于进气管真空度较大，为防止吸入过多的气体影响发动机正常工作，在曲轴箱通风装置中设有单向止回阀（即 PCV 阀），它安装在进气管上。单向止回阀阀芯呈锥形，中部和侧面均有通气孔，其结构和工作原理如图 7—22 所示。

发动机怠速或小负荷时，曲轴箱的漏气量小。此时节气门开度小，进气管真空度高，阀芯被吸在阀座上，曲轴箱内的气体只能从阀芯的中心小孔流入进气管，因吸入的空气量少，对怠速影响不大，且由于小孔的节流作用，防止了曲轴箱内的润滑油被吸出，如图 7—22b 所示。

发动机负荷增大，转速升高时，进气管真空度降低，阀芯在弹簧弹力的作用下离开阀座，逐渐打开，通风量逐渐加大，如图 7—22c 所示。

发动机大负荷时，曲轴箱的漏气量大。此时节气门开度大，进气管真空度较低，单向止回阀完全打开，通风量最大，从而保证了曲轴箱内气体的更新，如图 7—22d 所示。

现代汽车发动机上一般采用强制式通风，以提高发动机的经济性，同时也减少了排气污染，有利于净化环境。

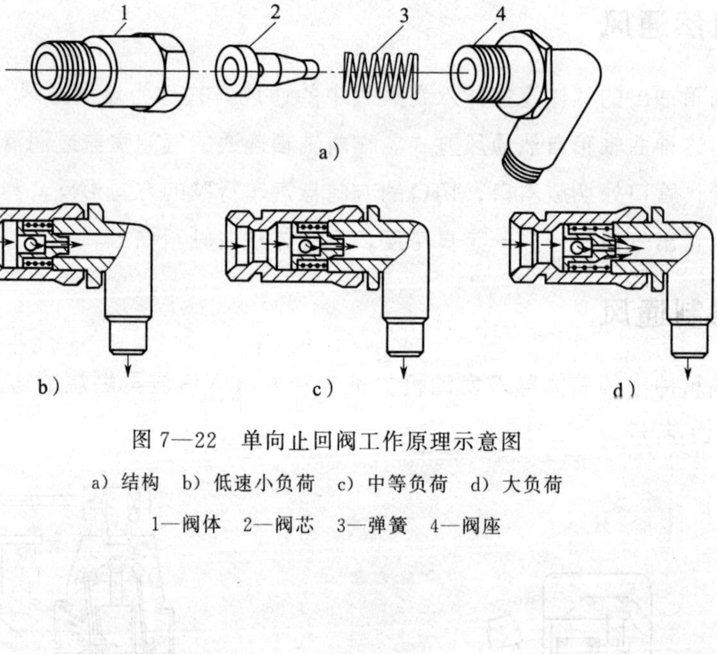

图 7—22　单向止回阀工作原理示意图

a）结构　b）低速小负荷　c）中等负荷　d）大负荷

1—阀体　2—阀芯　3—弹簧　4—阀座

第八章 冷 却 系

第一节 概 述

学习目标：

1. 掌握冷却系的组成及作用。
2. 掌握冷却系的工作原理。

一、冷却系的作用

发动机工作时，由于可燃混合气的燃烧及运动零件间的摩擦产生大量的热量，使零件强烈受热，特别是直接与高温气体接触的零件（如气缸体、气缸盖、活塞和气门等），如果不及时进行冷却，将会使这些零件过热而影响发动机的正常工作。

冷却系的作用是将发动机中受热零件吸收的部分热量散发到大气中去，以保证发动机在最适宜的温度范围内工作。

二、发动机的冷却方式

冷却系根据所用冷却介质的不同分为风冷却系和水冷却系（图 8—1）。

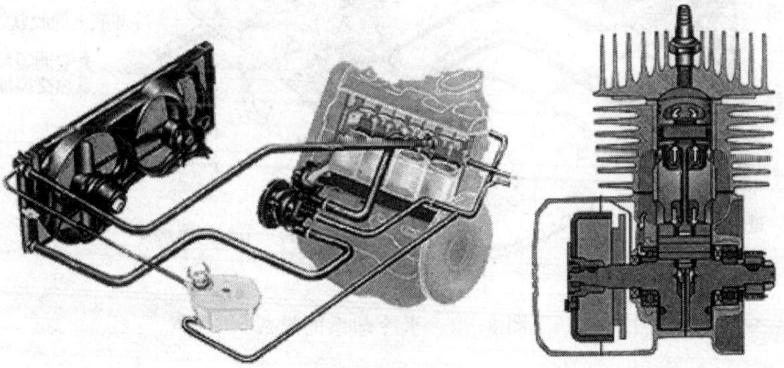

图 8—1 两种不同的冷却系

风冷却系以空气为冷却介质。利用风扇在气缸体和气缸盖周围的散热片中形成空气流，使高温零件的热量直接散发到大气中去。

水冷却系以水（或冷却液）为冷却介质。通过冷却液在发动机体内不断循环，将发动机中高温零件的热量先传给冷却液，然后再散发到大气中去。

水冷却系的冷却效果好、冷却均匀可靠、冷却强度容易调节、发动机运转噪声小，因此现代汽车发动机中广泛采用强制循环式水冷却系统。

知识扩展：

水冷却系中，冷却水温度应保持在 80～90℃；使用冷却液的发动机，冷却液温度应保持在 90～105℃。风冷却系中，铝气缸壁的温度在 150～180℃为宜，铝气缸盖的温度应保持在 160～200℃。

如果发动机温度过高，将降低充气效率，使润滑油变稀、零件磨损加剧、强度降低；如果发动机温度过低，将不利于混合气的形成和燃烧，使润滑油黏度变大、阻力增大、排放恶化。因此，冷却系的技术状况正常与否，对发动机的动力性、经济性、工作可靠性和使用寿命都有很大的影响。

三、水冷却系的组成

目前汽车发动机上采用强制循环式水冷却系。水冷却系主要由散热器、水泵、风扇、水套（在气缸盖或气缸体上制出的夹层空间）、节温器、水管、水温表和传感器等组成，如图 8—2 所示。

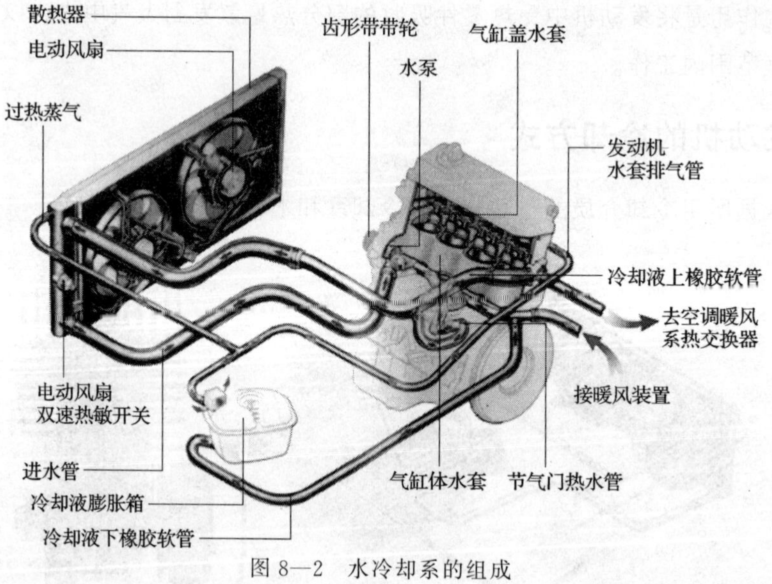

图 8—2 水冷却系的组成

强制循环式水冷却系是用水泵把该系统的冷却液加压，使之在水套中流动，冷却液从气缸壁吸收热量，温度升高，热的冷却液向上流入气缸盖，继而从气缸盖流出并进入散热器。由于风扇的强力抽吸，空气从前向后高速流过散热器，不断地将流经散热器的冷却液的热量带走。冷却后的冷却液由水泵从散热器底部重新泵入水套，如此不断循环，从而保证发动机在最佳温度范围内工作。

通常，冷却水在冷却系内的循环流动路线有两条，一条为大循环，另一条为小循环，如图 8—3 所示。

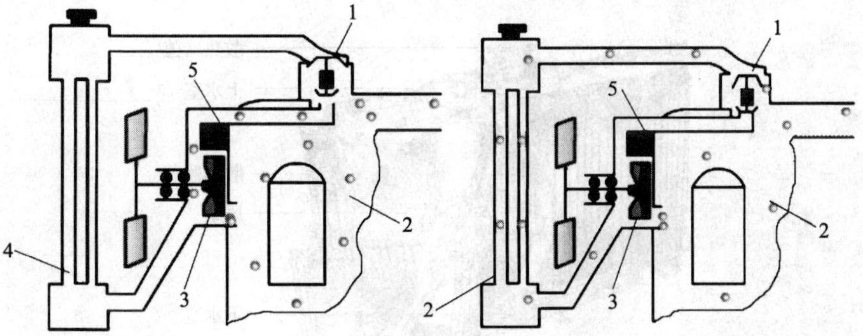

图 8—3 水冷系统的大、小循环

1—双阀节温器 2—水套 3—水泵 4—散热器 5—旁通管

名词解释：

小循环：冷却水经水泵→水套→节温器后不经散热器，而直接由水泵压入水套的循环，其水流路线短，散热强度小，称水冷却系的小循环。

大循环：冷却水经水泵→水套→节温器→散热器，又经水泵压入水套的循环，其水流路线长，散热强度大，称水冷却系的大循环。

多数汽车装有暖风装置。暖风机是一个热交换器，热的冷却液从气缸体或气缸盖水套经暖风机进水软管流入暖风机芯，然后经暖风机出水软管流回水泵。吹过暖风机芯的空气被冷却液加热后，一部分送到挡风玻璃除霜器，一部分送入主驾驶室或车厢内。

第二节 水冷却系的主要部件

学习目标：

掌握水冷却系主要部件的结构及工作原理。

一、散热器

散热器的主要作用是将水套出来的热水自上而下或横向的分成许多小股并将其热量散给周围的空气。散热器由上水室、下水室、散热器芯等组成，如图 8—4 所示。

散热器上水室装有散热器的入水管，通过橡胶管与气缸盖出水管连接；上水室上部有加水管，加水管口一般装泄汽管。当冷却水沸腾时，水蒸气可以从此管排出。加装防冻液的冷却系，此管接膨胀水箱。下（右）水室有出水管，用软管与水泵进水口连接，两水室之间焊接散热器芯管。

芯管的结构形式很多，常用的为管片式及管带式，如图 8—5 所示。其芯管多为扁圆形直管（防冻裂性好），周围制有散热片。芯管可竖置或横置。

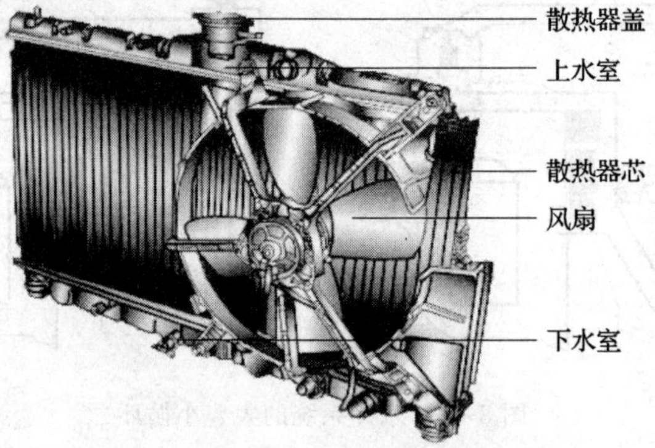

图 8—4 散热器的结构

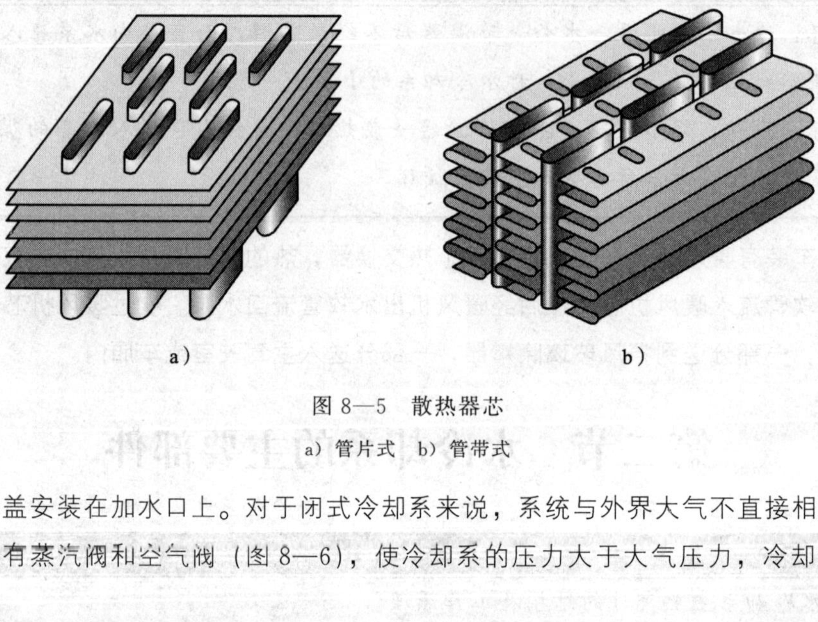

图 8—5 散热器芯

a）管片式 b）管带式

散热器盖安装在加水口上。对于闭式冷却系来说，系统与外界大气不直接相通，所以散热器盖上带有蒸汽阀和空气阀（图 8—6），使冷却系的压力大于大气压力，冷却水的沸点有所提高。

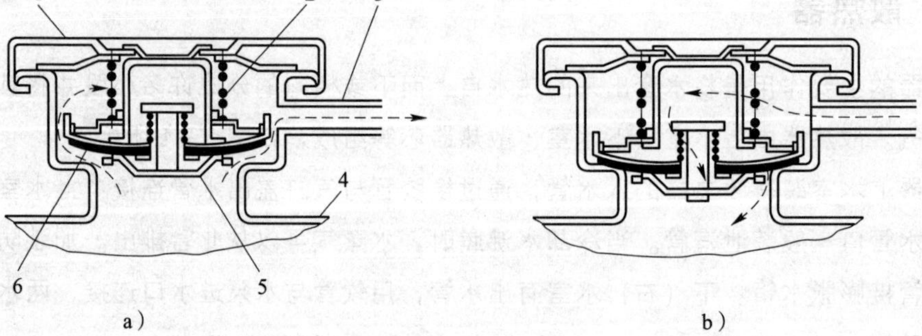

图 8—6 散热器盖

a）蒸汽阀开启 b）空气阀开启

1—散热器盖 2—弹簧 3—溢流管 4—散热器 5—空气阀 6—蒸汽阀

一般在散热器内压力达到26～37 kPa时，蒸汽阀阀门开启，部分水蒸气经溢流管排入大气，避免损坏散热器；在散热器内气压降到10～20 kPa时，空气阀阀门开启，散热器与大气相通，防止散热器芯管被大气压坏。散热器多用耐腐蚀、导热性好的铜或铝片制成。

知识扩展：

加注防冻液的汽车发动机，为了减少冷却液的损失，保证冷却系的正常工作，采用散热器＋补偿水桶结构（图8—7）。补偿水桶的上方通大气，另一根软管与散热器的溢流管相连。当散热器内蒸汽压力升高到某一值时，其盖上的压力阀打开，冷却液通过压力阀经溢流管进入补偿水桶；当温度下降时，冷却液又从补偿水桶通过真空阀流回到散热器内部，这样可以防止冷却液的损失。补偿水桶内部印有两条液面高度标记线，水桶内的液面高度应位于这两条刻线之间。

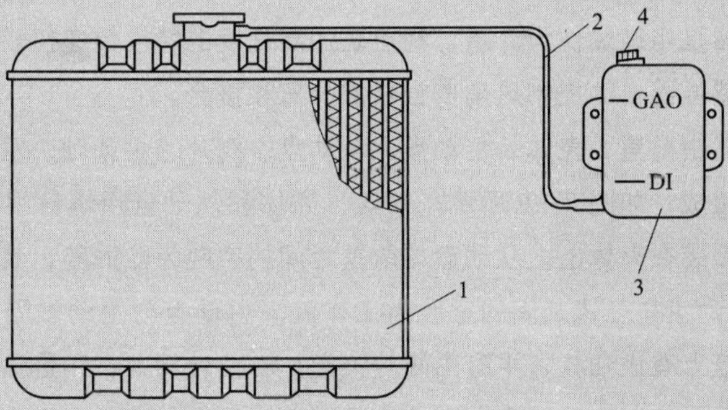

图8—7 补偿水桶装置示意图

1—散热器 2—橡胶软管 3—补偿水桶 4—加液盖口

补偿水桶具有以下作用：

（1）把冷却系变成永久性封闭系统，减少了冷却液的损失。

（2）避免空气不断进入，避免了机件的氧化腐蚀。

（3）减少了穴蚀。

（4）使冷却系中水、汽分离，保持系统内压力稳定，提高了水泵的泵水量。

二、风扇

1. 风扇的作用及结构

风扇的主要作用是提高流经散热器的空气流速和流量，以增强散热器的散热能力并冷却发动机附件。一般安装在发动机与散热器之间与水泵同轴驱动，如图8—8所示。

轿车发动机上基本上都是采用轴流式冷却风扇，叶片断面多为弧形，数目通常为4～6片，为了减轻振动噪声，叶片间夹角不等。

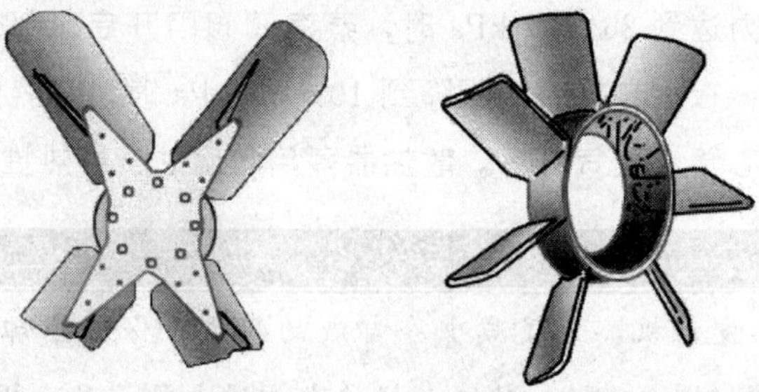

图 8—8 风扇形式

2. 风扇的控制装置

风扇控制装置的作用是控制风扇的运转与转速，改变流经散热器芯部的空气流量，从而调节冷却系的冷却强度，保证发动机经常在正常温度范围内工作。

(1) 硅油风扇离合器

硅油风扇离合器是用硅油作为介质，利用硅油高黏度的特性传递扭矩，利用散热器后面空气的温度，通过感温器自动控制风扇离合器的分离和接合。

硅油风扇离合器由前盖、壳体、主动盘、从动盘、阀片、主动轴、双金属感温器、阀片轴、轴承、风扇等组成，如图 8—9 所示。前盖、壳体和从动盘用螺钉组成一体，通过轴承装在主动轴上，风扇装在壳体上。从动盘与前盖之间的空腔为贮油腔，其内装有硅油（油面低于轴中心线），从动盘与壳体之间的空腔为工作腔。主动盘与主动轴固定连接，主动轴与水泵轴连接。从动盘上有进油孔，平时由阀片关闭，若偏转阀片，则进油孔即可打开。阀片的偏转由双金属感温器控制，从动盘上有凸台限制阀片最大偏转角。双金属感温器的外端固定在前盖上，内端卡在阀片轴的槽内。从动盘外缘有回油孔，中心有漏油孔。

1）当发动机冷起动或在小负荷下工作时，冷却水及通过散热器的气流温度不高，进油孔被阀片关闭，工作腔内无硅油，离合器处于分离状态。主动轴转动时，仅仅由于密封毛毡圈和轴承的摩擦，使风扇随同壳体在主动轴上空转打滑，转速极低。

2）当发动机负荷增加时，冷却液和通过散热器的气流温度随之升高，感温器受热变形从而带动阀片轴及阀片转动。当流经感温器的气流温度超过 338 K（65℃）时，进油孔被完全打开，于是硅油从贮油腔进入工作腔。硅油十分黏稠，主动盘即可利用硅油的黏性带动壳体和风扇转动。此时风扇离合器处于接合状态，风扇转速迅速提高。

为不使工作腔中的硅油温度过高，黏度下降，应使硅油在壳体内不断循环。由于主动盘转速高于从动盘，因此受离心力作用从主动盘甩向工作腔外缘的油液压力比贮油腔外缘的油液压力大，油液从工作腔经回油孔流向贮油腔，而贮油腔又经进油孔及时向工作腔补充油液。为使硅油从工作腔流回贮油腔的速度加快，缩短风扇脱开时间，在从动盘的回油孔旁，有一个刮油突起部伸入工作腔缝隙内，使回油孔一侧压力增大，回油加快。

3）当发动机负荷减小，流经感温器的气体温度低于 308 K（35℃）时，感温器恢复原状，阀片将进油孔关闭，工作腔中油液继续从回油孔流回贮油腔，直至甩空为止，风扇离合器又回到分离状态。

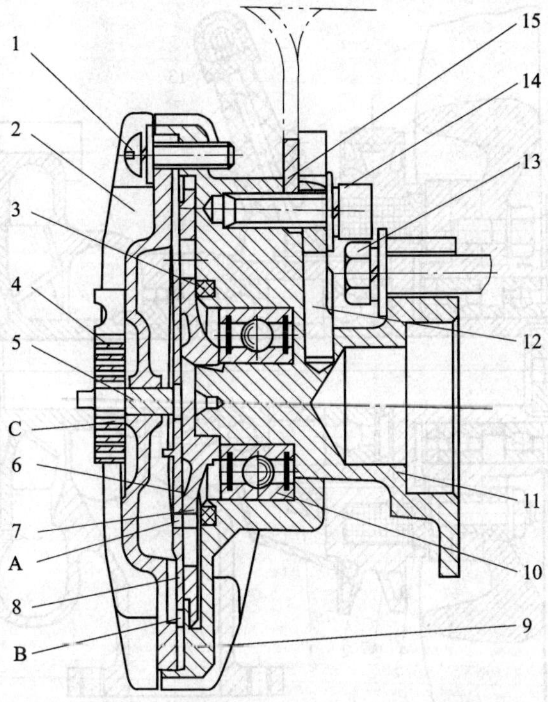

图 8—9 硅油风扇离合器结构示意图

1—螺钉 2—前盖 3—密封毛毡圈 4—双金属感温器 5—阀片轴 6—阀片 7—主动盘 8—从动盘 9—壳体 10—轴承 11—主动轴 12—锁止板 13—螺栓 14—内六角螺钉 15—风扇 A—进油孔 B—回油孔 C—漏油孔

(2) 电磁风扇离合器

电磁风扇离合器是一种根据冷却液温度，通过水温感应开关和电路控制风扇运转的装置，电磁风扇离合器的结构如图 8—10 所示。

电磁风扇离合器由主动和从动两部分组成。主动部分的组成包括：具有 V 形槽的电磁壳体 3、线圈 2、滑环 1 和摩擦片 4。线圈 2 用环氧树脂固定在电磁壳体 3 内，摩擦片 4 和滑环 1 分别固定在电磁壳体 3 上。从动部分包括风扇鼓 7、风扇 10、导销 6 和衔铁环 12 等零件。风扇 10 用螺栓固定在风扇鼓 7 上，风扇鼓通过球面轴承装配在电磁壳体 3 上。衔铁环通过导销 6、弹簧 5 及开口销等装配在风扇鼓上，并可随导销作轴向移动。引线壳体 15 装在防护罩上，其中心孔内的电刷 16 靠弹簧 14 压于滑环 1 上，接线柱 13 通过导线与水温感应开关相连接，在弹簧 14 的作用下与滑环 1 保持常接触状态，从水温感应开关引来的导线接在接线柱 13 上。电磁风扇离合器用螺母 8 固定在水泵轴 9 上。

电磁风扇离合器的工作过程：当冷却液温度低于 92℃时，冷却液温度感应开关的电路不通，线圈 2 不通电，离合器处于分离状态；当冷却液温度超过 92℃时，冷却液温度感应开关的电路自动接通，线圈 2 通电，电磁壳体吸引衔铁环将摩擦片压紧，离合器处于接合状态，风扇鼓 7 随电磁壳体 3 一起转动。

(3) 电动风扇

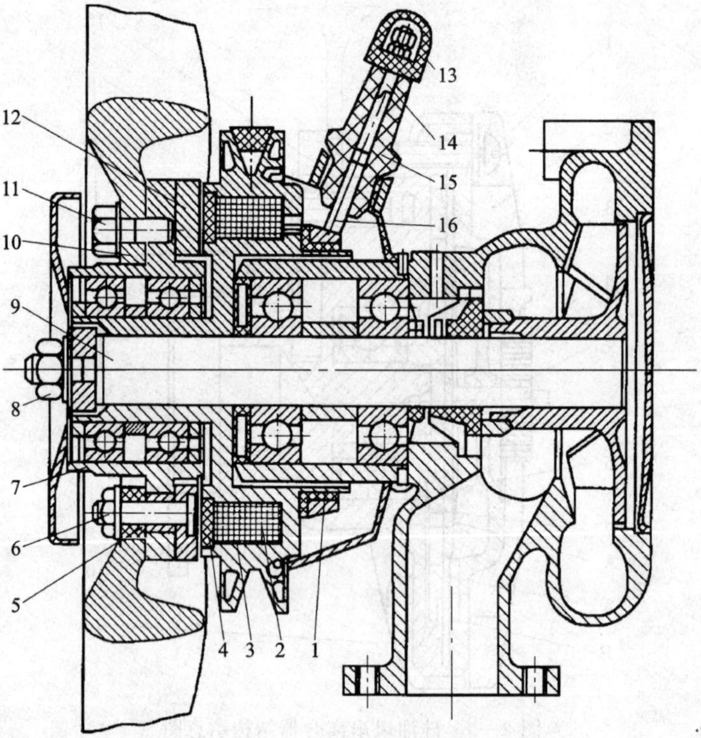

图 8—10 电磁风扇离合器结构示意图

1—滑环 2—线圈 3—电磁壳体 4—摩擦片 5、14—弹簧 6—导销 7—风扇鼓 8—螺母
9—水泵轴 10—风扇 11—螺钉 12—衔铁环 13—接线柱 15—引线壳体 16—电刷

很多轿车发动机的水冷系采用电动风扇（图 8—11)，尤其横置发动机前轮驱动的汽车更是如此。电动风扇由风扇电动机驱动并由蓄电池供电，所以风扇转速与发动机转速无关。在有些电控系统中，电动风扇由电脑控制，冷却液温度传感器向电脑传输与冷却液温度相关的信号，当冷却液温度达到规定值时，电脑使风扇继电器搭铁，继电器触点闭合并向风扇电动机供电，风扇进入工作状态。

图 8—11 电动风扇

电动风扇的优点是结构简单，布置方便，不消耗发动机功率，使燃油经济性得到了改善。此外，采用电动风扇不需要检查、调整或更换风扇传动带，因而减少了维修的工作量。

三、水泵

水泵的作用是对冷却水加压，使之在冷却系中循环流动。目前汽车发动机一般采用离心式水泵。离心式水泵由壳体、叶轮、水泵轴、泵盖板、节温器等组成，如图 8—12 所示。

水泵外壳固定在发动机机体上，由曲轴通过 V 带驱动。传动带环绕在曲轴带轮和水泵带轮之间，因此水泵转速与发动机转速成比例。

离心式水泵的工作原理（图 8—13）：当叶轮旋转时，水泵中的水被叶轮带动一起旋转，在离心力作用下，水被甩向叶轮边缘，然后经外壳上与叶轮成切线方向的出水管压送到发动机水套内。与此同时，叶轮中心处的压力降低，散热器中的水便经进水管被吸进叶轮中心部分。如此连续作用，使冷却水在水路中不断地循环。如果水泵因故停止工作，冷却水仍然能从叶轮叶片之间流过，进行热流循环，不至于很快产生过热。

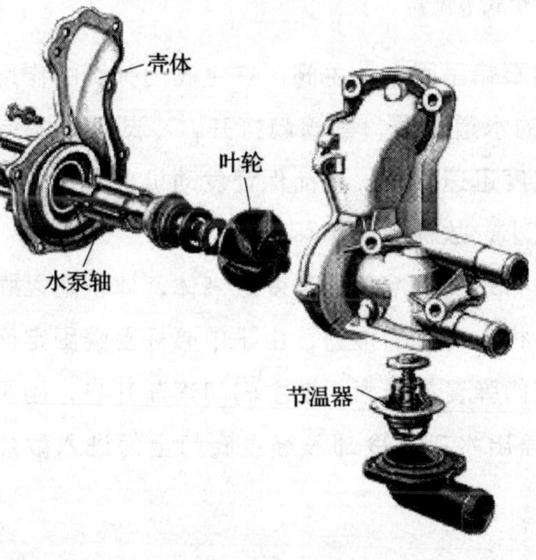

图 8—12　离心式水泵的结构

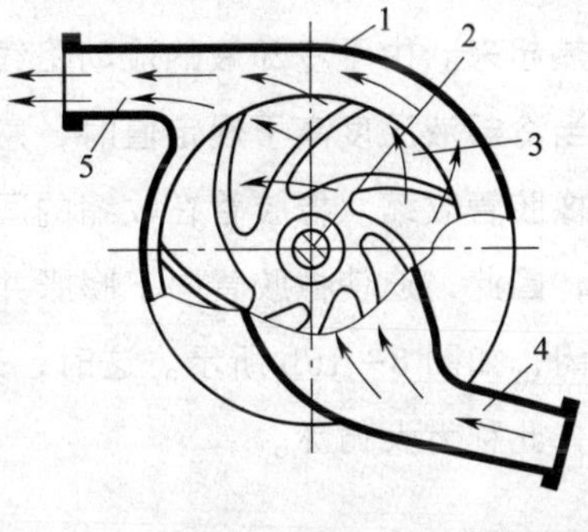

图 8—13　离心式水泵的工作原理

1—水泵壳体　2—水泵轴　3—叶轮

4—进水管　5—出水管

四、节温器

节温器的作用是随发动机负荷和水温的大小而自动改变冷却液的流量和循环路线，保证发动机在适宜的温度下工作，减少燃料消耗和机件的磨损。目前多数发动机采用蜡式节温器。

蜡式节温器由上支架、下支架、主阀门、副阀门、阀座、感应体、中心杆、橡胶管和弹簧等组成，如图 8—14 所示。阀座与支架铆在一起，橡胶管与感温体外壳之间形成的空腔内充满石蜡。为提高导热性，在石蜡中常掺有铜粉或铜丝网。感温体上部套装着主阀门，下端则与副阀门铆在一起。

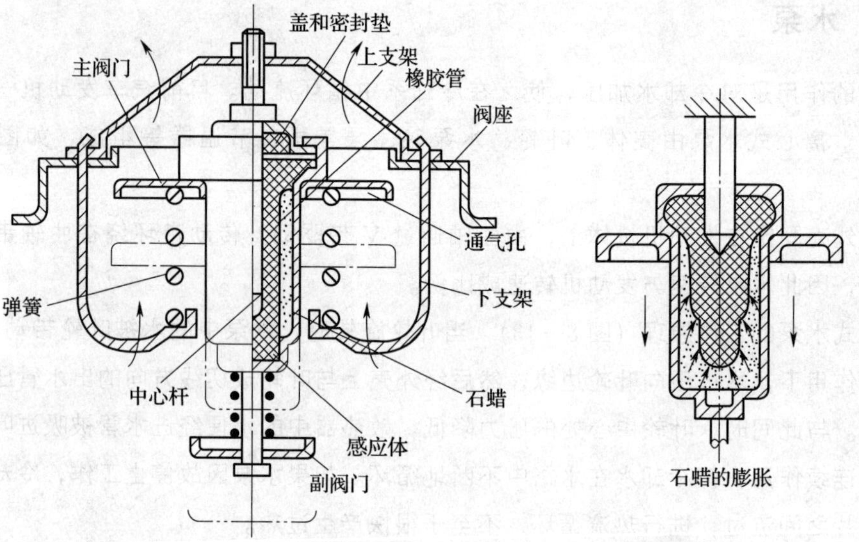

图 8—14　蜡式节温器

当冷却液温度低于规定值时，感温体内的石蜡呈固态，主阀门在主阀门弹簧的作用下紧压在阀座上，如图 8—15a 所示；通往散热器的水道不通，副阀门打开，冷却液在水泵与水套之间循环。此时冷却强度小，促使冷却液温度迅速上升，从而保证发动机各部位均匀和迅速地热起来。由于冷却液的流动路线短、流量小，故称为小循环。

当冷却液温度高于规定值时，感温体内的石蜡受热熔化逐渐变成液体，体积随之膨胀而迫使橡胶管收缩。橡胶管在收缩的同时给中心杆一向上的推力，由于中心杆上端固定而不能上移，因此，迫使橡胶管向下膨胀并克服主阀门弹簧的弹力，使主阀门逐渐开启，副阀门逐渐关闭，如图 8—15b 所示。这时，来自气缸盖出水口的冷却液经主阀门全部进入散热器内冷却，此称为大循环。

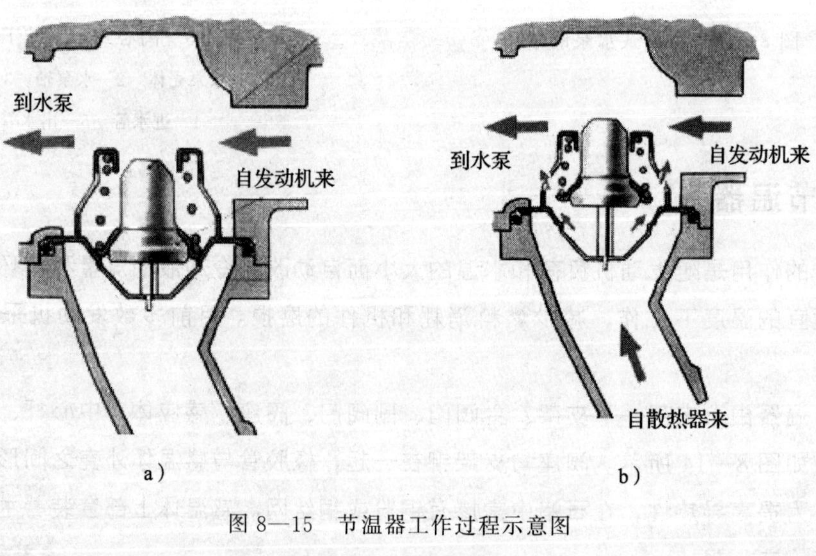

图 8—15　节温器工作过程示意图

a）小循环　b）大循环

五、冷却液

冷却液是水与防冻剂的混合物。汽车发动机中冷却液用水最好是清洁的软水，如雨水、雪水和自来水等，否则硬水中的矿物质会沉淀而产生水垢，这些水垢积附在水套的内壁和软管的接口处，影响了水的循环，并使传热受阻，易造成发动机过热。

冬季在寒冷地区，往往会发生冷却水结冰而使气缸体、气缸盖和散热器出现变形、胀裂等现象。为了降低冷却水的冰点，以适应冬季行车的需要，在水中加入防冻剂制成冷却液，以防止冷却水冻结。最常用的防冻剂是乙二醇。冷却液中水与乙二醇的比例不同，其冰点也不同，乙二醇的含量越多冷却液的冰点越低，50％的水与50％的乙二醇混合而成的冷却液，其冰点约为－35.5℃。

在水中加入防冰剂还可以提高冷却液的沸点。如含50％乙二醇的冷却液在大气压力下的沸点是103℃，因此，防冰剂有防止冷却液过早沸腾的附加作用。

防冻剂中通常含有防锈剂和泡沫抑制剂。防锈剂可延缓或阻止发动机水套壁及散热器的锈蚀或腐蚀。冷却液中的空气在水泵叶轮的搅动下会产生很多泡沫，这些泡沫将妨碍水套壁的散热，泡沫抑制剂能有效地抑制泡沫的产生。在使用过程中，防锈剂和泡沫抑制剂会逐渐消耗殆尽，因此，定期更换冷却液是十分必要的。

在防冰剂中一般加入着色剂，使冷却液呈蓝色或黄色以便识别。

风冷却系简介

风冷却系通过高速空气流直接吹过气缸盖和气缸体的外表面，把从气缸内部传出的热量散发到大气中去，以保证发动机在最适当的温度范围内工作。

图8—16所示是V形排列发动机的风冷却系结构示意图。风扇位于发动机前方两排气缸的中间位置，由气缸盖、气缸体、机油冷却器、前后挡板和顶盖等构成压风室。在气缸盖和气缸体的背风面设有挡风板，用来调节风量的分配。冷空气经冷却风扇增压后进入压风室，再由压风室流过各个需要冷却的零部件表面。由于各零部件的通道阻力不同，因此流过的风量有多有少，以保证其适度而可靠地冷却。

虽然风冷却系与水冷却系比较，具有结构简单、重量轻、故障率少、使用和维修方便等优点；但由于发动机与空气之间温差较大，而风冷却系的散热能力对气温变化不敏感，且风冷却系还存在着冷却不够可靠，消耗功率大和噪声大等缺点，目前在汽车上应用较少。

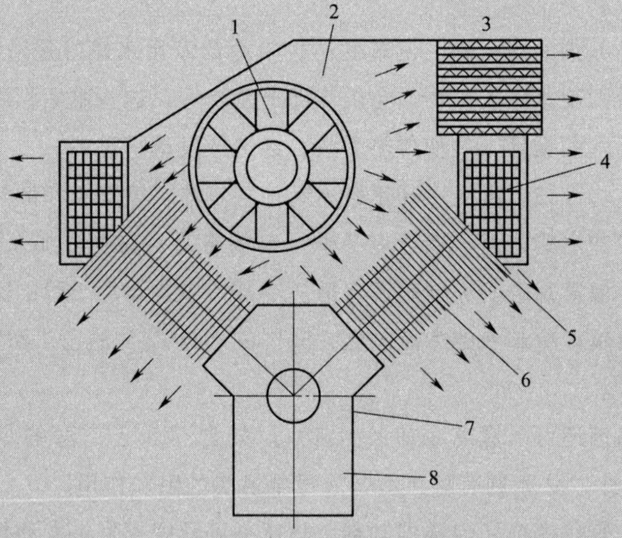

图 8—16　风冷却系统布置图

1—冷却风扇　2—风室　3—液力传动油冷却器　4—机油冷却器
5—气缸盖　6—气缸体　7—曲轴箱　8—油底壳

第九章 传 动 系

第一节 概 述

学习目标：

1. 掌握传动系的组成及作用。
2. 掌握传动系的各种布置形式。

一、传动系的作用和组成

汽车传动系的作用是将汽车发动机发出的动力按需要传给驱动车轮，使路面对驱动车轮产生一个牵引力，推动汽车行驶。

汽车传动系的组成与传动系的类型、布置形式以及汽车驱动形式等许多因素有关。通常按结构和传动介质不同，汽车传动系的类型可分为机械式、液力机械式、静液式和电力式等。机械式和液力机械式应用最广泛。

1. 机械式传动系

机械式传动系广泛应用于现代各类汽车上，并与活塞式内燃机相配用，其组成如图9—1所示。发动机纵向安置在汽车前部，以后轮为驱动轮。发动机发出的动力依次经过离合器、变速器，以及万向节和传动轴组成的万向传动装置，传至安装在驱动桥中的主减速器、差速器和半轴，最后传到驱动轮。

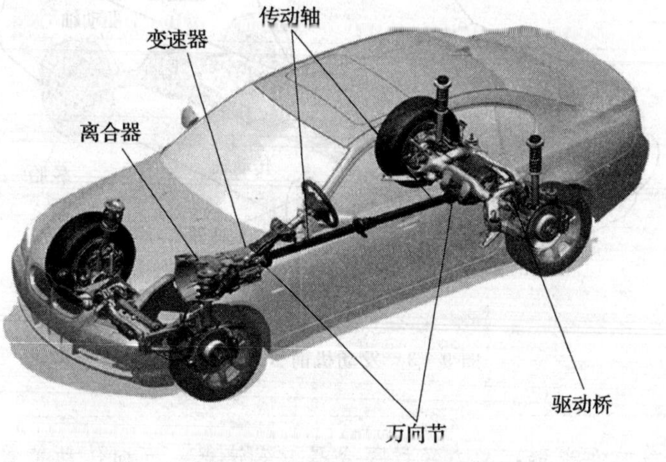

图 9—1 机械式传动系的组成

2. 液力机械式传动系

采用自动变速器的轿车，包括多数进口轿车、国内新生产的先进轿车，广泛采用液力机械式传动系，其传动系由自动变速器、万向传动装置、驱动桥等组成，如图 9—2 所示。

本章主要介绍机械式传动系。

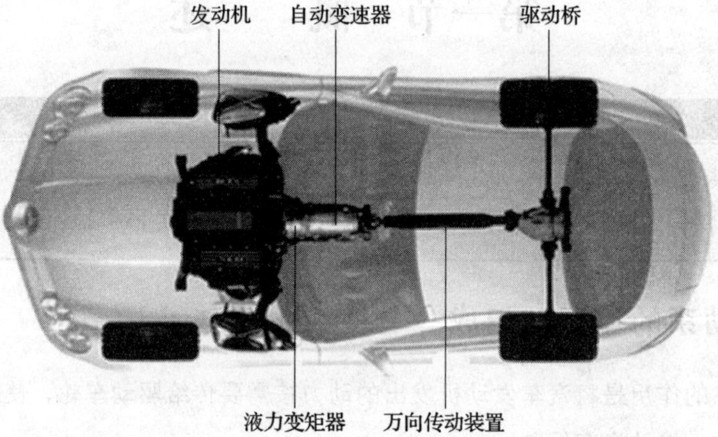

图 9—2 液力机械式传动系的组成

二、传动系的布置形式

汽车底盘的总体布置与发动机的位置及汽车的驱动方式有关，一般有发动机前置后轮驱动、发动机前置前轮驱动、发动机后置后轮驱动、发动机前置全轮驱动等。

1. 发动机前置后轮驱动（图 9—3）

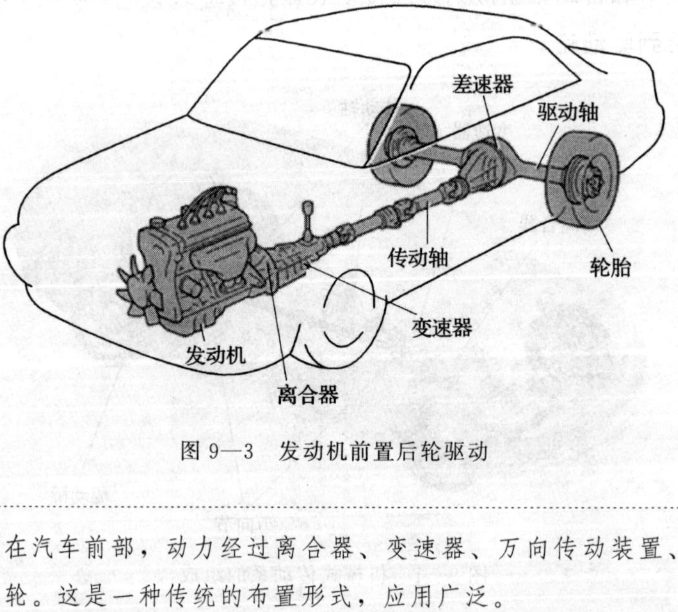

图 9—3 发动机前置后轮驱动

发动机布置在汽车前部，动力经过离合器、变速器、万向传动装置、后驱动桥，最后传到后驱动车轮。这是一种传统的布置形式，应用广泛。

2. 发动机前置前轮驱动（图 9—4）

发动机布置在汽车前部，动力经过离合器、变速器、前驱动桥，最后传到前驱动车轮，这种布置形式在变速器与驱动桥之间省去了万向传动装置，使其结构简单紧凑，整车质量小，高速时操纵稳定性好。

大多数轿车采用这种布置形式，但这种布置形式的爬坡性能差，豪华轿车一般不采用，而是采用传统的发动机前置后轮驱动。

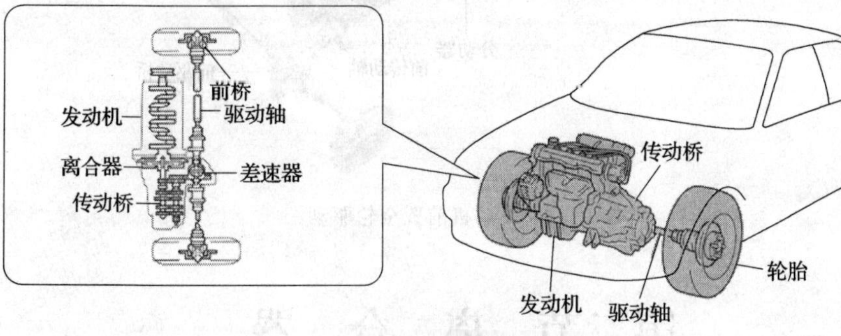

图 9—4　发动机前置前轮驱动

3. 发动机后置后轮驱动（图 9—5）

发动机布置在汽车后部，动力经过离合器、变速器、角传动装置、万向传动装置、后驱动桥，最后传到后驱动车轮。这种布置形式便于车身内部的布置，一般用于大型客车。

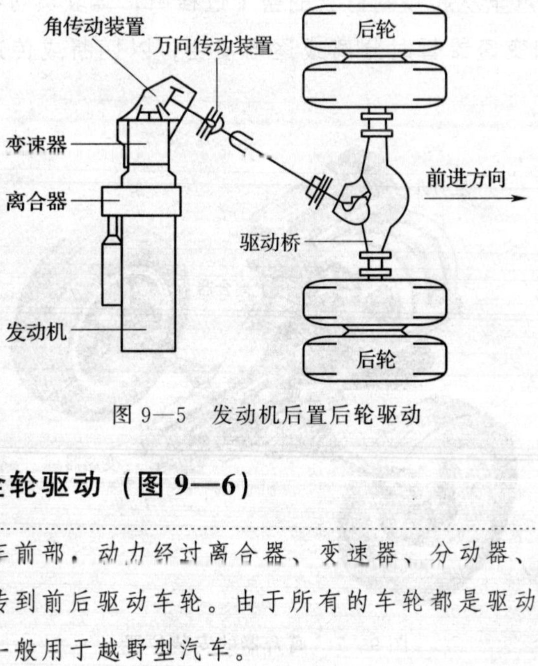

图 9—5　发动机后置后轮驱动

4. 发动机前置全轮驱动（图 9—6）

发动机布置在汽车前部，动力经过离合器、变速器、分动器、万向传动装置分别到达前后驱动桥，最后传到前后驱动车轮。由于所有的车轮都是驱动车轮，提高了汽车的越野通过性能，因此一般用于越野型汽车。

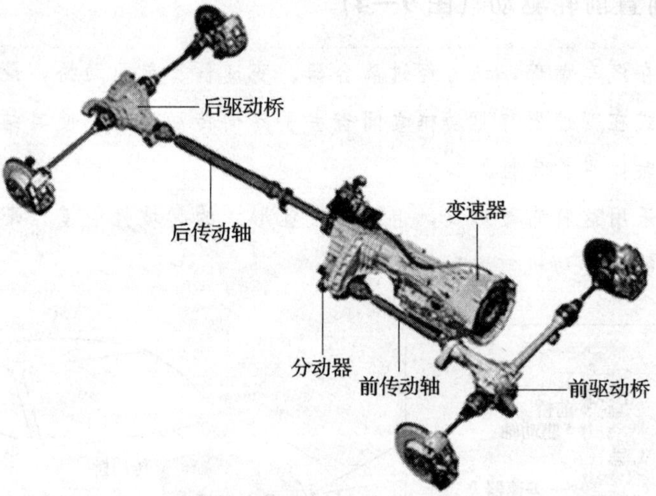

图 9—6 发动机前置全轮驱动

第二节 离 合 器

学习目标：

1. 掌握离合器的作用、结构及工作原理。
2. 掌握离合器自由间隙和踏板自由行程的概念。

离合器位于发动机与变速器之间，其主动部分与发动机的飞轮连接，从动部分与变速器连接（图 9—7）。在汽车从起步到行驶的整个过程中，驾驶员可根据需要踩下或松开离合器踏板，使发动机和变速器暂时分离或逐渐接合，以切断或传递发动机向变速器输出的动力。

图 9—7 离合器的安装位置

一、离合器的作用

1. 保证汽车平稳起步

在起步前，汽车处于静止状态，如果传动系与发动机刚性地连接，则变速器一挂上挡，由于发动机与传动系存在很高的转速差，势必在传动系中产生很大的惯性力。该惯性力反作用于发动机，将使发动机的转速急剧下降而熄灭，汽车无法起步。如果在起步时利用离合器暂时将发动机和变速器分离，然后在逐渐踩下油门踏板的同时，缓慢抬起离合器踏板，利用离合器主、从动部分滑动摩擦程度的变化来保证汽车平稳起步。

2. 便于换挡

在汽车行驶过程中，需要经常变换挡位，以适应不断变化的行驶条件。如果没有离合器将发动机与变速器暂时分离，啮合着的齿轮因载荷没有卸除，啮合面的压力很大，难于分开。另一对待啮合的齿轮，因两圆周速度不等，将难于啮合，利用离合器暂时切断动力，就可避免齿端冲击而进入啮合，从而完成换挡操作。

3. 防止传动系过载

当汽车进行紧急制动时，若没有离合器，发动机会因和传动系刚性相连而急剧降低转速，这往往会在传动系中产生远大于发动机输出转矩的惯性力矩，使传动系的机件损坏。有了离合器，便可通过离合器主、从动部分之间的相对滑动摩擦来消除这一危害，起到一定的保护作用。

二、对离合器的要求

1. 保证传递发动机的最大转矩而不打滑。
2. 主、从动部分分离迅速彻底，接合柔和。
3. 从动部分的质量要尽可能小，以减小换挡时齿轮的冲击。
4. 具有良好的散热能力，保证离合器工作可靠。
5. 操纵轻便，以减轻驾驶员的疲劳感。

三、离合器的类型

汽车离合器类型较多。按其工作原理的不同可分为摩擦式和液力式，其中摩擦式应用广泛。摩擦式按从动盘的数目不同可分为单盘式和双盘式；按压紧弹簧的形式不同又可分为螺旋弹簧式和膜片弹簧式。我们主要介绍膜片弹簧式离合器。

四、摩擦式离合器的结构

摩擦式离合器由主动部分、从动部分、压紧机构和操纵机构四部分组成，如图 9—8 所示。

1. 主动部分

主动部分包括飞轮、离合器盖、压盘等机件。这部分与发动机曲轴连在一起。离合器盖与飞轮靠螺栓连接，压盘与离合器盖之间是靠 3～4 个传动片传递转矩的。

2. 从动部分

从动部分是由单片、双片或多片从动盘组成，它将主动部分通过摩擦传来的动力传给变速器的输入轴。从动盘由从动盘本体、摩擦片和从动盘毂三个基本部分组成。

3. 压紧机构

压紧机构由若干根沿圆周均匀布置的压紧弹簧组成，它们装在压盘与离合器盖之间，用来将压盘和从动盘压向飞轮，使飞轮、从动盘和压盘三者压紧在一起。

4. 操纵机构

包括离合器踏板、分离拉杆、调节叉、分离叉、分离套筒、分离轴承、分离杠杆、回位弹簧等。

五、膜片弹簧式离合器的结构

1. 主动部分

由发动机飞轮、压盘及离合器盖组成，如图 9—9 所示。离合器盖用螺钉固定在飞轮上，离合器盖和压盘之间是通过四组传动片来传递转矩的。传动片用弹簧钢片制成，每组两片，其一端用铆钉铆在离合器盖上，另一端则用螺钉紧固在压盘上。因此压盘既可以随飞轮一

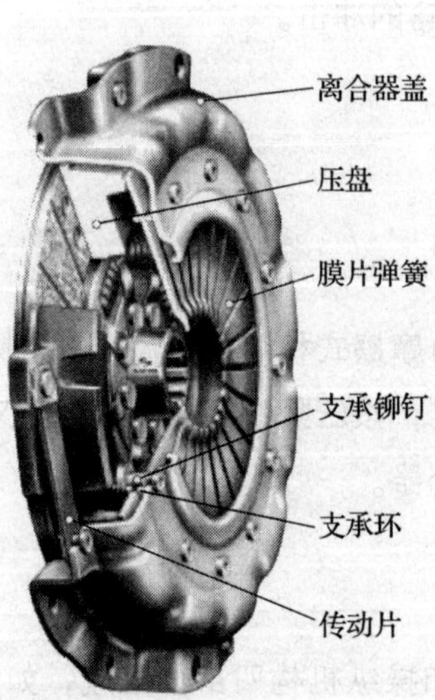

图 9—8 摩擦式离合器的基本组成

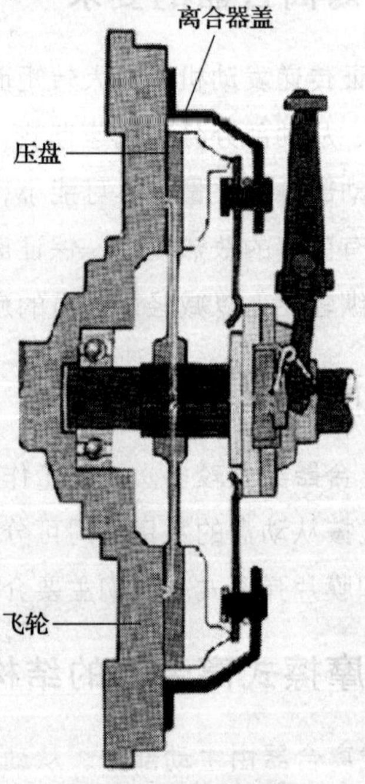

图 9—9 主动部分

起旋转，又可以相对于飞轮作轴向移动。在离合器分离时，弹性的传动片产生弯曲变形，传动片螺钉的一端随压盘沿离合器轴向后移。为使离合器分离时不破坏压盘的对中和离合器的平衡，四组传动片是相隔 90°沿圆周均匀分布的。这种传动方式效率高、噪声小、接合平稳。

2. 从动部分

由从动盘和从动轴组成，从动盘装在压盘与飞轮之间，从动盘毂的花键套在从动轴（即变速器主动轴）前端的花键上，并可在花键上作轴向移动。为了消除传动系的扭转振动，在从动盘上装有扭转减振器，如图 9—10 所示。前后两摩擦片分别铆在从动盘本体的两侧，从动盘本体通过四个止动销与减振盘铆接，使摩擦片、从动盘本体与减振盘合为一体。从动盘本体、从动盘毂和减振器盘都开有四个均匀的矩形窗孔，窗孔中都有减振弹簧，借以实现从动盘本体与从动盘毂之间在圆周方向上的弹性联系。

从动盘工作时，两侧摩擦片所受摩擦力矩首先传到从动盘本体和减振器盘上，再经减振弹簧传给从动盘毂。这时弹簧被压缩，借此吸收传动系所受的冲击。传动系中的扭转振动导致从动盘本体及减振盘同盘毂之间的相对微量转动，从而依靠摩擦来消耗扭转振动的能量，使扭转振动迅速衰减。安装从动盘时应使减振器盘朝后。

知识扩展：

近来有些汽车离合器从动盘中采用两组或多组刚度不同的减振器弹簧，并使弹簧的窗口长度不等，利用弹簧先后起作用的方式获得变刚度特性，以避免不利的传动系共振，降低传动系噪声。

3. 压紧机构

压紧机构是膜片弹簧（图 9—11），其径向开有若干切槽，形成弹性杠杆。切槽末端有圆孔，固定铆钉穿过圆孔，并固定在离合器盖上。膜片弹簧两侧装有钢丝支承环，这两个钢丝支承环是膜片弹簧工作时的支点。膜片弹簧的外缘通过分离钩与压盘联系起来。

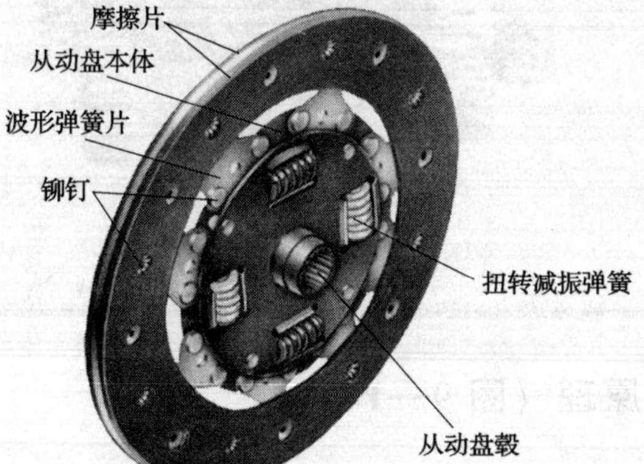

图 9—10 从动盘

图 9—11 膜片弹簧

膜片弹簧本身兼起压紧弹簧和分离杠杆的作用，使离合器结构大为简化。另外膜片弹簧与压盘在整个圆周上接触，使压力分布均匀，摩擦片接触良好，磨损均匀；具有非线性弹性特性。所以膜片弹簧式离合器的应用越来越广泛，在各种车型上都有应用。

知识扩展：

螺旋弹簧式离合器简介

螺旋弹簧式离合器有单盘式和双盘式两种，由于螺旋弹簧只能作为压紧装置，必须单独设置分离杠杆，从而使离合器结构复杂，轴向尺寸加大。高速时，由于离心力的作用使弹簧产生弯曲，导致压紧力下降而使离合器打滑，因此大部分轿车和轻型汽车都不再采用螺旋弹簧式离合器，只在少数载重汽车上使用。

单盘式弹簧离合器的结构如图 9—12 所示。其主动部分、从动部分的结构与膜片弹簧式离合器基本相同。它的压紧机构由若干根螺旋弹簧（图 9—13）组成，螺旋弹簧沿压盘轴向对称布置，装在压盘和离合器盖之间。

双盘式离合器在结构上与单盘式离合器相比，主要区别是主动部分多了一个中间压盘和从动部分多了一个从动盘，即双盘式离合器有两个从动盘和两个压盘，摩擦面从两个增加到四个，这样在不增加平均摩擦半径和压紧力的情况下，可以使传递的转矩增加一倍。

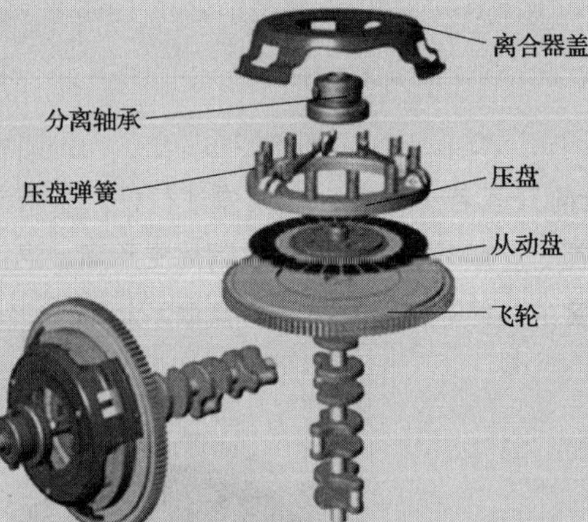

图 9—12 螺旋弹簧式离合器

图 9—13 压盘弹簧

六、膜片弹簧式离合器的工作原理（图 9—14）

在离合器盖未固定到飞轮上时，膜片弹簧变形很小，此时盖与飞轮安装面间有一距离 L（图 9—14a）。

当离合器盖用螺钉固定到飞轮上时（图 9—14b），由于盖移向飞轮，后支承环压膜片弹簧使之发生弹性变形（锥度变小）而对压盘产生压紧力，使离合器处于接合状态。发动机工作时，输出的转矩一部分由飞轮直接传给从动盘，另一部分则由飞轮通过固定螺钉传到离合器盖，并由此经过四组传动片传到压盘，再传给从动盘。从动盘通过盘毂的花键传给从动轴，由此输入变速器。

当离合器分离时，通过操纵机构使分离轴承左移，膜片弹簧以前支承环为支点发生反向变形，膜片弹簧外端通过分离钩将压盘拉离飞轮，使压盘与从动盘分离，动力被切断（图9—14c）。

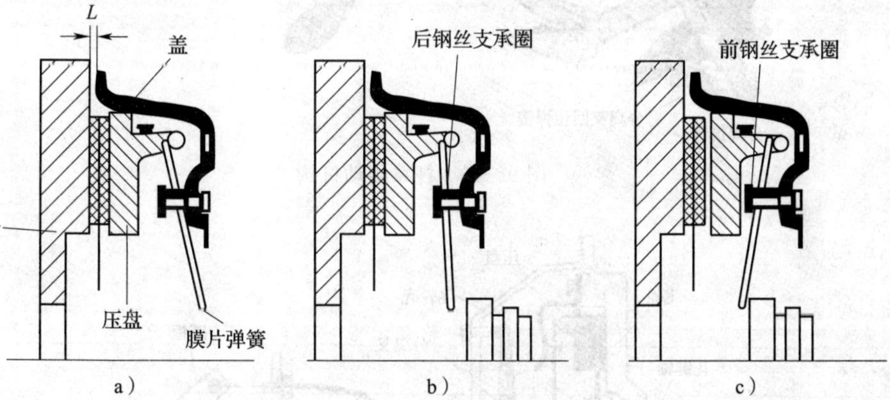

图 9—14　离合器的工作原理

a）离合器盖未固定到飞轮上　b）离合器盖固定到飞轮上　c）离合器分离

七、离合器的操纵机构

目前，汽车离合器广泛采用机械式和液压式操纵机构，在一些车辆上，也有采用以这两种为基础的气压式或弹簧助力式操纵机构。

1. 机械式操纵机构

机械式操纵机构有杆系传动和绳索传动两种形式。

（1）杆系传动

杆系传动结构简单，工作可靠，广泛应用于各型汽车上。但杆系传动中杆件间铰接多，摩擦损失大，车架或车身变形以及发动机位移时会影响其正常工作，如图 9—15 所示。

（2）绳索传动

绳索传动机构可消除杆系传动机构的一些缺点，并能采用便于驾驶员操纵的吊挂式踏板。但绳索寿命较短，拉伸刚度较小，故只适用于轻型、微型汽车和轿车，如图 9—16 所示。

2. 液压式操纵机构

（1）基本结构

液压式操纵机构如图 9—17 所示，主要由主缸、工作缸（也称为总泵、分泵）和管路系统等组成。目前液压式操纵机构在各类型车上应用广泛。

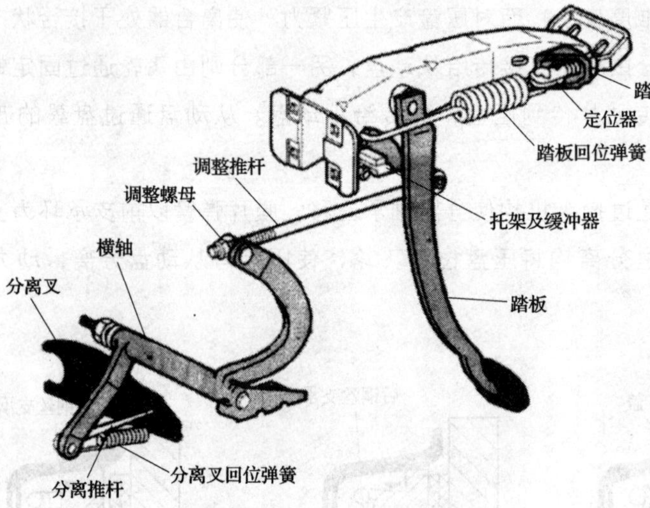

图 9—15　杆系传动机构

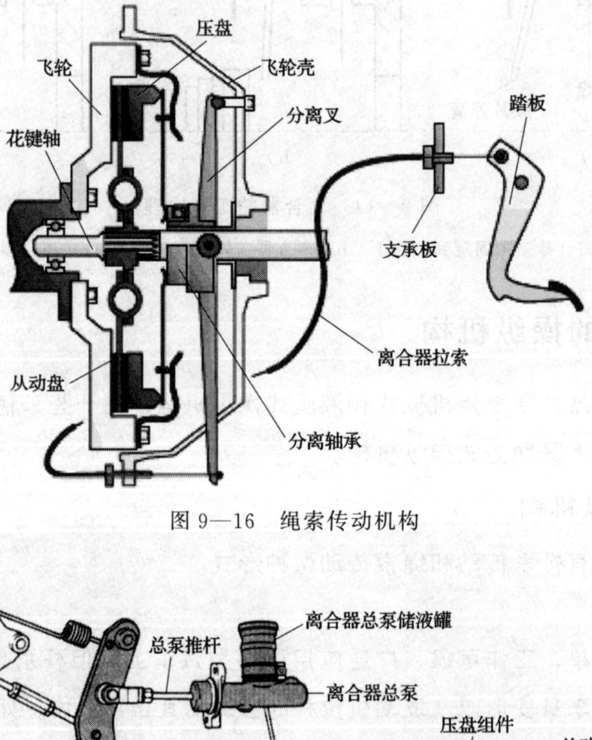

图 9—16　绳索传动机构

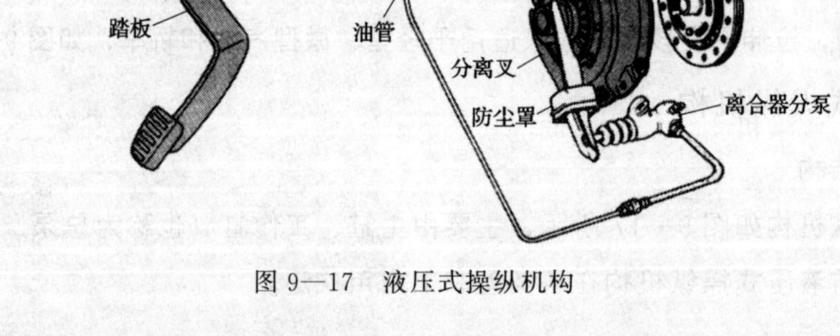

图 9—17　液压式操纵机构

1）离合器主缸　离合器主缸主要功能如下：

①使油液通过管路流至离合器分泵，通过使用进油孔和补偿孔对温度变化和最小油液损失进行补偿，以维持正确的流量。

②通过储油箱补偿孔排出流体，补偿了离合器从动盘和压盘的磨损，从而无需进行周期性调整。离合器主缸的结构如图 9—18 所示。

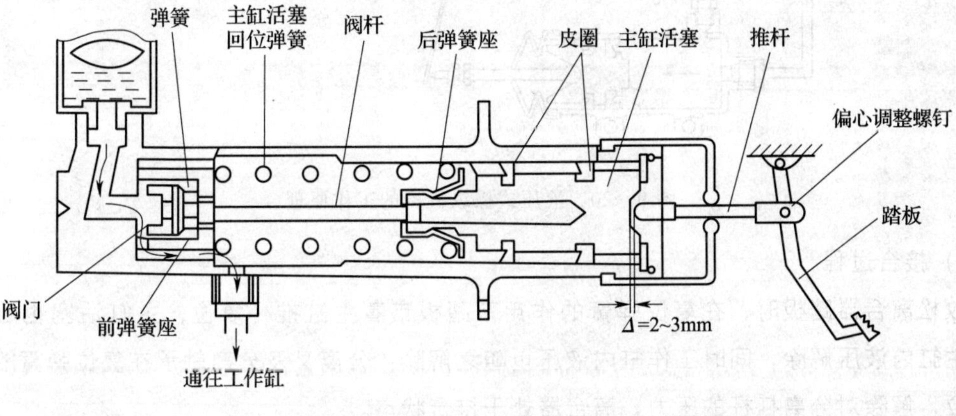

图 9—18　离合器主缸

2）离合器工作缸　离合器工作缸的结构如图 9—19 所示，内装有活塞、皮圈、推杆和放气螺钉等。两个皮圈的刃口方向相反，其作用是不同的：左侧皮圈用来密封油液防止泄漏；右侧皮圈用来防止迅速抬起离合器踏板时，工作缸内吸入空气。放气螺钉的作用是放净系统内的空气。主缸和工作缸的推杆长度一般是可调整的，通过调整推杆长度来调整踏板的自由行程。

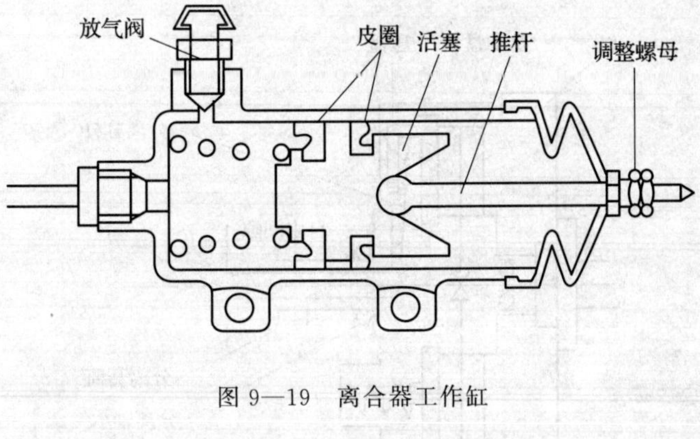

图 9—19　离合器工作缸

（2）液压式操纵机构的工作原理（图 9—20）

1）分离过程　踏下离合器踏板，主缸产生液压推动活塞前移，通过管路将液压传到工作缸。工作缸活塞在液压的作用下推动推杆，再推动分离叉，分离叉再推动分离轴承压向分离杠杆，使离合器分离。

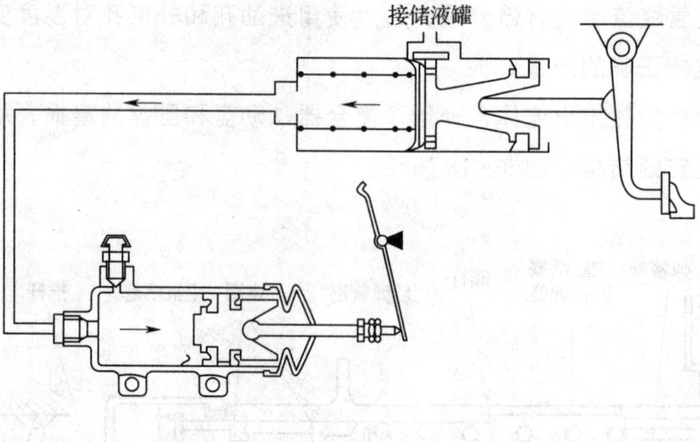

图 9—20　液压式操纵机构的工作原理

2）接合过程

放松离合器踏板时，在复位弹簧的作用下踏板带着主缸推杆复位，主缸活塞也随之复位，主缸内液压解除，同时工作缸内液压也随之解除；分离叉及分离轴承在复位弹簧的作用下复位，解除对分离杠杆的压力，离合器处于接合状态。

名词解释：

离合器自由间隙　离合器处于正常接合状态时，在分离杠杆内端与分离轴承之间所预留的间隙，即为离合器的自由间隙，如图 9—21 所示。其作用是防止从动盘摩擦片磨损变薄后压盘不能前移而造成离合器打滑。

离合器踏板自由行程　为消除离合器自由间隙及机件弹性变形所需的离合器踏板行程，称为离合器踏板自由行程。可以通过拧动调节叉来改变分离拉杆的长度，从而对踏板自由行程进行调整。

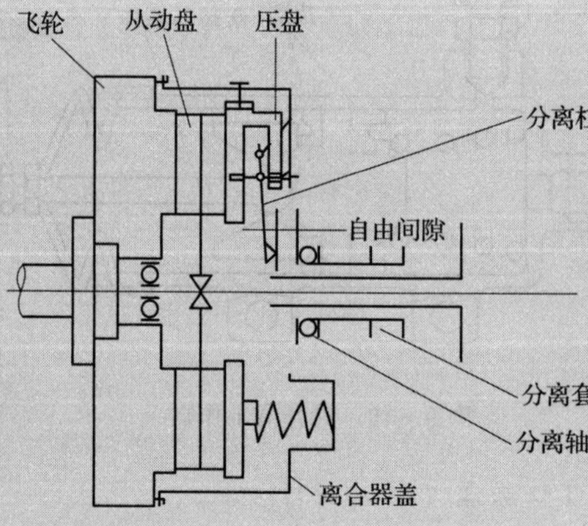

图 9—21　离合器自由间隙

第三节 手动变速器

学习目标：

1. 掌握手动变速器的作用及分类。
2. 掌握手动变速器的结构及工作原理。

目前汽车上采用的往复活塞式发动机，其转速和转矩的变化范围较小，而多变的环境要求汽车的驱动力和车速能在较大的范围内变化。为了解决这一矛盾，在汽车传动系中设置了变速器。变速器分手动变速器、自动变速器和无级变速器，本节主要介绍手动变速器。

一、变速器的作用

1. 扩大发动机传到驱动轮上的转矩和转速的变化范围，以适应经常变化的行驶条件。

2. 在发动机旋转方向不变的前提下，使汽车倒向行驶。

3. 利用空挡来中断动力传递，以使发动机起动、怠速运转和汽车短暂停驶、滑行。

在越野汽车上，为了将变速器输出的动力分配到各驱动桥，变速器后装有分动器。分动器也是一个齿轮传动系统，其输入轴与变速器的输出轴用万向传动装置连接，输出轴则经万向传动装置与各驱动桥相连。

二、变速器的工作原理

齿轮变速器是利用不同齿数的齿轮啮合传动来实现转矩和转速的改变，如图 9—22 所示。

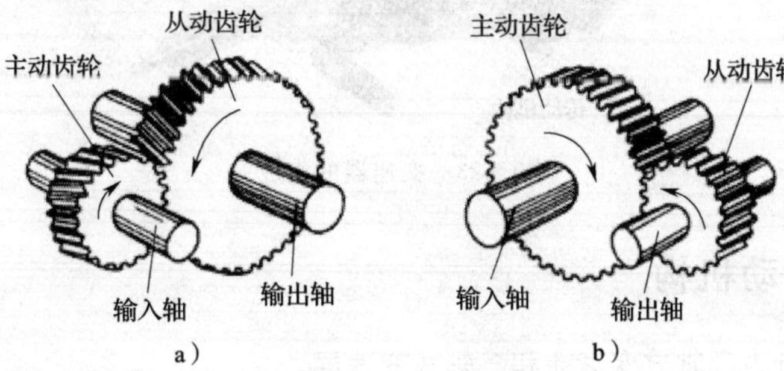

图 9—22 齿轮传动的基本原理

a）减速传动 b）增速传动

设主动齿轮转速为 n_1，齿数为 z_1，从动齿轮转速为 n_2，齿数为 z_2。主动齿轮（即输入轴）转速与从动齿轮（即输出轴）转速的比值称为传动比，用字母 i_{12} 表示，即由 1 传到 2 的传动比

$$i_{12}=n_1/n_2=z_2/z_1$$

当小齿轮为主动齿轮，带动大齿轮转动时，输出转速降低，即 $n_2<n_1$，称为减速传动，此时传动比 $i>1$，如图 9—22a 所示。

当大齿轮驱动小齿轮时，输出转速升高，即 $n_2>n_1$，称为增速传动，此时传动比 $i<1$，如图 9—22b 所示。这就是齿轮传动的变速原理。

汽车变速器就是根据这一原理利用若干大小不同的齿轮副传动而实现变速的。

对于变速器，各挡的传动比 i 就是变速器输入轴转速与输出轴转速之比，即

$$i=n_{输入}/n_{输出}=T_{输出}/T_{输入}$$

当 $i>1$ 时，为变速器的低挡位，且 i 越大，挡位越低。

当 $i=1$ 时，为变速器的直接挡。

当 $i<1$ 时，为变速器的超速挡。

三、变速器的组成

变速器由变速传动机构和变速操纵机构组成，如图 9—23 所示。变速传动机构的主要作用是改变转矩、转速和旋转方向；操纵机构的主要作用是控制传动机构，实现变速器传动比的变换。

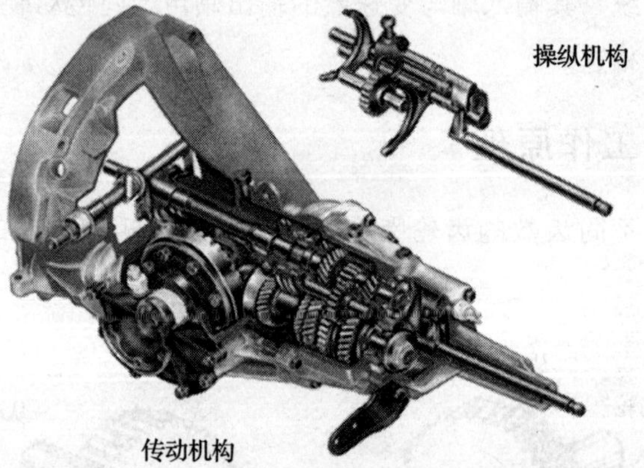

图 9—23　变速器的组成

四、变速传动机构

变速传动机构分为二轴式变速器和三轴式变速器。

1. 三轴式变速器

(1) 结构

变速器主轴除输入轴和输出轴外，还设有中间轴，所以称为三轴式变速器，如图 9—24 所示。变速器由壳体和支承轴承、输入轴、输出轴、中间轴、倒挡轴、同步器及轴上的齿轮组成，具有五个前进挡和一个倒车挡，第五挡为直接挡。

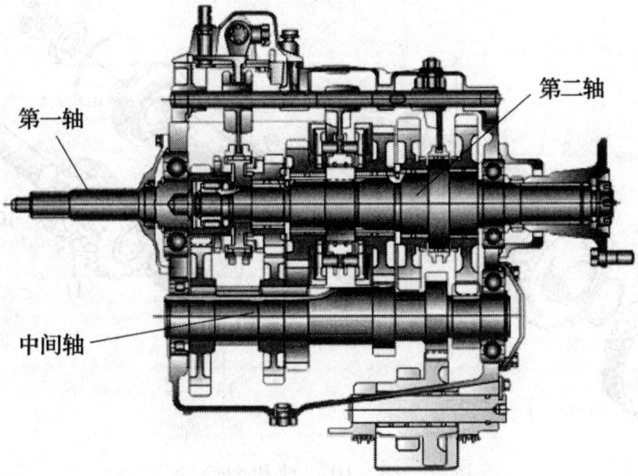

图 9—24 三轴变速器的结构

1）变速器壳体（图 9—25） 壳体材料为灰口铸铁，变速器输入轴、输出轴、中间轴、倒挡轴相互平行，安装于壳体上。变速器齿轮用规定齿轮油润滑。

2）输入轴（图 9—25） 输入轴的前端由曲轴后端承孔支承，后端由变速器壳体前壁支承。其主动齿轮与轴制成一体，后端短齿为直接挡齿圈。

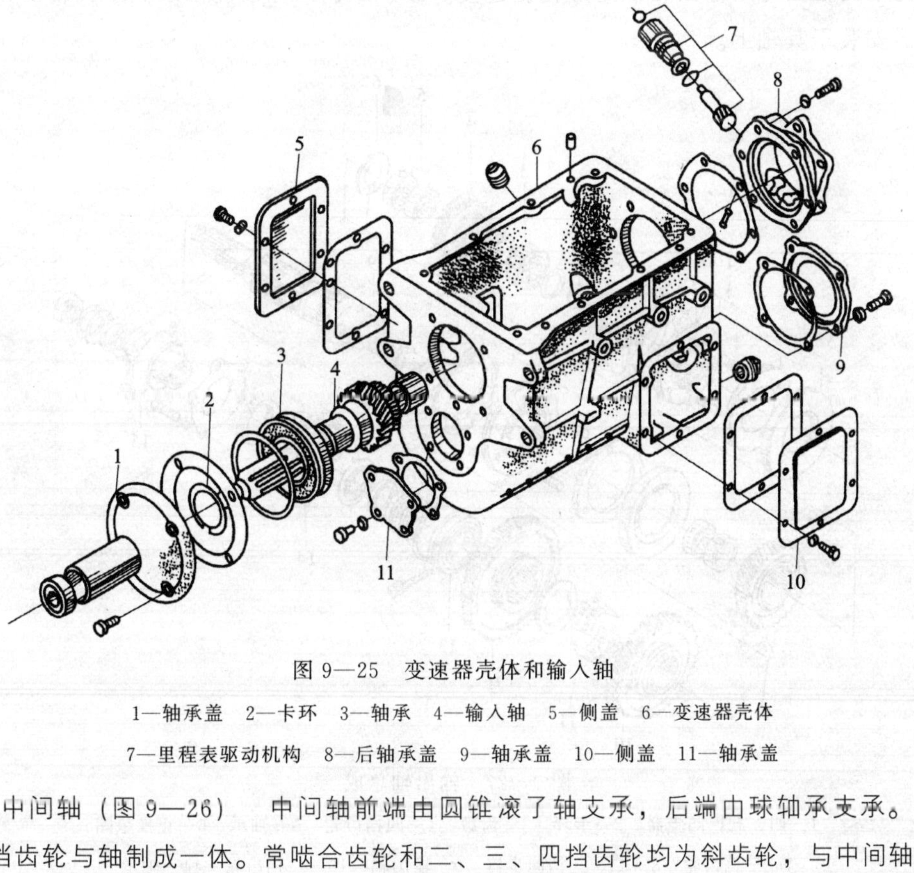

图 9—25 变速器壳体和输入轴

1—轴承盖 2—卡环 3—轴承 4—输入轴 5—侧盖 6—变速器壳体

7—里程表驱动机构 8—后轴承盖 9—轴承盖 10—侧盖 11—轴承盖

3）中间轴（图 9—26） 中间轴前端由圆锥滚子轴支承，后端由球轴承支承。一挡齿轮、倒挡齿轮与轴制成一体。常啮合齿轮和二、三、四挡齿轮均为斜齿轮，与中间轴用半圆键连接。

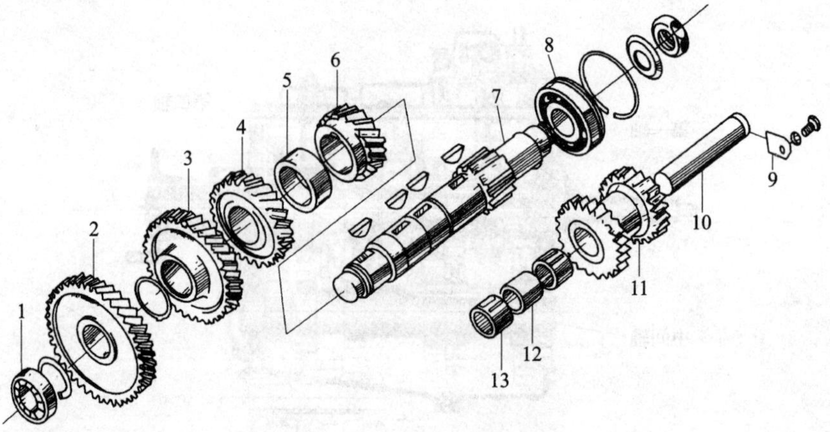

图 9—26　中间轴和倒挡轴

1—前轴承　2—常啮合齿轮　3—四挡齿轮　4—三挡齿轮　5—隔套　6—二挡齿轮

7—中间轴　8—后轴承　9—锁片　10—倒挡轴　11—倒挡齿轮　12—隔套　13—滚针轴承

4）倒挡轴（图 9—26）　两个倒挡齿轮借滚针轴承安装于轴上，其轴压装于壳体上，并由锁片锁止。

5）输出轴（图 9—27）　输出轴前、后端分别支承于输入轴后端孔内和壳体后壁上。一挡齿轮、倒挡齿轮与输出轴以矩形花键连接。二、三、四挡齿轮由双列滚针轴承支承。两只同步器安装于其轴上。

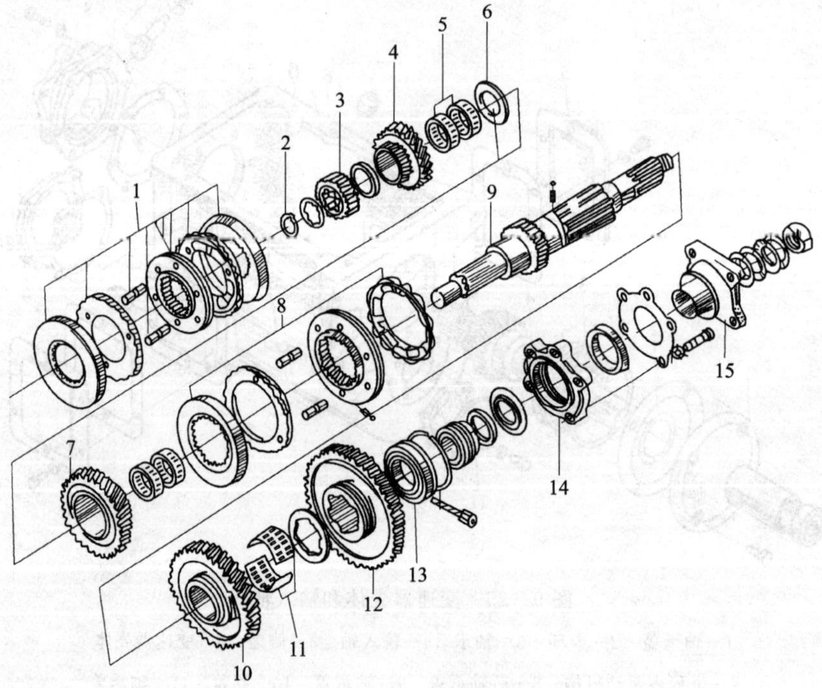

图 9—27　输出轴总成

1—四、五挡同步器　2—卡环　3—齿毂　4—四挡齿轮　5—轴承　6—止推垫圈

7—三挡齿轮　8—二、三挡同步器　9—输出轴　10—二挡齿轮　11—轴承

12—一挡齿轮　13—轴承　14—轴承盖　15—凸缘

(2) 工作情况

图 9—28 所示为该变速器传动示意图，各挡动力传递路线见表 9—1。

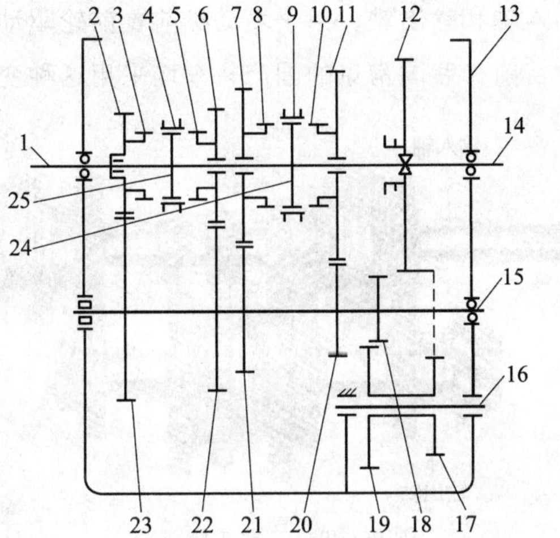

图 9—28　变速器传动示意图

1—第一轴　2—第一轴常啮合齿轮　3—第一轴齿轮接合齿圈　4、9—接合套　5—四挡齿轮接合齿圈　6—第二轴四挡齿轮　7—第二轴三挡齿轮　8—三挡齿轮接合齿圈　10—二挡齿轮接合齿圈　11—第二轴二挡齿轮　12—第二轴一挡、倒挡滑动齿轮　13—变速器壳体　14—第二轴　15—中间轴　16—倒挡轴　17、19—倒挡齿轮　18—中间轴一挡、倒挡齿轮　20—中间轴二挡齿轮　21—中间轴三挡齿轮　22—中间轴四挡齿轮　23—中间轴常啮合齿轮　24、25—花键毂

表 9—1　　变速器各挡动力传递路线

挡位	动力传递路线
一挡	第二轴上的一挡、倒挡滑动齿轮左移，与中间轴上的一挡、倒挡齿轮啮合。动力经第一轴→齿轮 2、23→中间轴→齿轮 18、12→第二轴
二挡	二、三挡同步器的接合套右移，与二挡齿轮的接合齿圈啮合。动力经第一轴→齿轮 2、23→中间轴→齿轮 20、11→二挡齿轮接合齿圈→二、三挡同步器接合套→二、三挡固定齿毂→第二轴
三挡	二、三挡同步器的接合套左移，与三挡齿轮的接合齿圈啮合。动力经第一轴→齿轮 2、23→中间轴→齿轮 21、7→三挡齿轮接合齿圈→二、三挡同步器接合套→二、三挡固定齿毂→第二轴
四挡	四、五挡同步器的接合套右移，与四挡齿轮接合齿圈啮合。动力经第一轴→齿轮 2、23→中间轴→齿轮 22、6→四挡齿轮接合齿圈→四、五挡同步器接合套→四、五挡齿毂→第二轴
五挡	四、五挡同步器的接合套左移，与第一轴齿轮接合齿圈啮合。动力经第一轴→齿轮 2→第一轴齿轮接合齿圈→四、五挡同步器接合套→四、五挡齿毂→第二轴
倒挡	第二轴一挡、倒挡滑动齿轮右移，与倒挡齿轮 17 啮合。动力经第一轴→齿轮 2、23→中间轴→中间轴一挡、倒挡齿轮→倒挡齿轮 19、17→第二轴一挡、倒挡滑动齿轮→第二轴

三轴式变速器的特点：

传动比范围大，具有直接挡，传动效率高，广泛用于发动机前置后轮驱动的汽车上。

2. 二轴式变速器

(1) 结构

二轴式变速器只有输入轴和输出轴，用于发动机前置前轮驱动的汽车。一般与前驱动桥合称为手动变速驱动桥。目前，我国常见的国产轿车均采用这种变速器，如图 9—29 所示。

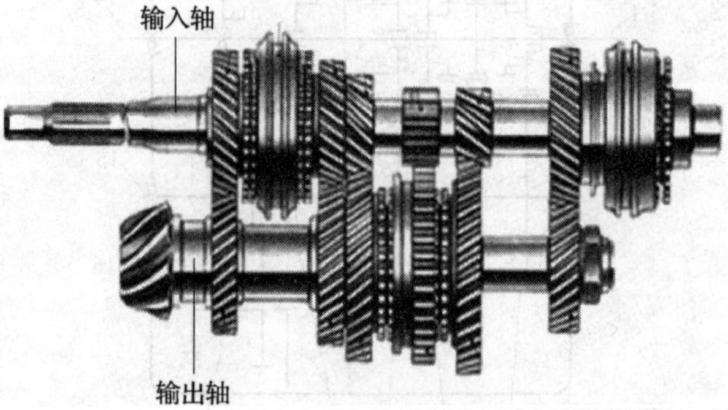

图 9—29 二轴式变速器

图 9—30 所示为桑塔纳 2000 轿车二轴式变速器。该变速器的输入轴和输出轴平行布置，输入轴也是离合器的从动轴，输出轴也是主减速器的主动锥齿轮轴。该变速器具有五个前进挡和一个倒挡，全部采用锁环式惯性同步器换挡。

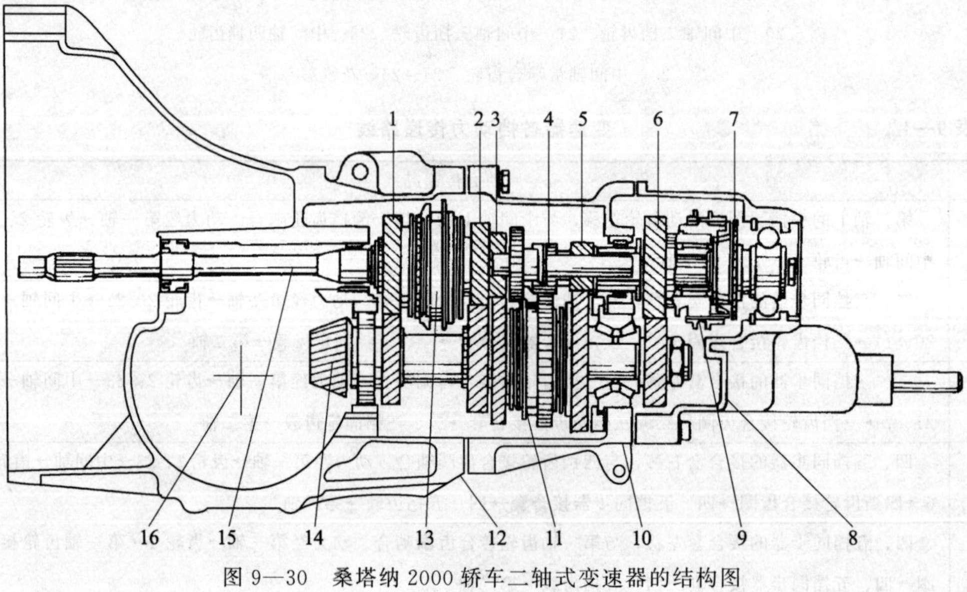

图 9—30 桑塔纳 2000 轿车二轴式变速器的结构图

1—四挡齿轮 2—三挡齿轮 3—二挡齿轮 4—倒挡齿轮 5—一挡齿轮 6—五挡齿轮 7—五挡运行齿环 8—换挡机构壳体 9—五挡同步器 10—齿轮箱体 11—一、二挡同步器 12—变速器壳体 13—三、四挡同步器 14—输出轴 15—输入轴 16—差速器

1）输入轴　输入轴上有一至五挡主动齿轮，其中一、二挡主动齿轮与轴制成一体，三、四、五挡主动齿轮通过滚针轴承空套在轴上。输入轴上还有倒挡主动齿轮，它与轴制成一体。三、四挡同步器和五挡同步器也装在输入轴上。

2）输出轴　输出轴上有一至五挡从动齿轮，其中一、二挡从动齿轮通过滚针轴承空套在轴上，三、四、五挡齿轮通过花键套装在轴上。一、二挡同步器也装在输出轴上。在变速器壳体的右端还装有倒挡轴，上面通过滚针轴承套装有倒挡中间齿轮。

(2) 工作情况

各挡齿轮传动情况如图 9—31 所示，其动力传递路线见表 9—2。

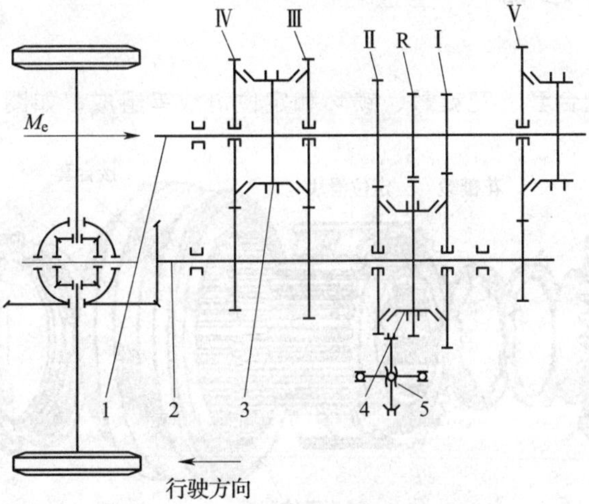

图 9—31　二轴式变速器各挡齿轮传动情况

1—输入轴　2—输出轴　3—三、四挡同步器　4—一、二挡同步器　5—倒挡中间齿轮

Ⅰ—一挡齿轮　Ⅱ—二挡齿轮　Ⅲ—三挡齿轮　Ⅳ—四挡齿轮　Ⅴ—五挡齿轮　R—倒挡齿轮

表 9—2　　**变速器各挡动力传递路线**

挡位	动力传递路线
一挡	动力经输入轴→输入轴一挡齿轮→输出轴一挡齿轮→输出轴上一、二挡同步器→输出轴
二挡	动力经输入轴→输入轴二挡齿轮→输出轴二挡齿轮→输出轴上一、二挡同步器→输出轴
三挡	动力经输入轴→输入轴上三、四挡同步器→输入轴三挡齿轮→输出轴三挡齿轮→输出轴
四挡	动力经输入轴→输入轴上三、四挡同步器→输入轴四挡齿轮→输出轴四挡齿轮→输出轴
五挡	动力经输入轴→输入轴上五挡同步器→输入轴五挡齿轮→输出轴五挡齿轮→输出轴
倒挡	动力经输入轴→输入轴倒挡齿轮→倒挡轴倒挡齿轮→输出轴倒挡齿轮→输出轴

两轴式变速器的特点：

在所有前进挡工作时都只有一对齿轮副工作，当需要较大的降速比时，只能增大被动齿轮的尺寸，从而增加了变速器的径向尺寸。由于只有输入、输出两根轴，且相互平行，同步器既可布置在输入轴上，又可布置在输出轴上，结构紧凑，因此广泛应用在发动前置前轮驱动或发动机后置后轮驱动的轿车上。

五、同步器

为了避免变速器在换挡过程中齿轮间发生冲击，使将要进入啮合的一对齿轮在同步（圆周速度相等）的条件下啮合，在变速器中设置了同步器。常见的同步器有锁销式惯性同步器和锁环式惯性同步器两种。

1. 锁环式惯性同步器

(1) 结构

锁环式同步器由接合套、花键毂、锁环和定位滑块等组成，如图 9—32 所示。

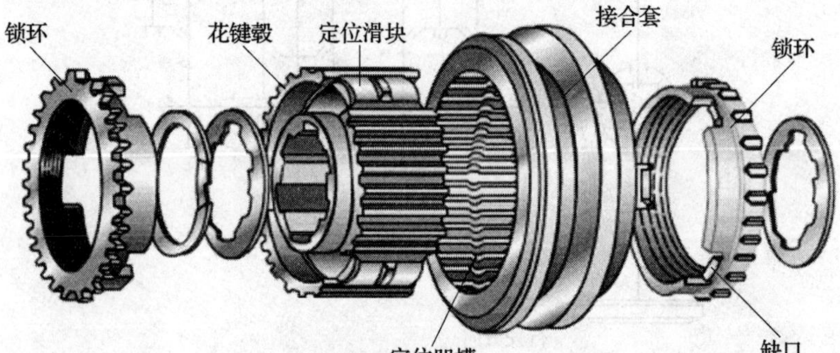

图 9—32　锁环式惯性同步器

图 9—33 为锁环式同步器装配图。花键毂 7 用内花键套装在二轴外花键上，用垫圈、卡环轴向定位。花键毂 7 两端与齿轮 1 和 4 之间各有一个青铜制成的锁环（即同步环）5 和 9。锁环上有短花键齿圈，其花键的尺寸和齿数与花键毂、齿轮 1 和 4 的外花键齿相同。两个齿轮和锁环上的花键齿，靠近接合套 8 的一端都有倒角（锁止角），与接合套齿端的倒角相同。锁环有内锥面，与齿轮 1 和 4 的外锥面锥角相同。在环锁内锥面上制有细密的螺纹（或直槽），当锥面接触后，它能及时破坏油膜，增加锥面间的摩擦力。锁环内锥面摩擦副称为摩擦件，外沿带倒角的齿圈是锁止件，锁环上还有三个均布的缺口 12。三个滑块 2 分别装在花键毂 7 上三个均布的轴向槽 11 内，沿槽可以轴向移动。滑块被两个弹簧圈 6 的径向力压向接合套，滑块中部的凸起部位压嵌在接合套中部的环槽 10 内。滑块和弹簧是推动件。滑块两端伸入锁环 5 的缺口 12 中，滑块窄缺口宽，两者之差等于锁环的花键齿宽。锁环相对滑块顺转和逆转都只能转动半个齿宽，且只有当滑块位于锁环缺口的中央时，接合套与锁环才能接合。

(2) 工作原理

以二挡换三挡为例，说明同步器的工作原理，如图 9—34 所示。

1) 空挡位置　接合套 8 刚从二挡退入空挡时，如图 9—34a 所示，三挡齿轮 1、接合套 8、锁环 9 以及与其有关联的运动件，因惯性作用而沿原方向继续旋转（图示箭头方向）。由于齿轮 1 是高挡齿轮（相对于二挡齿轮来说），所以接合套 8、锁环 9 的转速低于齿轮 1 的转速。

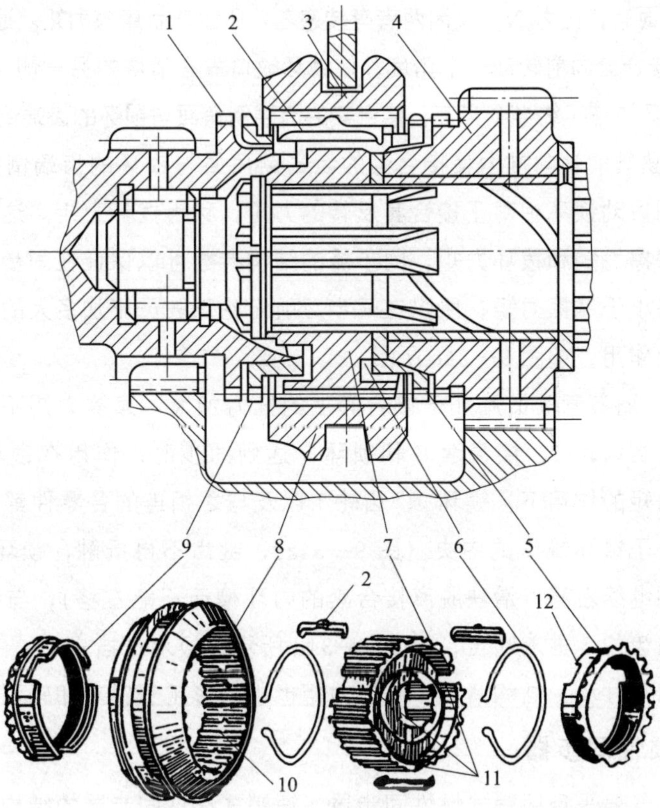

图 9—33　锁环式惯性同步器装配图

1—轴常啮合齿轮的接合齿圈　2—滑块　3—拨叉　4—二轴齿轮　5、9—锁环（同步环）
6—弹簧圈　7—花键毂　8—接合套　10—环槽　11—三个轴向槽　12—缺口

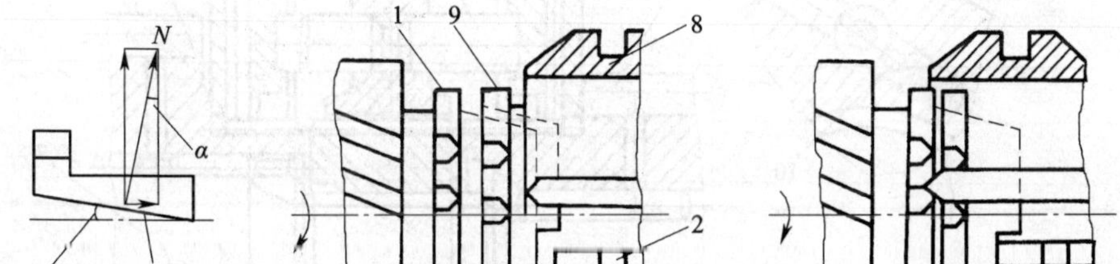

图 9—34　锁环式惯性同步器工作原理

1—待啮合齿轮的接合齿圈　2—滑块　8—接合套　9—锁环（同步环）

2）挂挡　欲换入三挡时，驾驶员通过变速杆使拨叉 3 推动接合套 8 连同滑块 2 一起向左移动，如图 9—34b 所示，滑块又推动锁环移向齿轮 1，使锥面接触。驾驶员作用在接合套上的轴向推力，使两锥面有正压力 N，又因两者有转速差，所以产生摩擦力矩。通过摩擦作用，齿轮 1 带动锁环相对于接合套向前转动一个角度，使锁环缺口靠在滑块的另一侧（上侧）为止，此时接合套的内齿与锁环错开了约半个齿宽，接合套的齿端倒角面与锁环的齿端倒角面互相抵住。

3）锁止　驾驶员的轴向推力使接合套的齿端倒角面与锁环的齿端倒角面之间产生正压力，形成一个企图拨动锁环相对于接合套反转的力矩，称为拨环力矩。这样在锁环上同时作用着方向相反的摩擦力矩和拨环力矩，同步器的结构参数可以保证在同步之前（存在摩擦力矩）拨环力矩始终小于摩擦力矩，所以在同步之前无论驾驶员施加多大的操纵力，都不会挂上挡，即产生锁止作用，如图 9—34c 所示。

4）同步啮合　随着驾驶员施加于接合套上的推力加大，摩擦力矩不断增加，使齿轮 1 的转速迅速降低。当齿轮 1、接合套 8 和锁环 9 达到同步时，作用在锁环上的摩擦力矩消失。此时在拨环力矩的作用下，锁环 9、齿轮 1 以及与之相连的各零件都相对于接合套反转一角度，滑块 2 处于锁环缺口的中央（图 9—34c），键齿不再抵触，锁环的锁止作用消除。接合套压下弹簧圈继续左移（滑块脱离接合套的内环槽而不能左移），与锁环的花键齿圈进入啮合。进而再与齿轮 1 进入啮合，如图 9—34d 所示，换入三挡。

锁环式同步器尺寸小、结构紧凑、摩擦力矩也小，多用于轿车和轻型车辆。

2. 锁销式惯性同步器

大、中型货车普遍采用锁销式惯性同步器，锁销式惯性同步器的结构如图 9—35 所示。

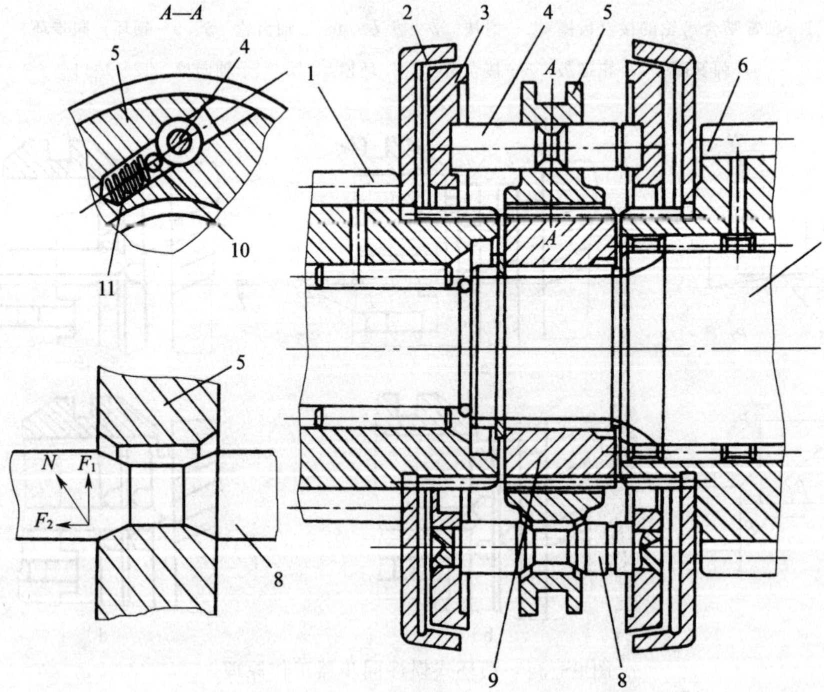

图 9—35　锁销式惯性同步器

1—一轴齿轮　2—摩擦锥盘　3—摩擦锥环　4—定位销　5—接合套　6—二轴四挡齿轮

7—二轴　8—锁销　9—花键毂　10—钢球　11—弹簧

两个带有内锥面的摩擦锥盘 2，以其内花键分别固装在带有接合齿圈的斜齿轮 1 和 6 上，随齿轮一起转动。两个带有外锥面的摩擦锥环 3，其上的沿圆周均布的三个锁销 8、三个定位销 4 与接合套 5 装在一起。定位销与接合套的相应孔滑动配合，定位销中部切有一小段环槽，接合套钻有斜孔，内装弹簧 11，把钢球 10 顶向定位销中部的环槽，使接合套处于空挡位置，定位销随接合套能轴向移动。定位销两端伸入两锥环 3 内侧面的弧线形浅坑中，定位销与浅坑有周向间隙，锥环相对接合套在一定范围内作周向摆动。锁销中部环槽的两端和接合套相应孔两端切有相同的倒角；锁销与孔对中时，接合套才能沿锁销轴向移动；锁销两端铆接在锥环相应的孔中。两个锥环、三个锁销、三个定位销和接合套构成一个部件，套在花键毂 9 的齿圈上。

锁销式惯性同步器的工作原理与锁环式惯性同步器类似。

六、变速器操纵机构

汽车在行驶过程中根据使用条件需要经常换挡，以达到所需的车速和驱动力，这就需要驾驶员通过变速器的操纵机构，使相应挡位的齿轮进入工作状态，以实现动力从发动机经变速器传到驱动轮。此外，需要暂时中断动力传递，如滑行或停车时，变速器应由工作状态进入空挡，这也由变速器的操纵机构来实现，它主要由换挡操纵机构和换挡机构组成。

1. 换挡操纵机构

换挡操纵机构按操纵杆距离变速器远近的不同，可分为直接操纵式和远距离操纵式。

(1) 直接操纵式

这种形式的变速器布置在驾驶员座椅附近，变速杆由驾驶室底板伸出，驾驶员可以直接操纵，如图 9—36 所示。

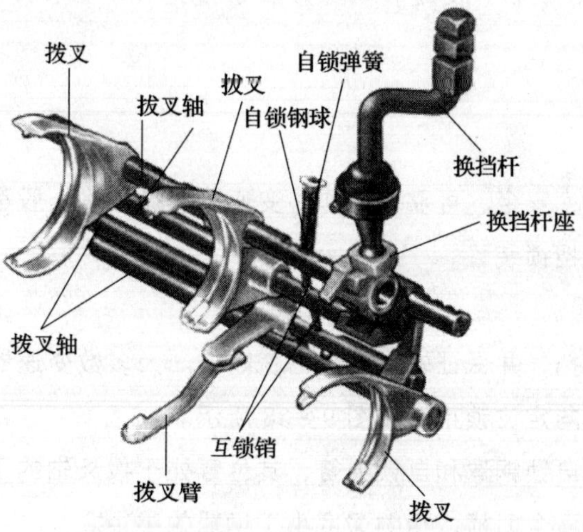

结构特点：拨叉轴的两端均支承于变速器盖的相应孔中，可以轴向滑动。所有的拨叉都以弹性销固定于相应的拨叉轴上。选挡时可使换挡杆绕其球形杆座来回摆动，即可实现挂挡。

图 9—36 直接操纵式

各种变速器由于挡位数及挡位排列位置不同，其拨叉和拨叉轴的数量及排列位置也不相同。例如，五挡变速器具有三根拨叉轴，其二、三挡和四、五挡各占一根拨叉轴，一挡和倒挡共用一根拨叉轴。

(2) 远距离操纵式

在发动机后置或前轮驱动的汽车上，通常汽车变速器距离驾驶员座位较远，因而变速杆不能直接布置在变速器盖上，变速杆和变速器之间通常需要用连杆机构连接，进行远距离操纵。为此在变速杆与变速器之间加装了一套传动杆件（拉线）构成远距离操纵的形式，如图9—37所示。

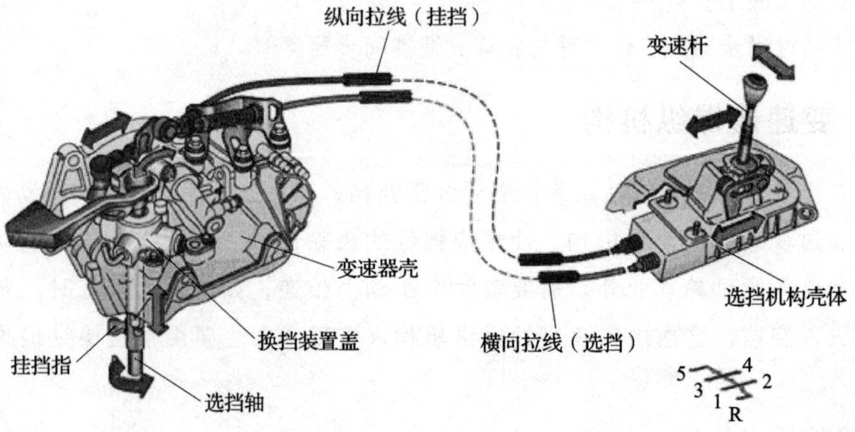

图 9—37　远距离操纵式

远距离操纵式由外操纵机构和内操纵机构组成。外操纵机构主要由变速杆、选挡机构壳体、横向（选挡）拉线、纵向（挂挡）拉线等组成。变速杆通过一系列中间连接杆件操纵变速器的内操纵机构，以进行选挡、换挡。变速杆以球形轴承为支点，可以直接左右、前后摆动。

2. 换挡机构

为了保证变速器在任何情况下都能准确、安全、可靠地工作，变速器操纵机构一般都具有换挡装置，包括自锁装置、互锁装置和倒挡锁装置。

(1) 自锁装置

自锁装置用于防止变速器自动脱挡或挂挡，并保证轮齿以全齿宽啮合。大多数变速器的自锁装置都是采用自锁钢球对拨叉轴进行轴向定位锁止，如图9—38所示。

在变速器盖中钻有三个深孔，孔中装入自锁钢球和自锁弹簧，其位置处于拨叉轴的正上方，每根拨叉轴对着钢球的表面沿轴向设有三个凹槽，槽的深度小于钢球的半径。

中间的凹槽对正钢球时为空挡位置，前边或后边的凹槽对正钢球时则处于某一工作挡位，相邻凹槽之间的距离保证齿轮处于全齿长啮合或是完全退出啮合。

凹槽对正钢球时，钢球便在自锁弹簧的压力作用下嵌入该凹槽内，拨叉轴的轴向位置便被固定，不能自行挂挡或自行脱挡。

当需要换挡时，驾驶员通过变速杆对拨叉轴施加一定的轴向力，克服自锁弹簧的压力而将自锁钢球从拨叉轴凹槽中挤出并推回孔中，拨叉轴便可滑过钢球进行轴向移动，并带动拨叉及相应的接合套或滑动齿轮轴向移动。当拨叉轴移至其另一凹槽与钢球相对正时，钢球又被压入凹槽，驾驶员具有很强的手感，此时拨叉所带动的接合套或滑动齿轮便被拨入空挡或被拨入另一工作挡位。

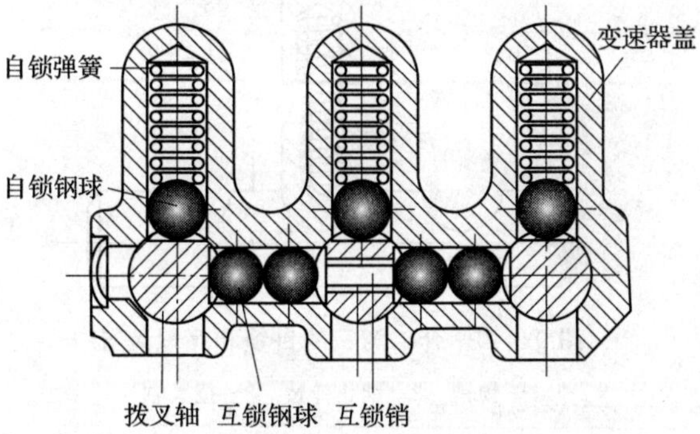

图 9—38　自锁和互锁装置

(2) 互锁装置

互锁装置用于防止同时挂上两个挡位。如图 9—39 所示，互锁装置由互锁钢球和互锁销组成。

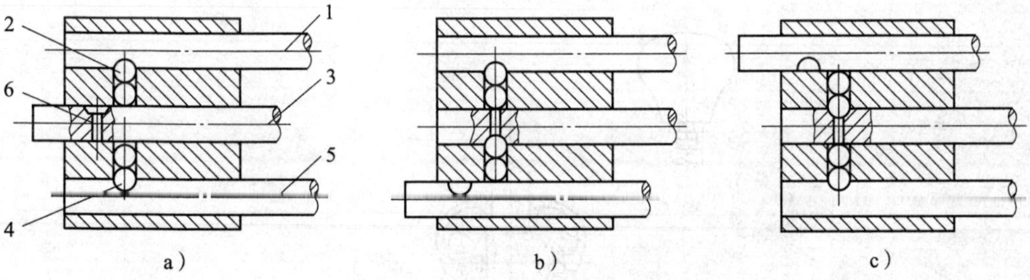

图 9—39　互锁装置工作示意图

a) 移动拨叉轴 3　b) 移动拨叉轴 5　c) 移动拨叉轴 1

1、3、5—拨叉轴　2、4—互锁钢球　6—互锁销

当变速器处于空挡时，所有拨叉轴的侧面凹槽同互锁钢球、互锁销都在一条直线上。

当移动中间拨叉轴 3 时，如图 9—39a 所示，轴 3 两侧的内钢球从其侧凹槽中被挤出，而两外钢球 2 和 4 则分别嵌入拨叉轴 1 和轴 5 的侧面凹槽中，因而将轴 1 和轴 5 刚性地锁止在其空挡位置。

当移动拨叉轴 5 时，则应先将拨叉轴 3 退回到空挡位置。于是在移动拨叉轴 5 时，钢球 4 便从轴 5 的凹槽中被挤出，同时通过互锁销 6 和其他钢球将轴 3 和轴 1 均锁止在空挡位置，如图 9—39b 所示。

同理，当移动拨叉轴 1 时，则轴 3 和轴 5 被锁止在空挡位置，如图 9—39c 所示。由此可知，互锁装置工作的机理是当驾驶员用变速杆推动某一拨叉轴时，自动锁止其余拨叉轴，从而防止同时挂上两个挡位。

有的三挡变速器将自锁和互锁装置合二为一，如图 9—40 所示，其中 $a=b$。

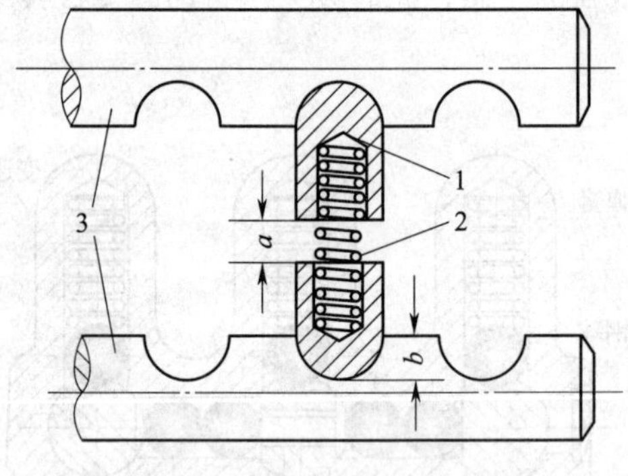

图 9—40　合二为一的自锁和互锁装置

1—锁销　2—锁止弹簧　3—拨叉轴

(3) 倒挡锁装置

倒挡锁装置用于防止误挂倒挡。如图 9—41 所示，为常见的锁销式倒挡锁装置。当驾驶员想挂倒挡时，必须用较大的力使变速杆 4 下端压缩弹簧 2，将锁销推入锁销孔内，才能使变速杆下端进入拨块 3 的凹槽中进行换挡。由此可见，倒挡锁的作用是使驾驶员必须对变速杆施加更大的力，才能挂入倒挡，起到警示注意作用，以防误挂倒挡。

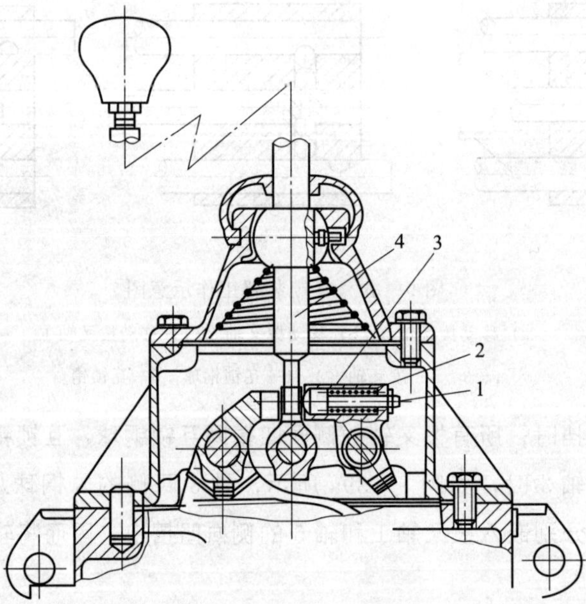

图 9—41　锁销式倒挡锁装置

1—倒挡锁销　2—倒挡锁弹簧　3—倒挡拨块　4—变速杆

第四节　自动变速器

学习目标：

1. 掌握自动变速器的分类、特点及组成。
2. 掌握自动变速器各主要零部件的结构及工作原理。

一、自动变速器的组成及特点

1. 自动变速器的组成

自动变速器能够根据发动机的负荷和车辆的行驶速度自动地变换合适的挡位，驾驶员不需要手动换挡，因而减轻了驾驶员的操作强度，应用越来越广泛。

自动变速器安装在发动机的后面，如图 9—42 所示。

图 9—42　自动变速器的位置

1—发动机　2—自动变速器

自动变速器主要由液力变矩器、齿轮变速器、油泵、控制系统（全液压式或电液控制式）等几个部分组成，如图 9—43 所示。

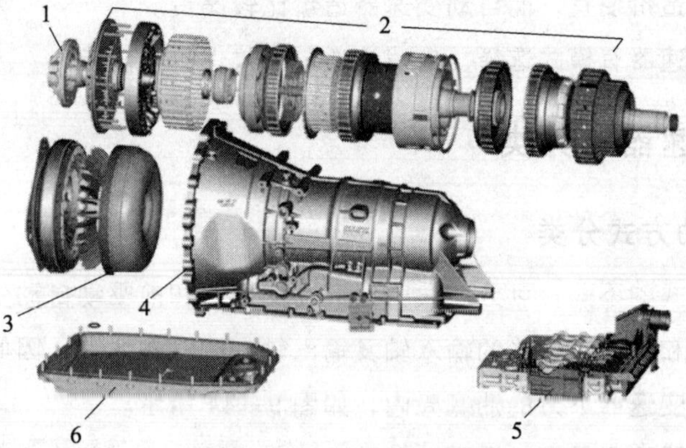

图 9—43　自动变速器的组成

1—油泵　2—齿轮变速器　3—液力变矩器　4—自动变速器壳　5—阀体（主要控制部分）　6—壳底

(1) 液力变矩器

液力变矩器位于自动变速器的最前端，它安装在发动机的飞轮上。其作用是利用液力传递的原理，将发动机的动力传给自动变速器的输入轴。此外，它还具有一定的减速增扭的功能。

(2) 齿轮变速器

齿轮变速器是自动变速器的主要组成部分，它包括齿轮变速机构和换挡执行机构。换挡执行机构可以使齿轮变速机构处于不同的挡位，以实现不同的传动比。大部分自动变速器的齿轮变速机构有4～5个前进挡和1个倒挡。

(3) 油泵

油泵通常安装在液力变矩器之后，其作用是为液力变矩器、控制系统及换挡执行机构提供一定压力的液压油。

(4) 控制系统

汽车自动变速器的控制系统有全液压和电液控制式两种。全液压控制系统主要由许多控制阀组成的阀体总成以及液压管路等组成；电液控制系统除了阀体及液压管路之外，还包括电子控制单元（ECU)、传感器、执行器及控制电路等。

此外，在自动变速器的外部还设有一个液压油散热器，用于散发自动变速器内的液压油在工作过程中产生的热量。

2. 自动变速器的特点

(1) 普通变速器所有挡位都必须手动换挡，驾驶员劳动强度加大。自动变速器除倒挡由手控制外，其他各前进挡都可根据发动机工况和车速进行自动换挡。

(2) 自动变速器由于安装了液力变矩器而取消了离合器踏板，提高了汽车行驶安全性。同时由于液力变矩器是液体传力，可实现无级变速，使汽车起步、加速更加平稳，还能避免因负荷过大而造成发动机熄火。

(3) 自动变速器结构复杂，零部件较多，零件比较精密。

(4) 普通变速器造价便宜，而自动变速器造价比较昂贵。

(5) 电控自动变速器有模式选择、自我诊断、失效保护等功能。

二、自动变速器的分类

1. 按汽车驱动方式分类

按照汽车驱动方式的不同，可分为后驱动自动变速器和前驱动自动变速器两种。后驱动自动变速器的变矩器和齿轮变速器的输入轴及输出轴在同一轴线上，因此轴向尺寸较大；阀体总成则布置在齿轮变速器下方的油底壳内，如图9—44所示。

前驱动自动变速器除了具有与后驱动自动变速器相同的组成部分外，在自动变速器的壳体内还装有差速器，所以又叫自动变速驱动桥。

前驱动汽车的发动机有纵置和横置两种。纵置发动机的前驱动自动变速器的结构和布置与后驱动自动变速器基本相同，只是在后端增加了一个差速器；横置发动机的前驱动自动变速器通常将输入轴和输出轴设计成两个轴线的方式（图 9—45），变矩器和齿轮变速器输入轴布置在上方，输出轴布置在下方，阀体总成则布置在变速器的侧面或上方，以保证自动变速器总体的轴向尺寸。

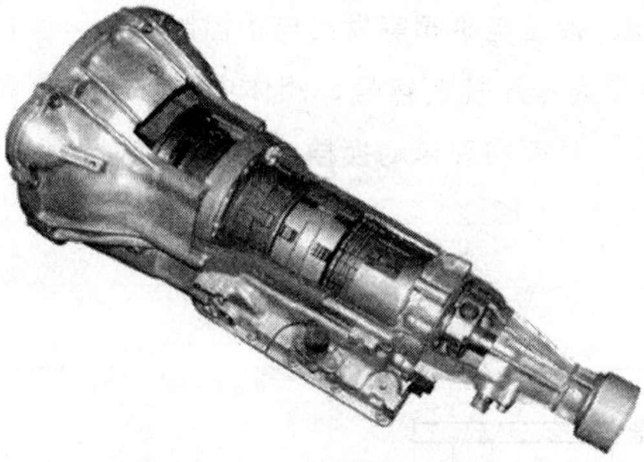

图 9—44　后驱动自动变速器

图 9—45　横置发动机的前驱动自动变速器

2. 按前进挡的挡数分类

按前进挡的数目自动变速器可分为 2 个前进挡、3 个前进挡、4 个前进挡和 5 个前进挡等几种。早期的自动变速器只有 2～3 个前进挡，并以直接挡为最高挡。现代自动变速器普遍为设有超速挡的 4 挡自动变速器，高挡自动变速器一般配置带有超速挡的 5 挡自动变速器。挡位越多，结构越复杂。

3. 按齿轮变速器的类型分类

按齿轮变速器的类型分为普通齿轮式和行星齿轮式两类。普通齿轮式自动变速器的体积比较大，目前只有在日本本田公司生产的轿车上应用。行星齿轮式自动变速器由于体积小、结构紧凑被广泛采用。本书我们只介绍行星齿轮式自动变速器。

4. 按控制方式分类

自动变速器按控制方式不同，可分为全液压控制式自动变速器和电液控制式自动变速器两种。全液压控制式自动变速器是通过机械的手段，将汽车行驶时的车速及节气门开度这两个参数转变为液压控制信号，按照设定的换挡规律，通过控制换挡执行机构的动作，实现自动换挡（图 9—46）。

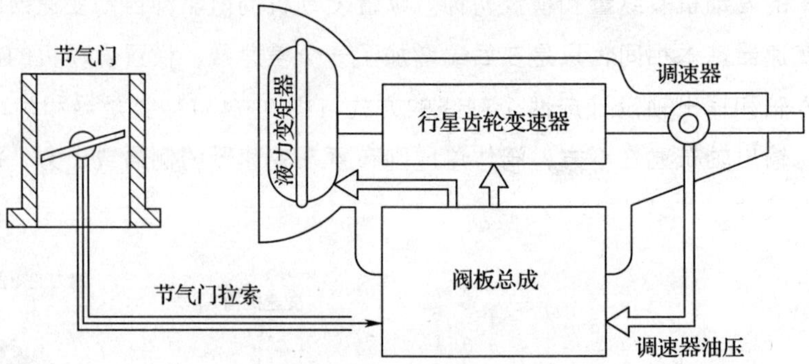

图 9—46　全液压控制式自动变速器

电液控制式自动变速器是通过各种传感器，将发动机转速、节气门开度、车速、发动机水温、自动变速器液压油温度等参数转变为电信号，输入电子控制单元（ECU）；ECU 根据这些电信号，按照设定的换挡规律，向换挡电磁阀、油压电磁阀等发出电子控制信号；换挡电磁阀和油压电磁阀再将 ECU 的电子控制信号转变为液压控制信号，阀体中的各个控制阀根据这些液压控制信号，控制换挡执行机构的动作，从而实现自动换挡（图 9—47）。

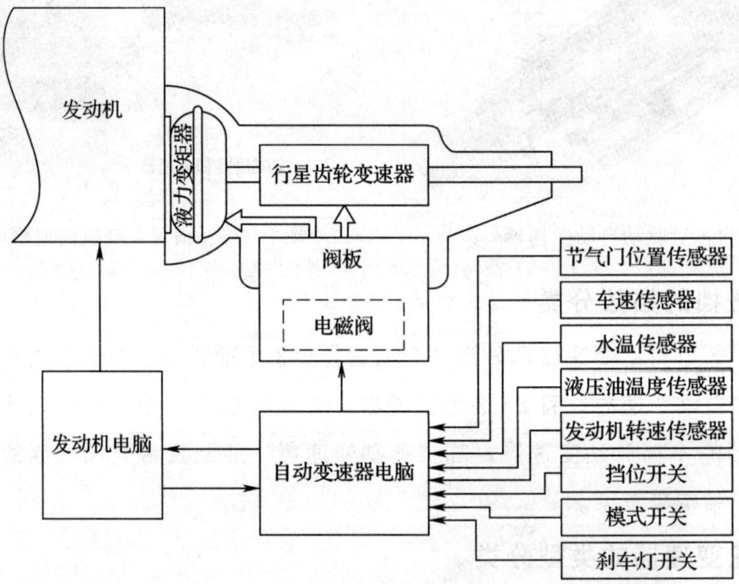

图 9—47　电液控制式自动变速器

三、液力变矩器

1．结构

液力变矩器安装在发动机的飞轮上，以液压油（自动变速器油）为工作介质，起传递转矩、变矩、变速及离合的作用。

典型的液力变矩器由泵轮、涡轮、导轮和壳体组成，如图 9—48 所示。它们都是由钢板冲压而成，在它们的环状壳体中径向排列着许多曲线形叶片。

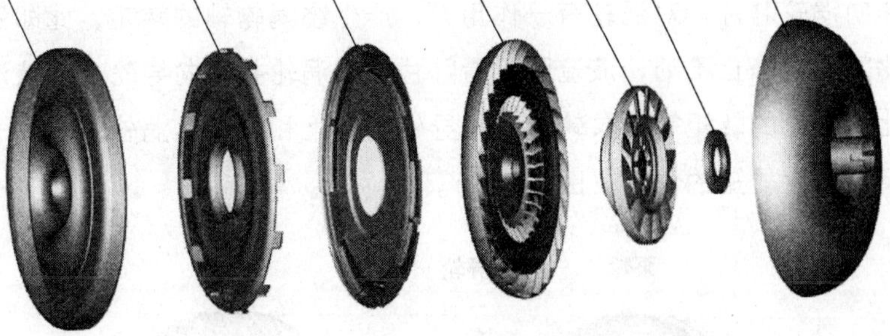

图 9—48 液力变矩器的组成

所有工作轮在装配后，形成的环状体的断面称为变矩器的循环圆，在环形内腔中充满液压油。各轮的说明见表 9—3。

表 9—3 **液力变矩器的组成**

项目	位置和作用	运动形式
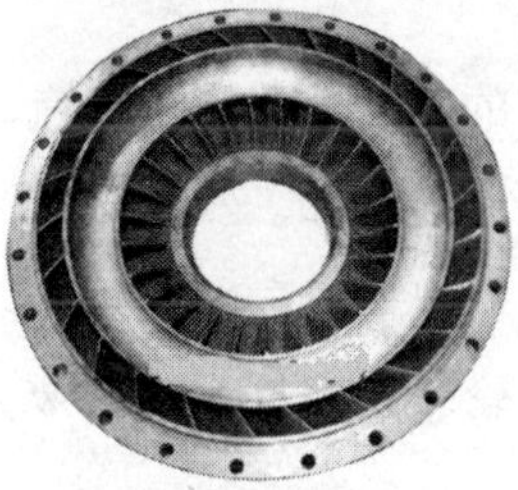 泵轮	泵轮是变矩器的主动元件，位于液力变矩器的后端，与变矩器壳体刚性连接	变矩器壳体总成用螺栓固定在发动机曲轴后端，随发动机曲轴一起旋转，所以它总是以发动机转速转动
 涡轮	涡轮是变矩器的输出元件，它通过花键孔与变速器的输入轴相连	涡轮被来自泵轮的液流驱动，并且总是以它特有的速度转动
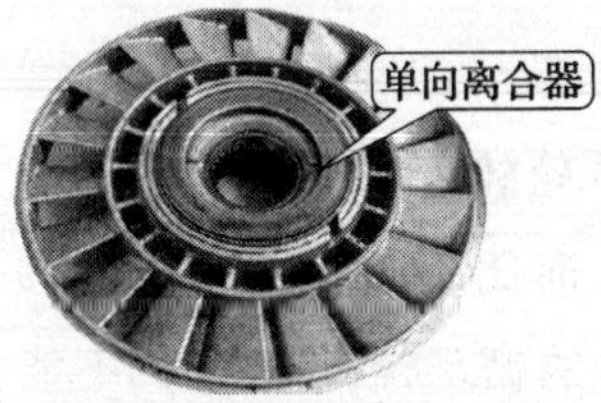 导轮	导轮的直径大约是泵轮或涡轮直径的一半，位于泵轮与涡轮之间。导轮与泵轮或涡轮之间没有机械连接，而是安装在涡轮的出口与泵轮的入口之间。所有从涡轮返回到泵轮的液流都要经过导轮	导轮使涡轮引导的液流改变方向返回到泵轮。改变了方向的液流与发动机的转动方向一致，可使泵轮的转动更有效

2. 工作原理

(1) 当发动机运转而汽车还未起步时，涡轮转速为零。变速器油在泵轮叶片带动下，以一定的速度冲向涡轮叶片，对涡轮有一作用力，产生绕涡轮轴的转矩，此即液力变矩器的输出转矩。因此时涡轮静止不动，液流则沿着叶片流出涡轮并冲向导轮，该液流也对导轮产生作用力矩。此时涡轮的转矩等于泵轮转矩与导轮转矩之和，显然涡轮转矩大于泵轮转矩，即液力变矩器起到增大转矩的作用（图 9—49）。

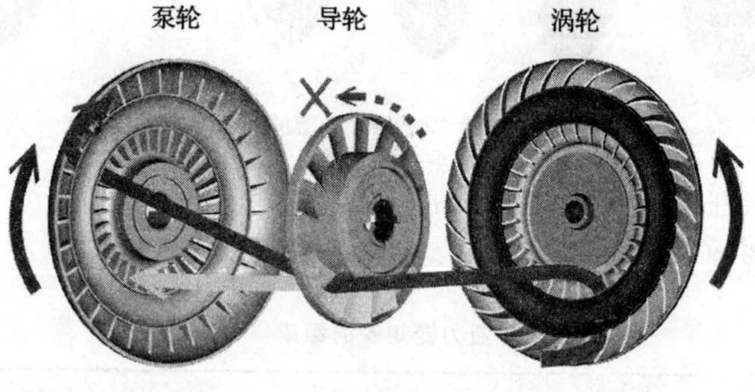

图 9—49 液力变矩器的增扭过程

(2) 当液力变矩器输出的转矩经传动系传到驱动轮上，所产生的牵引力足以克服汽车起步阻力时，汽车起步并开始加速，与之相连的涡轮转速也从零开始逐渐增加。

(3) 当涡轮转速增大到一定值时，由涡轮流出的液流正好沿导轮出口方向冲向导轮。由于液体流经导轮时方向不改变，故导轮转矩为零，即涡轮转矩与泵轮转矩相等，此时液力变矩器处于偶合状态，如图 9—50 所示。

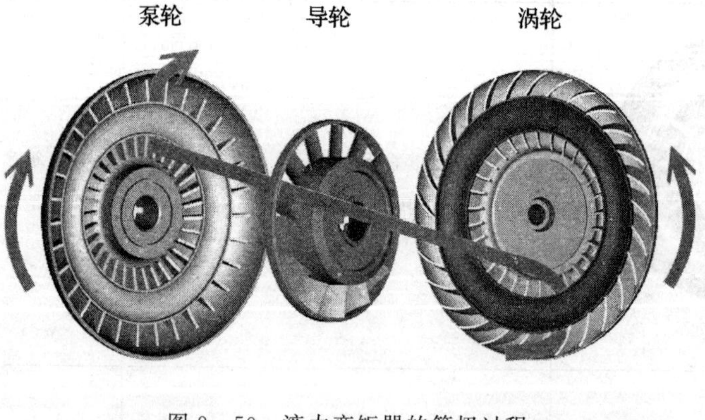

图 9—50 液力变矩器的等扭过程

(4) 若涡轮转速继续增大，液流就会冲击导轮叶片反面，导轮转矩方向与泵轮转矩方向相同，则涡轮转矩为前二者转矩之差，即变矩器输出转矩反而比输入转矩小（图 9—51)。当涡轮转速增大到与泵轮转速相等时，工作液在循环圆内的循环流动停止，不能传递动力。

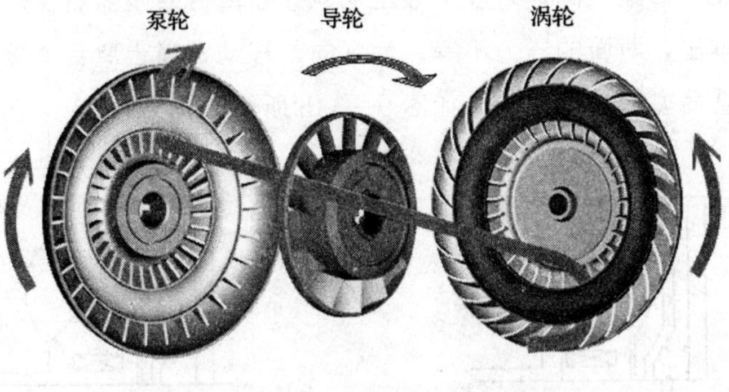

图 9—51 液力变矩器的减扭过程

(5) 当涡轮因为负荷过大而停止转动，但泵轮仍保持旋转时，此时液力变矩器只有动力输入而没有输出，全部输入能量都转化为热能，此时变矩器中的油温急剧上升，会对变矩器造成严重的危害，这种现象叫做液力变矩器的失速状态。

四、带锁止离合器的液力变矩器

1. 结构

现在生产的电控自动变速器已全部采用带锁止离合器的液力变矩器。这种变矩器内有一个由液压油操纵的锁止离合器，锁止离合器的主动盘（前盖）即为变矩器壳体，从动盘是一个可作轴向移动的压盘，它通过花键套与涡轮连接，如图 9—52 所示。

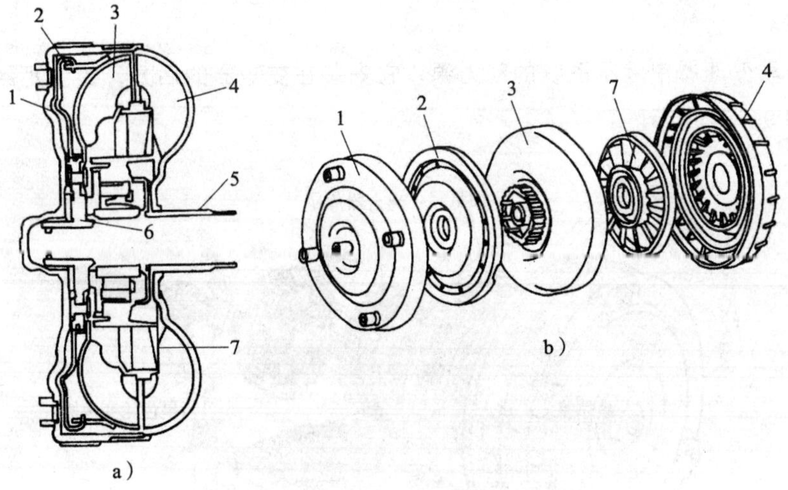

图 9—52 带锁止离合器的液力变矩器

1—变矩器壳 2—锁止离合器压盘 3—涡轮 4—泵轮

5—液力变矩器轴套 6—输入轴花键套 7—导轮

2. 工作原理

(1) 当车速较低时，液压油从锁止离合器压盘左侧流入，两侧保持相同油压，锁止离合器处于分离状态，这时输入变矩器的动力完全通过液压油传至涡轮，如图 9—53a 所示。

(2) 当汽车在良好道路上高速行驶，液压油从锁止离合器压盘右侧流入，锁止离合器与前盖之间的油液被排出，两面的压力不等，使其向前移动，锁止离合器接合，此时动力传动路线为前盖锁止离合器变速器输入轴，如图 9—53b 所示。

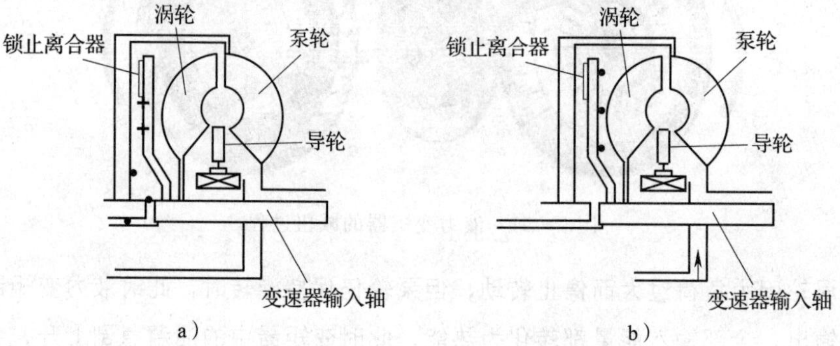

图 9—53 锁止离合器工作原理示意图

a）锁止离合器分离 b）锁止离合器结合

有些车型的液力变矩器的锁止离合器压盘上还装有减振弹簧，以减小锁止离合器在接合的瞬间产生的冲击力。

五、油泵

油泵的主要作用是为自动变速器中的变矩器、换挡执行机构、液压控制阀等部分提供所需的一定压力的液压油，以保证其正常工作。因此，在发动机运转时，不论汽车是否行驶，油泵都在运转。

油泵是自动变速器中液压系统的动力源，它安装在变矩器的后方，由变矩器壳后端的轴套驱动，如图 9—54 所示。

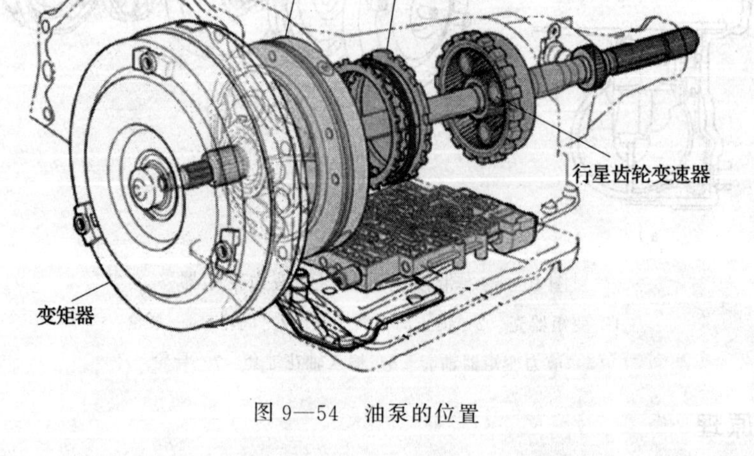

图 9—54 油泵的位置

常见的自动变速器油泵有 3 种类型：内啮合齿轮泵、转子泵和叶片泵，它们的结构及工作原理如前文所述。

六、齿轮变速器

液力变矩器虽能传递和增大发动机转矩，但变矩比不大，变速范围不宽，远不能满足汽车使用工况的需要。为进一步增大转矩，扩大其变速范围，提高汽车的适应能力，在液力变矩器后面又装一个变速器——有级式齿轮变速器。

自动变速器中的齿轮变速器所采用的变速齿轮有普通齿轮和行星齿轮两种，目前绝大多数轿车自动变速器中的齿轮变速器采用的是行星齿轮变速器。

行星齿轮变速器是由行星齿轮机构及换挡执行机构组成。

1. 行星齿轮机构

(1) 行星齿轮机构的结构

行星齿轮机构有很多类型，其中最简单的行星齿轮机构是由 1 个太阳轮、1 个齿圈、1 个行星架和支承在行星架上的 3～4 个行星齿轮组成，称为单个行星排，如图 9—55 所示。

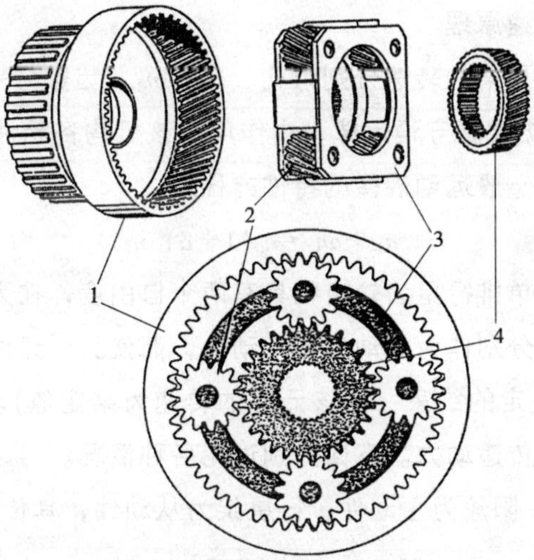

图 9—55　行星齿轮机构

1—齿圈　2—行星齿轮　3—行星架　4—太阳轮

太阳轮、齿圈及行星架有一个共同的固定轴线。行星齿轮支承在固定于行星架的行星齿轮轴上，并同时与太阳轮和齿圈啮合。当行星齿轮机构运转时，行星齿轮既可以绕着自己的轴线进行自转，又可以随着行星架一起绕着太阳轮公转。

在行星排中，具有固定轴线的太阳轮、齿圈和行星架称为行星排的 3 个基本独立元件。

(2) 行星齿轮机构的类型

行星齿轮机构可以按不同的方式进行分类：

1) 按照齿轮的排数不同，行星齿轮机构可以分为：单排行星齿轮机构（图 9—56）和多排行星齿轮机构（图 9—57）两种。

2) 按照太阳轮和齿圈之间的行星齿轮组数的不同，行星齿轮机构可以分为单行星齿轮式（图 9—56）和双行星齿轮式（图 9—58）两种。

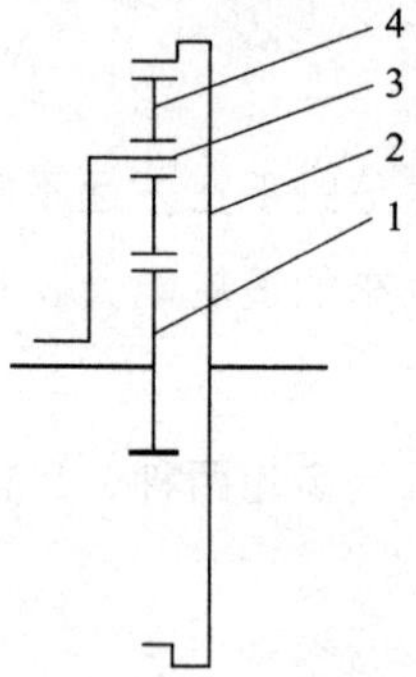

图 9—56 单（排）行星齿轮机构

1—太阳轮 2—齿圈

3—行星架 4—行星齿轮

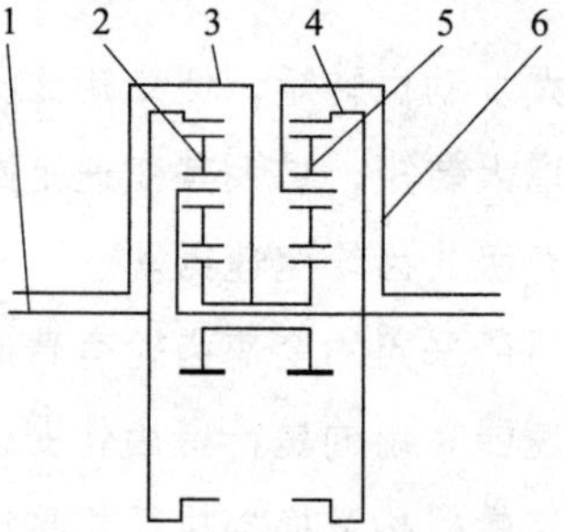

图 9—57 双排行星齿轮机构

1—前齿圈 2—前行星轮

3—前后太阳轮

4—前行星轮架后齿圈组件

5—后行星轮 6—后齿圈

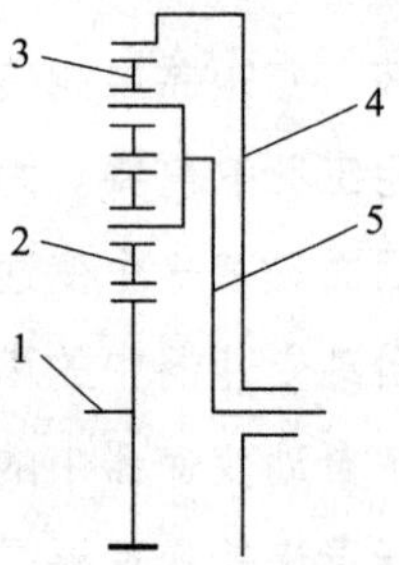

图 9—58 双行星齿轮机构

1—太阳轮 2—内行星轮

3—外行星轮 4—齿圈

5—行星轮架

(3) 行星齿轮机构变速原理

设太阳轮、齿圈和行星架的转速分别为 n_1、n_2 和 n_3，齿数分别为 z_1、z_2、z_3；齿圈与太阳轮的齿数比为 α。则根据能量守恒定律，由作用在该机构各元件上的力矩和结构参数可导出表示单排行星齿轮机构一般运动规律的特性方程式：

$$n_1+\alpha n_2=(1+\alpha)\ n_3$$

由上式可看出，由于单排行星齿轮机构具有两个自由度，在太阳轮、齿圈和行星架这三个基本构件中，任选两个分别作为主动件和从动件，而使另一元件固定不动（即使该元件转速为 0），或使其运动受一定的约束（即该元件的转速为某定值），则机构只有一个自由度，整个轮系以一定的传动比传递动力。下面分别讨论各种情况。

1）将齿圈固定，以太阳轮为主动件，行星架为从动件，其传动比为（图 9—59a）：

$$i=n_1/n_3=1+\alpha=1+z_2/z_1$$

由于齿圈的齿数 z_2 大于太阳轮的齿数 z_1，因而这一传动比的数值大于 2。

2）将太阳轮固定，以齿圈为主动件，行星架为从动件，其传动比为（图 9—59b）：

$$i=n_2/n_3=(1+\alpha)/\alpha=(z_1+z_2)/z_2=1+z_1/z_2$$

由于太阳轮的齿数 z_1 小于齿圈的齿数 z_2，因而这一传动比大于 1 而小于 2。

3）将太阳轮固定，以行星架为主动件，齿圈为从动件，此时传动比为（图 9—59c）：

$$i=n_3/n_2=\alpha/(1+\alpha)=z_2/(z_1+z_2)$$

该值小于 1，因此是增速传动，相当于超速挡。

4）若将行星架固定，行星排即成为一个定轴轮系。此时若以太阳轮为主动件，齿圈为从动件，其传动比为（图 9—59d）：

$$i=n_1/n_2=-\alpha=-z_2/z_1$$

此时，可获得反向减速传动，相当于倒挡。

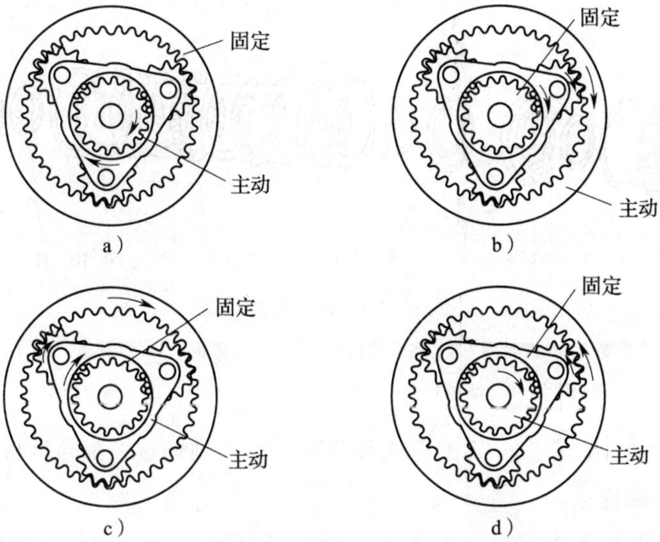

图 9—59 行星齿轮变速机构原理

5）若三个基本元件都没有被固定，各个基本元件都可以自由转动，则此时该机构具有两个自由度，因此不论以哪两个基本元件为主动件、从动件，都不能获得动力传递，即此时该机构失去传动作用而处于空挡状态。

6）若将任意两个基本元件互相连接起来，则由行星排的运动特性方程可知，第三个基本元件的转速必与前两个基本元件的转速相同，即三个基本元件将以同样的转速一同旋转。此时不论以哪两个基本元件为主动件、从动件，其传动比都是 1。这种情况相当于直接挡。

仅靠单排行星齿轮机构是不能满足汽车在不同运行工况下对传动比的要求的，用于汽车自动变速器的行星齿轮机构通常是由 2～3 个单排行星齿轮机构组成的。通常可以有 3～4 个不同传动比的前进挡和 1 个倒挡。当所有的基本元件都没有被固定时，即可得到空挡。上述单排行星齿轮机构的变速原理和传动比的计算方法同样适用于这种多排行星齿轮机构。只要该机构经约束后的自由度为 1，其传动比都可以通过解由各个单排行星齿轮机构的运动特性方程组成的联立方程组来得到。

2. 换挡执行机构

换挡执行机构的作用是实现挡位的变换。

换挡执行机构主要由离合器、制动器和单向离合器三种执行元件组成。

(1) 离合器

1）离合器的结构　离合器的作用是将行星齿轮变速系统的输入轴和行星排的某个基本元件连接在一起，或将行星排的某两个基本元件连接在一起，它是自动变速器中最重要的换挡执行元件之一。现代汽车用的自动变速器中都采用多片湿式摩擦离合器，如图 9—60 所示，它由离合器鼓、离合器毂、离合器活塞、复位弹簧、弹簧座、钢片、摩擦片、调整垫片及密封圈等组成。

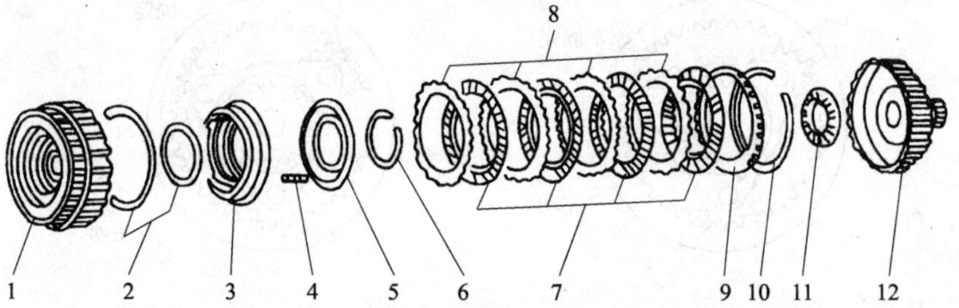

图 9—60　离合器的组成

1—离合器鼓　2—密封圈　3—离合器活塞　4—复位弹簧　5—弹簧座　6、10—卡环
7—钢片　8—摩擦片　9—挡圈　11—止推轴承　12—离合器毂

离合器鼓为主动件，它以一定的方式和变速器输入轴连接；离合器毂为从动件，与行星排的某个基本元件相连接。

离合器活塞安装在离合器鼓内。它是一种环状活塞，由活塞内外圆的密封圈保证其密封，从而和离合器鼓一起形成一个封闭的环状液压缸，并通过离合器内圆轴颈上的进油孔和控制油道相通。在离合器活塞（有的在离合器鼓的液压缸壁面）上设有一个由钢球组成的单向阀。

当液压油进入液压缸时，钢球在油压的推动作用下压紧在阀座上，单向阀处于关闭状态，保证了液压缸的密封。

当液压缸内的油压被解除后，单向阀钢球在离心力的作用下离开阀座，使单向阀处于开启状态，残留在液压缸内的液压油在离心力的作用下从单向阀的阀孔中流出，保证了离合器彻底分离。

钢片和摩擦片交错排列，两者统称为离合器片。钢片的外花键齿安装在离合器鼓的内花键齿圈上，可沿齿圈键槽作轴向移动；摩擦片由其内花键齿与离合器的外花键毂连接，也可沿键槽作轴向移动。摩擦片的两面烧结有摩擦系数较大的铜基粉末冶金或合成纤维层。一般离合器摩擦片的片数为 2～6 片，钢片的片数应等于或多于摩擦片的片数，以保证每个摩擦片的两面都有主动片。

离合器活塞的回位弹簧有波形弹簧、膜片弹簧、圆周均布螺旋弹簧和中央螺旋弹簧四种，目前以螺旋弹簧用得最多，如图 9—61 所示。

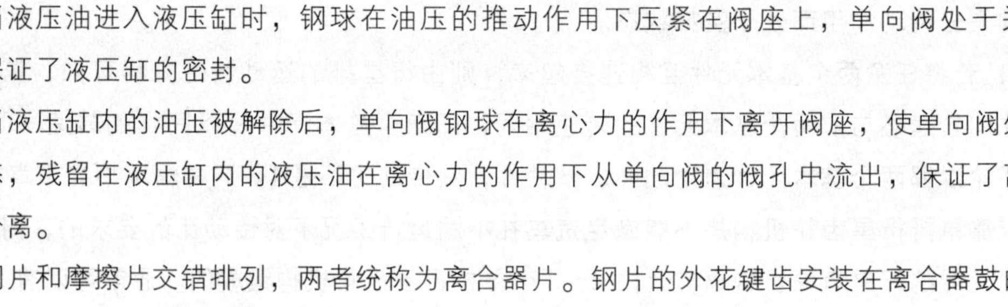

图 9—61　离合器回位弹簧的类型

a）波形弹簧　b）膜片弹簧　c）圆周均布螺旋弹簧　d）中央螺旋弹簧

2）离合器的工作原理　离合器鼓和离合器毂分别以一定的方式和变速器输入轴与行星排的某个基本元件相连接。一般离合器鼓为主动件，离合器毂为从动件，如图 9—62 所示。当来自控制阀的液压油进入离合器液压缸时，作用在离合器活塞上的液压油的压力推动活塞，使之克服回位弹簧的张力而移动，将所有的主动片和从动片相互压紧在一起；主动片和从动片之间的摩擦力使离合器鼓和离合器毂连接为一整体，即与离合器鼓相连接的输入轴和与离合器毂相连接的行星排的基本元件也因此被连接在一起，此时离合器处于接合状态。

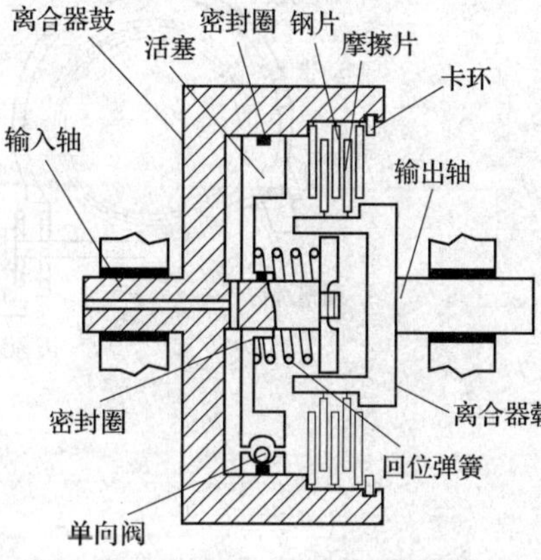

图 9—62　离合器工作原理示意图

当液压控制系统将作用在离合器液压缸内的液压油的压力解除后，离合器活塞在回位弹簧的作用下压回液压缸的底部，并将液压缸内的液压油从进油孔排出。离合器毂和离合器鼓以朝不同方向或以不同转速旋转，离合器处于分离状态。

当离合器处于分离状态时，离合器活塞和离合器片或离合器片和卡环之间有一定的轴向间隙，以保证钢片和摩擦片之间无任何轴向压力，这一间隙称为离合器的自由间隙，如图 9—63 所示，其大小可以用挡圈的厚度来调整，一般离合器自由间隙的标准为 0.5～2.0 mm。

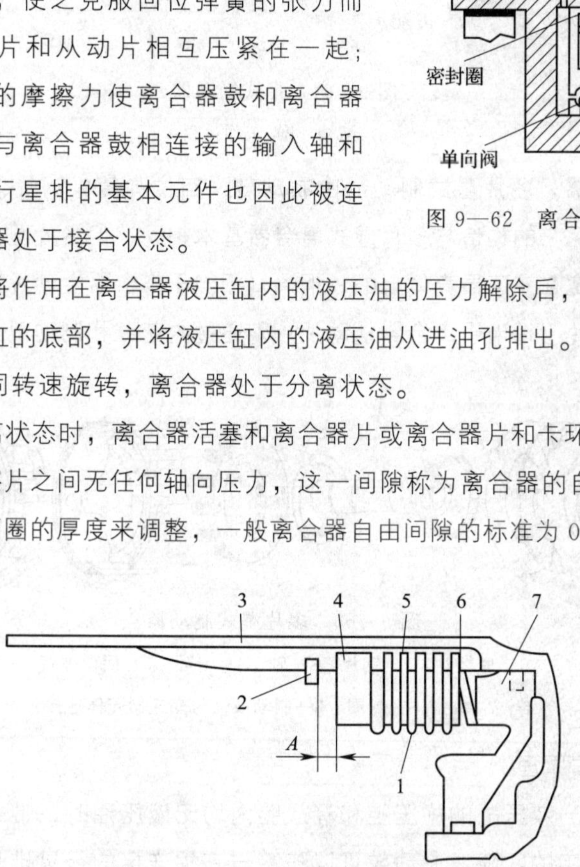

图 9—63　离合器自由间隙

1—钢片　2—卡环　3—离合器鼓　4—挡圈　5—摩擦片　6—碟形片　7—离合器活塞　A—离合器自由间隙

(2) 制动器

1）制动器的结构　制动器的作用是将行星排中的太阳轮、齿圈、行星架三个基本元件中的一个加以固定，使之不能旋转。制动器的结构形式较多，目前最常见的是带式制动器和多片湿式制动器。

①带式制动器。带式制动器又称制动带，它由制动鼓、制动带、液压缸及活塞组成，如图 9—64 所示。制动鼓与行星排的某一基本元件连接，并随之一同旋转。制动带的一端支撑在变速器壳体上的制动带支架或制动带调整螺钉上，另一端与液压缸活塞上的推杆连接，制动带内表面为一层摩擦系数较高的摩擦衬片。液压缸活塞分为施压腔和释放腔两部分，分别通过各自的控制油道与控制阀相通，制动带的工作由作用在活塞上的液压油控制。

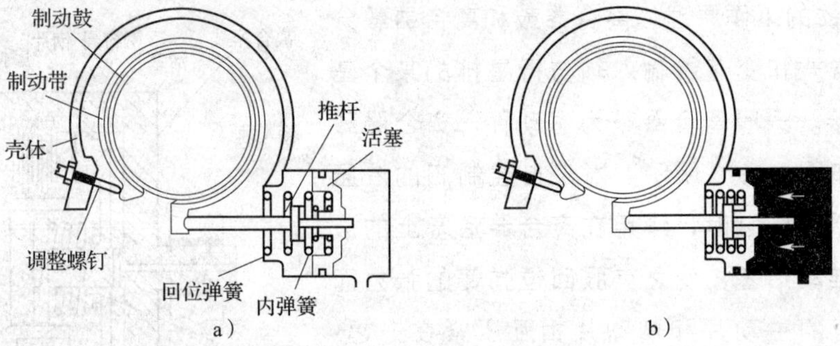

图 9—64　带式制动器

a）结构　b）工作过程

②多片湿式制动器。多片湿式制动器由制动鼓、回位弹簧、钢片、摩擦片及制动毂等组成，如图 9—65 所示。它的构造与多片湿式离合器基本相同，但多片湿式制动器的制动鼓（相当于离合器鼓）是固定在变速器壳体上的，钢片（相当于离合器主动片）通过外花键安装在制动鼓内花键中，摩擦片（相当于离合器从动片）则通过内花键和制动毂上的外花键连接。

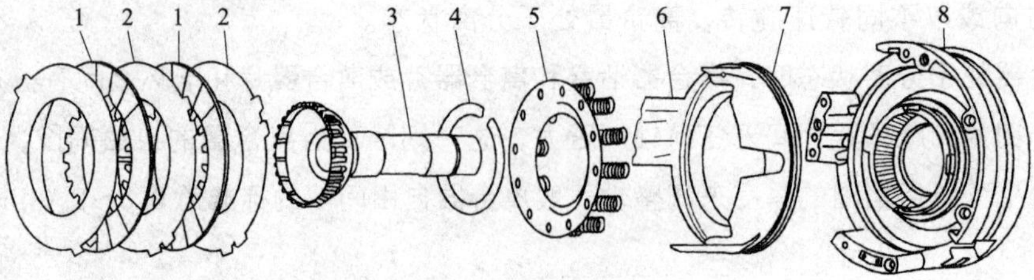

图 9—65　多片湿式制动器

1—摩擦片　2—钢片　3—轴　4—卡环　5—回位弹簧

6—活塞　7—密封圈　8—制动鼓（与变速器壳体连接）

2）制动器的工作原理

①带式制动器。当液压缸的施压腔和释放腔内均无液压油时，带式制动器不工作，制动带与制动鼓之间有一定的间隙，制动鼓可以随着与它相连接的行星排基本元件一同旋转。

当液压油进入液压缸的施压腔时，作用在活塞上的液压油推动活塞，使之克服复位弹簧的张力而移动。活塞通过推杆将制动带箍紧在制动鼓上，于是制动鼓被锁住而不能旋转，此时制动器处于制动状态。在制动器处于制动状态，且有液压油进入液压缸的释放腔时，由于释放腔一侧的活塞面积大于施压腔一侧的活塞面积，释放腔一侧的压力大于施压腔一侧的压力，因此活塞在这一压力差及复位弹簧张力的共同作用下后移，推杆随之回缩，制动带被放松，制动器由制动状态变成释放状态。

当带式制动器不工作时，制动带与制动鼓之间应有适当的间隙。间隙太大或太小都会影响制动器的正常工作。这一间隙的大小可用制动带调整螺钉来调整。在装复时，一般将螺钉向内拧紧，然后再退回规定的圈数（通常为 2～3 圈）。

②多片湿式制动器。它的工作原理和多片湿式摩擦离合器基本相同。当制动器不工作时，钢片和摩擦片之间没有压力，制动毂可以自由旋转。当制动器工作时，来自控制阀的液

压油进入制动鼓内的液压缸中，油压作用在制动器活塞上，推动活塞将制动器摩擦片和钢片紧压在一起，与行星排某一基本元件连接的制动毂就被固定住而不能旋转。多片湿式制动器的工作原理如图 9—66 所示。

(3) 单向离合器

1) 单向离合器的结构　单向离合器作用是用于固定或连接行星排中的太阳轮、行星架或齿圈等基本元件。其连接和固定是单向的，当与之相连接的元件受力方向与锁止方向相同时，该元件即被固定或连接；当受力方向与锁止方向相反时，该元件即被释放或脱离连接。常见的单向离合器有滚柱斜槽式和楔块式两种。

①滚柱斜槽式单向离合器。滚柱斜槽式单向离合器由外环、内环、滚柱、弹簧等组成，如图 9—67 所示。内环通常用内花键和行星排的某个基本元件连接或和变速器壳体连接，外环则通过外花键和行星排的另一基本元件连接或和变速器壳体连接。在外环的内表面制有与滚柱相同数目的楔形槽，内外环之间的楔形槽内装有滚柱和弹簧，由于摩擦力的作用使滚柱向楔形槽较窄的一端滚动。

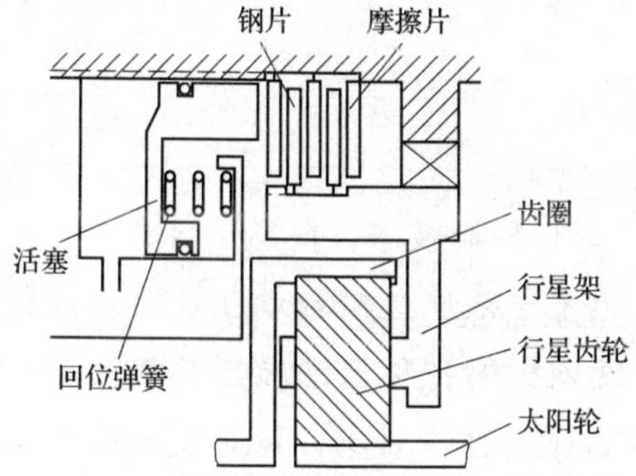

图 9—66　多片湿式制动器的工作原理

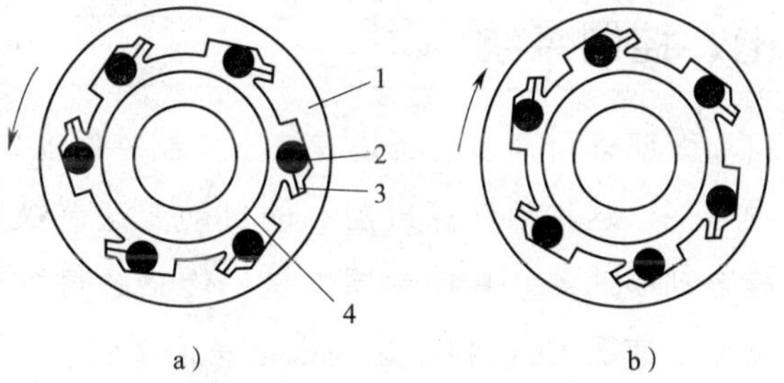

图 9—67　滚柱斜槽式单向离合器

a) 自由状态　b) 锁止状态

1—楔块　2—滚柱　3—弹簧　4—内环

②楔块式单向离合器。楔块式单向离合器和滚柱斜槽式单向离合器相似，也由外环、内环、滚柱（楔块）组成，如图 9—68 所示。不同之处在它的外环上没有楔形槽，其滚柱不是圆柱形，而是特殊形状的楔块。楔块在 A 方向上的尺寸略大于内外环之间的距离 B，而 C 方向上的尺寸则略小于 B，即 $A>B>C$。

2) 单向离合器的工作原理

①滚柱斜槽式单向离合器的工作原理。当外环相对于内环逆时针方向转动时，在刚刚转动的瞬间，滚柱在摩擦力的作用下，克

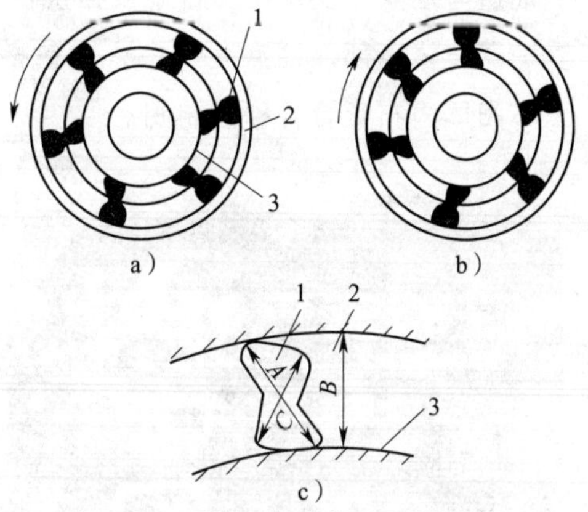

图 9—68　楔块式单向离合器

a) 自由状态　b) 锁止状态　c) 楔块尺寸

1—楔块　2—外环　3—内环

服弹簧的张力而滚向楔形槽较宽的一端，外环相对内环可以自由滑转，此时单向离合器处于自由状态。

当外环相对于内环朝顺时针方向转动时，滚柱在摩擦力、弹簧张力的作用下被卡死在楔形槽较窄的一端，于是内外环被锁止为一体，不能相对转动。此时单向离合器处于锁止状态，与外环连接的基本元件便被固定或者和与内环相连接的元件连接成一个整体。

单向离合器的锁止方向取决于外环上楔形槽的方向。在装配时不可装反，否则会改变其锁止方向，使行星齿轮变速器不能正常工作。

②楔块式单向离合器。当外环相对于内环朝顺时针方向旋转时，楔块在摩擦力的作用下立起，因自锁作用而被卡死在内外环之间，使内环和外环无法相对滑转，此时单向离合器处于锁止状态。当外环相对于内环朝逆时针方向旋转时，楔块在摩擦力的作用下倾斜，脱离自锁状态，内外环可以相对滑转，此时单向离合器处于自由状态。

楔块式单向离合器的锁止方向取决于楔块的安装方向，在维修时不可装反，否则同样会改变其锁止方向，影响自动变速器的正常工作。

七、控制系统

目前大部分自动变速器是在液压控制基础上增加计算机控制技术，提高了自动变速器的各项性能。这种用计算机控制的自动变速器被称为电子一液压控制自动变速器，简称为电控自动变速器。其控制原理是：传感器将汽车及发动机的各种运动参数转变为电信号，自动变速器 ECU 根据这些电信号，按照设定的控制程序进行对比计算并发出控制信号，再通过执行器（电磁阀）来操纵阀体总成中各个控制阀的工作，以完成自动变速器的各项控制任务。

控制系统中的大部分控制阀都位于阀体（图 9—69）总成中，通过变速器壳体和变速器轴上的油道与油泵、变矩器及各个换挡执行元件相通。自动变速器的控制阀体通常用螺栓固定于变速器壳体下部、油底壳上方，它包括上下阀体两部分，在上下阀体之间有垫片和隔板，上下阀体内布置着各种控制阀。

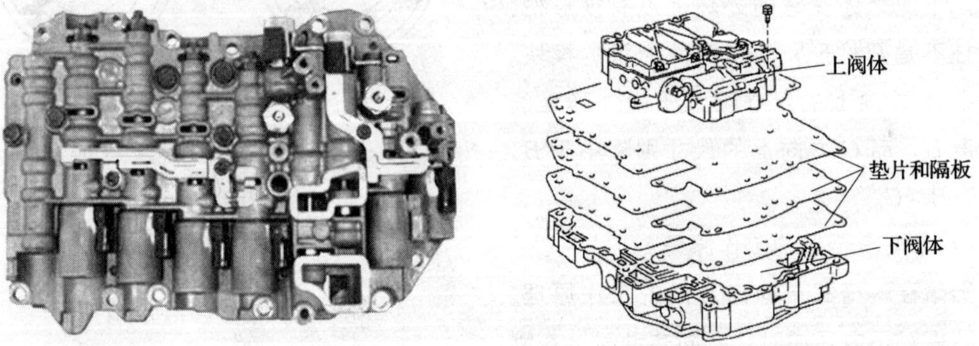

图 9—69　阀体

第五节　万向传动装置

学习目标：

1. 掌握万向传动装置的作用及组成。
2. 熟悉万向节的类型、结构和应用特点。

一、万向传动装置的作用及应用

汽车在布置、设计上，变速器输出轴和驱动桥输入轴不可能在同一轴线上，而且变速器是安装在车架上，位置是固定不动的，但驱动桥会由于悬架的变形而引起其位置经常发生变化，所以在变速器和驱动桥之间装有万向传动装置正好可以满足这些使用、设计的要求。如图 9—70 所示为万向传动装置。

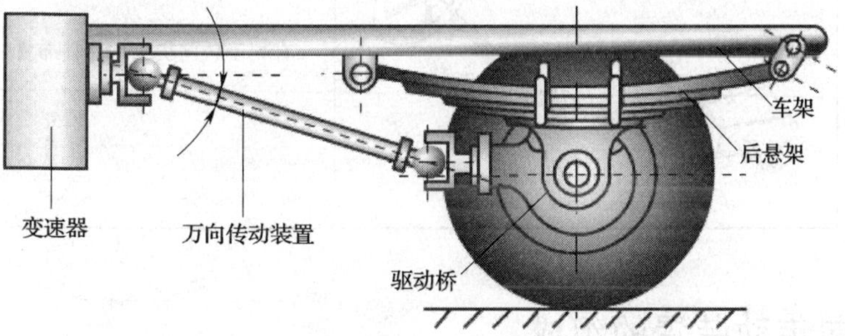

图 9—70　万向传动装置

万向传动装置在汽车上有很多应用，结构也稍有不同，但其作用都是一样的，即在轴线相交且相互位置经常发生变化的两转轴之间传递动力。

万向传动装置在汽车上的应用见表 9—4。

表 9—4　　万向传动装置在汽车上的应用

应用位置	图示	说明
变速器与驱动桥之间	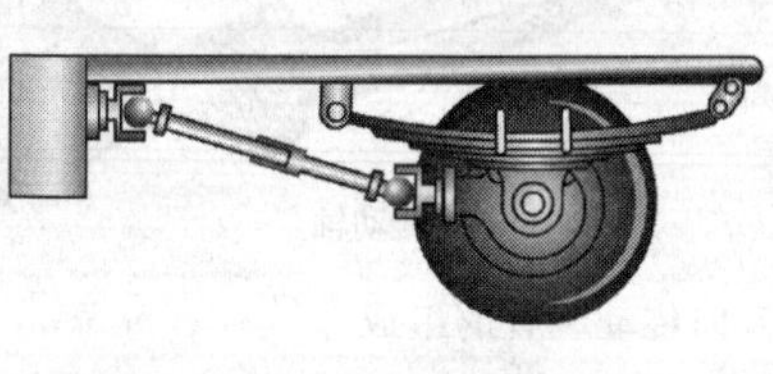	一般将变速器、离合器与发动机三者装合为一体装在车架上，驱动桥通过悬架与车架相连。在负荷变化及汽车在不平路面行驶时引起的跳动，会使驱动桥输入轴与变速器输出轴之间的夹角和距离发生变化
变速器与分动器、分动器与驱动桥之间（越野汽车）	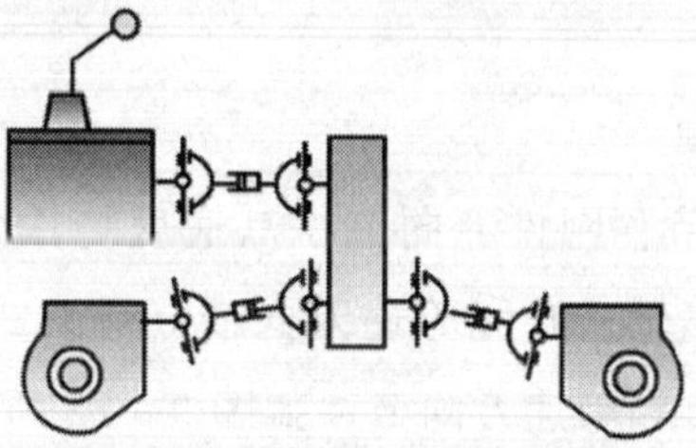	为消除车架变形及制造、装配误差等引起的其轴线同轴度误差对动力传递的影响，须装有万向传动装置

续表

应用位置	图示	说明
转向驱动桥的内、外半轴之间	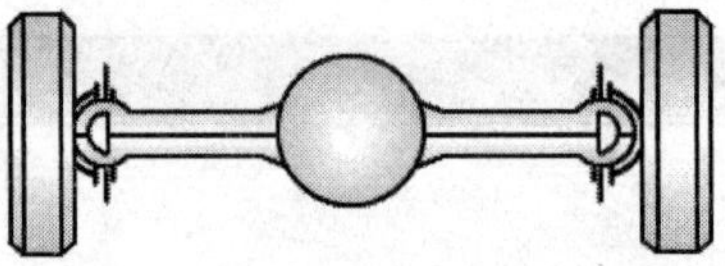	转向时两段半轴轴线相交且交角变化，因此要用万向节
断开式驱动桥的半轴之间	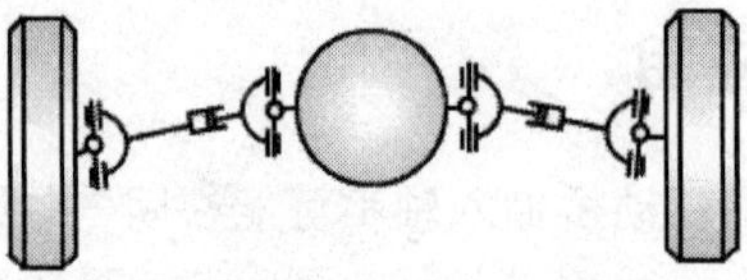	主减速器壳在车架上是固定的，桥壳上下摆动，半轴是分段的，须用万向节
转向机构的转向轴和转向器之间	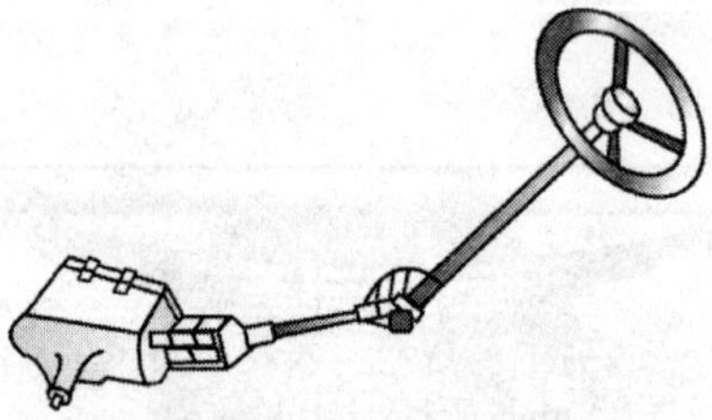	有利于转向机构的总体布置

二、万向传动装置的组成

万向传动装置主要包括万向节和传动轴，对于传动距离较远的分段式传动轴，为了提高传动轴的刚度，还设置有中间支承，如图 9—71 所示。

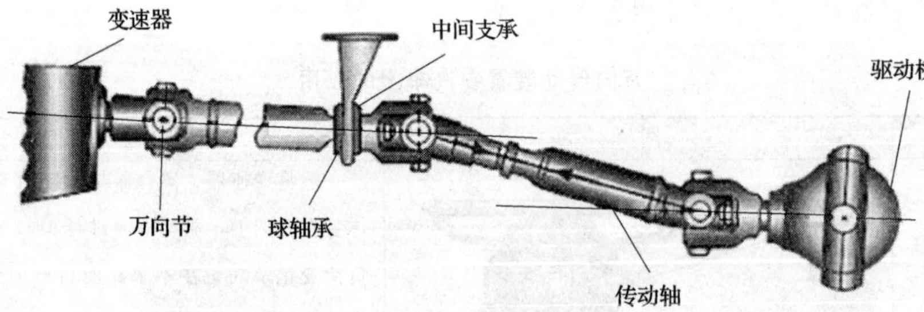

图 9—71　万向传动装置的组成

三、万向节

万向节一般分刚性万向节和柔性万向节。刚性万向节按其速度特性分为不等速万向节（十字轴式）、准等速万向节（双联式和三销轴式）和等速万向节（球叉式和球笼式）。目前在汽车上应用较多的是十字轴式刚性万向节和等速万向节，如图 9—72 所示。

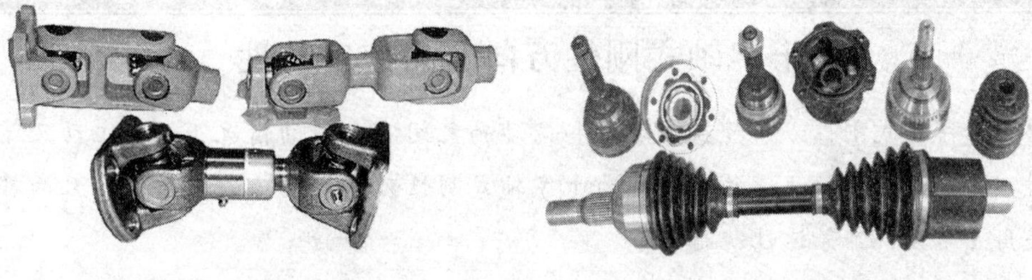

图 9—72　汽车上常用万向节

十字轴式刚性万向节主要用于发动机前置后轮驱动的变速器与驱动桥之间，等速万向节主要用于发动机前置前轮驱动的内、外半轴之间。

1. 十字轴式刚性万向节

十字轴式刚性万向节如图 9—73 所示，它允许相邻两轴的最大交角为 15°～20°。

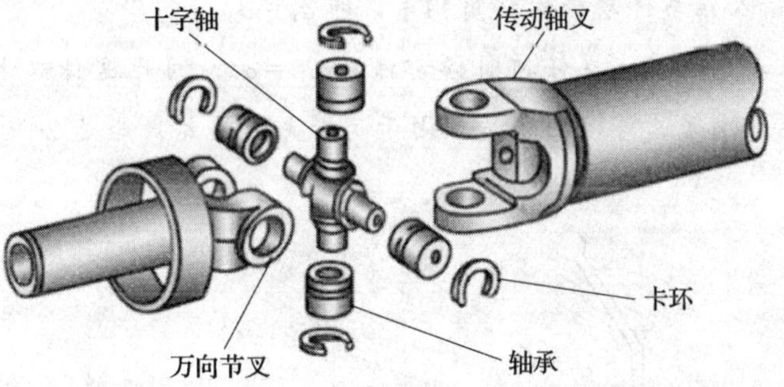

图 9—73　十字轴式刚性万向节

十字轴式刚性万向节主要由十字轴、万向节叉等组成。万向节叉上的孔分别套在十字轴的四个轴颈上。在十字轴轴颈与万向节叉孔之间装有滚针和套筒，用带有锁片的螺钉和轴承盖来使之轴向定位。

为了润滑轴承，十字轴内钻有油道，且与油嘴、安全阀相通（图 9—74）。为避免润滑油流出及尘垢进入轴承，十字轴轴颈的内端套装着油封。安全阀的作用是当十字轴内腔润滑油压力超过允许值时，阀打开，润滑油外溢，使油封不会因油压过高而损坏。现代汽车多采用橡胶油封，多余的润滑油从油封内圆表面与十字轴轴颈接触处溢出。

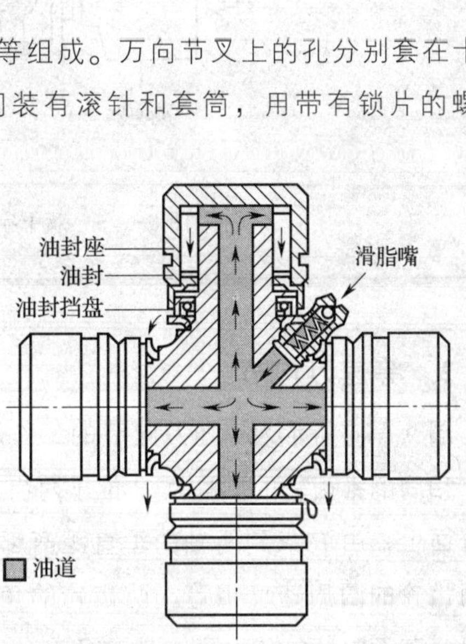

图 9—74　十字轴润滑油道

万向节轴承的常见定位方式，除了用盖板定位外，还有用内、外弹性卡环进行定位。

知识扩展：

十字轴式刚性万向节的速度特性

单个十字轴式刚性万向节在主动轴和从动轴之间有夹角的情况下，当主动叉等角速转动时，从动叉是不等角速的，这称为十字轴式刚性万向节的不等速特性。且两转轴之间的夹角 α 越大，不等速性就越大。

十字轴式刚性万向节的不等速特性，将使从动轴及其相连的传动部件产生扭转振动，从而产生附加的交变载荷，影响部件寿命。

为消除这一不良现象，实现等速传动，在普通万向传动装置中采用两个万向节传动，如图 9—75 所示。第一万向节的不等速特性可以被第二万向节的不等速特性所抵消，从而实现两轴间的等角速传动。

两个万向节等速传动时应在安装上满足以下两个条件：

1）传动轴两端的万向节叉处于同一平面。

2）输出轴和输入轴与传动轴的夹角相等，即 $\alpha_1=\alpha_2$。

由于悬架的振动，不可能在任何时候都保证 $\alpha_1=\alpha_2$，因此这种双十字轴刚性万向节的传动只能近似地解决等速传动问题，且由于两轴夹角最大只能是 20°，因此使用上受到限制。

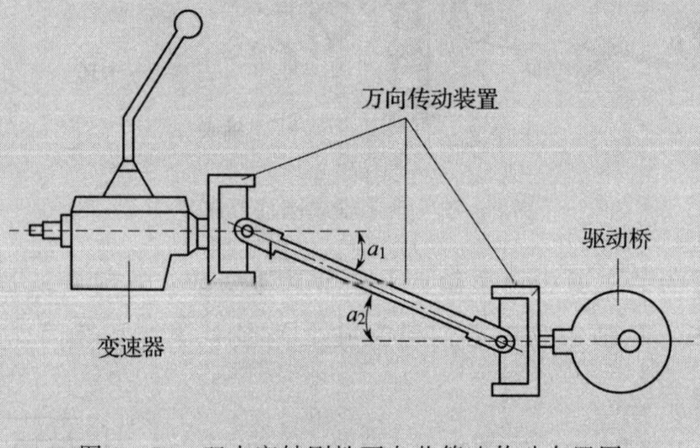

图 9—75　双十字轴刚性万向节等速传动布置图

2. 等速万向节

图 9—76 所示为等速万向节的工作原理图。一对大小相同的锥齿轮的接触点 P 位于两齿轮轴线交角的平分面上，由 P 点到两轴的垂直距离都等于 r。P 点处两齿轮的圆周速度相等，两齿轮的角速度也相等。可见，若万向节的传力点在其交角变化时，万向节始终位于两轴夹角的平分面上，就能保证等速传动。

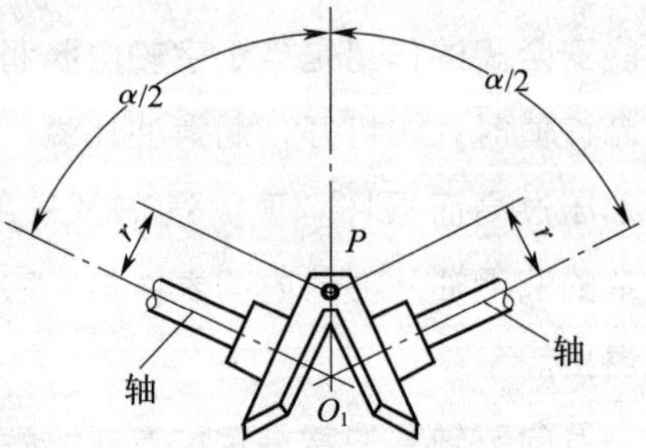

图 9—76　等速万向节的工作原理

等速万向节的常见结构形式有球笼式和球叉式。

(1) 球笼式等速万向节

球笼式万向节由六个钢球、星形套、球形壳和保持架等组成，如图 9—77 所示。万向节星形套与主动轴用花键固接在一起，星形套外表面有六条弧形凹槽滚道，球形壳的内表面有相应的六条凹槽，六个钢球分别装在各条凹槽中，由球笼使其保持在同一平面内。动力由主动轴、钢球、球形壳输出。

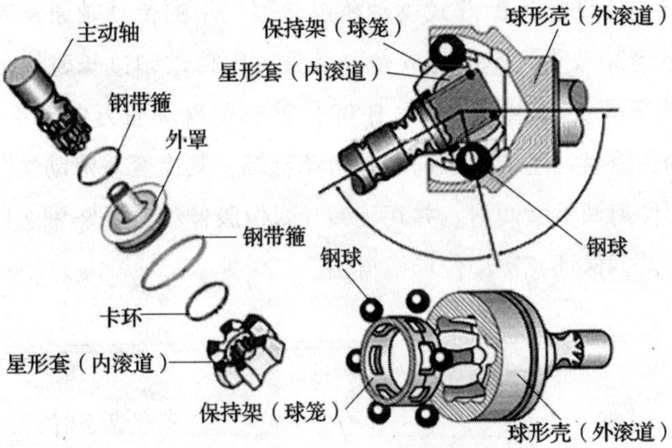

图 9—77 球笼式万向节

球笼式万向节工作时六个钢球都参与传力，故承载能力强、磨损小、寿命长。它被广泛应用于各种型号的转向驱动桥和独立悬架的驱动桥。

(2) 球叉式等速万向节

球叉式万向节由主动叉、从动叉、四个传动钢球、中心钢球、定位销、锁止销组成，如图 9—78 所示。主动叉与从动叉分别与内、外半轴制成一体。在主、从动叉上，分别有四个曲面凹槽，装配后则形成两个相交的环形槽，作为钢球滚道。四个传动钢球放在槽中，中心钢球放在两叉中心的凹槽内，以定中心。

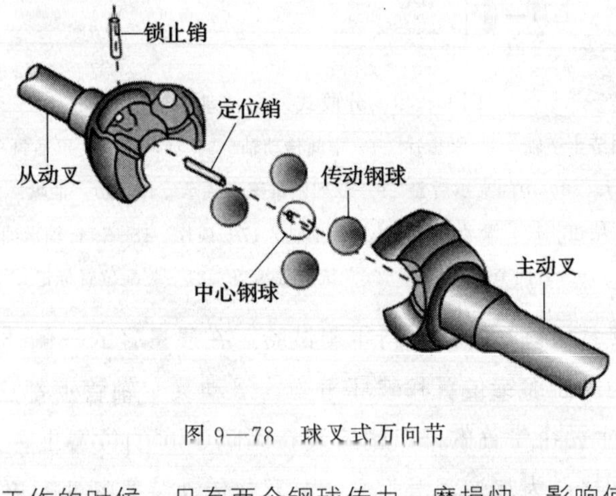

图 9—78 球叉式万向节

球叉式万向节在工作的时候，只有两个钢球传力，磨损快，影响使用寿命，现在应用越来越少。

四、传动轴

传动轴是万向传动装置中的主要传力部件。通常用来连接变速器（或分动器）和驱动桥，在转向驱动桥和断开式驱动桥中，则用来连接差速器和驱动车轮。

传动轴有实心轴和空心轴之分。为了减轻传动轴的质量，节省材料，提高轴的强度、刚度，传动轴多为空心轴，一般用厚度为 1.5～3.0 mm 的薄钢板卷焊而成，超重型货车则直接采用无缝钢管。转向驱动桥、断开式驱动桥或微型汽车的传动轴通常制成实心轴。

如图 9—79 所示为某载货汽车的万向传动装置，因传动轴过长时，自振频率降低，易产生共振，故将其分成两段并加中间支承，中间传动轴前端焊有万向节叉，后端焊有花键轴，其上套装带内花键的凸缘盘；主传动轴前端焊有花键轴，其上套装滑动叉且滑动叉可在花键轴上轴向滑动，滑动部位用润滑脂润滑，并用油封（即橡胶伸缩套）防漏、防水、防尘，滑动叉前端装有带小孔的堵盖，保证花键部位伸缩自由。

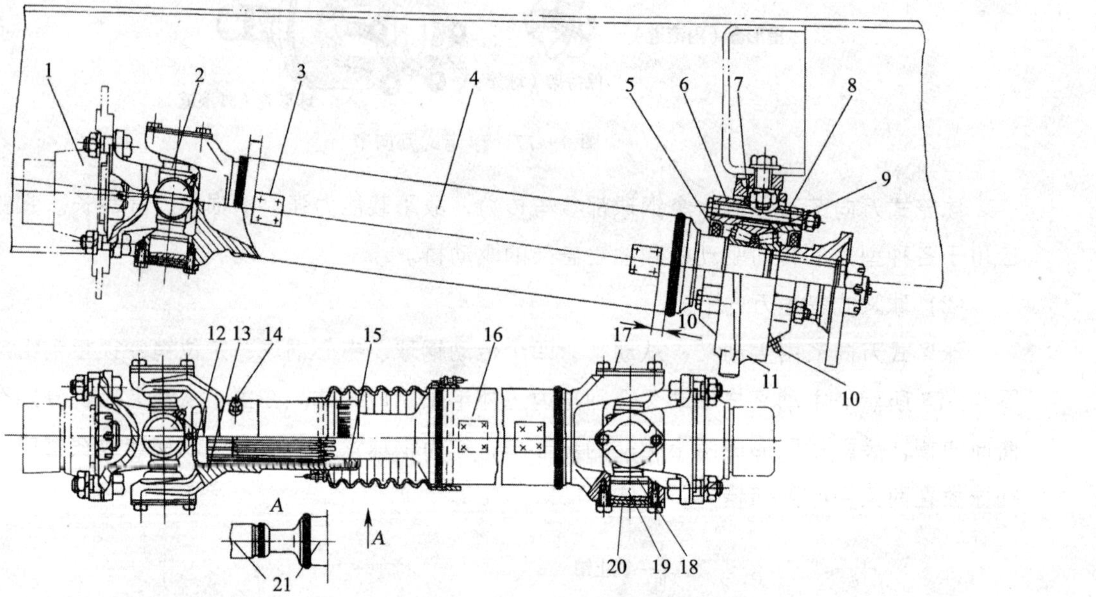

图 9—79　分段式万向传动装置

1—凸缘叉　2—万向节十字轴　3—平衡片　4—中间传动轴　5、15—中间支承油封　6—中间支承前盖　7—橡胶垫片　8—中间支承后盖　9—双列圆锥滚子轴承　10、14—油嘴　11—支架　12—堵盖　13—滑动叉　16—主传动轴　17—锁片　18—滚针轴承油封　19—万向节滚针轴承　20—滚针轴承盖　21—装配位置标记

传动轴两端的连接件装好后，应进行平衡试验。在质量轻的一侧补焊平衡片，使其不平衡量不超过规定值。为防止装错位置和破坏平衡，滑动叉、轴管上都应刻有带箭头的记号。为保持平衡，油封 15 上两个带箍的开口销应装在间隔 180°的位置上，万向节的螺钉、垫片等零件不应随意改换规格。为加注润滑脂方便，万向传动装置的油嘴应在一条直线上，且万向节上的油嘴应朝向传动轴。

五、中间支承

图 9—80　中间支承

传动轴分段时需加中间支承（图 9—80），中间支承通常装在车架横梁上，能补偿传动轴轴向和角度方向的安装误差，以及汽车行驶过程中因发动机窜动或车架变形等引起的位移。

图 9—81 所示为某载货汽车的中间支承。轴承可在轴承座内轴向滑动，轴承座装在蜂窝形橡胶垫内，通过 U 形支架固定在车架横梁上。

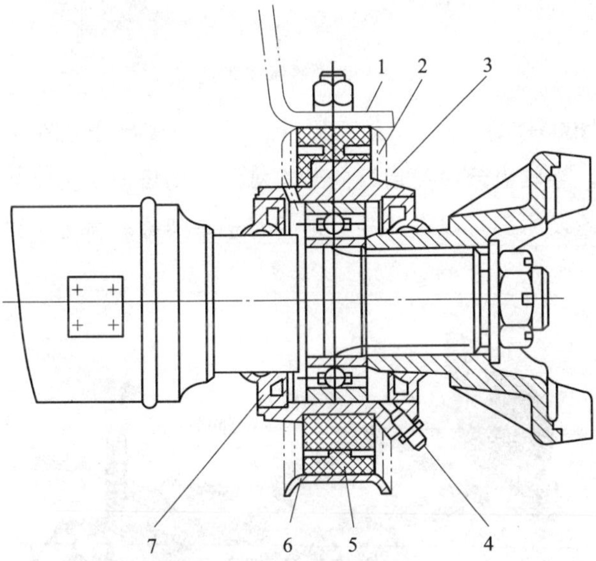

图 9—81　中间支承

1—车架横梁　2—轴承座　3—轴承　4—油嘴　5—蜂窝形橡胶　6—U 形支架　7—油封

第六节　驱　动　桥

学习目标：

1. 掌握驱动桥的作用、组成及类型。
2. 熟悉主减速器、差速器的类型和应用特点。

一、驱动桥的作用

驱动桥的作用是降速、增大转矩以及将万向传动装置输入的动力改变转动方向后，分配到左右驱动轮，使汽车行驶，并允许左右驱动轮以不同转速旋转。

二、驱动桥的分类

驱动桥分为整体式驱动桥和断开式驱动桥。

整体式驱动桥（图 9—82）与非独立悬架配用。其驱动桥壳为一刚性的整体，驱动桥两端通过悬架与车架或车身连接，左右半轴始终在一条直线上，即左右驱动轮不能相互独立地跳动。当某一侧车轮通过地面的凸出物或凹坑升高或下降时，整个驱动桥及车身都要随之发生倾斜，车身波动大。

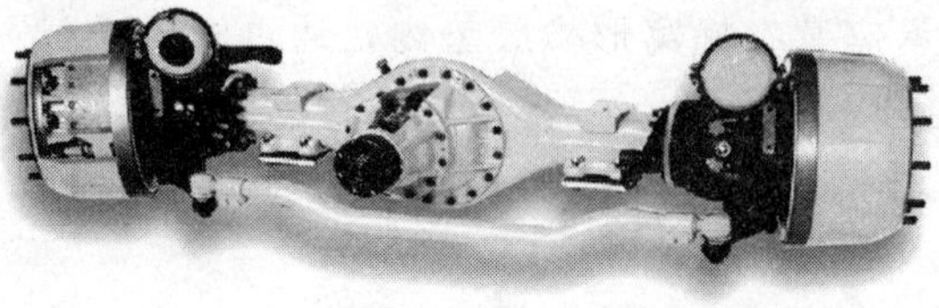

图 9—82　整体式驱动桥

断开式驱动桥（图 9—83）与独立悬架配用。其主减速器固定在车架或车身上，驱动桥壳分段并用铰链连接，半轴也分段并用万向节连接。驱动桥两端分别用悬架与车架或车身连接。这样，两侧驱动轮及桥壳可以彼此独立地相对于车架或车身上下跳动。

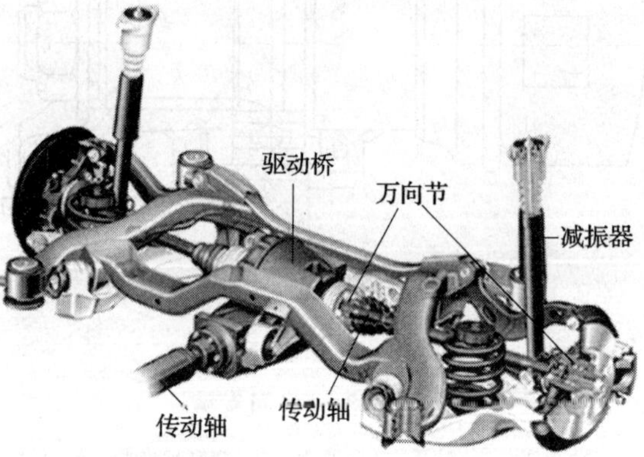

图 9—83　断开式驱动桥

三、驱动桥的组成

驱动桥主要由主减速器、差速器、桥壳和半轴等组成，如图 9—84 所示。

四、主减速器

主减速器的作用是将输入的转速降低，并改变旋转方向，然后传递给驱动轮，以获得足够的汽车牵引力和适当的车速。

汽车主减速器的形式有单级、双级、双速、轮边主减速器等，我们主要学习单级和双级主减速器。

1. 单级主减速器

单级主减速器如图 9—85 所示，它由一对双曲面齿轮及其支承装置组成。

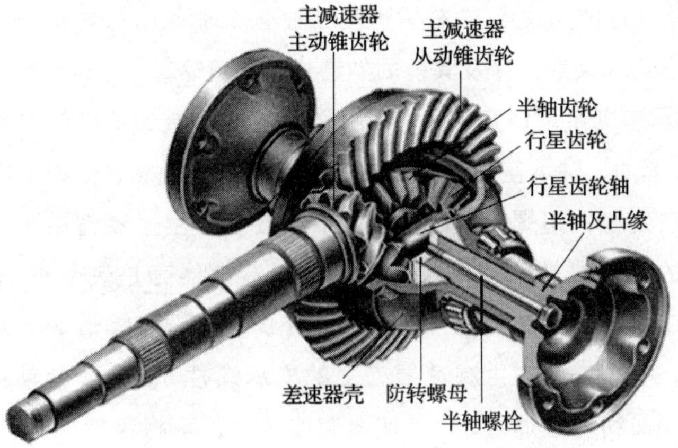

图 9—84 驱动桥的组成

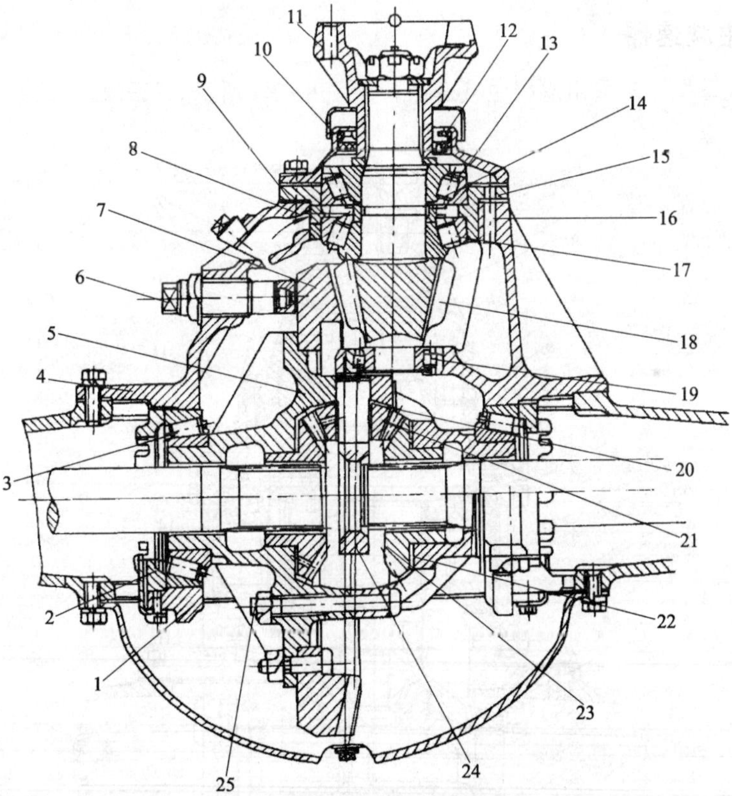

图 9—85 单级主减速器

1—差速器轴承盖 2—轴承调整螺母 3、13、17—锥轴承 4—主减速器壳 5—差速器壳 6—支承螺柱 7—从动齿轮 8—进油道 9、14—调整垫片 10—防尘罩 11—叉形凸缘 12—油封 15—轴承座 16—回油道 18—主动锥齿轮 19—圆柱轴承 20—行星齿轮垫片 21—行星齿轮 22—半轴齿轮垫片 23—半轴齿轮 24—行星齿轮轴（十字轴） 25—螺栓

主动锥齿轮 18 与轴制成一体，通过三个轴承 13、17 和 19 以跨置式支承在主减速器壳 4 上。轴承 19 紧套在主动齿轮的轴颈上，外圈则较松动地套入主减速器壳相应的孔内，并靠孔

的右方一弦形凸起轴向定位。轴承 17 较紧地套在轴上，轴承 13 较松地套在轴上，二者之间装有隔套和垫片 14，它们和叉形凸缘及其前后的垫片一起用螺母与主动齿轮固装在一起，并支承在轴承座 15 内，轴承座则用止口定位，通过螺栓固定于主减速器壳的前端面。二平面间装有调整垫片 9。为防止漏油，轴承盖上装有油封 12。为了防尘防水，凸缘上焊有防尘罩 10。

从动齿轮以止口定位，用螺栓紧固于差速器壳 5 上，差速器壳再通过两侧两个锥轴承 3 支承于主减速器壳的瓦盖式轴承座中。轴承盖 1 与减速器壳是装配在一起加工的，不能互换，为防止装错，二者之间有装配记号。轴承 3 外侧挡有调整螺母 2。从动齿轮背面相对于与主动齿轮啮合处，有一安装在主减速器壳上的支承螺柱 6。为了使前排锥轴承 13 得到充分的润滑，壳体 4 侧面铸有进油道 8，差速器壳旋转时，可将齿轮飞溅到进油道中。润滑过轴承的油，从轴承 13 的前方经壳体 4 下方的回油道 16 流回油池中。另外在桥壳上方有通气孔，以防温度升高时壳体内的气压过高冲坏油封而漏油。

2. 双级主减速器

一些中型或重型汽车采用双级主减速器，如图 9—86 所示。第一级为圆锥齿轮传动，第二

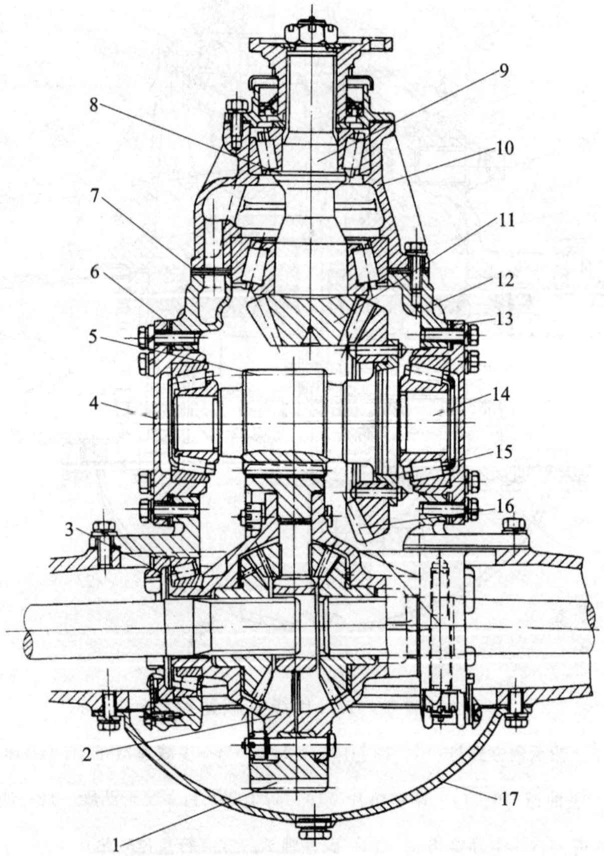

图 9—86　双级主减速器

1—第二级从动齿轮　2—差速器壳　3—调整螺母　4、15—轴承盖　5—第二级主动齿轮
6、7、8、13—调整垫片　9—第一级主动齿轮轴　10—轴承座　11—第一级主动齿轮
12—主减速器壳　14—中间轴　16—第一级从动齿轮　17—后盖

级为圆柱斜齿轮传动。第一级从动齿轮 16 加热后套在中间轴 14 的凸缘上并用铆钉铆紧。第二级主动齿轮 5 与中间轴 14 制成一体。中间轴两端通过锥形轴承支承在主减速器壳 12 上，由于其右端靠近从动齿轮，受力较大，故该端的轴承大于左端的轴承。第二级从动齿轮 1 夹在两半差速器壳之间，用螺栓与差速器壳 2 紧固在一起。

主动锥齿轮轴承预紧度由两个圆锥轴承之间的调整垫片 8 调整，增加垫片，轴承预紧度减小，减少垫片，轴承预紧度增大。中间轴轴承预紧度通过左右两侧轴承盖与主减速器壳之间的调整垫片 6、7、8 和 13 来调整，增加调整垫片，轴承预紧度减小，减少垫片，轴承预紧度增大。

五、差速器

差速器的作用是将主减速器传来的动力传给左、右半轴，并在必要时允许左、右半轴以不同转速旋转，以满足两侧驱动轮差速的需要。

差速器按其用途可分为轮间差速器和轴间差速器，轮间差速器装在同一驱动桥两侧驱动轮之间，而轴间差速器装在各驱动桥之间。

无论是轮间差速器还是轴间差速器，按其工作特性均可分为普通差速器和防滑差速器两大类。

1. 普通差速器

应用最广泛的普通齿轮差速器为锥齿轮差速器，如图 9—87 所示。

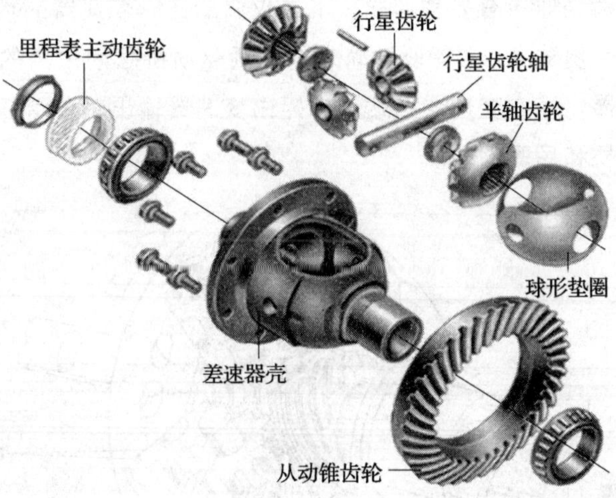

图 9—87 普通差速器

(1) 结构

由差速器壳、行星齿轮轴、行星齿轮、半轴齿轮等组成。行星齿轮轴装入差速器壳后用止动销定位。行星齿轮和半轴齿轮的背面制成球面，与复合式的推力垫片相配合，以减摩、耐磨。螺纹套用于紧固半轴齿轮。差速器通过一对圆锥滚子轴承支承在差速器壳中。

(2) 工作原理

主减速器传来的动力带动差速器壳转动，经过行星齿轮轴、行星齿轮、半轴齿轮、半轴，最后传给两侧驱动轮。

1) 汽车直线行驶时，两侧驱动轮所受到的地面阻力相同，行星齿轮不自转，只随差速器壳和行星齿轮轴一起公转，两半轴无转速差。

2) 汽车转向行驶时，两侧驱动轮所受到的地面阻力不同。如果车辆右转，右侧 (内侧) 驱动轮所受的阻力大，左侧 (外侧) 驱动轮所受的阻力小。行星齿轮除了随差速器壳公转外还顺时针自转。左侧 (外侧) 车轮转得快，右侧 (内侧) 车轮转得慢，实现纯滚动。

普通锥齿轮式差速器对于汽车在好路面上行驶是有利的，但汽车在坏路面上行驶时却会严重影响其通过能力。例如当汽车的一个驱动轮处于泥泞路面因附着力小而原地打滑时，即使另一驱动轮处于附着力大的路面上未滑转，汽车仍不能行驶。这是因为附着力小的路面只能对驱动轮作用一个很小的反作用力矩，而驱动转矩也只能等于这一很小的反作用力矩。由于差速器等量分配转矩的特性，附着力好的驱动轮也只能分配到同样小的转矩，以致总的牵引力不足以克服行驶阻力，汽车便不能前进。

为了提高汽车通过坏路面的能力，可采用防滑差速器。当汽车某一侧驱动轮发生滑转时，差速器的差速作用即被锁止，并将大部分或全部转矩分配给未滑转的驱动轮，充分利用未滑转车轮与地面之间的附着力，以产生足够的牵引力使汽车继续行驶。

2. 防滑差速器

汽车上常用的防滑差速器有多种形式，下面仅介绍托森差速器的构造和工作原理。

如图 9—88 所示为奥迪 A4 全轮驱动轿车前、后驱动桥之间采用的新型托森差速器。它是一种轴间自锁差速器，装在变速器后端。转矩由变速器输出轴传给托森差速器，再由差速器直接分配给前驱动桥和后驱动桥。

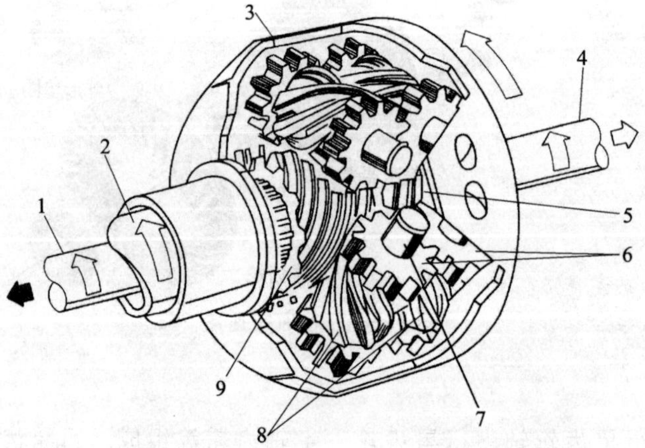

图 9—88 托森差速器的结构

1—差速器齿轮轴 2—空心轴 3—差速器外壳 4—驱动轴凸缘盘 5—后轴蜗杆

6—直齿圆柱齿轮 7—蜗轮轴 8—蜗轮 9—前轴蜗杆

托森差速器由差速器壳、六个蜗轮、六根蜗轮轴、十二个直齿圆柱齿轮及前、后轴蜗杆组成。当前、后驱动桥无转速差时，蜗轮绕自身轴自转。各蜗轮、蜗杆与差速器壳一起等速转动，差速器不起差速作用。当前、后驱动桥需要有转速差，例如汽车转弯时，因前轮转弯半径大，差速器起差速作用，此时，蜗轮除公转传递动力外，还要自转。由于直齿圆柱齿轮的相互啮合，使前后蜗轮自转方向相反，从而使前轴蜗杆转速增加，后轴蜗杆转速减小，实现了差速。

托森差速器起差速作用时，由于蜗杆蜗轮啮合副之间的摩擦作用，转速较低的后驱动桥比转速较高的前驱动桥所分配到的转矩大。若后桥分配到的转矩大到一定程度而出现滑转时，则后桥转速升高一点，转矩又立刻重新分配给前桥一些，所以驱动力的分配可根据转弯的要求自动调节，使汽车转弯时具有良好的驾驶性。

目前，后驱动桥中某一桥因附着力小而出现滑转时，差速器起作用，将转矩的大部分分配给附着力好的另一驱动桥，从而提高了汽车通过坏路面的能力。

六、半轴

半轴的作用是将差速器传来的动力传给驱动轮。因其传递的转矩较大，常制成实心轴。

半轴的结构因驱动桥结构形式的不同而异。整体式驱动桥中的半轴为一刚性整轴。而转向驱动桥和断开式驱动桥中的半轴则分段并用万向节连接。半轴内端一般制有外花键与半轴齿轮连接。半轴外端有的直接在轴端锻造出凸缘盘，也有的制成花键与单独制成的凸缘盘滑动配合，还有的制成锥形并通过键和螺母与轮毂固定连接。如图 9—89 所示为一汽车半轴。

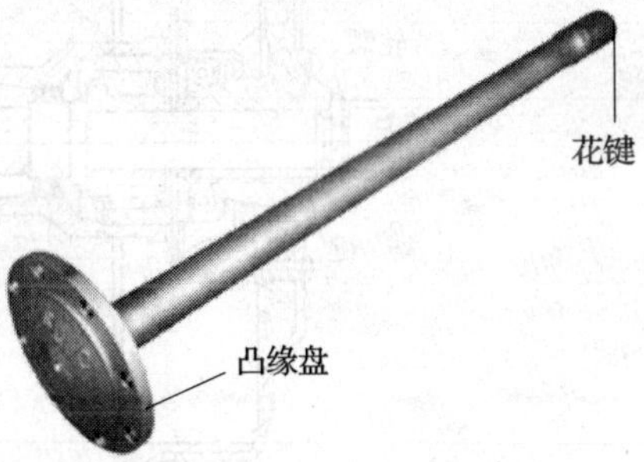

图 9—89 汽车半轴

现代汽车常采用全浮式和半浮式两种半轴支承形式。

1. 全浮式半轴支承

全浮式半轴支承广泛应用于各型货车上。如图 9—90 所示为全浮式半轴支承的示意图。半轴外端锻造有半轴凸缘，用螺栓紧固在轮毂上，轮毂用一对圆锥滚子轴承支承在半轴套管上，半轴套管与空心梁压配成一体，组成驱动桥壳。这种支承形式，半轴与桥壳没有直接联系，半轴内端用花键与半轴齿轮套合，并通过差速器壳支承在主减速器壳的座孔中。

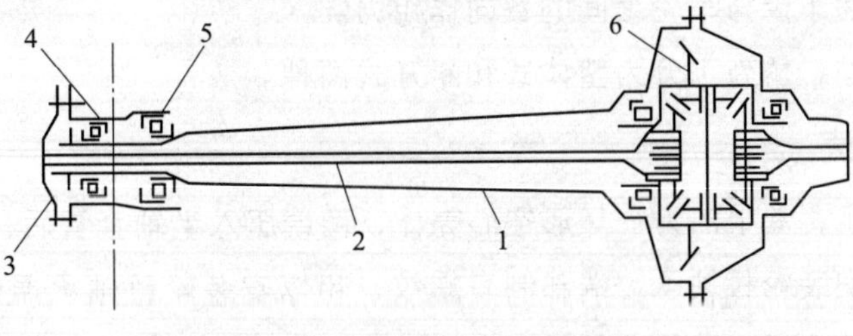

图 9—90 全浮式半轴支承示意图

1—桥壳 2—半轴 3—半轴凸缘 4—轮毂 5—轮毂轴承 6—主减速器从动锥齿轮

这种半轴支承形式，半轴只在两端承受转矩，不承受其他任何反力和弯矩，所以称为全浮式半轴支承。

全浮式半轴支承便于拆装，只需拧下半轴凸缘上的轮毂螺栓，即可将半轴抽出，而车轮和桥壳照样能支持住汽车。

2. 半浮式半轴支承

如图 9—91 所示为半浮式半轴支承的示意图。半轴外端制成锥形，锥面上铣有键槽，最外端制有螺纹。轮毂以其相应的锥孔与半轴上锥面配合，并用键连接，用锁紧螺母紧固。半轴用一个圆锥滚子轴承直接支承在桥壳凸缘的座孔内。车轮与桥壳之间无直接联系，而支承于悬伸出的半轴外端。因此，地面作用于车轮的各种反力都须经半轴外端的悬伸部分传给桥壳，使半轴外端不仅要承受转矩，而且还要承受各种反力及其形成的弯矩。半轴内端通过花键与半轴齿轮连接，不承受弯矩。故称这种支承形式为半浮式半轴支承。

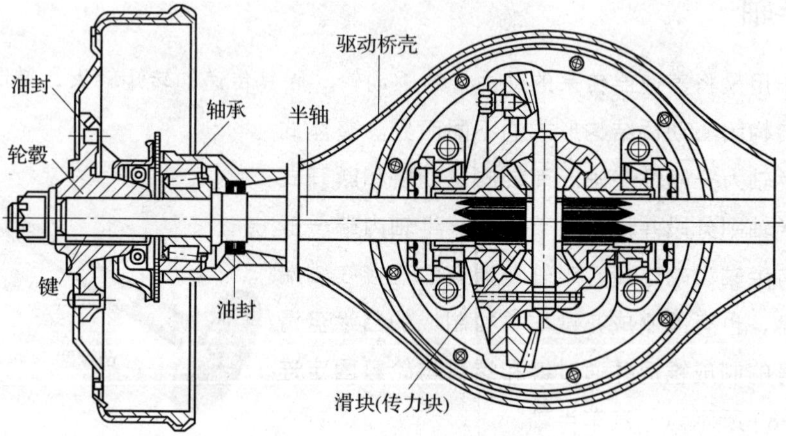

图 9—91　半浮式半轴支承示意图

半浮式半轴支承结构简单，但半轴受力情况复杂且拆装不便，多用于反力、弯矩较小的各类轿车上。

七、桥壳

驱动桥的作用是支承并保护主减速器、差速器和半轴等，固定左右驱动轮的相对位置，支承汽车重量，传递车架与车轮之间的各向作用力。

按结构形式不同，桥壳可分为整体式和断开式两种。

1. 整体式桥壳

如图 9—92 所示，其中部为一环形空心壳体，两端压入半轴套管后，并用螺钉止动。半轴套管露出的部分安装轮毂轴承，端部制有螺纹，用以安装轮毂轴承调整螺母和锁紧螺母。凸缘盘用来固定制动底板，壳的端部加工有油封颈，和轮毂油封配合，以密封轮毂空腔，防止润滑脂外溢。

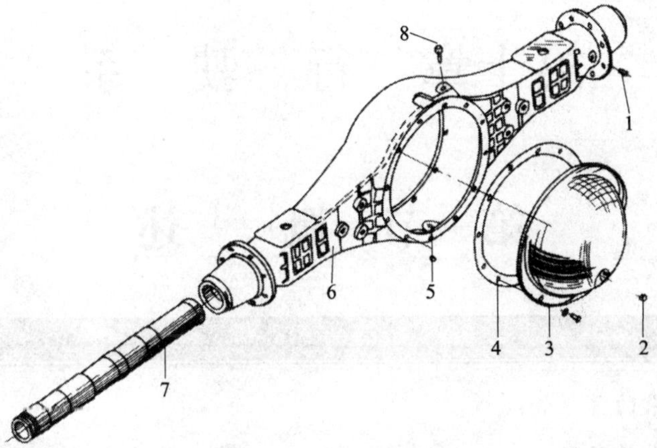

图 9—92 整体式桥壳

1—止动销 2—加油孔螺塞 3—后盖 4—垫圈 5—放油螺塞
6—桥壳 7—半轴套管 8—通气孔

2. 断开式桥壳

一般由两段组成，也有三段甚至多段组成的。各段之间用螺栓连接，如图 9—93 所示为一两段组成的断开式桥壳，中间用螺栓连成一体。它主要由铸造的主减速器壳和盖，以及两钢制半轴套管组成。

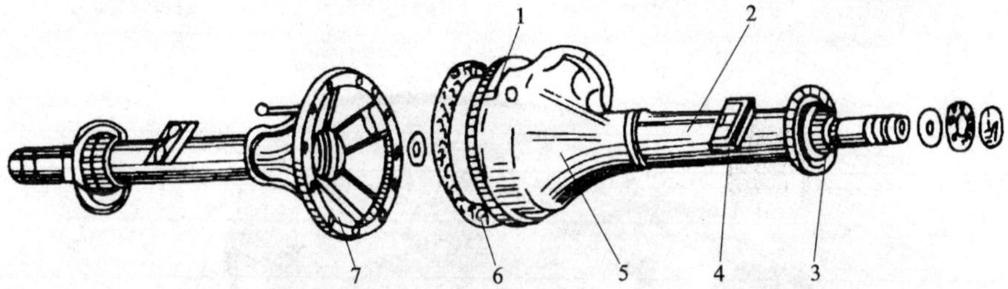

图 9—93 段开式桥壳

1—加油孔 2—半轴套管 3—凸缘盘 4—弹簧座 5—壳体 6—垫片 7—盖

第十章　行　驶　系

第一节　概　述

学习目标：

1. 掌握行驶系的作用和组成。
2. 了解行驶系的类型。

一、汽车行驶系的组成

汽车行驶系一般由车架、车桥、车轮和悬架组成，如图 10—1 所示。车架是全车的装配基体，它将汽车的各相关总成连接成一整体；车轮经轮毂轴承安装在车桥上；为减少车辆在不平路面上行驶时车身所受到的冲击和振动，车桥又通过悬架与车架相连，这样，行驶系就连接成为一个整体。

图 10—1　汽车行驶系

二、汽车行驶系的作用

1. 将汽车构成一个整体，支承汽车总质量。
2. 将传动系传来的转矩转化为汽车行驶的驱动力。
3. 承受并传递路面作用于车轮上的各种反力及力矩。
4. 减少振动，缓和冲击，保证汽车平顺行驶。

三、汽车行驶的类型

汽车行驶系的类型主要有轮式、半履带式、全履带式和车轮—履带式等，如图 10—2 所示。我们主要讲解轮式行驶系。

半履带式装甲运兵车

悍马履带式汽车

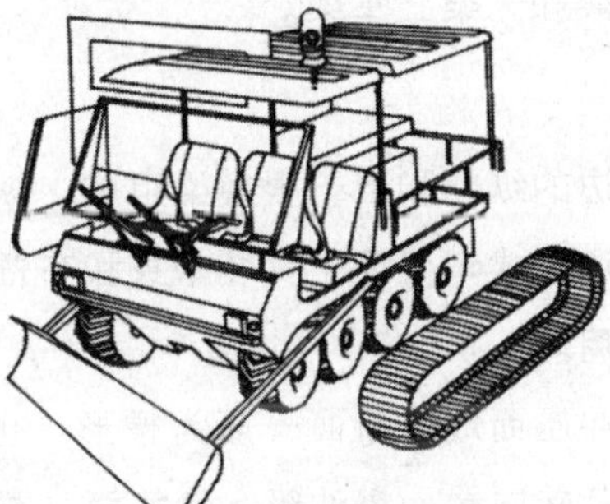

车轮—履带式汽车

图 10—2　行驶系的类型

第二节　车　架

学习目标：

1. 掌握车架的作用及要求。
2. 掌握车架的类型及结构。

一、车架的作用和要求

1. 车架的作用

车架的作用是支承、连接汽车的各零部件，并承受来自车内外的各种载荷。车架是整个汽车的装配基体，汽车的绝大多数部件和总成都是通过车架来固定其位置的。

2. 车架的要求

车架除承受静载荷外，还要承受汽车行驶时产生的各种动载荷，因此，车架必须满足下列要求：

(1) 有足够的强度。车架必须保证在各种复杂受力的情况下不致被破坏。

(2) 有合适的刚度。车架的变形将改变各总成和部件之间的正确位置，破坏它们的正常工作，故车架必须具有一定的刚度。但是，为了保证汽车对不平路面的适应性，车架的扭转刚度一般不宜过高。

(3) 结构简单，质量小。

(4) 车架的形状要尽可能地降低汽车的质心和获得较大的前轮转向角，以提高汽车的稳定性和机动性。

二、车架的类型

汽车上采用的车架有 4 种类型：边梁式车架、中梁式车架、综合式车架和无梁式车架。目前，汽车上多采用边梁式车架和无梁式车架。

1. 边梁式车架

边梁式车架由两根位于两边的纵梁和若干根横梁组成，纵梁和横梁通过焊接或铆接相互连接成坚固的刚性构件。由于边梁式车架便于安装车身和布置总成，有利于车辆的改装变形和发展多品种，所以被广泛应用。

纵梁一般用低碳合金钢板冲压而成，断面一般为槽形，也有的做成工字形或箱形断面。纵梁上还钻有很多孔，用以安装转向器、燃油箱、储气筒、蓄电池等零部件的支架，有的用于通过管道、电线，还有的是加工定位用孔等。

横梁一般也是用低碳钢板冲压成槽形，以增强车架的抗扭能力和承受纵向载荷能力。

边梁式车架的结构如图 10—3 所示。它主要由两根纵梁和八根横梁铆接而成，其前后等宽。纵梁为槽形、不等高断面梁，由于中部受到的弯矩最大，故中部断面高度向两端高度逐渐减小。这样可使应力分布较为均匀，既构成等强度梁，又减小了质量。前横梁上装置冷却

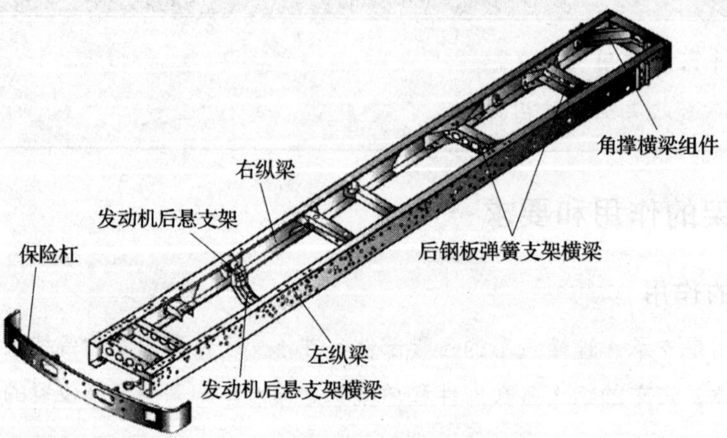

图 10—3 边梁式车架

水散热器，发动机前悬置横梁做成下凹形，可降低发动机位置，扩展驾驶员视野。驾驶室后悬置横梁做成拱形，以便安装传动轴中间轴承支架。后横梁中部装有拖带挂车用的拖钩，并用角撑横梁加强。车架前端装有横梁式的缓冲件——保险杠。

轿车车速较高，为保证其高速行驶的稳定性，应使其重心高度尽量降低。因此，轿车车架的纵梁采用弯曲式，如图 10—4 所示。

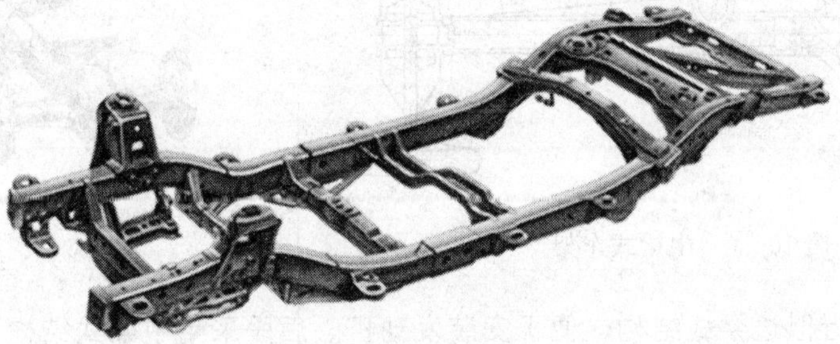

图 10—4 弯曲边梁式车架

2. 无梁式车架

无梁式车架是用车身兼做车架，汽车的所有零部件都安装在车身上，车身要承受各种载荷的作用，因而这种车身又称为承载式车身，广泛用于轿车和客车，如图 10—5 所示。

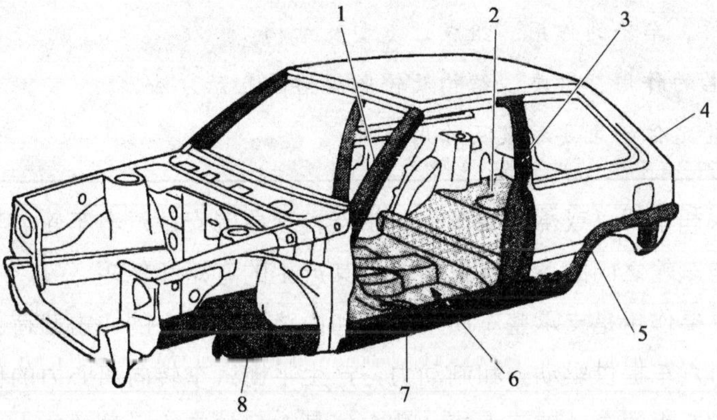

图 10—5 承载式车身

1—A 柱 2—行李舱底板 3—B 柱 4—后围侧板 5—后纵梁 6—底板 7—车门栏板 8—前纵梁

3. 中梁式车架

中梁式车架又称脊梁式车架，由一根贯穿汽车纵向的中央纵梁和若干根横向悬伸托架所构成，如图 10—6 所示。

中梁式车架有较好的抗扭刚度和较大的前轮转向角，便于装用独立悬架；车架较轻，质心较低，故行驶稳定性好；车架的强度和刚度较大，不容易产生变形；传动轴密封在中梁内，可防尘土。但这种车架制造工艺复杂，精度要求高，维护不便。

4. 综合式车架

综合式车架是综合边梁式车架和中梁式车架的结构特点形成的，如图 10—7 所示。

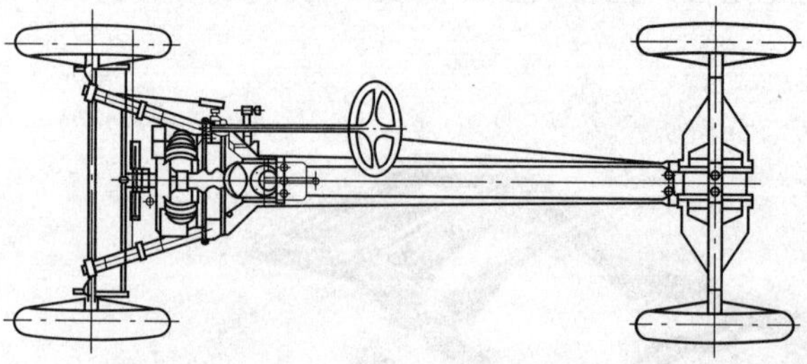

图 10—6 中梁式车架

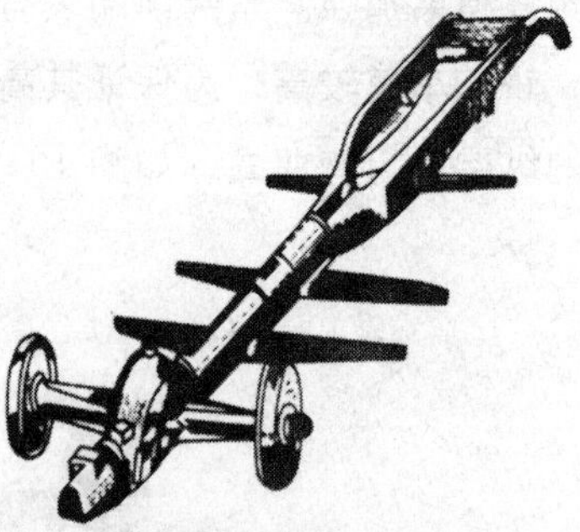

图 10—7 综合式车架

车架的前段近似边梁式结构，便于安装发动机。后段采用中梁式结构，传动轴从中梁的中间通过，使之密封防尘。

第三节 车桥与车轮

学习目标：

1. 掌握车桥、车轮的作用、组成、类型及结构。
2. 掌握轮胎的作用、种类、结构及轮胎规格的表示方法。
3. 掌握车轮定位的主要参数及作用。

车桥通过悬架和车架（或承载式车身）相连，其两端安装汽车车轮。车桥的作用是安装车轮，传递车架与车轮之间的各方向作用力及其产生的弯矩和转矩。

汽车车轮的主要作用是支承整车质量；缓和由路面传递来的冲击载荷；通过轮胎和路面之间的附着作用为汽车提供驱动力和制动力；产生平衡汽车转向离心力的侧向力，以便顺利转向，并通过轮胎产生的自动回正力矩，使车轮具有保持直线行驶的能力。

此外，车轮和轮胎还是汽车重要的安全件，几乎所有的汽车行驶性能都与轮胎有关。

一、车桥

根据悬架结构的不同，车桥分为非断开式和断开式两种。当采用非独立悬架时，车桥中部是刚性的实心和空心（管状）梁，这种车桥即为非断开式；断开式车桥中部为活动关节式结构，与独立悬架配用。

根据车桥作用的不同，车桥又可分为转向桥、支持桥、驱动桥和转向驱动桥四种类型。其中转向桥和支持桥都属于从动桥。一般汽车多以前桥为转向桥，以后桥或中后两桥为驱动桥；越野汽车的前桥则为转向驱动桥；挂车上的车桥都是支持桥。

1. 转向桥

汽车前桥一般是转向桥，能使装在前桥两端的车轮偏转一定的角度，实现汽车转向。各种车型的转向桥结构基本相同，如图 10—8 所示，主要由前轴、转向节、主销和轮毂等四部分组成。

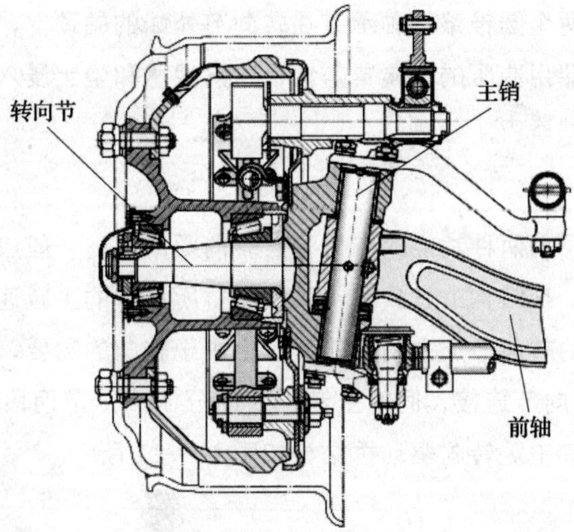

图 10—8　汽车转向桥

(1) 前轴

前轴是由钢材锻造而成，其结构如图 10—9 所示，一般采用工字形断面以提高抗弯强度。为提高抗扭强度，两端略成方形。前轴中部向下凹，以降低发动机位置，从而降低汽车重心，扩展驾驶员视野，并减少传动轴与变速器输出轴之间的夹角。前轴两端向上翘起呈拳形，其中有通孔，主销即插入此孔内与转向节铰连。前端凹形上平面有两处用以支承钢板弹簧的加宽面，其上钻有安装 U 形螺栓用的四个通孔和一个位于中心的钢板弹簧定位坑。

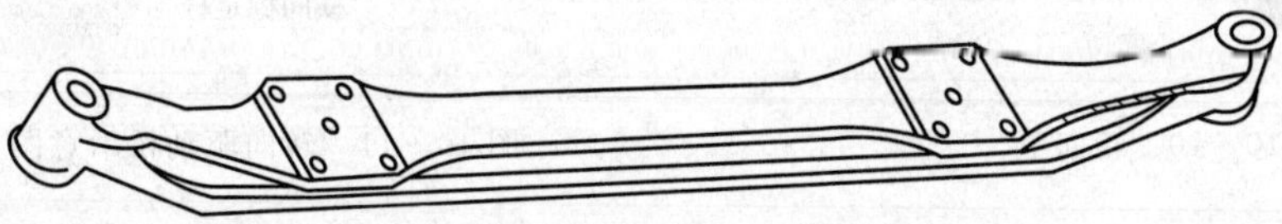

图 10—9　前轴

(2) 转向节

转向节是车轮转向的铰节，它是一个叉形件，由上下两叉和支承轮毂的轴构成，如图 10—10 所示。

转向节上下两叉上有销孔，通过主销与前轴的拳部相连。为了减少磨损，销孔内压入青铜或尼龙衬套，在衬套上开有润滑油槽，向装在转向节上的油嘴注入润滑脂进行润滑。转向节轴上有两道轴颈，内大外小，用来安装内外轮毂轴承，靠近两叉根部有呈方形的凸缘，其上的通孔用来固定制动底板。

(3) 主销

主销的中部切有凹槽，带有螺纹的楔形销通过与主销凹槽配合将主销固定在前轴拳部孔内，使之不能转动，而主销与转向节上下两叉销孔间是动配合的，使转向节绕着主销摆动以实现车轮的转向。

(4) 轮毂

车轮轮毂通过内外两个圆锥滚子轴承装在转向节外端的轴颈上，轴承的松紧度可用调整螺母加以调整。轮毂外端用冲压的金属罩盖住，以防泥水和尘土浸入，内侧装有油封、挡油盘，以防润滑油进入制动器内。

2. 转向驱动桥

能实现车轮转向和驱动两种功能的车桥称为转向驱动桥，一般应用于全轮驱动的越野汽车和一些轿车的前桥上。在结构上它具有一般驱动桥所具有的主减速器、差速器和半轴，也具有一般转向桥所具有的转向节、主销和轮毂。但由于转向的需要，半轴被分为两段（内半轴和外半轴），其间用万向节连接，同时主销也因而分制成上下两段。转向节轴颈部分做成中空，以便外半轴穿过其中。转向驱动桥结构如图 10—11 所示。

图 10—10 转向节

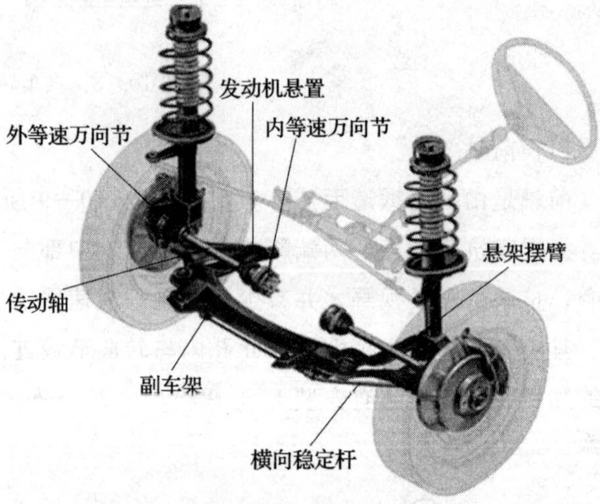

图 10—11 转向驱动桥示意图

目前，许多现代轿车采用了发动机前置和前轮驱动的布置形式，其前桥既是转向桥又是驱动桥。

二、转向轮定位

为了使汽车直线稳定行驶，转向轻便，减少轮胎和转向机件的磨损，要求装配后的转向车轮、转向节主销具有一定的相对位置。转向车轮、转向节及主销和转向轴之间安装的相对位置，称作转向轮定位。它包括主销后倾、主销内倾、转向轮外倾和转向轮前束四项内容。

一般汽车多采用前轮转向，故转向轮定位过去常称为“前轮定位”。现代汽车也有后轮转向，或前、后轮转向，以适应高速行驶的要求。下面主要介绍前轮转向。

1. 主销后倾

主销在前轴上安装，其上端略向后倾斜，称为主销后倾。在纵向垂直平面内，主销轴线与垂线之间的夹角 γ 叫做主销后倾角，如图 10—12 所示。

主销后倾的作用是当汽车直线行驶时，保持其方向稳定性，当汽车转向时能使前轮自动回正。

在汽车转向或虽直线行驶，但前轮偶然受外力作用时，前轮都将偏转一个角度而转向。这时由于施加给转向轮的转向力以及汽车转向受到的离心力，将引起路面对车轮作用一个侧向反作用力 F。由于主销后倾，使主销轴线与路面的交点 A 位于 B 之前，于是反作用力 F 形成了使车轮自动回正到中间位置的力矩，从而增强了汽车直线行驶的稳定性并能帮助转向回正。该力矩称回正力矩或稳定力矩。

为避免转向变得沉重，所以主销后倾角一般不超过 30°。主销后倾角是由前轴、悬架和车架装配在一起时，使前轴向后倾斜而形成的。

2. 主销内倾

主销在前轴上安装，其上端向内倾斜，称为主销内倾。在横向垂直平面内，主销轴线与垂线之间的夹角 β 叫主销内倾角，如图 10—13 所示。

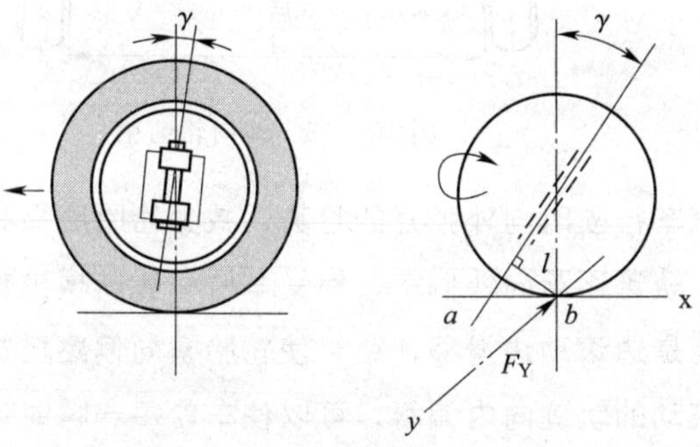

图 10—12　主销后倾角示意图

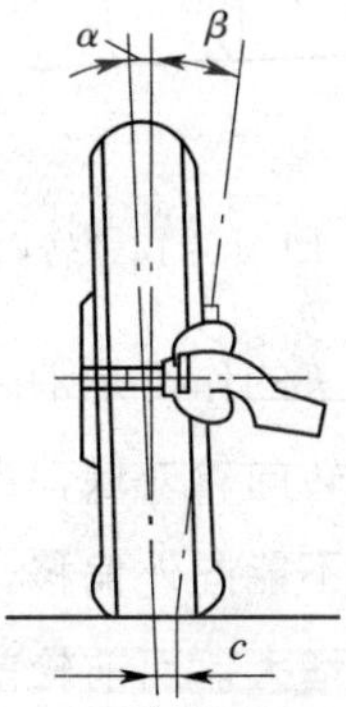

图 10—13　主销内倾角示意图

主销内倾的作用是使转向轮自动回正，转向轻便。

由于主销内倾角的存在，当前轮左右偏转时，汽车的前轴略有提高。因此，汽车前轮承受的重力向下，有使车轮自动回正的作用，此外，由于主销内倾角的存在，使主销轴线延长线与路面的交点到车轮中心平面的距离（即转臂）减小，从而使转向操纵轻便。

主销内倾角一般不大于 8°，由前轴制造加工时使主销孔向内倾斜而获得。

3. 转向轮外倾

转向轮安装后，其上端略向外倾斜，称为转向轮外倾。转向轮的旋转平面与纵向垂直平面之间的夹角又叫转向轮外倾角，如图 10—14 所示。

转向轮外倾的作用是使转向轻便和提高前轮工作的安全性。由于转向轮外倾使前轮所承受的重力集中到较大的内轴承上去，保护了较小的外轴承和转向节轴外端的锁紧螺母，有利于行驶安全。此外，转向轮外倾与主销内倾相配合，进一步减小了主销轴线延长线与路面的交点到车轮中心平面的距离，使汽车转向更为轻便。

转向轮外倾角一般为 1°左右，由转向节的结构设计来保证。当转向节安装到前轴上后，其转向节轴相对于水平面向下倾斜，从而使前轮安装后出现外倾。

4. 转向轮前束

转向轮安装后，前两轮的旋转平面不平行，前端略向内束，这种现象称为前轮前束。两轮前端距离 B 小于后端距离 A，其差值 $(A-B)$ 即为前轮前束值，如图 10—15 所示。

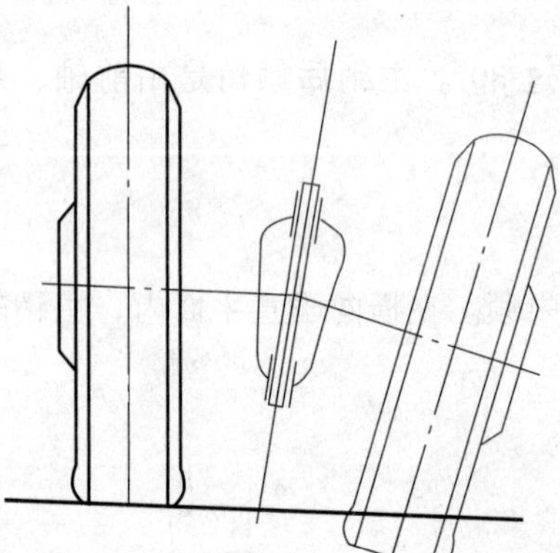

图 10—14 转向轮外倾

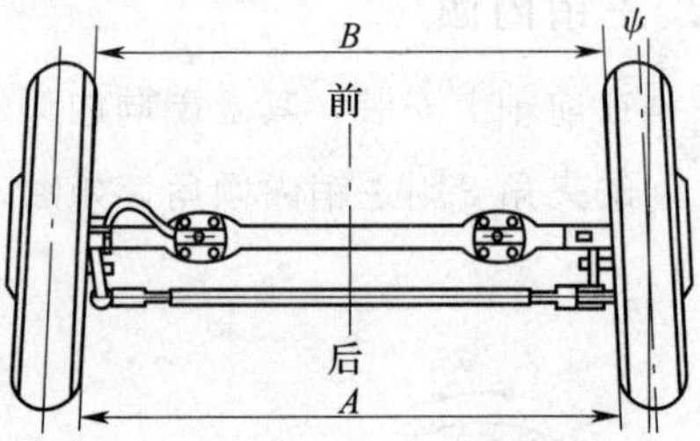

图 10—15 转向轮前束

前轮前束的作用是消除因前轮外倾使汽车行驶时向外张开的趋势，减少轮胎磨损和燃料消耗。由于转向轮外倾，当它向前滚动时，轨迹逐渐向外偏斜，但受车桥和转向横拉杆的约束，车轮又不能向外偏移，因此，车轮只能是边滚动边滑移，结果使轮胎横向偏磨增加，轮毂轴承载荷增大。而前轮前束，迫使向前滚动的轨迹向内偏斜，可以使车轮每一瞬时滚动方向接近于正前方，从而减轻和消除了由于前轮外倾而引起的轮胎和机件剧烈磨损的不良后果。

转向轮前束由调节横拉杆的长度来保证。

5. 后轮定位

现代一些高级独立悬架的车辆，除设置转向轮定位外，非转向的后轮也设置定位，称为后轮定位，内容包括：后轮外倾和后轮前束。后轮外倾同前轮外倾一样，保护外轴承和外锁紧螺母，避免后轮飞脱的危险。同时，为避免后轮外倾带来的“前展”，而设置后轮前束，如雪铁龙 BX 轿车的后轮前束值为 0～4 mm，后轮外倾角为 $-1°\pm20'$。

三、车轮

汽车车轮总成如图 10—16 所示，是由车轮和轮胎两大部分组成。

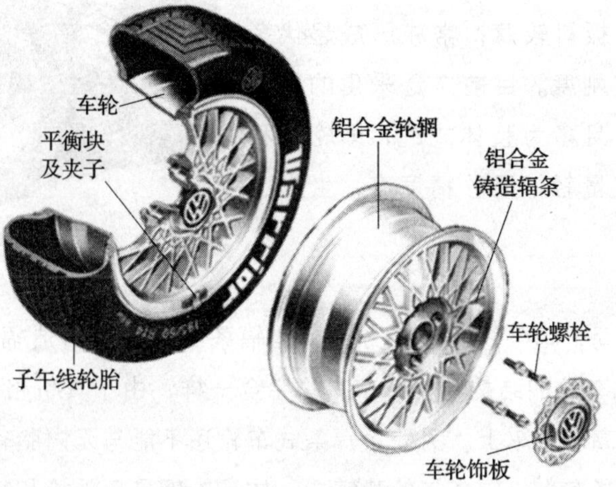

图 10—16　车轮总成

1. 车轮的作用、组成

车轮是介于轮胎和车桥之间承受负荷的旋转组件，其作用是安装轮胎，承受轮胎与车桥之间的各种载荷的作用。

车轮一般是由轮毂、轮辋和轮辐组成，如图 10—17 所示。轮毂通过圆锥滚子轴承装在车桥或转向节轴颈上，用于连接车轮与车桥。轮辋用于安装和固定轮胎。轮辐用于将轮毂和轮辋连接起来，并通过螺栓与轮毂连接起来。

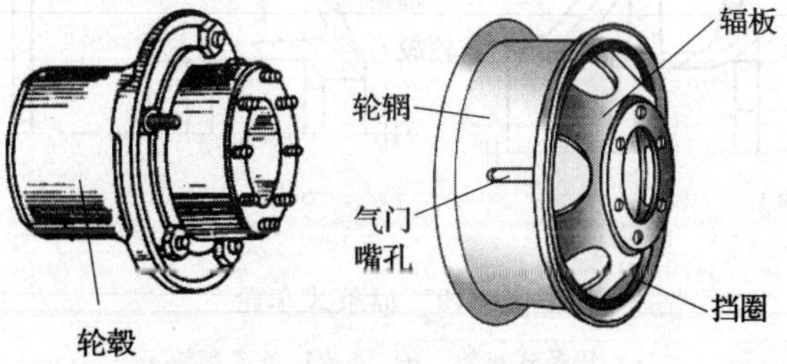

图 10—17　车轮的组成

2. 车轮的构造

(1) 轮辐

按轮辐结构的不同，车轮可以分为两种形式：辐板式车轮和辐条式车轮。

1) 辐板式车轮

目前，普通轿车和轻、中型货车普遍采用辐板式车轮（图 10—17），这种车轮由挡圈、轮辋、辐板和气门嘴伸出口组成。车轮中用以连接轮毂和轮辋的钢质圆盘称为辐板，大多是冲压制成的，少数是和轮毂铸成一体，后者主要用于重型汽车。

货车后桥负荷比前桥大得多，为使后轮轮胎不致过载，后桥一般装用双式车轮，在同一轮毂上安装了两套辐板和轮辋，如图 10—18 所示。

图 10—18　货车双式车轮

轿车的辐板所用板料较薄，常冲压成起伏多变的形状，以提高其刚度。目前广泛采用的轿车车轮为铝合金车轮，且多为整体式的，即轮辋和轮辐铸成一体。它质量轻，尺寸精度高，生产工艺好，美观大方。

2）辐条式车轮

按辐条结构的不同，辐条式车轮又分为钢丝辐条式车轮和铸造辐条式车轮，如图 10—19 所示。钢丝辐条式车轮的结构与自行车车轮完全一样，由于其价格昂贵、维修安装不便，故仅用于赛车和某些高级轿车上。另外，辐条式车轮还不能与无内胎轮胎组合使用。铸造辐条式车轮常用于重型货车上，辐条与轮毂铸成一体，轮辋是用螺栓和特殊形状的衬块固定在辐条上的，为了使轮辋和辐条很好地对中，在轮辋和辐条上都加工出配合锥面。

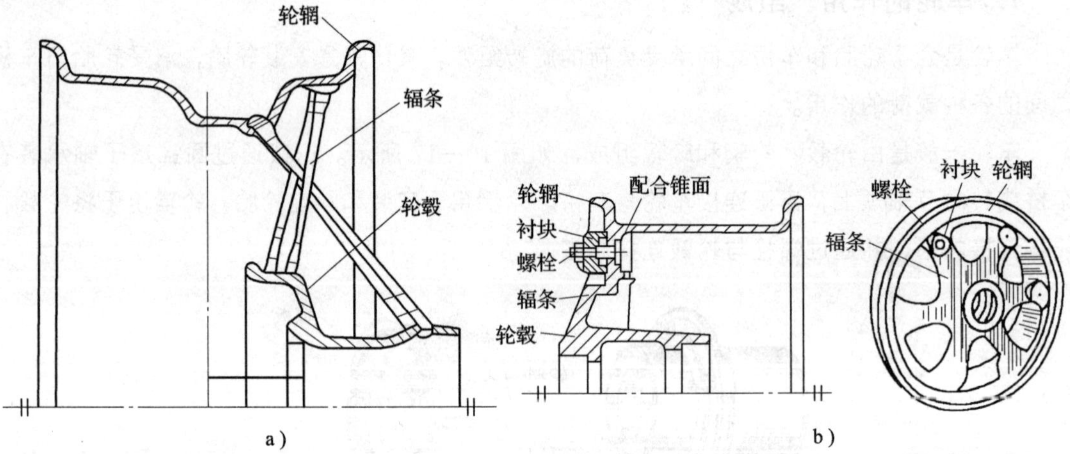

图 10—19　辐条式车轮

a）辐条式车轮　b）铸造辐条式车轮

（2）轮辋

1）轮辋的类型和结构

轮辋用于安装和固定轮胎。按其结构不同，轮辋分为深槽轮辋、平底轮辋和对开式轮辋，如图 10—20 所示。此外，还有半深槽轮辋、深槽宽轮辋、平底宽轮辋、全斜底轮辋等。

深槽轮辋如图 10—20a 所示，主要用于轿车及轻型越野车，适宜安装尺寸小弹性较大的轮胎（因为尺寸较大、较硬的轮胎很难装进这样的整体轮辋内）。深槽轮辋有带肩的凸缘，用以安放外胎的胎圈，其肩部通常略向中间倾斜，倾斜部分的最大直径即称为轮胎胎圈与轮辋的着合直径。为便于外胎的拆装，断面的中部制成深凹槽。深槽轮辋的结构简单，刚度大，质量较小。

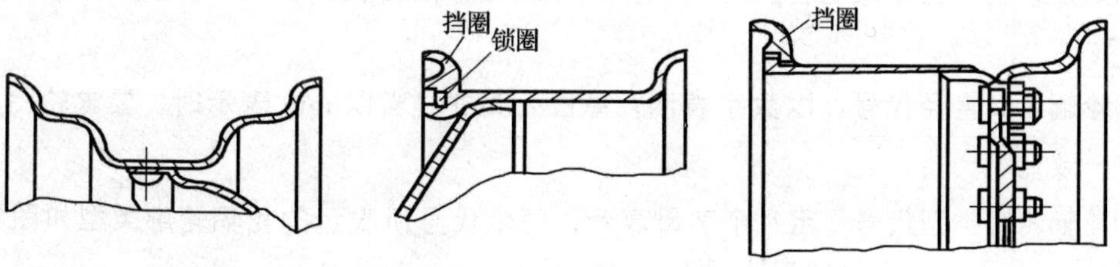

a）　　b）　　c）

图 10—20　轮辋的常见结构形式

a）深槽轮辋　b）平底轮辋　c）对开式轮辋

平底轮辋如图 10—20b 所示，多用于货车。其挡圈是整体的，且用一个开口锁圈来防止挡圈脱出。在安装轮胎时，先将轮胎套在轮辋上，而后套上挡圈，并将它向内推，直至越过轮辋上的环形槽，再将开口的弹性锁圈嵌入环形槽中。东风 EQ1090E 和解放 CA1091 型汽车均采用这种形式的轮辋。

对开式轮辋如图 10—20c 所示。这种轮辋由内外两部分组成，其内外轮辋的宽度可以相等，也可以不相等，二者用螺栓连成一体，拆装轮胎时拆卸螺栓上的螺母即可。图中所示挡圈是可拆的，有的无挡圈，而由与内轮辋制成一体的轮缘代替挡圈的作用，内轮辋与辐板焊接在一起。这种轮辋主要用于载重量较大的重型货车和大型客车。

近几年来，为了适应提高轮胎负荷能力的需要，国内外均朝宽轮辋的方向发展，如美国的货车已全部采用宽轮辋，欧洲各国也在积极普及宽轮辋，我国也在进行由窄轮辋向宽轮辋的过渡。实验表明，采用宽轮辋可以提高轮胎的使用寿命，并可改善汽车的通过性和行驶稳定性。

2）国产轮辋规格的表示方法

国产轮辋规格用一组数字、字母和符号组合表示，分为几部分，各部分的含义及具体内容如下：

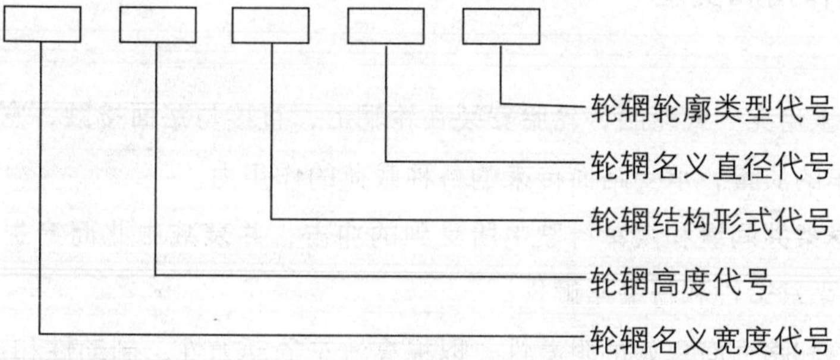

①轮辋名义宽度代号：以数字表示，一般取小数点后两位，单位为英寸（当以 mm 表示时，要求轮胎与轮辋的单位一致）。

②轮辋高度代号：用一个或几个拉丁字母表示，如 C、D、E、F、J、K、L、V 等。

③轮辋结构形式代号：用符号“×”表示一件式轮辋；用“—”表示多件式轮辋。一件式轮辋是指轮辋为整体式的，只有一件；多件式轮辋由轮辋体、挡圈、锁圈等多个部件组成。

④轮辋名义直径代号：以数字表示，单位为英寸（当以 mm 表示时，要求轮胎与轮辋的单位一致）。

⑤轮辋轮廓类型代号：用几个字母表示，每个代号所表示的轮辋轮廓类型如图 10—21 所示。

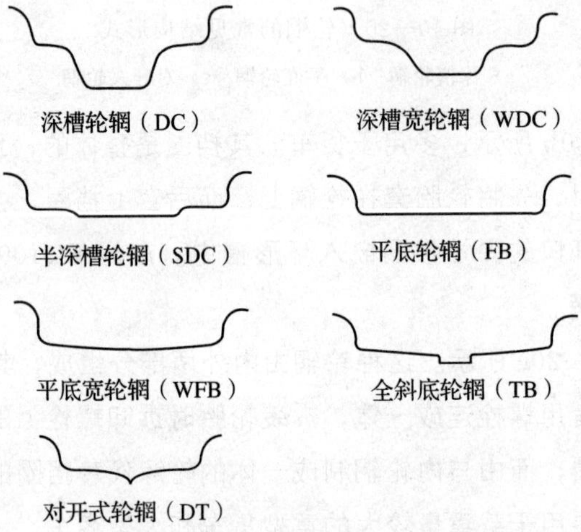

图 10—21 轮辋轮廓类型及代号

对于不同形式的轮辋，以上代号不一定同时出现。例如：上海桑塔纳 2000GSi 轿车轮辋的规格为 6J×14，表明其轮辋名义宽度为 6 英寸，轮辋高度为 17.27 mm，轮辋名义直径为 14 英寸，属于一件式轮辋。

四、轮胎

1. 轮胎的作用和类型

(1) 作用

现代汽车都采用充气式轮胎，轮胎安装在轮辋上，直接与路面接触，它的作用是：

1) 支承汽车的质量，承受路面传来的各种载荷的作用力。

2) 和汽车悬架共同缓和汽车行驶中所受到的冲击，并衰减由此而产生的振动，以保证汽车有良好的乘坐舒适性和行驶平顺性。

3) 保证车轮和路面有良好的附着性，以提高汽车的动力性、制动性和通过性。

(2) 轮胎的类型

1) 按轮胎内空气压力的大小，轮胎分为高压胎（0.5～0.7 MPa）、低压胎（0.2～0.5 MPa）和超低压胎（0.2 MPa 以下）三种。低压胎弹性好、减振性能强、壁薄、散热性好、与地面接触面积大、附着性好，因而广泛用于轿车。超低压胎在松软路面上具有良好的通过能力，多用于越野汽车及部分高级轿车。

2）按轮胎有无内胎，轮胎分为有内胎轮胎和无内胎轮胎（俗称真空胎）两种。目前轿车上普遍采用无内胎轮胎。

3）按胎体帘布层结构的不同，轮胎分为斜交轮胎和子午线轮胎。目前，子午线胎在汽车上广泛应用。

2. 轮胎的结构

(1) 有内胎轮胎

有内胎轮胎由外胎、内胎和垫带等组成，使用时安装在汽车车轮的轮辋上，如图 10—22 所示。

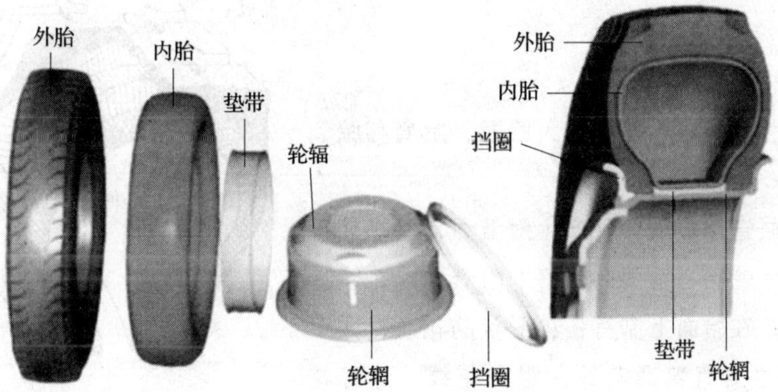

图 10—22 有内胎轮胎

内胎是一个环形的橡胶管，上面装有气门嘴，以便充入或排出空气，为使内胎在充气状态下不产生褶皱，其尺寸应稍小于外胎的内壁尺寸。

垫带是一个环形的橡胶带，它垫在内胎与轮辋之间，以保护内胎不被轮辋和胎圈磨伤。

(2) 无内胎轮胎

无内胎轮胎俗称真空胎，在外观上与普通轮胎相似，但是没有内胎及垫带。它的气门嘴用橡胶垫圈和螺母直接固定在轮辋上，空气直接充入外胎中，其密封性由外胎和轮辋来保证，如图 10—23 所示。

无内胎轮胎的内壁有一层橡胶密封层，有的在该层下面还有一层自黏层，能自行将刺穿的孔黏合。在胎圈外侧也有一层橡胶密封层，用以加强胎圈与轮辋之间的气密性。无内胎轮胎一旦被刺破，穿孔不会扩大，故漏气缓慢，胎压不会急剧下降，仍能继续行驶一定距离，可消除爆胎的危险。因无内胎，摩擦生热少、散热快，适用于高速行驶；此外，结构简单，质量较轻，维修也方便。但密封层和自粘层易漏气，途中修理也较困难。无内胎轮胎必须配用深槽轮辋，故目前在轿车上应用较多。

(3) 外胎的结构

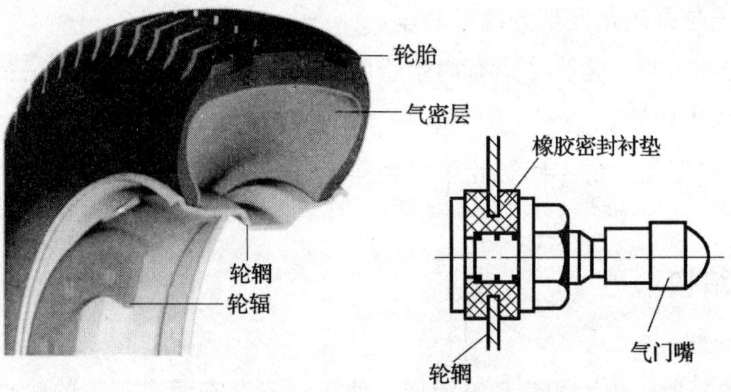

图 10—23　无内胎轮胎

外胎由胎面、帘布层、缓冲层和胎圈组成，如图 10—24 所示。

1）胎面

胎面是轮胎的外表面，可分为胎冠、胎肩和胎侧三部分。

胎冠与路面直接接触，并产生附着力，使车辆行驶和制动。为使轮胎与地面有良好的附着性能，防止纵、横向滑移，在胎面上制有各种形状的花纹，如图 10—25 所示，主要有普通花纹、组合花纹、越野花纹等。

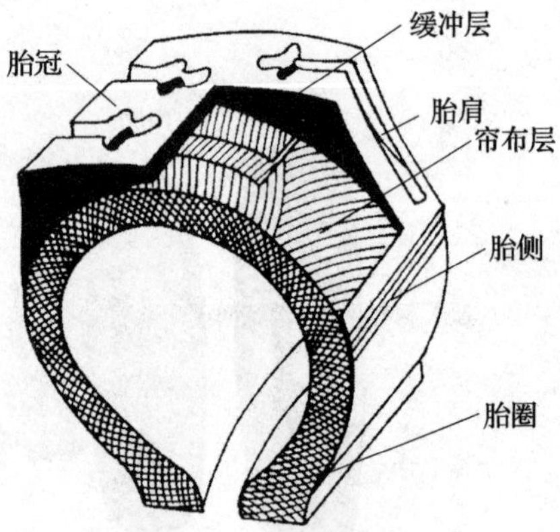

图 10—24　外胎的结构

普通花纹（图 10—25a）中的纵向折线花纹最适合于在较好的硬路面上高速行驶，广泛用于轿车、客车及货车等各种车辆。横向花纹仅用于货车。

组合花纹由纵向折线花纹和横向花纹组合而成（图 10—25b），在好路面和不良路面上都可提供稳定的驾驶性能，广泛用于客车和货车。

越野花纹（图 10—25c）的凹部深而粗，在软路面上与地面附着性好，越野能力强，适用于矿山、建筑工地及其他一些在松软路面上使用的越野汽车轮胎。

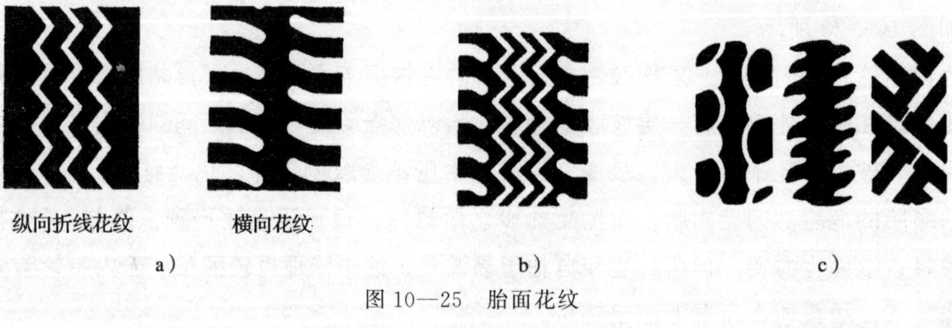

图 10—25　胎面花纹

a）普通花纹　b）组合花纹　c）越野花纹

胎肩是较厚的胎冠和较薄的胎侧间的过渡部分，一般也制有各种花纹，以提高该部位的散热性能。

胎侧又称胎壁，它由数层橡胶构成，覆盖轮胎两侧，保护内胎免受外部损坏。胎侧在行驶过程中，不断地在载荷作用下挠曲变形。胎侧上标有厂家名称、轮胎尺寸及其他资料。

2) 帘布层

帘布层是外胎的骨架，主要用于承受载荷，保持外胎的形状和尺寸，并使其具有足够的强度。帘布层通常由成双数的多层帘布用橡胶贴合而成，相邻层的帘线交叉排列。帘布层数越多，轮胎的强度越大，但弹性下降。帘线可以是棉线、人造丝、尼龙和钢丝。

按照帘布层帘线排列方式的不同，外胎可以分为子午线轮胎和斜交轮胎，如图 10—26 所示。

子午线轮胎

斜交轮胎

图 10—26 轮胎的结构形式

斜交轮胎帘布层的帘线按一定角度交叉排列，帘线与轮胎横断面的交角通常为50°。子午线轮胎帘布层帘线排列的方向与轮胎横断面一致，即垂直于轮胎胎面中心线，类似于地球仪上的子午线。子午线轮胎胎侧比斜交轮胎胎侧软，在径向上容易变形，可以增加轮胎的接地面积，即使在充足气后，两侧壁上也有一个特殊的凸起部分，如图 10—27 所示。

子午线轮胎与斜交轮胎相比较具有行驶里程长、滚动阻力小、节约燃料、承载能力大、减振性能好、附着性能好、不易爆胎等优势，目前在汽车上应用广泛。

3）缓冲层

缓冲层夹在胎面和帘布层之间，由两层或数层较稀疏的帘布和橡胶制成，弹性较大。其作用是加强胎面与帘布层之间的结合，防止汽车紧急制动时胎面与帘布层脱离，并缓和汽车行驶时所受到的路面冲击。

4）胎圈

胎圈由钢丝圈、帘布层包边和胎圈包布组成，有很大的刚度和强度，可以使外胎牢固地安装在轮辋上。

3. 轮胎规格的表示方法

轮胎的尺寸标注如图 10—28 所示。

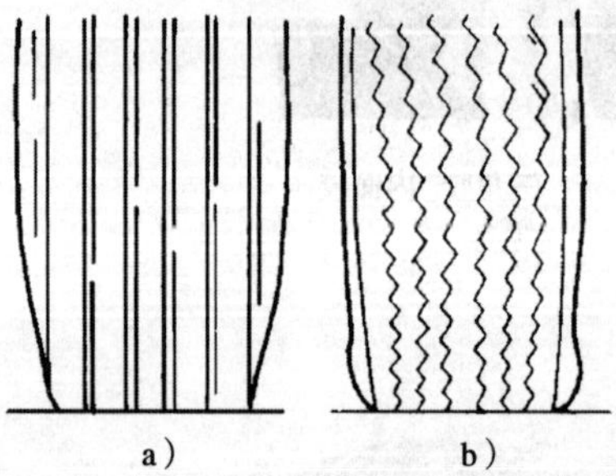

图 10—27　子午线轮胎与斜交轮胎胎侧比较

a）斜交轮胎胎侧　b）子午线轮胎胎侧

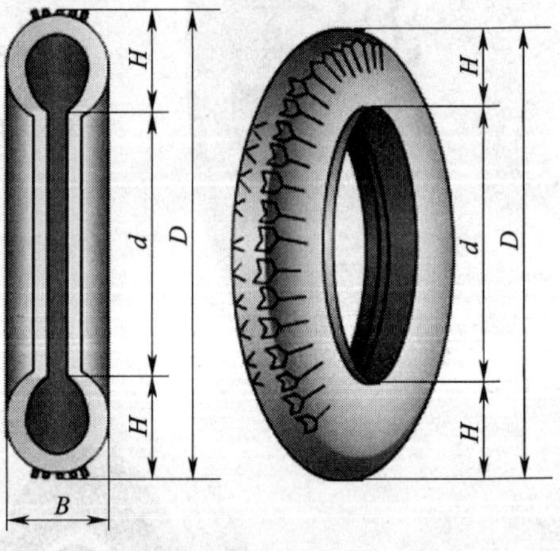

图 10—28　轮胎的尺寸标注

D—轮胎外径　*d*—轮胎内径或轮辋直径

B—轮胎宽度　*H*—轮胎高度

(1) 斜交轮胎的规格

我国和大多数国家一样，斜交轮胎的规格用 $B-d$ 表示，载货汽车斜交轮胎和轿车斜交轮胎的尺寸 B 和 d 均使用英寸（inch）为单位，例如 9.00—20 表示轮胎宽度为 9.00 英寸、轮胎内径为 20 英寸的斜交轮胎。

(2) 子午线轮胎的规格

以上海桑塔纳 2000GSi 轿车轮胎的规格 195/60 R 14 85 H 为例进行说明。

1）195 表示轮胎宽度 195 mm，货车子午线轮胎的宽度一般用英寸（inch）为单位。

2）60 表示扁平比为 60%，扁平比为轮胎高度 H 与宽度 B 之比，有 60、65、70、75、80 五个级别。

3）R 表示子午线轮胎，即“Radial”的第一个字母。

4）14 表示轮胎内径 14 英寸（inch）。

5）85 表示荷重等级，即最大载荷质量。荷重等级为 85 的轮胎的最大载荷质量为 515 kg。

6）H 表示速度等级，表明轮胎能行驶的最高车速。

另外，在轮胎规格前加“P”表示轿车轮胎；在胎侧标有“REINFORCED”表示经强化处理，“RADIAL”表示子午线胎，“TUBELESS”（或 TL）表示无内胎（真空胎），“M+S”（Mud and Snow）表示适于泥地和雪地，“→”表示轮胎旋向，不可装反。

第四节　悬架系统

学习目标：

1．掌握悬架系统的作用、组成和类型。
2．掌握独立悬架与非独立悬架的类型、构造特点。
3．熟悉弹性元件的作用、类型和结构。
4．了解电控悬架的作用、组成和工作原理。

一、概述

悬架是车架（或车身）与车桥（或车轮）之间一切传力连接装置的总称。它是用来连接汽车的车架（或轻型车的车身骨架）和汽车轴、梁的，并把路面作用于车轮上的力和力矩都传递到车架（或承载式车身）上，以保证汽车的正常行驶。

汽车悬架有非独立悬架和独立悬架两种类型。

1．非独立悬架

结构特点：两侧车轮安装在一根整体式车桥上，车轮和车桥一起通过弹性悬架悬挂在车架（或车身）下面，当一侧车轮位置发生变化后会导致另一侧车轮的位置也发生变化，如图 10—29 所示。

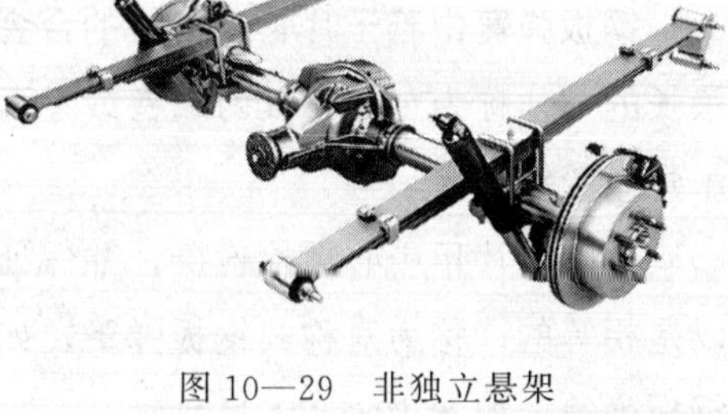

图 10—29　非独立悬架

2. 独立悬架

结构特点：两侧车轮分别独立地与车架（或车身）弹性相连，与其配用的车桥为断开式车桥，所以两侧车轮的运动是相对独立、互不影响的，如图 10—30 所示。

图 10—30 独立悬架

现代汽车的悬架虽有不同的结构形式，但一般都由弹性元件、减振器、导向机构等组成，轿车一般还有横向稳定器，如图 10—31 所示。

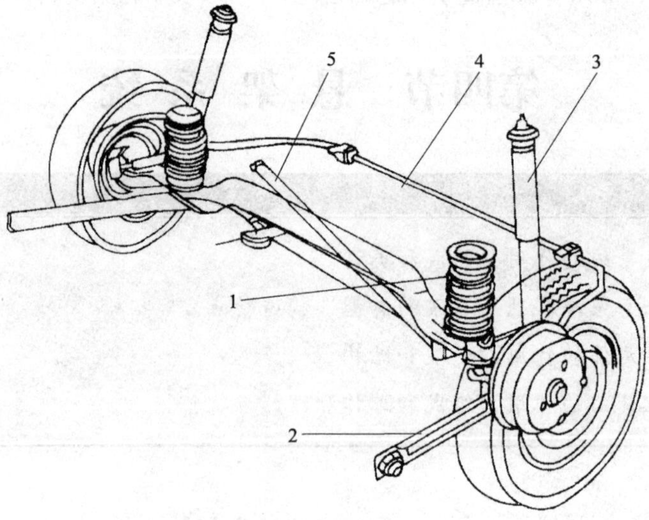

图 10—31 悬架的组成

1—弹性元件（螺旋弹簧） 2—纵向推力杆 3—减振器 4—横向稳定器 5—横向推力杆

二、弹性元件

汽车上常用的弹性元件包括钢板弹簧、螺旋弹簧、扭杆弹簧和气体弹簧等。

1. 钢板弹簧

钢板弹簧广泛应用于汽车的非独立悬架中，其构造如图 10—32 所示。

钢板弹簧由若干片长度不等的合金弹簧钢片叠加而成，构成一根近似等强度的弹性梁。最长的一片称为主片，其两端卷成卷耳，内装衬套，以便用弹簧销与固定在车架上的支架或吊耳做铰链连接。

各弹簧片用中心螺栓连接，并保证各片的相对位置。中心螺栓距两端卷耳中心的距离可以是相等的，称为对称式钢板弹簧，如图 10—32a 所示；也可以是不相等的，称为非对称式钢板弹簧，如图 10—32b 所示。

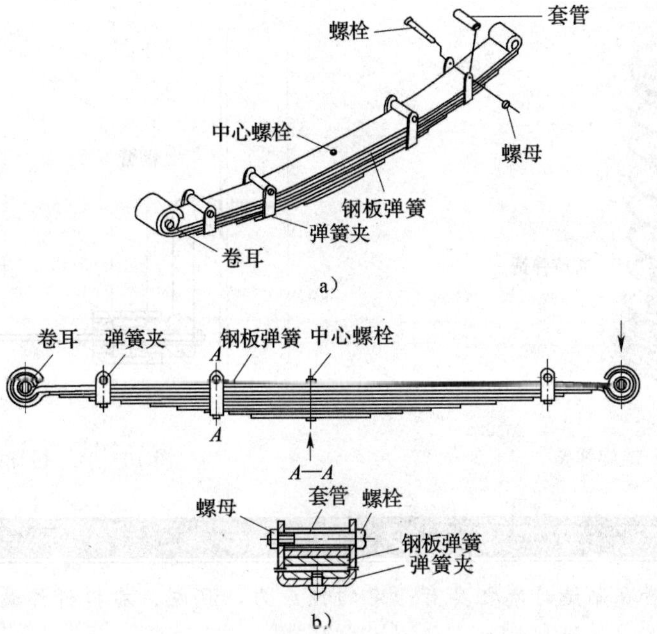

图 10—32　钢板弹簧

a）对称式钢板弹簧　b）非对称式钢板弹簧

为了防止汽车在行驶过程中各弹簧片分开，在钢板弹簧上装有若干弹簧夹，以免主片独自承载。弹簧夹通过铆钉与最下片弹簧片相连，弹簧夹两边通过螺栓相连，螺栓上有套管，装配时要求螺母朝向轮胎，以免螺栓脱落时刮伤轮胎，甚至飞崩伤人。

钢板弹簧在载荷作用下变形时，各片之间会相对滑动而产生摩擦，这可以衰减车架的振动，但摩擦会加速弹簧片的磨损，所以在装配钢板弹簧时，各片之间要涂抹石墨润滑脂或装有塑料垫片以减磨。

2. 螺旋弹簧

螺旋弹簧广泛应用于独立悬架，有些轿车的后轮非独立悬架也采用螺旋弹簧做弹性元件。由于螺旋弹簧只能承受垂直载荷，且变形时不产生摩擦力，所以悬架中必须装有减振器和导向机构。

螺旋弹簧如图 10—33 所示，由特殊的弹簧钢棒卷制而成，可以制成圆柱形或圆锥形，也可以制成等螺距或不等螺距。圆柱形等螺距螺旋弹簧的刚度是不变的，圆锥形或不等螺距螺旋弹簧的刚度是可变的。

3. 扭杆弹簧

扭杆弹簧是由弹簧钢制成的杆件，如图 10—34 所示。扭杆的断面通常为圆形，少数为矩形或管形，其两端制成花键、方形、六角形等形状，以便一端固定在车架上，另一端固定在悬架的摆臂上。摆臂与车轮相连，当车轮跳动时，摆臂绕扭杆轴线摆动，使扭杆产生扭转、弹性变形，以保证车轮与车架的弹性联系。

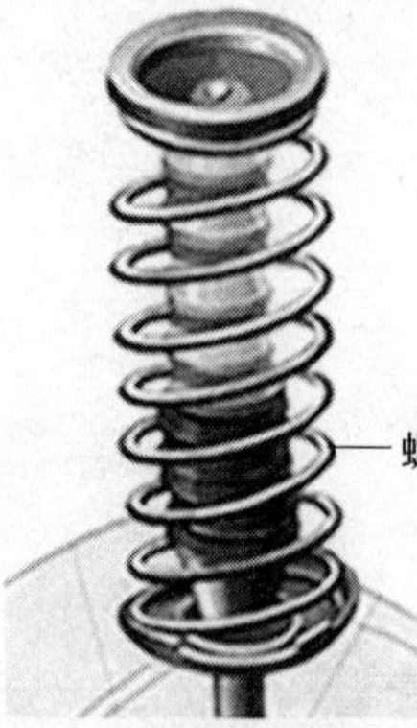

图 10—33 螺旋弹簧

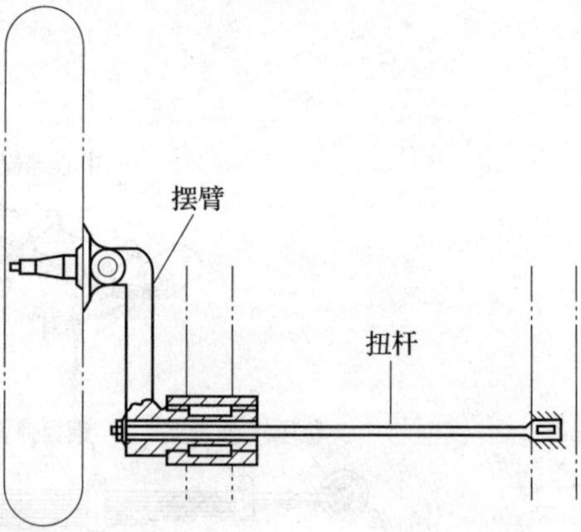

图 10—34 扭杆弹簧

注意：

由于扭杆弹簧在制造时使之具有一定的预应力，且左、右扭杆弹簧预应力方向是不同的，所以左、右扭杆弹簧不能互换或装错。为此，左、右扭杆上标有不同的标记。

4. 气体弹簧

气体弹簧分为空气弹簧（图 10—35）和油气弹簧（图 10—36）两种。空气弹簧又有囊式和膜式两种形式。

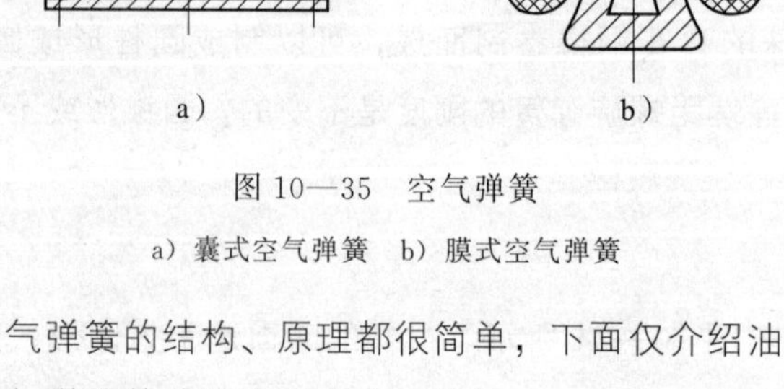

图 10—35 空气弹簧

a）囊式空气弹簧 b）膜式空气弹簧

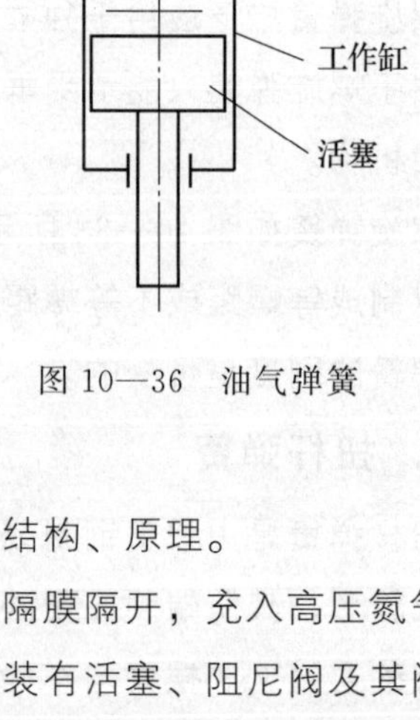

图 10—36 油气弹簧

空气弹簧的结构、原理都很简单，下面仅介绍油气弹簧的结构、原理。

油气弹簧的球形室固定在工作缸上，室的内腔用橡胶油气隔膜隔开，充入高压氮气的一侧为气室，与工作缸相通并充满油液的一侧为油室。工作缸内装有活塞、阻尼阀及其阀座。

当载荷增加且车架与车桥相互靠近时，活塞上移，使工作缸内容积减小，油压升高，油液顶开阻尼阀进入球形室，推动隔膜向气室方向移动，使气室容积减少，氮气压力升高，油气弹簧的刚度增大。

当载荷减小时，在高压氮气的作用下隔膜向油室方向移动，室内油液经阻尼阀流回工作缸，推动活塞下移，这时气室容积增大，氮气压力下降，弹簧刚度减小。当氮气压力通过油液传递作用在活塞上的力与载荷平衡时，活塞便停止移动。随着载荷的变化，气室内氮气也随之变化，相应地活塞处于工作缸中不同位置。可见，油气弹簧具有变刚度的特性。

三、减振器

目前汽车上应用最广泛的是双向作用筒式减振器，近年来，在高级轿车上有的采用充气式减振器。

1. 双向作用筒式减振器

双向作用筒式减振器的基本组成如图 10—37 所示，它有 3 个同心钢筒，外面的钢筒是防尘罩，其上部的吊耳与车架相连。中间是储油缸筒，内装有一定量的油液，其下端的吊耳与车桥相连。里面是工作缸筒，其内装满油液。它还有 4 个阀，即压缩阀、伸张阀、流通阀和补偿阀。流通阀和补偿阀是一般的单向阀，其弹簧很弱，当阀上的油压作用力与弹簧弹力同向时，阀处于关闭状态，完全不通油液；而当油压作用力与弹簧弹力反向时，只要很小的油压，阀便能开启。压缩阀和伸张阀是卸载阀，其弹簧刚度较大，预紧力较大，只有当油压增高到一定程度时，阀才能开启；而当油压减低到一定程度时，阀即自行关闭。

工作原理如下：

(1) 压缩行程

当车桥移近车架（或车身）时，减振器受压缩，活塞下移，使其下方腔室容积减小，油压升高，具有一定压力的油液顶开流通阀进入活塞上方腔室。由于活塞杆占去上腔室的部分容积，使上腔室增加的容积小于下腔室减小的容积，因此还有一部分油液不能进入上腔室而只能压开压缩阀，流回储油缸筒。油液流经上述阀孔时，受到一定的节流阻力，为克服这种阻力而消耗了振动能量，使振动衰减。

(2) 伸张行程

当车桥相对远离车架（或车身）时，减振器受拉伸，活塞上移，使其上腔室油压升高，上腔室的油液便推开伸张阀流入下腔室。同样由于活塞杆的存在，上腔室减小的容积小于下腔室增加的容积，因而从上腔室流出来油液不足以充满下腔室所增加的容积，使下腔室产生一定的真空度，这时储油缸筒中的油液在真空度作用下推开补偿阀流进下腔室进行补充。

从上面的原理可以得知，这种减振器在压缩、伸张两个行程都能起减振作用，因此称为双向作用减振器。

2. 充气式减振器

充气式减振器如图 10—38 所示，其结构特点是在缸筒的下部装有一个浮动活塞，高压的氮气充在浮动活塞与缸筒一端形成的密闭气室里，在浮动活塞的上面是减振器油液，O 形密封圈把油和气完全分开，因此浮动活塞也叫封气活塞。在工作活塞上装有压缩阀和伸张阀，这两个阀都是由一组厚度相同、直径不等、由大到小排列的弹簧钢片组成。

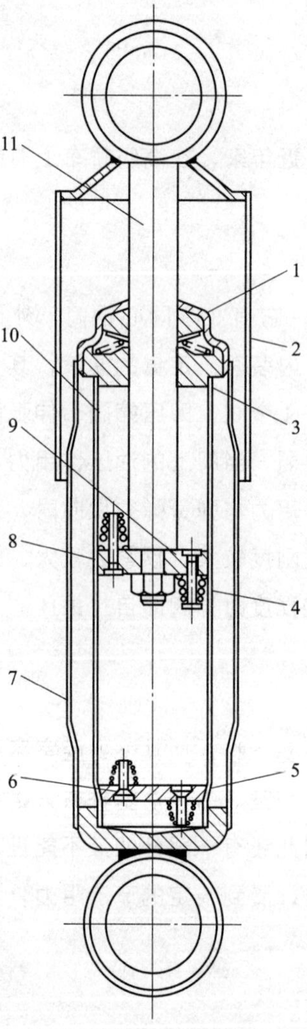

图 10—37　双向作用筒式减振器的基本组成

1—油封　2—防尘罩　3—导向座　4—流通阀　5—补偿阀　6—压缩阀　7—储油缸筒　8—伸张阀　9—活塞　10—工作缸筒　11—活塞杆

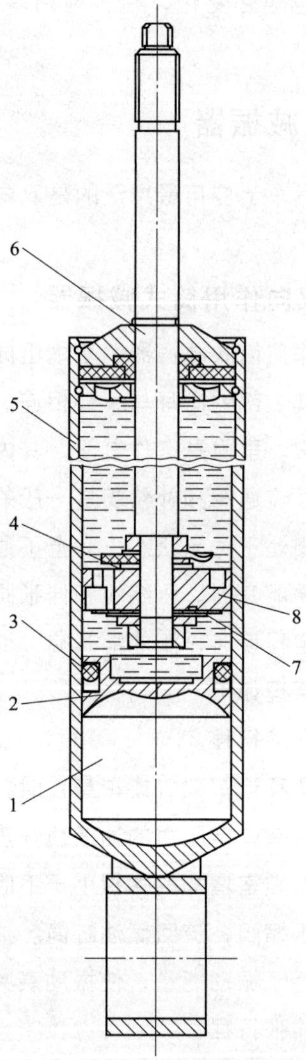

图 10—38　充气式减振器的基本组成

1—密封气室　2—浮动活塞　3—O 形密封圈　4—压缩阀　5—工作缸　6—活塞杆　7—伸张阀　8—工作活塞

当车轮上下跳动时，工作活塞在油液中作往复运动，使工作活塞的上、下腔之间产生油压差，压力油便推开压缩阀或伸张阀而来回流动。由于阀孔对压力油产生较大的阻尼力，使振动衰减。

四、典型悬架系统

1. 非独立悬架

非独立悬架广泛应用于货车的前、后悬架和轿车的后悬架。按照采用弹性元件的不同，非独立悬架可以分为钢板弹簧式非独立悬架和螺旋弹簧式非独立悬架。

(1) 钢板弹簧式

这种悬架的钢板弹簧一般纵向布置，所以也称为纵置板簧式非独立悬架。

如图 10—39 所示为某中型货车的前悬架。钢板弹簧中部通过 U 形螺栓（骑马螺栓）固定在前桥上。钢板弹簧的前端卷耳用弹簧销与前支架相连，形成固定式铰链支点，起传力和导向作用；而后端卷耳则用吊耳销与可在车架上摆动的吊耳相连，形成摆动式铰链支点，从而保证了弹簧变形时两卷耳中心线间的距离有改变的可能。

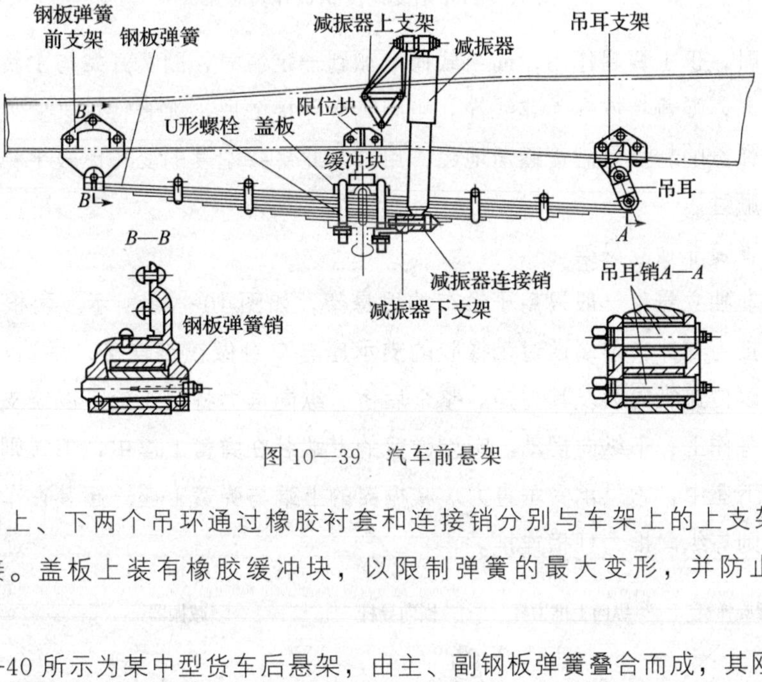

图 10—39　汽车前悬架

减振器的上、下两个吊环通过橡胶衬套和连接销分别与车架上的上支架和车桥上的下支架相连接。盖板上装有橡胶缓冲块，以限制弹簧的最大变形，并防止弹簧直接碰撞车架。

如图 10—40 所示为某中型货车后悬架，由主、副钢板弹簧叠合而成，其刚度是可变的，以适应装载质量的不同。

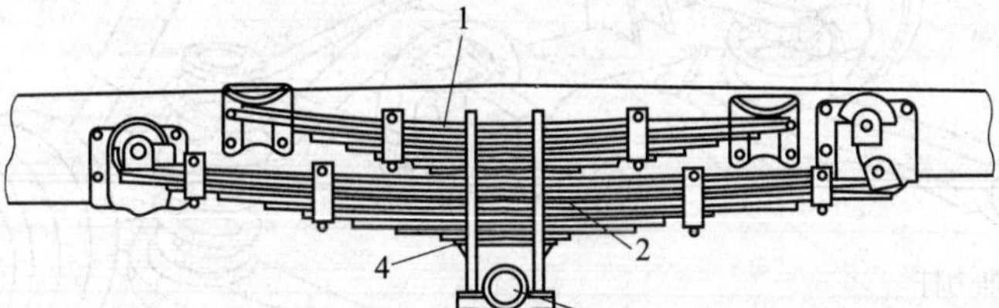

图 10—40　变刚度钢板弹簧悬架

1—副钢板弹簧　2—主钢板弹簧　3—车桥　4—U 形螺栓

当汽车空载或实际装载质量不大时，副钢板弹簧不承受载荷而由主钢板弹簧单独工作。在重载或满载情况下，车架相对车桥下移，使车架上副簧滑板式支座与副簧接触，主、副簧共同参加工作，一起承受载荷而使悬架刚度增大，以保证车身振动频率不致因载荷增大而变化过大。

图 10—41 所示后悬架采用渐变刚度的钢板弹簧。主簧由 5 片较薄钢板弹簧片组成，副簧由 5 片较厚的钢板弹簧片组成，它们用中心螺栓固定在一起，主簧在上，副簧在下。

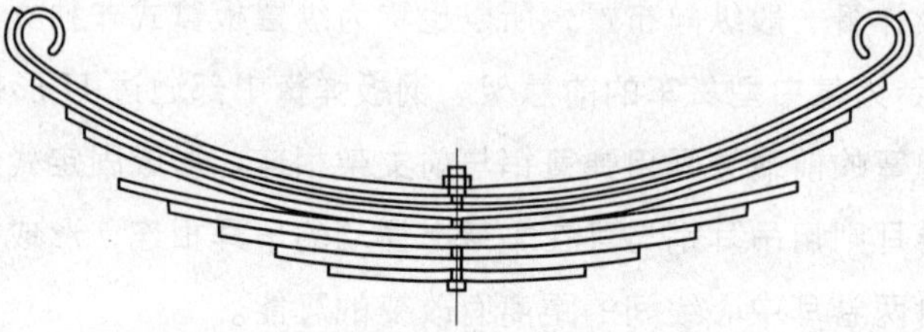

图 10—41　渐变刚度钢板弹簧悬架

在小载荷时，仅主簧起作用，而当载荷增加到一定值时，副簧开始与主簧接触，悬架刚度随之相应提高，弹簧特性变为非线性。当副簧全部接触后，弹簧特性又变为线性的。这种渐变刚度钢板弹簧的特点是副簧逐渐地起作用，因此悬架刚度的变化比较平稳，从而改善了汽车行驶的平顺性。

(2) 螺旋弹簧非独立悬架

螺旋弹簧非独立悬架一般只用于轿车的后悬架，如图 10—42 所示。两根纵向推力杆的中部与后桥焊接为一体，前端通过带橡胶的支承座与车身做铰链连接，后端与轮毂相连接。纵向推力杆用以传递纵向力及其力矩。整个后桥、纵向推力杆及车轮可以绕支承座的铰支点连线相对于车身作上、下纵向摆动。螺旋弹簧的上端装在弹簧上座中，下端则支承在减振器外壳上的弹簧下座中，它只承受垂直力。减振器的上端与弹簧上座一起装在车身底部的悬架支座中，下端则与纵向推力杆相连接。

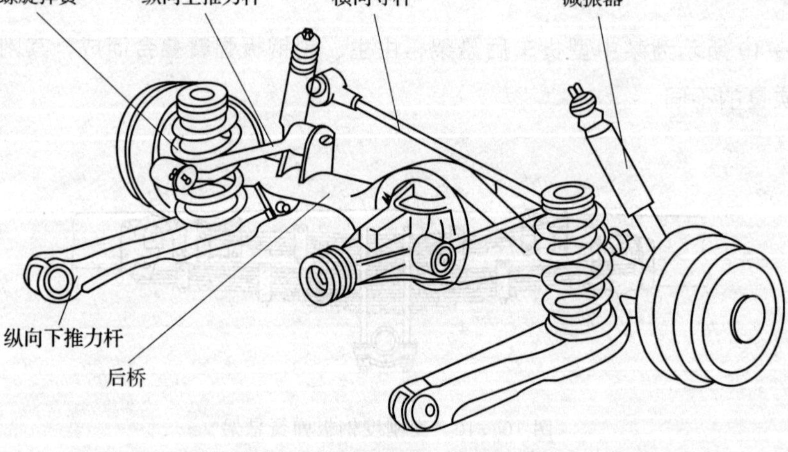

图 10—42　螺旋弹簧非独立悬架

2. 独立悬架

现代汽车，特别是轿车上广泛采用独立悬架。

独立悬架的结构类型很多，一般可按车轮的运动方式分为横臂式、纵臂式、车轮沿主销移动式三类，如图 10—43 所示。

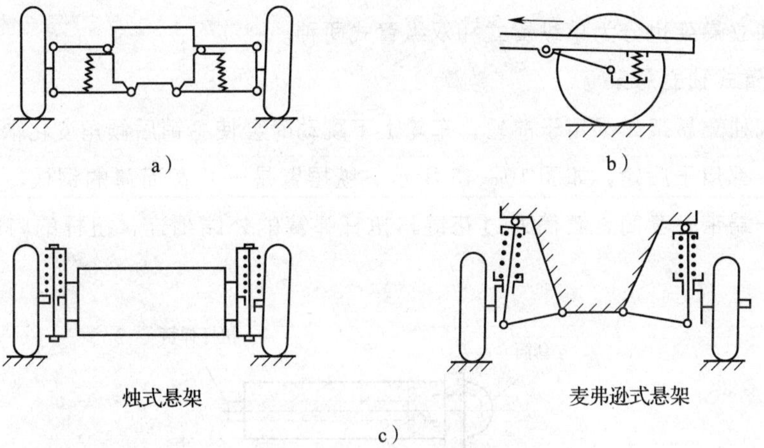

图 10—43 独立悬架的类型示意图

a）横臂式独立悬架 b）纵臂式独立悬架 c）车轮沿主销移动式独立悬架

横臂式独立悬架：车轮在汽车横向平面内摆动的悬架，如图 10—43a 所示。

纵臂式独立悬架：车轮在汽车纵向平面内摆动的悬架，如图 10—43b 所示。

车轮沿主销移动式独立悬架，包括烛式悬架和麦弗逊式悬架，如图 10—43c 所示。

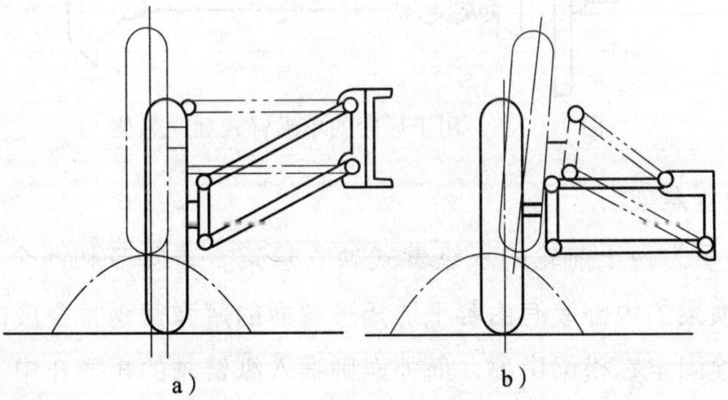

图 10—44 双横臂式独立悬架示意图

a）摆臂等长的独立悬架 b）摆臂不等长的独立悬架

(1) 横臂式独立悬架

横臂式独立悬架分为单横臂式和双横臂式两种。目前单横臂式独立悬架应用较少，下面仅介绍双横臂式独立悬架。

双横臂式独立悬架如图 10—44 所示，其两个横摆臂有等长的（图 10—44a）和不等长的（图 10—44b）。对于摆臂等长的独立悬架，当车轮上下跳动时，虽然车轮平面不倾斜、主销轴线的方向也不发生变化，但轮距发生较大的变化，这将引起车轮的侧滑和轮胎的磨损。而摆臂不等长的独立悬架当车轮上下跳动时，虽然车轮平面、主销轴线、轮距都发生变化，但都可以控制在允许范围内，所以这种形式的双横臂式独立悬架应用较多，红旗CA7560、凌志LS400等轿车的前桥都采用这种不等长双横臂式独立悬架。

(2) 纵臂式独立悬架

纵臂式独立悬架也分为单纵臂式和双纵臂式两种。

1) 单纵臂式独立悬架

单纵臂式独立悬架如果用于前轮，车轮上下跳动时会使主销后倾角变化很大，所以单纵臂式独立悬架都用于后轮，如图10—45所示。纵摆臂是一片宽而薄的钢板，一端与半轴套管铰接，另一端带有套筒，套筒通过花键与扭杆弹簧的外端相连，扭杆的内端固定在车架上。

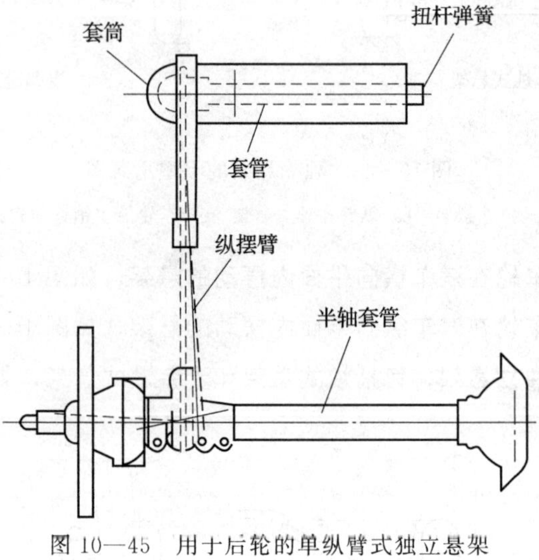

图10—45 用于后轮的单纵臂式独立悬架

2) 双纵臂式独立悬架

如图10—46所示为用于前轮的双纵臂式独立悬架。转向节和两个纵摆臂做铰链连接，在车架的两根管式横梁的内部装有由若干层矩形端面的薄弹簧钢片叠成的扭杆弹簧。两根扭杆弹簧的内端用螺栓固定在横梁中部，而外端则插入纵臂轴的矩形孔中。纵臂轴用衬套支承在管式横梁内，轴和纵臂刚性地连接。

这种悬架当车轮上下跳动时，车轮外倾角、轮距和主销后倾角都不发生变化，所以适用于前轮。

(3) 车轮沿主销移动的独立悬架

1) 烛式独立悬架

如图10—47所示为烛式独立悬架，主销的上下两端刚性地固定在车架上；套在主销上的套管固定在转向节上；套管的中部固定装着螺旋弹簧的下支座；筒式减振器的下端与转向节相连，上端与车架相连；悬架的摩擦部分套着防尘罩；通气管与防尘罩内腔相通，以免罩

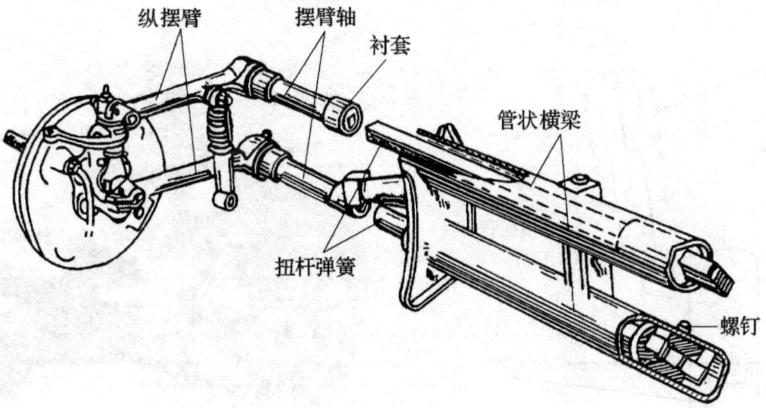

图 10—46　用于前轮的双纵臂式独立悬架

中空气被密封而影响悬架的弹性。

汽车在不平路面上行驶时，车轮、转向节一起沿主销的轴线移动。螺旋弹簧只承受垂直载荷，而车轮上所受的纵向力、侧向力及其力矩则由转向节、套筒经主销传给车架，使得套筒与主销之间的磨损严重。

2）麦弗逊式独立悬架

麦弗逊式独立悬架目前在轿车中应用很广泛，其结构如图 10—48 所示。由减振器、螺旋弹簧、横摆臂、横向稳定器等组成。减振器与套在它外面的螺旋弹簧合为一体，构成悬架的弹性支柱，支柱上端与车身挠性连接，支柱的下端与转向节刚性连接。横摆臂的外端通过球头销 B 与转向节的下部连接，内端与车身铰接。

麦弗逊式独立悬架没有传统的主销实体，转向轴线为上下铰接中心的连线 AB（一般与弹性支柱的轴线重合）。当车轮上下跳动时，B 点随横摆臂摆动，因而主销轴线 AB 随之摆动（弹性支柱也摆动），这说明车轮沿着摆动的主销轴线而运动。

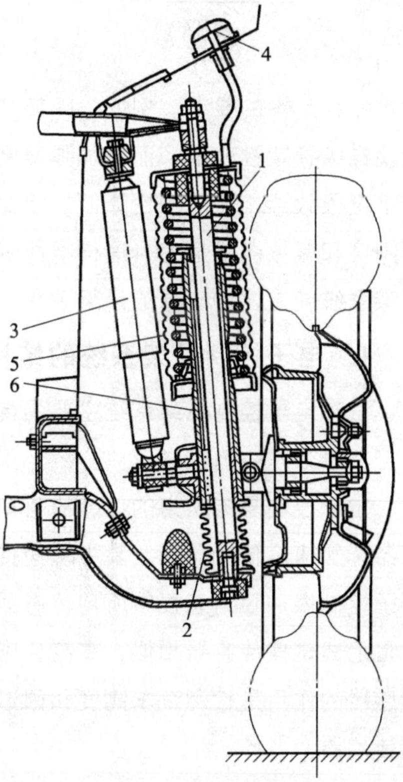

图 10—47　烛式独立悬架

1—主销　2、4—防尘罩　3—套筒

5—减振器　6—通气管

麦弗逊式独立悬架结构较简单，布置紧凑，用于前悬架时能增大两前轮内侧的空间，故多用于发动机前置前轮驱动的轿车上。

五、电子控制悬架系统

传统的悬架系统一般具有固定的弹簧刚度和减振器阻尼，不能同时满足汽车行驶平顺性

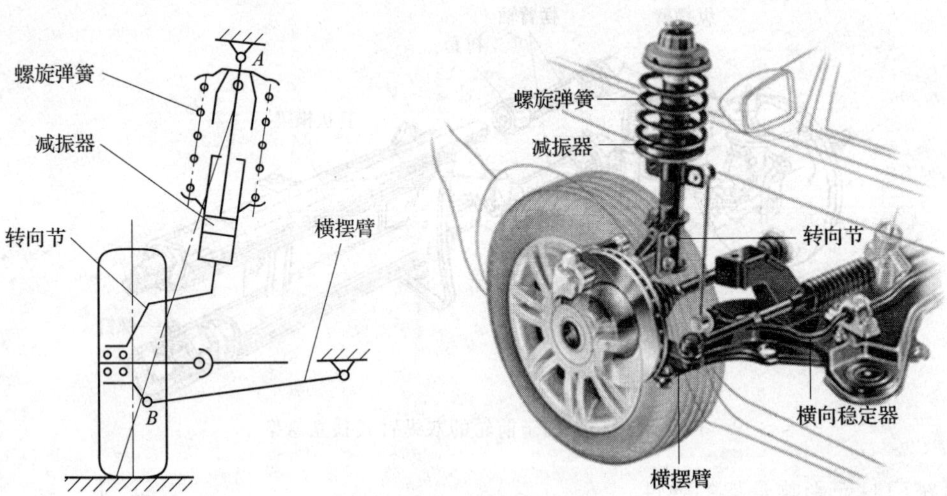

图 10—48 麦弗逊式独立悬架

和操纵稳定性的要求。例如：降低弹簧刚度，平顺性会变好，使乘坐舒适，但由于悬架偏软会使操纵稳定性变差；而增加弹簧刚度会提高操纵稳定性，但较硬的弹簧又使车辆对路面的不平度很敏感，使平顺性降低。因此，理想的悬架系统应在不同的使用条件下具有不同的弹簧刚度和减振器阻尼力，这样既能满足平顺性的要求又能满足操纵稳定性的要求。电子控制悬架系统就是这种理想的悬架系统。

1. 电子控制悬架系统的结构

汽车电子控制悬架系统主要由传感器、电控单元、执行元件等组成。下面以丰田车系电子控制悬架系统为例做简单介绍。如图 10—49 所示为丰田电子控制悬架系统的组成图。

电子控制悬架所用的传感器有车高传感器、转向传感器、主节气门位置传感器、车速传感器、加速度传感器等。其中车速传感器、主节气门位置传感器与制动防抱死装置和发动机电子控制燃油喷射装置中所用传感器相同，加速度传感器的结构和工作原理与安全气囊中黏性阻尼式碰撞传感器相似，车高传感器和转向传感器是电子控制悬架装置中所独有的。车速传感器的作用是检测汽车高度和因道路不平而引起的悬架位移量，每个悬架上都装有一只车速传感器。

转向传感器安装在转向轴上，它的作用是检测转弯方向和转向角度。

悬架控制执行器的作用是调节减振器的阻尼力和弹簧的刚度。采用空气弹簧的悬架，空气弹簧与减振器为并联形式，如图 10—50 所示。

悬架控制执行器安装在空气弹簧与减振器总成的上部，由驱动电动机、传动齿轮、小齿轮和两根输出轴组成，其外形如图 10—51 所示。高度控制阀和排气阀的结构完全相同，如图 10—52 所示，由电磁线圈、柱塞、活动铁等组成。两者的作用都是用来调节车身高度和空气弹簧的刚度，区别在于安装位置不同。高度控制阀有四个，安装在空气管和空气弹簧气室之间，控制压缩空气的通断；而排气阀只有一个，安装在空气管与大气之间，控制压缩空气与大气的通断。

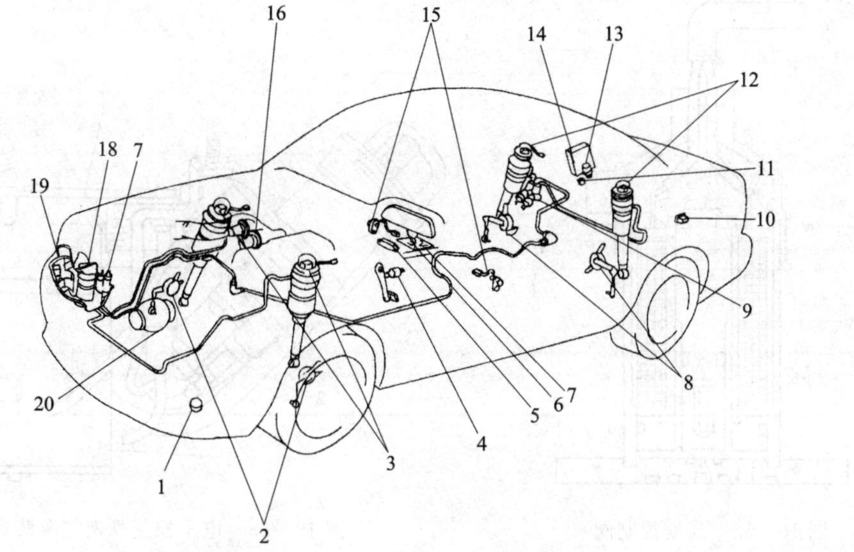

图 10—49 凌志 LS400 的电控悬架系统元件在车上的位置

1—1 号高度控制继电器 2—前车身高度传感器 3—前悬架控制执行器 4—制动灯开关 5—转向传感器 6—高度控制开关 7—LRC 开关 8—后车身高度传感器 9—2 号高度控制阀和溢流阀 10—高度控制 ON/OFF 开关 11—高度控制连接器 12—后悬架控制执行器 13—2 号高度控制继电器 14—悬架 ECU 15—门控灯开关 16—主节气门位置传感器 17—1 号高度控制阀 18—高度控制压缩机 19—干燥器和排气阀 20—IC 调节器

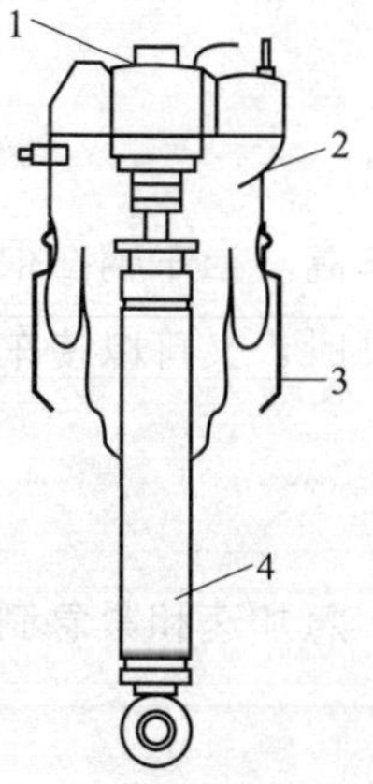

图 10—50 空气弹簧与减振器

1—执行器 2—空气弹簧 3—防尘罩 4—减振器

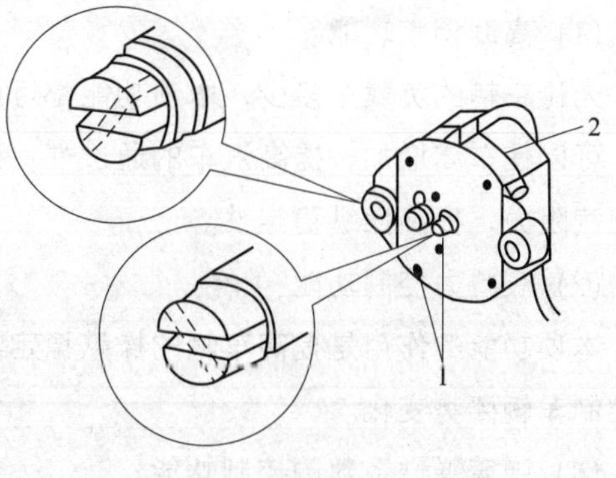

图 10—51 电子控制悬架执行器

1—输出轴 2—驱动电机

电子控制悬架气源装置如图 10—53 所示，由直流电动机、单缸空气压缩机、干燥器和排气阀等组成。直流电动机由电子悬架的电控单元控制，驱动空气压缩机产生压缩空气。压缩空气在进入空气管路之前要经过干燥器去除水分。排气阀可将空气弹簧中的压缩空气排至大气中。空气弹簧排气时也通过干燥器，以保持化学干燥剂的干燥。

2. 电子控制悬架的工作原理

四个车身高度传感器向电子控制单元输入车身高度信号，转向传感器向电控单元输入转向角度和转向速度信号，发动机和自动变速器电控单元向电子悬架电控单元提供节气门位置

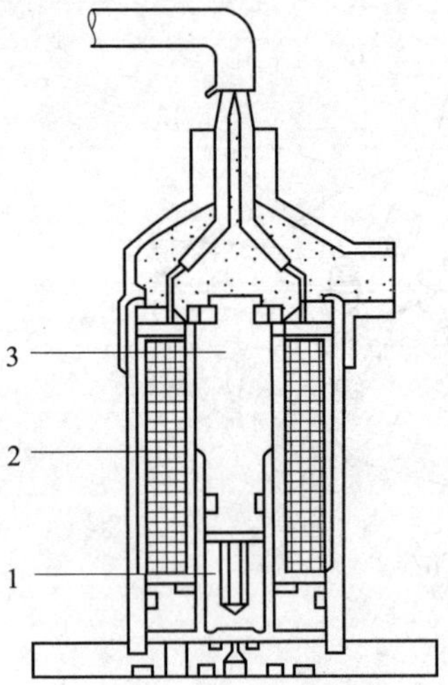

图 10—52 高度控制阀

1—柱塞 2—线圈 3—铁心

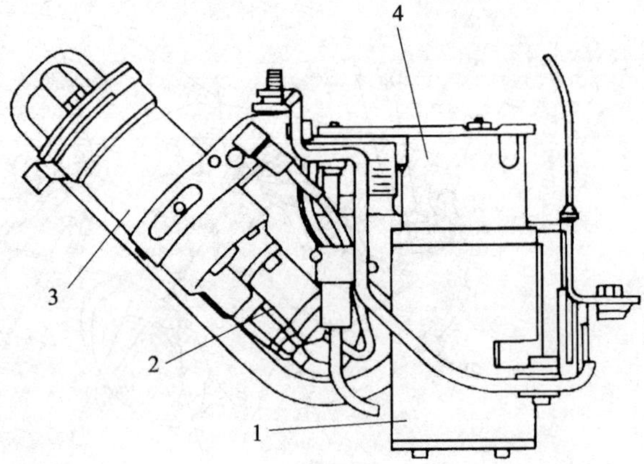

图 10—53 电子控制悬架气源装置

1—电动机 2—排气阀 3—干燥器 4—空压机

信号。电子控制悬架的电控单元综合以上信号向压缩机电动机、1 号高度控制阀、2 号高度控制阀和四个悬架控制执行器发出指令信号，对车身高度、弹簧刚度和减振器阻尼力进行综合控制，各自有“低”“正常”“高”三种工作状态，具体状态由电控单元根据汽车的运行和驾驶员通过控制开关选定的控制状态来确定。

3. 电子控制悬架系统的功能

(1) 高度调整功能

无论车辆的负载是多少，本项功能都可以保持一定的车高。当车辆在很差的道路上行驶时，可以使车高增加，提高汽车的通过性；当车辆高速行驶时，又可以使车高降低，以便减少空气阻力，提高操纵稳定性。

(2) 衰减力控制功能

本项功能的作用是提高车辆的操纵稳定性，在急转弯、急加速和紧急制动的情况下，可以控制车辆姿势变化。

(3) 弹簧弹性系数的控制功能

本项功能是利用控制弹簧弹性系数的办法，来控制车辆起步时的姿势。按使用目的，本项功能分为运动型和舒适型两种。

第十一章 转 向 系

第一节 概 述

学习目标：

1. 掌握汽车转向系的作用、组成和分类。
2. 了解汽车转向条件。

汽车行驶方向的改变是通过改变转向车轮偏转角来实现的。控制转向车轮偏转角的一整套机构，称为汽车转向系。其作用是保证汽车在行驶中能按驾驶员的操纵要求，适时改变汽车的行驶方向和保持汽车稳定的直线行驶。

一、转向系的形式

汽车转向系的形式多种多样，按转向能量的来源不同，可分为机械式转向系和动力式转向系两大类。

1. 机械式转向系（图 11—1）

机械式转向系是以人力作为转向动力的。机械式转向系由转向操纵机构、转向器和转向传动机构三大部分组成。

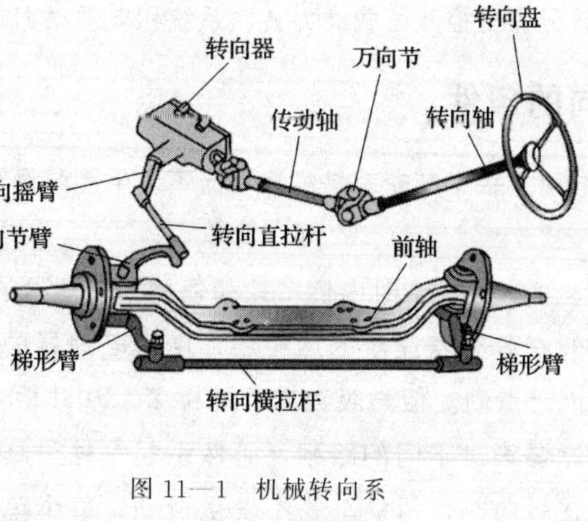

图 11—1 机械转向系

2. 动力式转向系

动力式转向系按提供力的性质不同，可分为液压式动力转向系和电控式动力转向系。

（1）液压式动力转向系

液压式动力转向系是在原有的机械式转向系基础上增设了一整套液压助力装置，图11—2所示为液压动力转向系。液压动力转向系的大部分能量是由发动机通过液压助力装置提供的，驾驶员只需在转向盘上加一个较小的力，发动机驱动的油泵建立的高压油便在控制阀的控制下进入动力缸，推动转向轮偏转实现汽车转向。

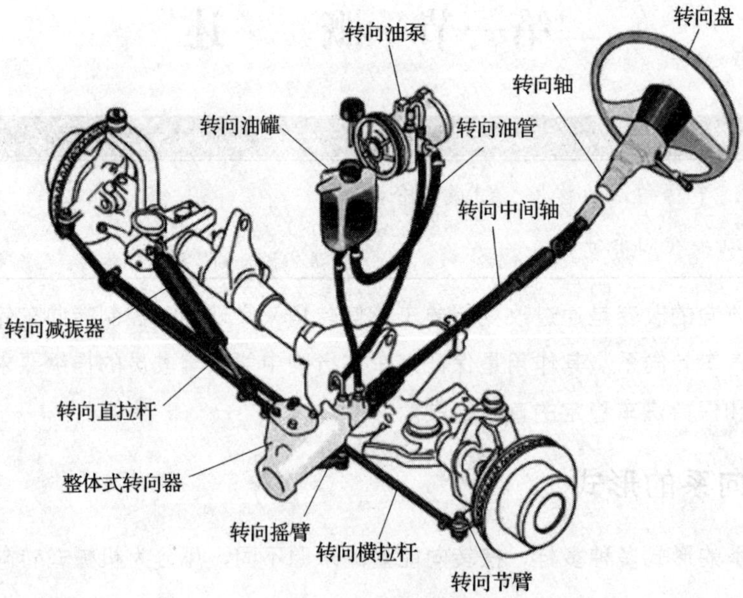

图 11—2 液压动力转向系

(2) 电控式动力转向系

随着动力转向在汽车上的日益普及，对其性能的要求已不再是单纯地减轻操作强度，而是根据车速与行驶条件的不同产生相应的、合适的转向力，因此出现了电控动力转向系统。

电控动力转向系统分为电控液压式动力转向系统和电动动力转向系统。

二、汽车转向的条件

要保证汽车在转向时，每个车轮都是纯滚动而不发生侧向滑动，就必须使车轮的运动轨迹符合一定规律。

如图11—3所示，汽车在转弯时内侧车轮和外侧车轮滚过的路程是不相等的，即两轮角速度是不同的。一般在装有差速器的后桥中，由于差速器的作用，能保证两侧车轮的运动基本上是纯滚动而无滑动。但一般汽车的前桥多为从动桥（一根刚性梁），故汽车在转弯时，左右两侧车轮要滚过不同的路程，必然引起车轮沿路面的运动既有滚动又有滑动。因此，为使汽车在转向时，两侧车轮不发生滑动，每个车轮的轴线延长线在转向时应相交于一点 O，即所有车轮都绕着同一点作圆周运动。O 点称为汽车的转向中心。显然，前轴左右转向轮的转向角不等，且内转向轮的转角 β 必然大于外转向轮的转角 α，汽车才能顺利的转向。

由此可见，要实现正确的转向，必须有一个转向中心，同时满足内转向轮偏转角 β 和外转向轮偏转角 α 的关系是：

$$\mathrm{ctg}\alpha=\mathrm{ctg}\beta+B/L$$

式中：B——两主销中心距离，

L——汽车轴距。

汽车的轴距 L 和主销的中心距 B 是不变的。因此从式中可见，每一个内轮转向角 β 都对应着一个外轮转向角 α。这个对应关系是由左右梯形臂、横拉杆和前轴所组成的转向梯形机构来保证的。

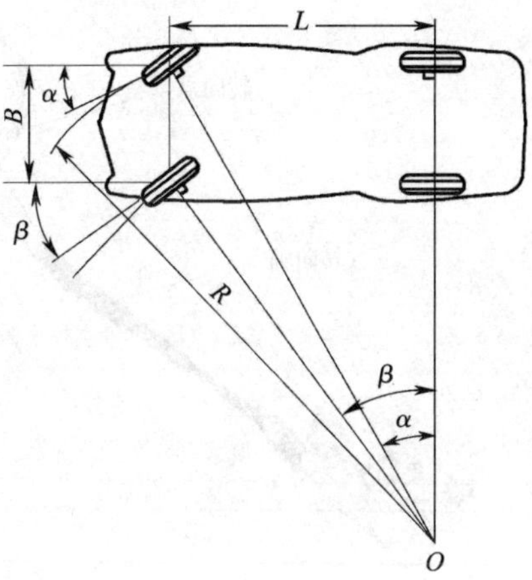

图 11—3 汽车转向示意图

汽车实现正常转向，内转向轮的偏转角 β 必须大于外转向轮的偏转角 α。内外转向轮偏转角之间的关系是由转向梯形机构来保证的。

第二节 转向操纵机构

学习目标：

1. 掌握转向操纵机构的工作原理。
2. 掌握转向操纵机构主要零部件的结构。

转向操纵机构要将驾驶员操纵转向盘的力传给转向器，同时为了驾驶员的舒适驾驶，还要求转向操纵机构可以进行调节，以满足不同驾驶员的需求；为了防止车辆撞击后对驾驶员的损伤，还要求转向操纵机构具有一定的安全保护装置。

转向操纵机构的作用是产生转动转向器所必需的操纵力，并具有一定的调节和安全性能。

转向操纵机构由转向盘、转向轴、转向管柱等组成，如图 11—4 所示。

一、转向盘

转向盘内部有金属制成的骨架，是用钢、铝合金或镁合金等材料制成。由圆环状的盘圈、插入转向轴的转向盘毂以及连接盘圈和盘毂的辐条构成，如图 11—5 所示。采用焊接或铸造等工艺制造，转向轴是由细齿花键和螺母连接的。

骨架的外侧一般包有柔软的合成橡胶或树脂，也有采用皮革包裹以及硬木制作的转向盘。转向盘外皮要求有某种程度的柔软度、手感良好、能防止手心出汗打滑的材质，还需要有耐热、耐候性。

现在越来越多的汽车在转向盘里安装了安全气囊，使汽车的安全性大大提高。转向盘上还有喇叭开关等。

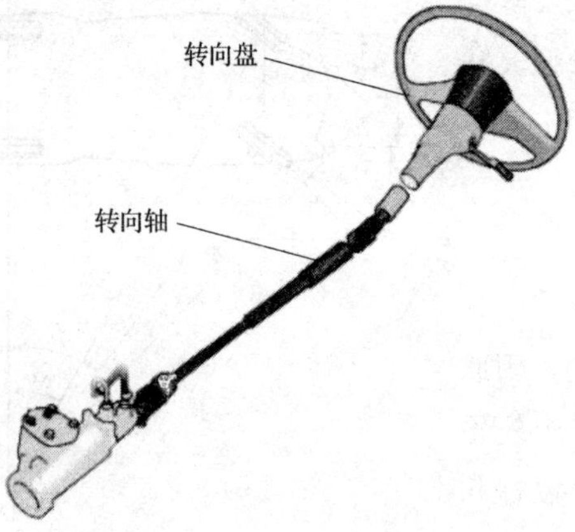

图 11—4 转向操纵机构

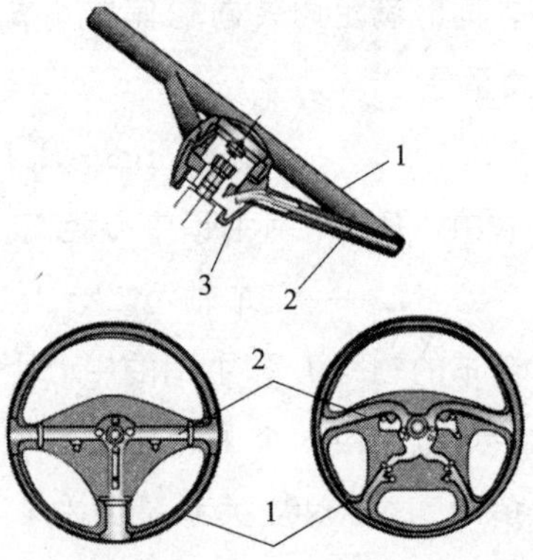

图 11—5 转向盘

1—轮圈 2—轮辐 3—轮毂

二、转向轴

转向轴是将驾驶员作用于转向盘的转向操纵力矩传给转向器的传力轴，它的上部与转向盘固定连接，下部装有转向器。

现代汽车的转向轴除装有柔性万向节外，有的还装有能改变转向盘的工作角度（转向轴的传动方向）和转向盘高度（转向轴轴向长度）的机构，以方便不同体型驾驶员的操纵。

三、转向管柱

转向管柱有可分离式安全转向操纵机构和缓冲吸能式转向操纵机构。

1. 可分离式安全转向操纵机构

上海桑塔纳轿车采用了可分离式安全转向操纵机构，如图 11—6a 所示为转向操纵机构的正常工作位置。此类转向操纵机构的转向轴分为上下两段，用安全联轴节连接，上转向轴 2 下部弯曲并在端面上焊接有半月形凸缘盘 8，盘上装有两个驱动销 7，与下转向轴 1 上端凸缘 6 压装尼龙衬套和橡胶圈的孔相配合，形成安全联轴节。一旦发生撞车事故，驾驶员因惯性而以胸部扑向转向盘 5 时，迫使转向管柱 3 压缩位于其上方的安全元件 4 而向下移动，使两个销子 7 迅速从下转向轴凸缘 6 的孔中退出，从而形成缓冲而减少对驾驶员的伤害。图 11—6b 为转向盘受撞击时，安全元件被折叠、压缩和安全联轴节脱开使转向柱产生轴向移动的情形。

2. 缓冲吸能式转向操纵机构

钢球滚压变形吸能式转向操纵机构的转向管柱分为上、下两段，上转向管柱比下转向管柱稍细，可套在下转向管柱的内孔里，二者之间压入带有塑料隔圈的钢球，隔圈起钢球保持架的作用，钢球与上、下转向管柱压紧并使之结合在一起。在撞车时，上、下管柱在轴向相对移动，这时钢球边转动边在上、下转向管柱的壁上压出沟槽，从而消耗了冲击能量，如图 11—7 所示。

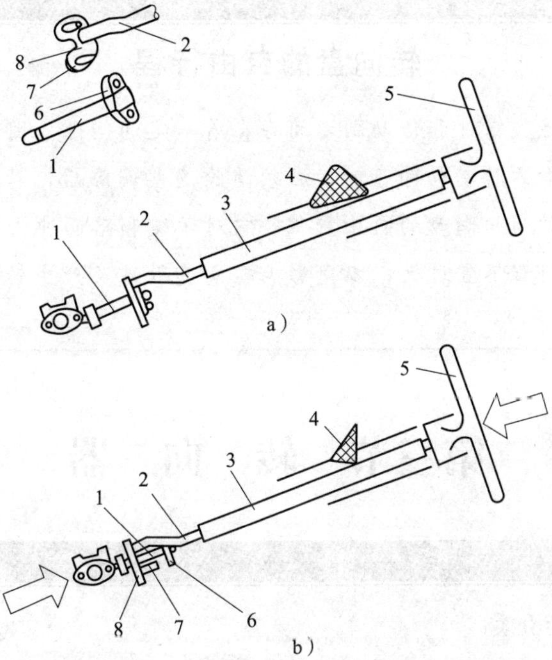

图 11—6　上海桑塔纳轿车可分离式安全转向操纵机构

a）正常工作位置　b）转向盘受撞击时转向操纵机构工作情形

1—下转向轴　2—上转向轴　3—转向管柱　4—可折叠安全元件

5—转向盘　6—凸缘　7—驱动销　8—半月形凸缘盘

波纹管变形吸能式转向操纵机构的转向轴和转向管柱都分成两段，上转向轴和下转向轴之间通过细花键结合并传递转向力矩，同时它们二者之间可以作轴向伸缩滑动。在下转向轴的外边装有波纹管，它在受到压缩时能轴向收缩变形并消耗冲击能量（图 11—8）。它的下转向管柱的上端套在上转向管柱里面，但二者不直接连接，而是通过管柱压圈和限位块分别对它们进行定位。

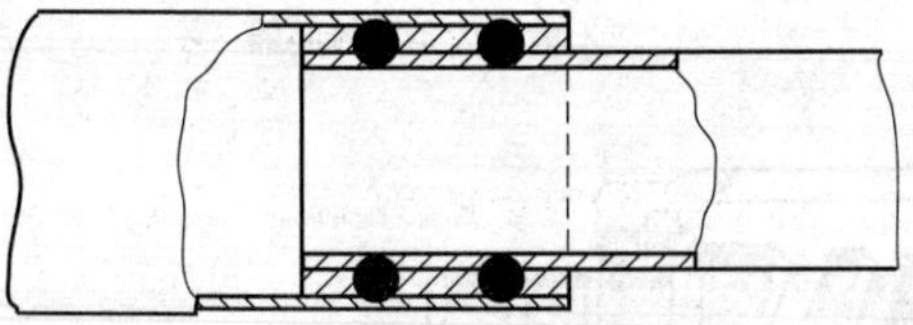

图 11—7　钢球滚压变形管柱

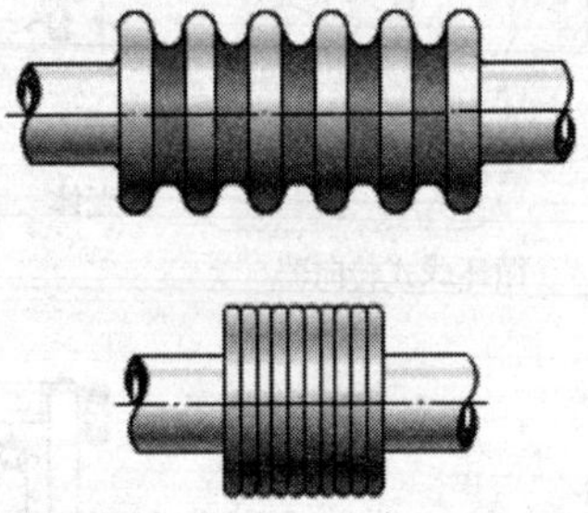

图 11—8　波纹管

当汽车撞车时，下转向管柱向上移动，在第一次冲击力的作用下限位块首先被剪断并消耗能量，与此同时转向管柱和转向轴都作轴向收缩。当受到第二次冲击时，上转向轴下移，压缩波纹管使之收缩变形并消耗冲击能量。

名词解释：

转向盘的自由行程

由于转向系中各连接零件和传动副之间存在着一定的间隙，因而在汽车直行转向盘在中间位置、向左或向右转动转向盘时，必须消除这些间隙后，转向轮才开始偏转。这时转向盘转过的角度称为转向盘的自由行程，它对于缓和路面冲击及避免使驾驶员过度紧张是有利的，自由行程不宜过大，以免影响转向灵敏性及产生转向盘摇摆现象。一般转向盘自由行程为10°～25°。

第三节 转 向 器

学习目标：

1. 掌握转向器的分类。
2. 掌握各类转向器的结构及工作原理。

转向器是转向系中减速增大转矩的装置，其作用是增大转向盘传到转向节的力并改变力的传递方向。

转向器的结构形式很多，目前，应用较广泛的主要有循环球式、齿轮齿条式和蜗杆曲柄指销式三种形式，如图11—9所示。

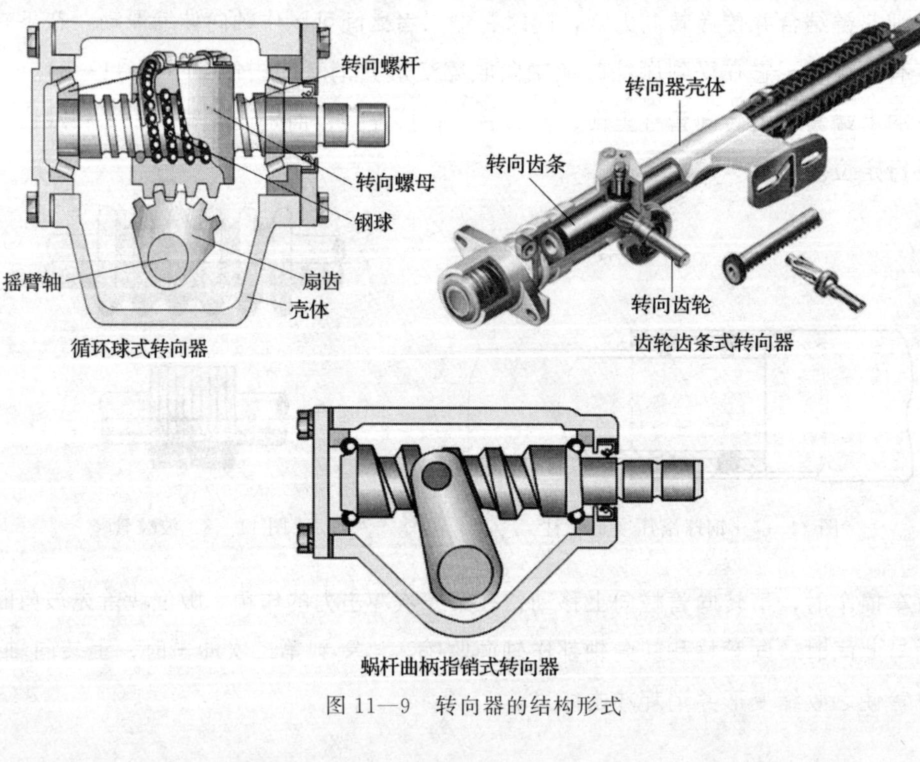

图11—9 转向器的结构形式

一、齿轮齿条式转向器

齿轮齿条式转向器主要由转向器壳体、转向齿轮、转向齿条等组成，如图 11—10 所示。

转向器通过转向器壳体 8 的两端用螺栓固定在车身（车架）上。齿轮轴 6 通过球轴承 7、滚柱轴承 10 垂直安装在壳体中，其上端通过花键与转向轴上的万向节相连，其下部分是与轴制成一体的转向齿轮 9。转向齿轮 9 是转向器的主动件，它与相啮合的从动件转向齿条 5 水平布置，齿条背面装有压簧垫块 4。在压簧 3 的作用下，压簧垫块 4 将转向齿条 5 压靠在转向齿轮 9 上，保证二者无间隙啮合。调整螺塞 1 可用来调整压簧的预紧力。压簧 3 不仅起消除啮合间隙的作用，而且还是一个弹性支承，可以吸收部分振动能量，缓和冲击。

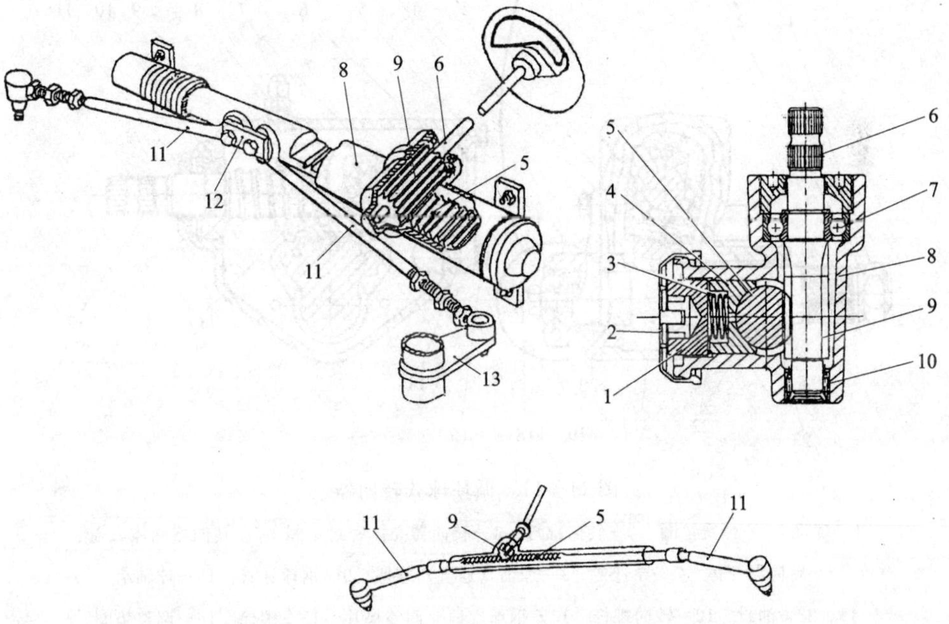

图 11—10　齿轮齿条式转向器

1—调整螺塞　2—罩盖　3—压簧　4—压簧垫块　5—转向齿条　6—齿轮轴　7—球轴承　8—转向器壳体　9—转向齿轮　10—滚柱轴承　11—转向横拉杆　12—拉杆支架　13—转向节

转向齿条 5 的中部通过拉杆支架 12 与左、右转向横拉杆 11 连接。转动转向盘时，转向齿轮 9 转动，与之相啮合的转向齿条 5 沿轴向移动，从而使左、右转向横拉杆带动转向节 13 转动，使转向轮偏转，实现汽车转向。

齿轮齿条式转向器结构简单，可靠性好，也便于独立悬架的布置；同时，由于齿轮齿条直接啮合，转向灵敏、轻便，所以在各类型汽车上的应用越来越多。

二、循环球式转向器

循环球式转向器的结构如图 11—11 所示。它有两级传动副，第一级传动副是转向螺杆 12 和转向螺母 3；转向螺母 3 的下平面加工成齿条，与齿扇轴 21 内的齿扇相啮合，构成齿条齿扇第二级传动副。显然，转向螺母 3 即是第一级传动副的从动件，也是第二级传动副的主动件。通过转向盘转动转向螺杆 12 时，转向螺母 3 不能随之转动，而只能沿转向螺杆 12 转向移动，并驱使齿扇轴 21 转动。

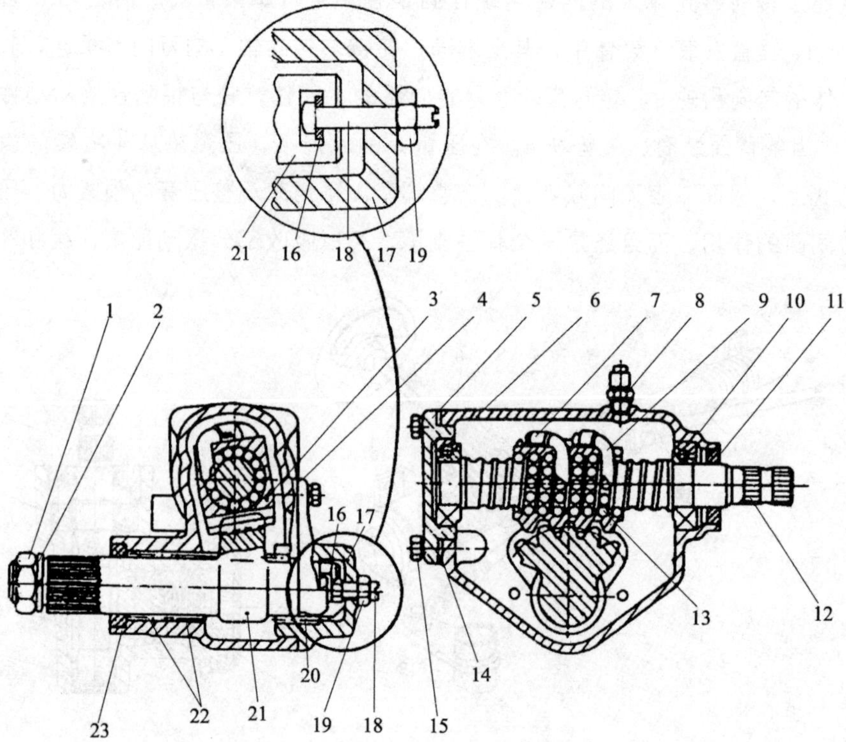

图 11—11　循环球式转向器

1—螺母　2—弹簧垫圈　3—转向螺母　4—转向器壳体密封垫圈　5—转向器壳体底盖　6—转向器壳体　7—导管夹　8—加油（通气）螺塞　9—钢球导管　10—球轴承　11、23—油封　12—转向螺杆　13—钢球　14—调整垫片　15—螺栓　16—调整垫圈　17—侧盖　18—调整螺钉　19—锁紧螺母　20、22—滚针轴承　21—齿扇轴（摇臂轴）

转向螺杆 12 支承在两个推力球轴承 10 上，轴承的预紧度可用调整垫片 14 调整。在转向螺杆 12 上松套着转向螺母 3，为了减少它们之间的摩擦，二者的螺纹并不直接接触，其间装有许多钢球 13，以实现滚动摩擦。

当转动转向螺杆 12 时，通过钢球 13 将力传给转向螺母 3，使转向螺母 3 沿转向螺杆 12 轴向移动。随着转向螺母 3 沿转向螺杆 12 作轴向移动，其齿条便带动齿扇绕着齿扇轴 21 作圆弧运动，从而使齿扇轴 21 连同齿扇产生摆动，通过转向传动机构使转向轮偏转，实现汽车转向。

转向螺母 3 下平面上加工出的齿条是倾斜的，与之相啮合的是变齿厚齿扇。只要使齿扇轴 21 相对于齿条作轴向移动，便可调整二者的啮合间隙。调整螺钉 18 旋装在侧盖 17 上。齿扇轴 21 靠近齿扇的端部切有 T 形槽，调整螺钉 18 的圆柱形端头嵌入此切槽中，端头与 T 形槽的间隙用调整垫圈 16 来调整。旋入调整螺钉 18，则齿条与齿扇的啮合间隙减小；旋出螺钉则啮合间隙增大。调整好后用锁紧螺母 19 锁紧。

三、蜗杆曲柄指销式转向器

指销式转向器根据销子数量不同，又分为单销式和双销式。本文主要介绍双销式。

蜗杆曲柄双销式转向器的结构如图 11—12 所示，它主要由转向器壳体、转向蜗杆、转向摇臂轴、曲柄和指销、上下盖、调整螺塞和螺钉、侧盖等组成。

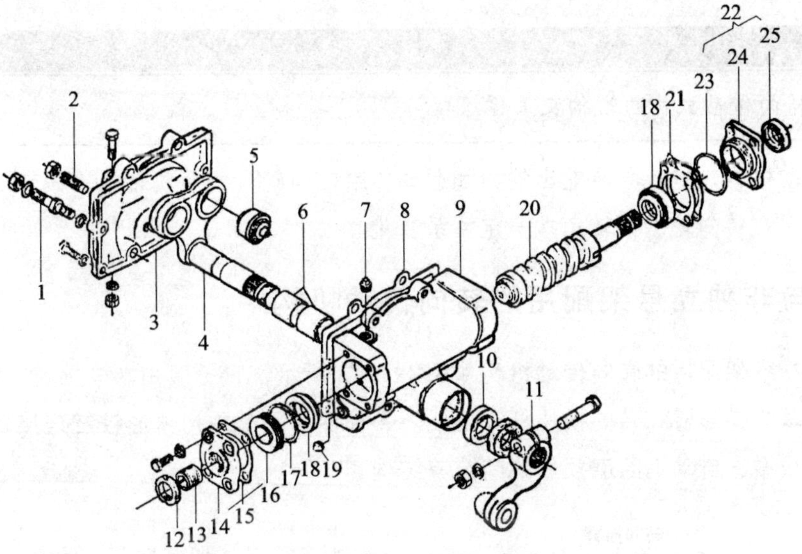

图 11—12　蜗杆曲柄双销式转向器

1—螺栓、螺母　2—摇臂轴调整螺钉及螺母　3—侧盖　4—摇臂轴　5—指销轴承总成　6—摇臂轴衬套　7—加油螺塞　8—侧盖衬垫　9—转向器壳体　10—油封　11—转向垂臂　12—螺母　13—蜗杆轴承调整螺塞　14—下盖　15—下盖衬垫　16—蜗杆轴承垫块　17—密封圈　18—蜗杆轴承　19—放油螺塞　20—蜗杆　21—调整垫片　22—上盖总成　23—密封圈　24—上盖　25—蜗杆油封

转向器壳体固定在车架的转向器支架上。壳体内装有传动副，其主动件是转向蜗杆，从动件是装在摇臂曲柄端部的指销。具有梯形截面螺纹的转向蜗杆支承在转向器壳体内端的两个向心推力轴承上。转向器下盖上装有调整螺塞，用以调整向心推力轴承的预紧度，调整后用螺母紧固。

蜗杆与两个锥形的指销相啮合，构成传动副。两个指销均用双列圆锥滚子轴承支承在曲柄上，并可绕自身轴线转动，以减轻蜗杆与指销啮合传动时的磨损，提高传动效率。销颈上的螺母用来调整轴承的预紧度，以使指销能自由转动而无明显轴向间隙为宜，调整后用锁片将螺母锁住。

安装指销和双排圆锥滚子轴承的曲柄制成叉形，与摇臂轴制成一体。摇臂轴用粉末冶金衬套支承在壳体中。转向器侧盖上装有调整螺钉，旋入（或旋出）调整螺钉可以改变摇臂轴的轴向位置，以调整指销与蜗杆的啮合间隙，从而调整了转向盘自由行程，调整后用螺母锁紧。摇臂轴伸出壳体的一端通过花键与转向摇臂连接。

汽车转向时，驾驶员通过转向盘转动转向蜗杆（主动件），与其相啮合的指销（从动件）一边自转，一边以曲柄为半径绕摇臂轴轴线在蜗杆的螺纹槽内作圆弧运动，从而带动曲柄、转向摇臂摆动，实现汽车转向。

第四节　转向传动机构

学习目标：

掌握转向传动机构的结构及工作原理。

转向传动机构是将转向器输出的力和运动传给转向轮，使两侧转向轮偏转以实现汽车转向，并保证左右转向轮的偏转角按一定关系变化。

一、与非独立悬架配用的转向传动机构

与非独立悬架配用的转向传动机构如图 11—13 所示，它一般由转向摇臂、转向直拉杆、转向节臂、两个梯形臂和转向横拉杆等组成。各杆件之间都采用球形铰链连接，并设有防止松动、缓冲吸振、自动消除磨损后的间隙等结构。

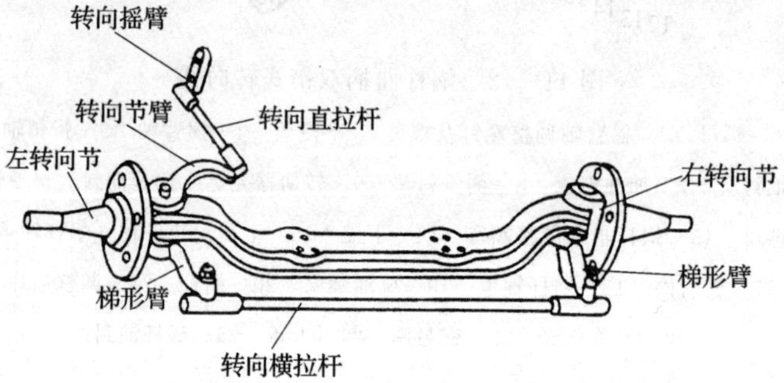

图 11—13　转向传动机构

1. 转向摇臂

循环球式转向器和蜗杆曲柄指销式转向器通过转向摇臂与转向直拉杆相连。转向摇臂的大端用锥形三角细花键与转向器中摇臂轴的外端连接，小端通过球头销与转向直拉杆作空间铰链连接，如图 11—14 所示。

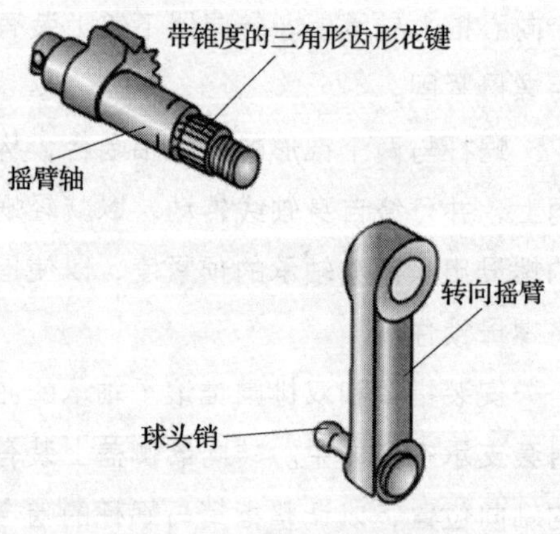

图 11—14　转向摇臂

2. 转向直拉杆

转向直拉杆是转向摇臂与转向节臂之间的传动杆件，具有传力和缓冲作用。在转向轮偏转且因悬架弹性变形而相对于车架跳动时，转向直拉杆与转

向摇臂及转向节臂的相对运动都是空间运动，为了不发生运动干涉，三者之间的连接件都是球形铰链，如图 11—15 所示。

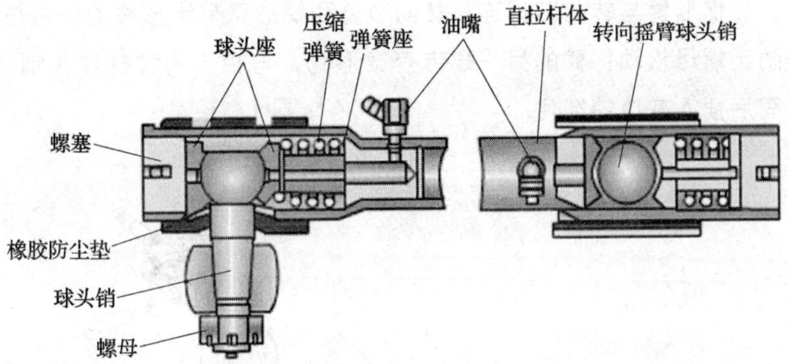

图 11—15 转向直拉杆

3. 转向横拉杆

转向横拉杆用钢管制成，其两端切有螺纹，一端为右旋，一端为左旋，与横拉杆接头旋装连接。两端接头结构相同，如图 11—16 所示。接头的螺纹孔壁上开有轴向切口，故具有弹性，旋装到杆体上后可用螺栓夹紧。旋松夹紧螺栓以后，转动横拉杆体，可改变转向横拉杆的总长度，从而调整转向轮前束。

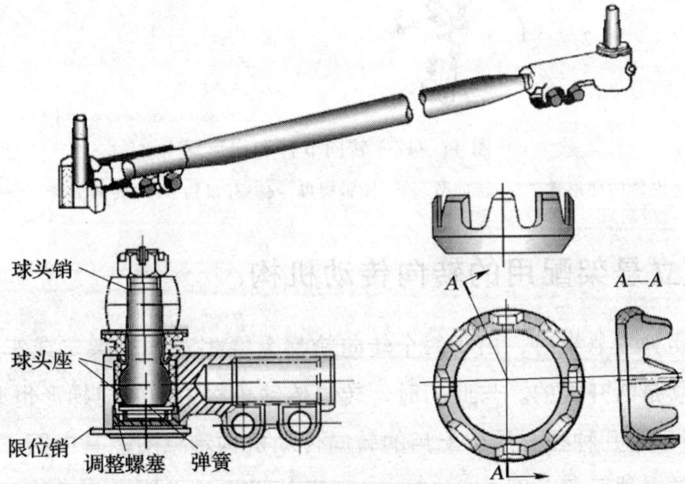

图 11—16 转向横拉杆

在横拉杆两端的接头上都装有球头销等零件组成的球形铰链。球头销的球头部分被夹在上、下球头座内，球头座用聚甲醛制成，有较好的耐磨性。装配时上、下球头座凹凸部分互相嵌合。弹簧通过弹簧座压向球头座，以保证两球头座与球头的紧密接触，在球头和球头座磨损时能自动消除间隙，同时还起缓冲作用。弹簧的预紧力由螺塞调整。球铰上部有防尘罩，以防止尘土侵入。球头销的尾部锥形柱与转向梯形臂连接，用螺母固定并用开口销锁紧。

4. 转向节臂和梯形臂

转向节臂和梯形臂如图 11—17 所示，转向横拉杆通过转向节臂与转向节相连；转向横拉杆两端经左、右梯形臂与转向节相连。转向节臂和梯形臂带锥形柱的一端与转向节锥形孔相配合，用键防止螺母松动；臂的另一端带有锥形孔，与相应的拉杆球头销锥形柱相配合，同样用螺母紧固后插入开口销锁住。

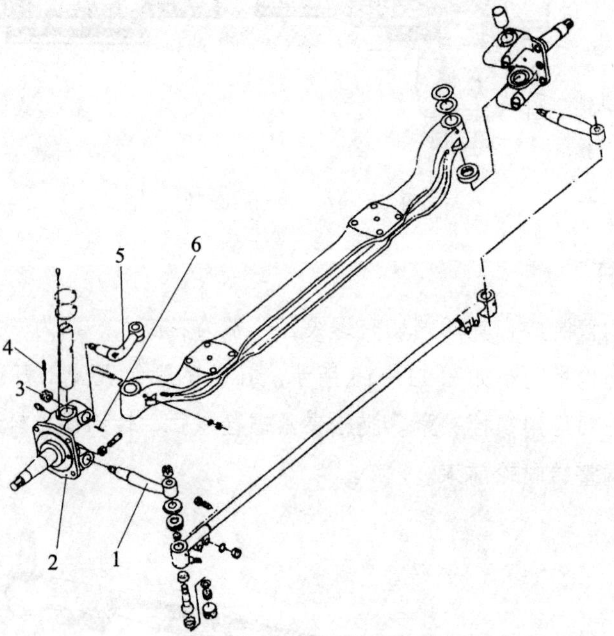

图 11—17 转向节臂和梯形臂

1—左转向梯形臂 2—转向节 3—锁紧螺母 4—开口销 5—转向节臂 6—键

二、与独立悬架配用的转向传动机构

当转向轮采用独立悬架时，由于每个转向轮都需要相对于车架（或车身）作独立运动，所以，转向桥必须是断开式的。与此同时，转向传动机构中的转向梯形也必须分成两段或三段。图 11—18 所示为几种独立悬架配用的转向传动机构示意图，其中图 11—18a、b 所示的机构与循环球式转向器配用，图 11—18c、d 所示的机构与齿轮齿条式转向器配用。

上海桑塔纳轿车的转向传动机构如图 11—19 所示。转向齿条一端输出动力，输出端 8 铣有平面并钻孔，用两个螺栓与转向支架 17 连接。转向支架 17 下端的两个孔分别与左、右转向横拉杆总成 15、12 的内端相连。横拉杆外端的球头销 16、13 分别与左、右转向节臂连接。通过调节杆 *A*、*B* 可以改变两根横拉杆总成的长度，以调整前束。

为了避免转向轮的摆振、减缓传到转向盘上的冲击和振动，转向器上还装有转向减振器 2。减振器缸筒端 3 固定在转向器壳体 11 上；其活塞杆端 1 经减振器支架 18 与转向齿条连接。

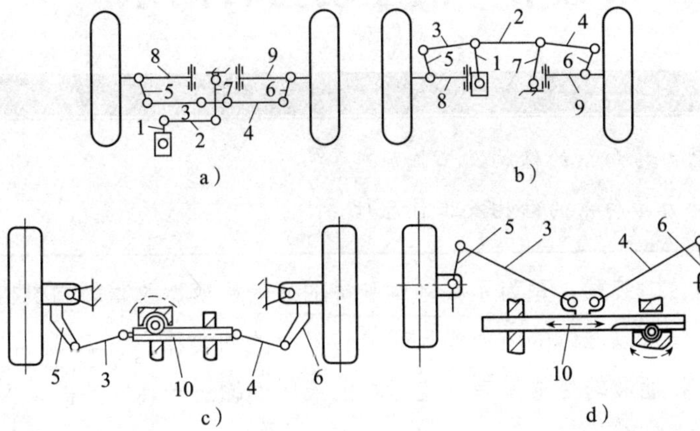

图 11—18 与独立悬架配用的转向传动机构示意图

1—转向摇臂 2—转向直拉杆 3—左转向横拉杆 4—右转向横拉杆 5—左梯形臂 6—右梯形臂 7—摇杆 8—悬架左摆臂 9—悬架右摆臂 10—齿轮齿条式转向器

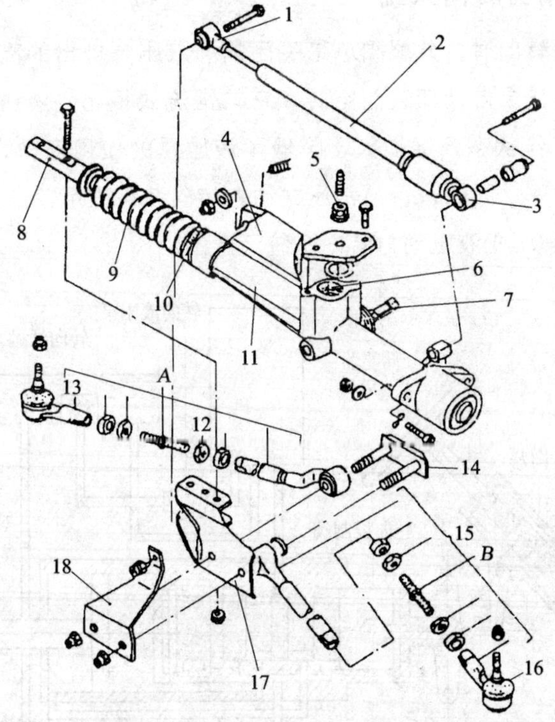

图 11—19 上海桑塔纳轿车转向器与转向横拉杆

1—转向减振器活塞杆端 2—转向减振器 3—转向减振器缸筒端 4—转向器壳体凸台 5—锁紧螺母与调整螺栓 6—补偿弹簧 7—转向齿轮轴 8—齿条输出端 9—防尘罩 10 卡箍 11 转向器壳体 12—右横拉杆总成 13—右横拉杆球头销 14—连接 15—左横拉杆总成 16—左横拉杆球头销 17—转向支架（齿条与横拉杆连接件） 18—转向减振器支架 *A*、*B*—调节杆

第五节　液压动力转向系

学习目标：

1. 掌握液压动力转向系的结构及工作原理。
2. 了解电控动力转向系的结构及工作原理。

汽车上装有动力转向装置，是为了减轻驾驶员的疲劳程度，改善转向机构的轻便性和灵活性。液压式动力转向是以液体的压力作为完成转向时的动力源，汽车在转向时，借助发动机带动液压泵旋转，将油液转变成具有一定压力的液压油输送到转向器的动力缸中，并在驾驶员的操纵下实现动力转向。

一、液压式动力转向装置的分类

液压式动力转向装置分为常流式和常压式两种。

1. 常压式液压动力转向系统

常压式是指汽车不转向时，分配阀总是关闭的。液压泵排出的高压油储存在储能器中，达到一定的压力后，液压泵自动卸载而空转。它与常流式相比，液压元件增多、结构复杂。由于液压泵长期处于工作状态，磨损大，降低了液压泵的使用寿命，即使在转向阻力较小时，也需消耗较大的功率。因此，目前常压式动力转向装置应用较少。

图 11—20 所示为常压式液压动力转向系统示意图。

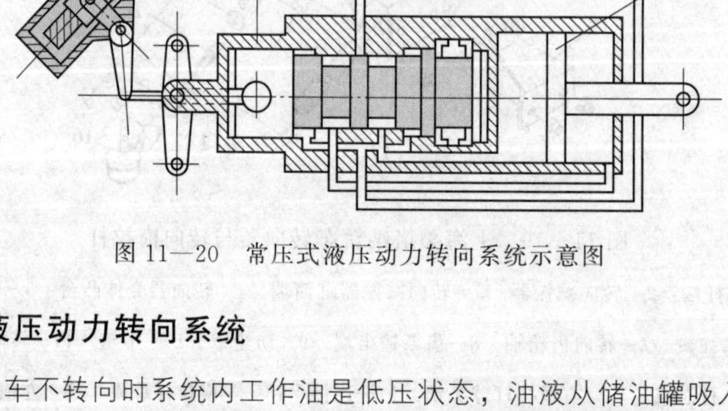

图 11—20　常压式液压动力转向系统示意图

2. 常流式液压动力转向系统

常流式是指汽车不转向时系统内工作油是低压状态，油液从储油罐吸入液压泵，又被液压泵排出经分配阀回到储油罐，一直处于常流状态。由于结构简单，液压泵不经常处于工作状态，使用寿命长，漏油少，消耗功率也小，所以在国内外得到广泛应用。

图 11—21 所示为常流式液压动力转向系统示意图。

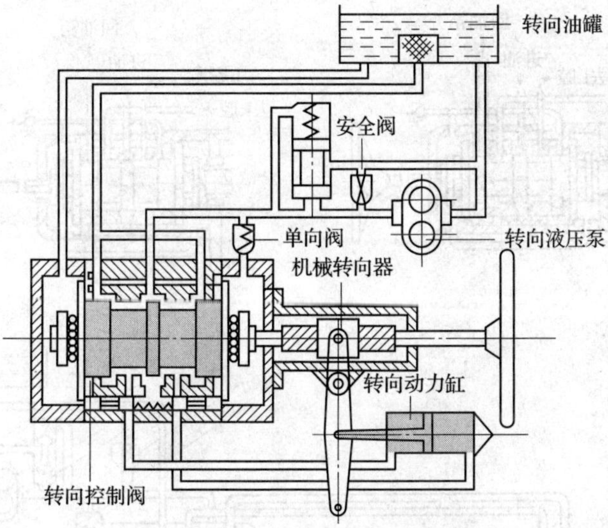

图 11—21 常流式液压动力转向系统示意图

二、液压式动力转向系的工作原理

汽车直线行驶时工况如图 11—22c 所示。滑阀依靠装在控制阀体内的定中弹簧（即回位弹簧）保持在中间位置。由油泵输出来的工作油，一部分从滑阀和阀体环槽边缘的环形缝隙进入动力缸的左、右腔室，另一部分通过回油管回到油箱。这时，油路保持畅通，油泵的负荷很小，油压处于低压状态。

开始转动转向盘时，因为转向阻力很大，转向螺母保持不动。当转向盘施加的力使转向螺杆所受轴向力大于定中弹簧的预紧力和反作用柱塞上的油压作用力时，转向螺杆连同滑阀产生轴向移动，其移动方向决定于转向盘转动的方向，从而使油路发生变化。

汽车向右转向时工况如图 11—22a 所示。左旋转向螺杆按顺时针方向转动，螺杆和滑阀向右作轴向移动。此时动力缸左腔室 L 通过控制阀腔与进油相通，而右腔室 R 通过控制阀腔与回油道相通。动力缸左腔室在压力油作用下推动活塞向右移动，转向垂臂便以其在壳上的支点为轴线作逆时针转动，从而使转向螺母也随着螺杆的转动向左移动，同时直拉杆向右带动转向车轮。

在转向盘和转向螺杆顺时针方向转动过程中，上述的液压加力一直存在。当转向盘转过一定角度而保持不动时，螺母便不能继续相对于螺杆左移。但此时动力缸中活塞在油压作用下继续向右移动，从而带动螺母、螺杆和滑阀一起左移，直到滑阀位于中间稍偏右的位置。此时活塞的推力与回止力矩相平衡，动力转向装置停止工作，转向车轮不再继续偏转，而保持已转过的转向角度。由此可见，采用动力转向器后，转向轮偏转的开始和终止都较转向盘要略微滞后一些。

汽车向左转向时的工作情况类似，如图 11—22b 所示。此时滑阀左移，动力缸加力方向相反。

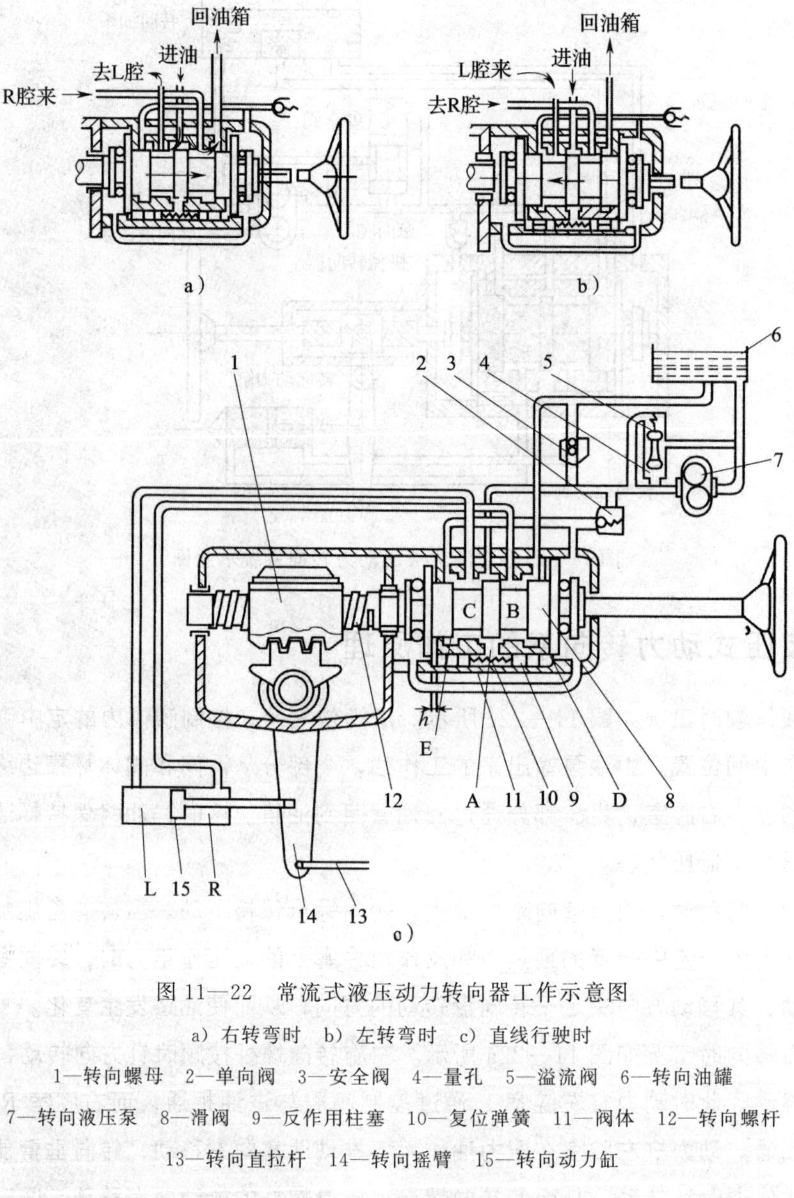

图 11—22 常流式液压动力转向器工作示意图

a）右转弯时 b）左转弯时 c）直线行驶时

1—转向螺母 2—单向阀 3—安全阀 4—量孔 5—溢流阀 6—转向油罐 7—转向液压泵 8—滑阀 9—反作用柱塞 10—复位弹簧 11—阀体 12—转向螺杆 13—转向直拉杆 14—转向摇臂 15—转向动力缸

三、动力转向器

液压动力转向器按照结构可分为齿轮齿条式和循环球式两种。

1. 齿轮齿条式液压动力转向器

桑塔纳 2000 轿车采用的是整体式动力转向器，由转阀、齿轮齿条式转向器和转向动力缸组成的整体式动力转向器如图 11—23 所示，转向动力缸的助力直接作用在齿条上，齿条的动力由一端输出。

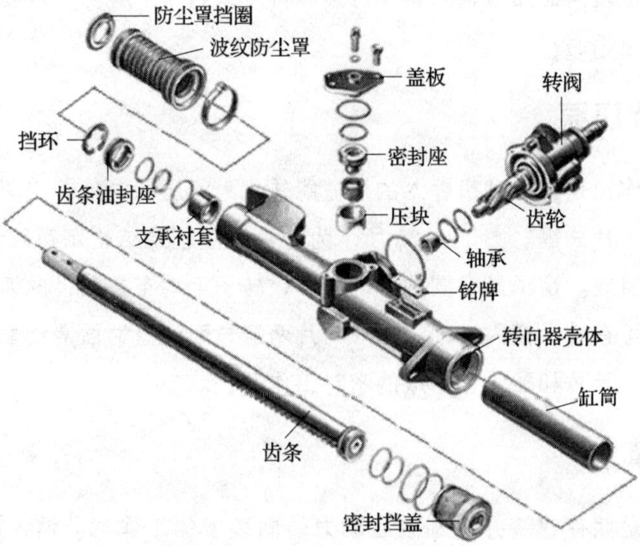

图 11—23　齿轮齿条式液压动力转向器的结构

2. 循环球式动力转向器

循环球式动力转向器由循环球式的机械转向器、动力缸、转阀式转向控制阀、行程卸荷阀、部分管路等组成，如图 11—24 所示。

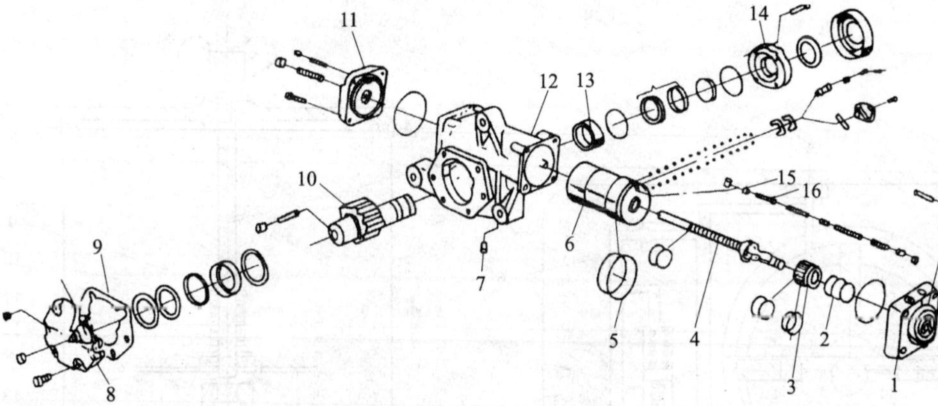

图 11—24　循环球式汽车动力转向器

1—阀体　2—轴承止推片　3—阀套　4—螺杆/输入轴总成　5—密封环及 O 形密封圈
6—齿条活塞　7—排气螺钉　8—侧盖　9—垫片　10—摇臂轴　11—下盖　12—壳体
13—滚针轴承　14—摇臂轴盖　15—行程阀盖　16—行程阀杆

(1) 转向控制阀的作用是控制转向液压油的流向、实现转向助力。主要由阀体 1、阀套 3、扭杆组成，扭杆通过销钉上端与螺杆/输入轴总成 4 相连，扭杆与阀套内腔构成四条油道，两条通齿条活塞下腔，两条通上腔。

(2) 卸荷阀的作用是当汽车转向到一定角度时，活塞运动到某一位置，卸荷阀打开，使活塞上下腔室相通，齿条活塞上下压差降低，从而降低转向器各元件上的负荷。

(3) 排气系统在转向器靠近输入轴一方装有排气螺钉 7，用于排除液压缸中的空气，并且此螺钉孔与回油道相通。

四、转向液压泵

转向液压泵的作用是将发动机输入的机械能转化为液压能向外输出。转向液压泵主要有齿轮式、转子式和叶片式等。图 11—25 所示为叶片式液压泵结构示意图，它主要由定子 5、转子 4 及叶片 3 等组成。定子具有圆柱形内表面，转子上均布置着径向切槽。矩形叶片安装在转子槽内，并且可在转子槽内滑动。矩形叶片两端与配油盘端面滑动配合，形成由转子外表面、定子内表面、叶片和配油盘组成的密封工作容积。

五、储油罐

储油罐的作用是储存滤清并冷却液压动力转向装置的工作油。储油罐一般是单独安装的，也有的安装在转向液压泵上。如图 11—26 所示为储油罐的结构。中心油管接头座 1 专门用以连接转向控制阀的回油管路。另外两个油管接头座 16 则分别连接转向油泵的进油管和分置式动力转向器的漏泄回油管路。中心油管接头座 1 下部有滤芯密封圈 15，上部旋装着中心螺柱 4，滤芯 14 套装在中心螺柱 4 上，而且由锁销 9 限位的弹簧 11 压住。罐盖 7 靠蝶形螺母 5 压紧。

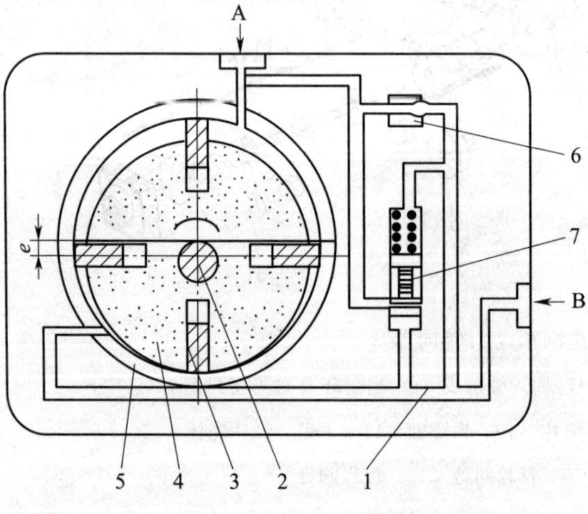

图 11—25　叶片式液压泵示意图

1—节流孔　2—转子轴　3—叶片　4—转子
5—定子　6—限压阀　7—流量控制阀
A—进油口　B—出油口

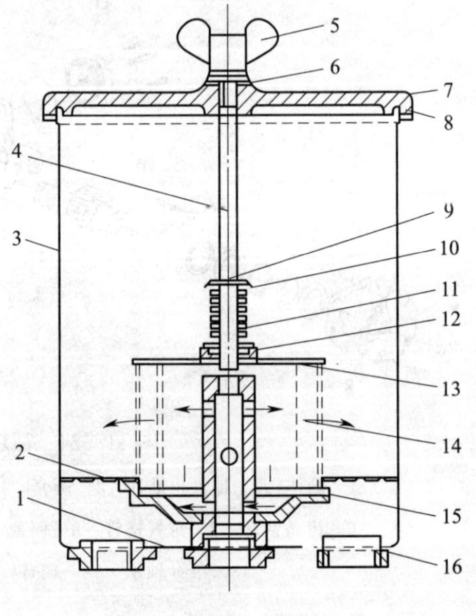

图 11—26　储油罐

1—中心油管接头座　2—滤网片　3—罐体　4—中心螺柱
5—蝶形螺母　6—垫圈　7—罐盖　8—罐盖密封环
9—锁销　10、12—弹簧座　11—弹簧　13—橡胶密封垫圈
14—滤芯　15—滤芯密封圈　16—油管接头座

六、转向控制阀

1. 滑阀式转向控制阀

通过阀体沿轴向移动来控制油液流量的转向控制阀，称为滑阀式转向控制阀，简称滑阀。图 11—27 所示为滑阀的结构。

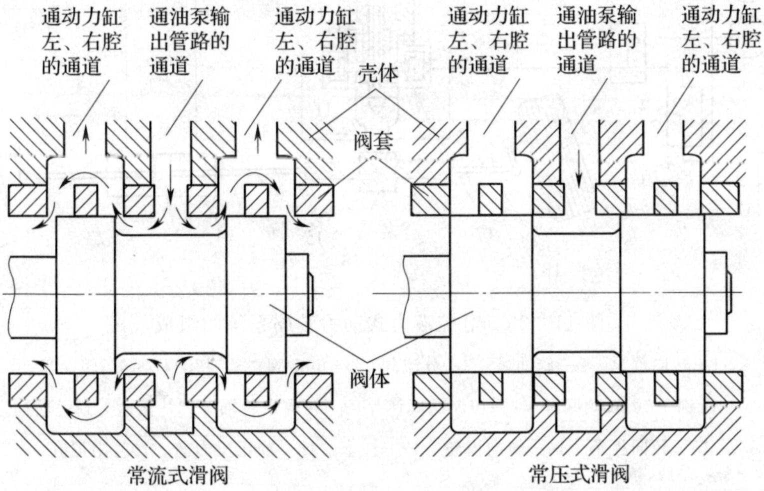

图 11—27 滑阀的结构

2. 转阀式转向控制阀

通过阀体绕其轴线转动来控制油液流量的转向控制阀，称为转阀式转向控制阀，简称转阀。图 11—28 所示为转阀的结构。

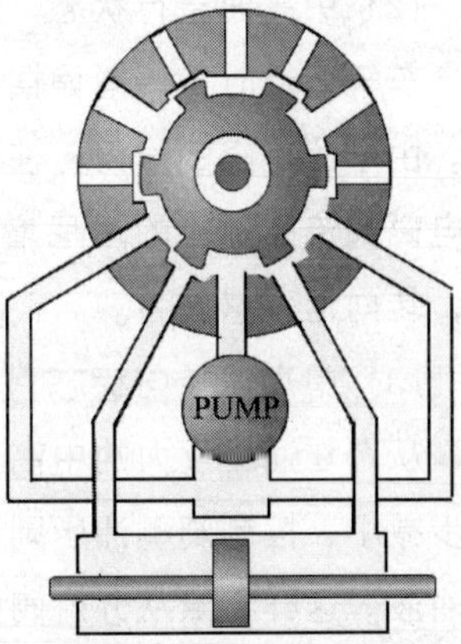

图 11—28 转阀的结构（直线行驶状态）

七、电子控制动力转向系统简介

电子控制动力转向系统，根据动力源不同可分为电控液力式动力转向系统和电动动力转向系统。

1. 电控液力式动力转向系统

电控液力式动力转向系统主要由转向控制阀、电磁阀、分流阀、转向动力缸、转向油泵、储油罐、车速传感器和电子控制单元组成，如图 11—29 所示。

电控液力式动力转向系统具有停车与低速、中高速直行和中高速转向三种控制状态。电子控制单元（ECU）根据车速传感器信号判断出其状态，从而控制电磁阀通电电流。

(1) 停车与低速状态

电子控制单元（ECU）使电磁阀通电电流大，经分流阀分流的油液通过电磁阀流回油箱，柱塞受到的背压小（油压低），柱塞推动控制阀阀杆的力矩小，因此只需要较小的转向

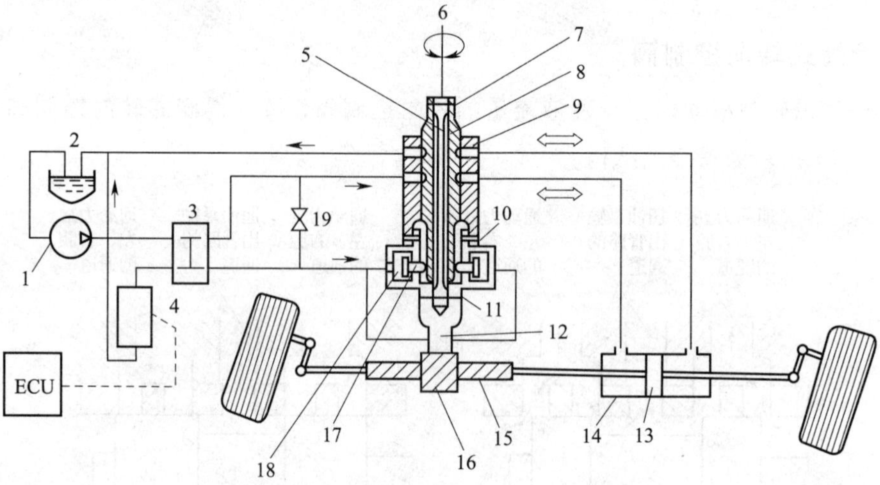

图 11—29　电控液力式动力转向系统的组成

1—转向油泵　2—储油罐　3—分流阀　4—电磁阀　5—扭力杆　6—转向盘
7、10、11—销　8—转阀阀杆　9—控制阀阀体　12—转向齿轮轴　13—活塞　14—转向动力缸
15—转向齿条　16—转向齿轮　17—柱塞　18—油压反力室　19—阻尼孔

力就可使扭杆扭转变形，使阀体与阀杆发生相对转动而使控制阀打开，油泵输出油压作用到动力缸右室（或左室），使动力缸活塞左移（或右移），产生转向助力。

(2) 中高速直行状态

车辆直行时，转向偏摆角小，扭杆相对转矩小，控制阀油孔开度减小，控制阀侧油压升高。由于分流阀的作用，使电磁阀侧油量增加。同时，随着车速的升高，通电电流减小，通过电磁阀流回油箱的阻尼增大，油压反力室的反力增大，使柱塞推动控制阀阀杆的力矩增大，转向盘手感增强。

(3) 中高速转向状态

从存在油压反力的中高速直行状态转向时，扭杆的扭转角进一步减小，控制阀开度也进一步减小，控制阀侧油压则进一步升高。随着该油压升高，将从固定阻尼孔向油压反力室供给油液。这样，除从分流阀向油压反力室供给的一定流量油液外，增加了从固定阻尼孔侧供给的油液，导致柱塞推力进一步增强。此时需要较大的转向力才能使阀体与阀杆之间作相对转动，从而实现转向助力作用，使得在中高速时驾驶员可获得良好的转向手感和转向特性。

2. 电动动力转向系统

电动动力转向系统通常由转矩传感器、车速传感器、电动机、电磁离合器、减速机构、电子控制单元等组成，如图 11—30 所示。

当操纵转向盘时，装在转向轴上的转矩传感器不断测出转向轴上的转矩，并由此产生一个电压信号。该信号与车速信号同时输入电子控制单元，电子控制单元根据这些输入信号进行运算处理，确定助力转矩的大小和转向，即选定电动机的电流和转向，调整转向的助力。

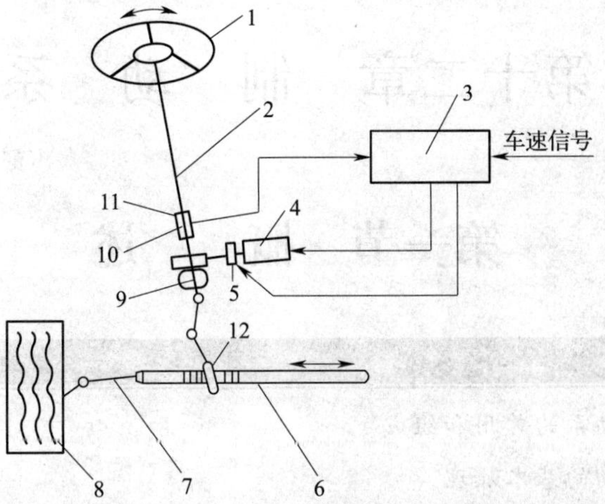

图 11—30　电动动力转向系统的组成

1—转向盘　2—输入轴（转向轴）　3—电子控制单元　4—电动机　5—电磁离合器　6—转向齿条
7—转向横拉杆　8—轮胎　9—输出轴　10—扭力杆　11—转矩传感器　12—转向齿轮

电动机的转矩由电磁离合器通过减速机构减速增矩后，加在汽车的转向机构上，使之得到一个与工况相适应的转向作用力。

第十二章　制　动　系

第一节　概　述

学习目标：

1. 掌握汽车制动系的作用和组成。
2. 了解汽车制动的基本原理。
3. 了解汽车制动系的分类。

一、制动系的作用

汽车制动系的作用：

(1) 按照需要使汽车减速或在最短离内停车。

(2) 下坡行驶时保持车速稳定。

(3) 使停驶的汽车可靠驻停。

二、制动系的分类

为完成汽车制动系的作用，现代汽车上一般设有以下几套独立的制动系：

1. 行车制动系

用于使行驶中的车辆减速或停车，制动器安装在全部的车轮上，通常由驾驶员用脚操纵。

2. 驻车制动系

用于使停驶的汽车驻留原地，通常由驾驶员用手操纵。

3. 应急制动、安全制动和辅助制动系

(1) 应急制动装置是用独立的管路控制车轮的制动器作为备用系统，其作用是当行车制动装置失效的情况下保证汽车仍能实现减速或停车。

(2) 安全制动装置是当制动气压不足时起制动作用，使车辆无法行驶。

(3) 辅助制动装置是为了下长坡时减轻行车制动器的磨损而设置的，其中发动机排气制动应用最广。

三、制动系的组成

图 12—1 是汽车制动系布置图，制动系统一般由制动操纵机构和制动器两个主要部分组成。

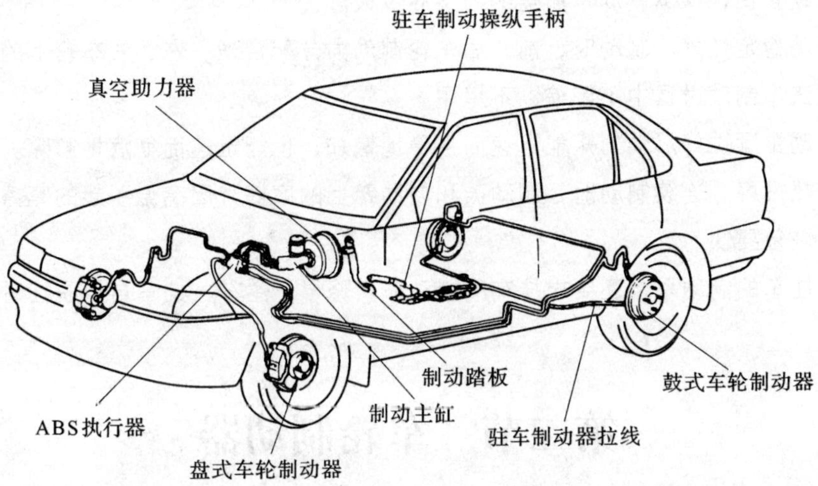

图 12—1 汽车制动系布置图

1. 制动操纵机构

产生制动动作、控制制动效果并将制动能量传输到制动器的各个部件，如图 12—1 中的制动踏板、制动主缸以及制动轮缸和制动管路等。

2. 制动器

产生阻碍车辆的运动或运动趋势的力（制动力）的部件。汽车上常用的制动器都是利用固定元件与旋转元件工作表面的摩擦而产生制动力矩，这样制动器称为摩擦制动器，它有鼓式制动器和盘式制动器两种结构形式。

四、制动系的工作原理

以一定速度行驶的汽车，具有一定的动能，要使它减速或停车，路面必须强制地对汽车车轮产生一个阻止汽车行驶的力——制动力。这个力的方向与汽车行驶的方向相反。制动就是将汽车的动能强制地转化为热能，扩散于大气中。

一般制动器的工作原理如图 12—2 所示。固定在轮毂上并同车轮一起旋转的制动鼓或制动盘与摩擦衬片在外力的作用下，产生摩擦作用使汽车减速。鼓式制动器是由摩擦衬片压紧旋转的制动鼓内侧产生制动，盘式制动器是由摩擦衬块夹紧制动盘产生制动。

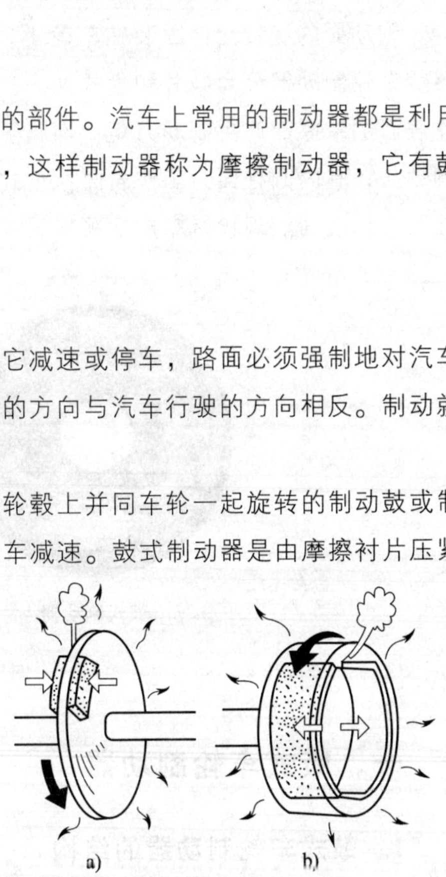

图 12—2 制动系的工作原理
a）盘式制动器 b）鼓式制动器

五、对制动系的要求

为保证汽车能在安全的条件下发挥出高速行驶的能力，制动系必须满足下列要求：

(1) 具有良好的制动效能，迅速减速直至停车的能力。

(2) 操纵轻便，操纵制动系所需的力不应过大。

(3) 制动稳定性好。制动时，前、后车轮制动力分配合理，左、右车轮上的制动力矩基本相等，使汽车制动过程中不跑偏、不甩尾。

(4) 制动平顺性好。动力矩能迅速而平稳地增加，也能迅速而彻底地解除。

(5) 散热性好。连续制动时，制动鼓和制动蹄上的摩擦片因高温引起的摩擦系数下降要小；水湿后恢复要快。

(6) 对挂车的制动系，还要求挂车的制动作用略早于主车；挂车自行脱挂时能自动进行应急制动。

第二节　车轮制动器

学习目标：

1. 掌握车轮制动器的分类。
2. 掌握车轮制动器的结构和工作原理。

制动器的旋转元件固装在车轮上，制动力矩直接作用于车轮上的制动器称为车轮制动器。车轮制动器分为鼓式和盘式两大类（图 12—3），二者都是利用固定元件与旋转元件工作表面的摩擦而产生制动力矩，均属于摩擦式制动器。但鼓式制动器摩擦副中的旋转元件为制动鼓，其内圆柱面为工作表面；盘式制动器摩擦副中的旋转元件为圆盘状的制动盘，以端面为工作表面。现代汽车广泛采用鼓式制动器，而盘式制动器多用于轿车和轻型汽车。

鼓式制动器　　盘式制动器

图 12—3　车轮制动器

一、鼓式车轮制动器

1. 鼓式车轮制动器的结构

简单的鼓式车轮制动器由旋转部分、固定部分、促动装置和定位调整机构组成。

(1) 旋转部分

旋转部分多为制动鼓。制动鼓通常为浇铸件，对于受力小的制动鼓也可用钢板冲压而成，如图 12—4 所示。

(2) 固定部分

固定部分是制动底板和制动蹄。制动底板固装在车桥的凸缘盘上，通过支承销与制动蹄相连。制动蹄常用钢板冲压后焊接而成或由铸铁或轻合金烧铸，采用 T 型截面，以增大刚度，摩擦片采用粘接或铆接的方式固定于制动蹄上，如图 12—5 所示。

图 12—4 制动鼓

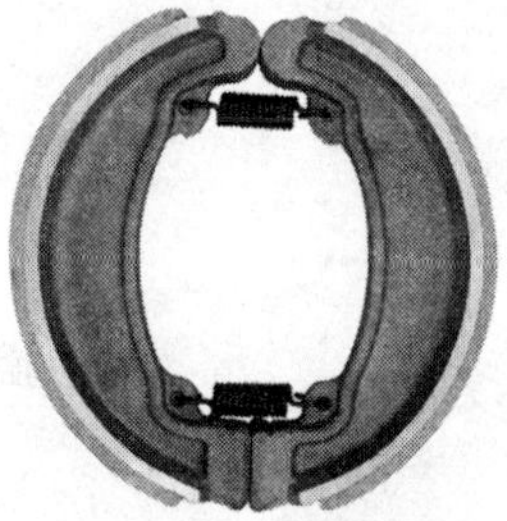

图 12—5 制动蹄

(3) 促动装置

促动装置的作用是对制动蹄施加力使其向外张开。常用的促动装置有制动凸轮和制动轮缸，如图 12—6 所示。

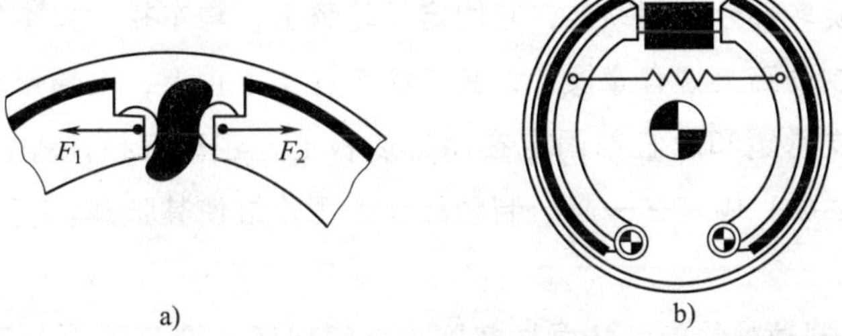

a) b)

图 12—6 制动蹄的促动装置

a）制动凸轮 b）制动轮缸

(4) 定位调整装置

制动蹄在不工作时，其摩擦片与制动鼓之间应有合适的间隙，此间隙一般在 0.25～0.5 mm之间。间隙过小易造成制动解除不彻底；但间隙过大又将使制动踏板行程过大，以致使驾驶员操作不便，同时也会推迟制动时刻。但是在制动过程中，摩擦片的不断磨损必将导致此间隙逐渐增大。因此，各种形式的制动器均设有检查、调整此间隙的装置。

定位调整装置的作用是保持和调整制动蹄和制动鼓间正确的相对位置。

2. 鼓式车轮制动器的工作原理

(1) 制动器的工作过程

如图 12—7 所示为一行车制动系的基本组成。

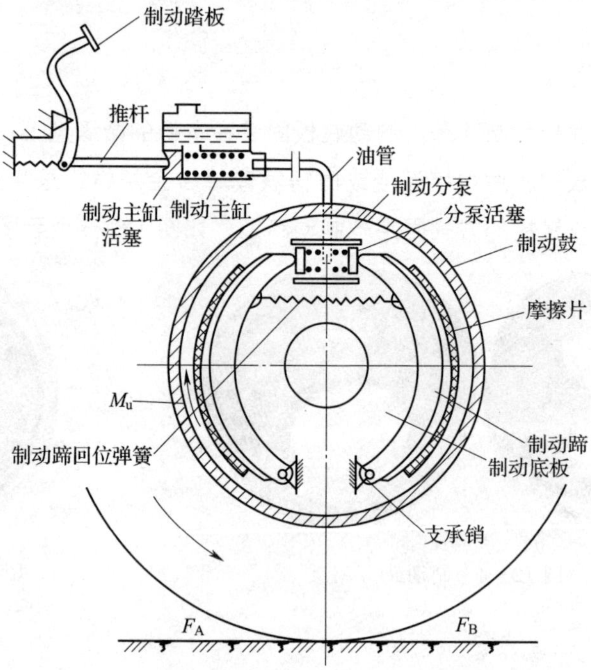

图 12—7 制动系的组成及工作原理

行车制动系由车轮制动器和液压传动机构两部分组成。

车轮制动器的旋转部分是制动鼓，它固定于轮毂上，与车轮一起旋转。固定部分是制动蹄和制动底板等。制动蹄上铆有摩擦片，其下端套在支承销上，上端用复位弹簧拉紧压靠在轮缸内的活塞上。支承销和轮缸都固定在制动底板上，制动底板用螺钉与转向节凸缘（前桥）或桥壳凸缘（后桥）固定在一起。制动蹄靠液压轮缸使其张开。

工作过程如下：

1）不制动时，制动鼓的内圆柱面与摩擦片之间保留一定间隙，制动鼓可以随车轮一起旋转。

2）制动时，驾驶员踩下制动踏板，主缸推杆便推动制动主缸内的活塞前移，迫使制动液经管路进入轮缸，推动轮缸的活塞向外移动，使制动蹄克服复位弹簧的拉力绕支承销转动而张开，消除制动蹄与制动鼓之间的间隙后压紧在制动鼓上。此时，不旋转的制动蹄摩擦片对旋转的制动鼓就产生一个摩擦力矩，其方向与车轮的旋转方向相反。制动鼓将此力矩传到车轮后，由于车轮与路面的附着作用，车轮即对路面作用一个向前的圆周力，与此相反，路面会给车轮一个向后的反作用力，这个力就是车轮受到的制动力。各车轮制动力的总和就是汽车受到的总的制动力。

3）放松制动踏板，在复位弹簧的作用下，制动蹄与制动鼓的间隙又得以恢复，从而解除制动。

（2）制动蹄的增势和减势

如图 12—8 所示，汽车前进时制动鼓的旋转方向如箭头所示。在制动过程中，两制动蹄在相等的促动力 F_S作用下，分别绕各自的支承点向外偏转，紧压在制动鼓上。同时旋转的制动鼓对两蹄分别作用着法向反力 N_1和 N_2，以及相应的切向反力 T_1和 T_2。

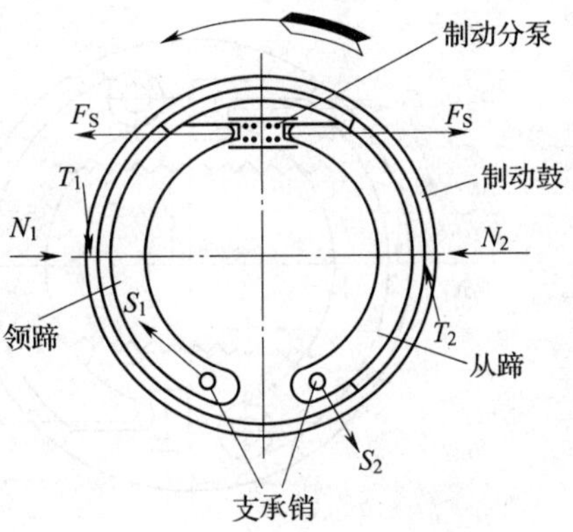

图 12—8 领、从蹄式制动器示意图

T_1作用的结果使得制动蹄在制动鼓上压得更紧，则 N_1变得更大，这种情况称为“助势”作用，相应的制动蹄被称为“领蹄”。

T_2作用的结果则使得制动蹄有放松制动鼓趋势，即 N_2和 T_2有减小的趋势。这种情况称为“减势”作用，相应的制动蹄被称为“从蹄”。

通过以上的分析，我们会得出这样的结论：虽然领蹄、从蹄所受的促动力相等，但由于 T_1和 T_2的作用方向相反，使得两制动蹄所受到的法向反力 N_1和 N_2不相等，且 $N_1>N_2$，相应的 $T_1>T_2$。所以制动蹄作用到制动鼓上的法向力不相等；两制动蹄对制动鼓所施加的制动力矩也不相等。

制动蹄对制动鼓的作用力不相等，则两蹄法向力之和只能由车轮轮毂轴承的反力来平衡，这样对轮毂轴承造成了附加径向载荷，轴承的寿命缩短。为解决这个问题，出现了各种不同的鼓式车轮制动器。

3. 鼓式车轮制动器类型

鼓式车轮制动器按其制动蹄促动装置的形式可分为轮缸式车轮制动器和凸轮式车轮制动器。

根据制动时两制动蹄对制动鼓的径向作用力之间的关系，鼓式车轮制动器可分为：非平衡式、平衡式和自增力式。

(1) 非平衡式制动器

制动鼓受来自两制动蹄的法向力且两力不能互相平衡的制动器称为非平衡式制动器。

非平衡式制动器的工作过程如图 12—8 所示，两制动蹄的支承点都位于蹄的下端，而促动装置的作用点在蹄的上端，共用一个轮缸张开，且轮缸活塞直径是相等的。汽车前进或倒车制动时，各有一个“领蹄”和“从蹄”。领、从蹄对制动鼓的法向作用力不相等，而这个不平衡的法向作用力只能由车轮的轮毂轴承来承担。

(2) 平衡式制动器

制动鼓受来自两蹄的法向力且两力互相平衡的制动器称为平衡式制动器。

1) 单向平衡式制动器

单向平衡式制动器的结构如图 12—9 所示，两制动蹄各用一个单向活塞制动轮缸，且前后制动蹄与其轮缸、调整凸轮零件在制动底板上的布置是中心对称的，两轮缸用油管连接。前进制动时两蹄均为“领蹄”，有较强的增力，倒车制动时两蹄均为“从蹄”，制动力较小。

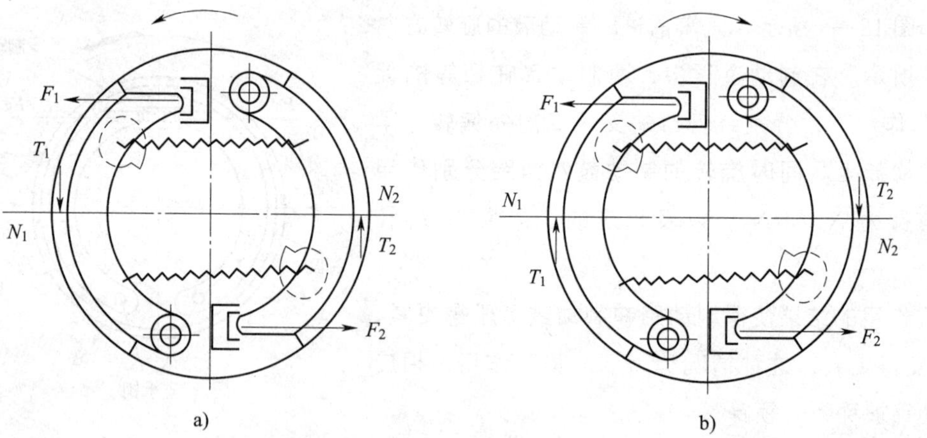

图 12—9　单向平衡式车轮制动器的结构

a）前进制动时　b）倒车制动时

2）双向平衡式制动器

双向平衡式制动器的结构如 12—10 所示，制动蹄、制动轮缸、复位弹簧均为成对地对称布置，两制动蹄的两端采用浮式支承，且支点在周向位置浮动，用复位弹簧拉紧。汽车前进或倒车中制动时，两个制动蹄均为“领蹄”，均有较强的增力，制动效果好，蹄片磨损均匀。

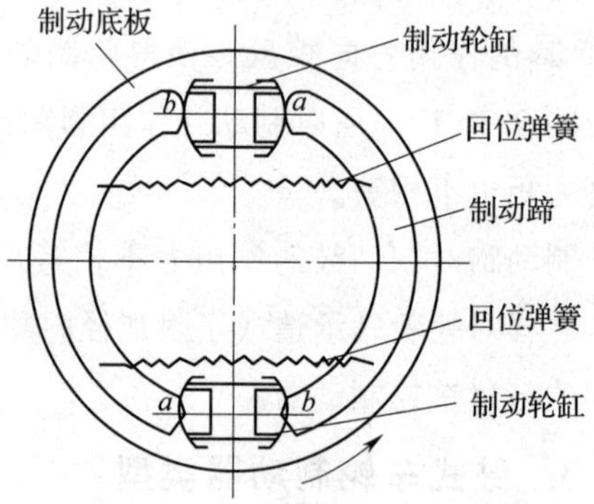

图 12—10　双向平衡式车轮制动器的结构

(3) 自增力式制动器

1）单向自增力式制动器　单向自增力式制动器的结构如图 12—11 所示。第一制动蹄和第二制动蹄的下端分别浮支在浮动的顶杆两端。制动器只在上方有一个支承销。不制动时，两蹄上端均靠各自的复位弹簧拉靠在支承销上。

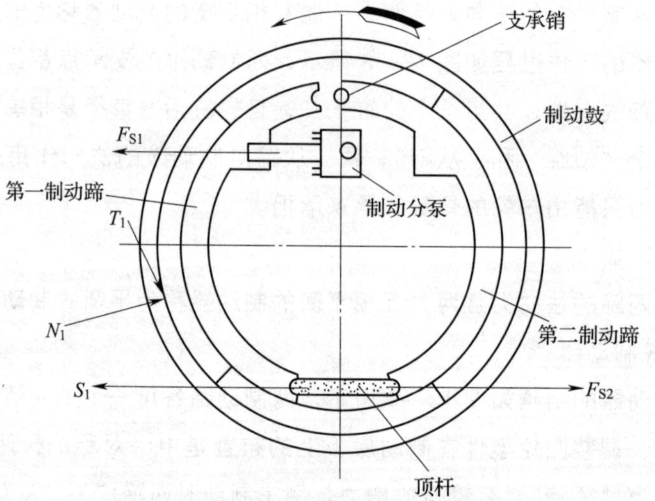

图 12—11　单向自增力式制动器的结构

汽车前进制动时，单活塞式轮缸只将促动力 F_{S1} 加于第一制动蹄，使其上端离开支承销，整个制动蹄绕顶杆左端支承点旋转，并压靠在制动鼓上。显然，第一制动蹄是领蹄，并且在促动力 F_{S1}、法向合力 N_1、切向（摩擦）合力 T_1 和沿顶杆轴线方向的 S_1 作用下处于平衡状态。由于顶杆是浮动的，自然成为第二制动蹄的促动装置，而将与力 S_1 大小相等、方向相反的促动力 F_{S2} 施于第二制动蹄的下端，故第二制动蹄也是领蹄。

2）双向自增力式制动器　双向自增力式制动器的结构如图 12—12 所示。前进制动时，两制动蹄在促动力 F_S 的作用下张开压力制动鼓，此时两蹄的上端均离开支承销，沿图中箭头方向旋转的制动鼓对两蹄产生摩擦力矩，带动两蹄沿旋转方向转过一个不大的角度，直到后蹄又顶靠到支承销上为止。此时，前蹄为“领蹄”，但其支承为浮动的推杆。制动鼓作用在前蹄的摩擦力和法向力的一部分对推杆形成一个推力 S，推杆又将此推力完全传到后蹄的下端。后蹄在推力 S 的作用下也形成“领蹄”，并在轮缸液压促动力 F_S 的共同作用下进一步压紧制动鼓。推力 S 比促动力 F_S 大得多，从而使后蹄产生的制动力矩比前蹄更大。

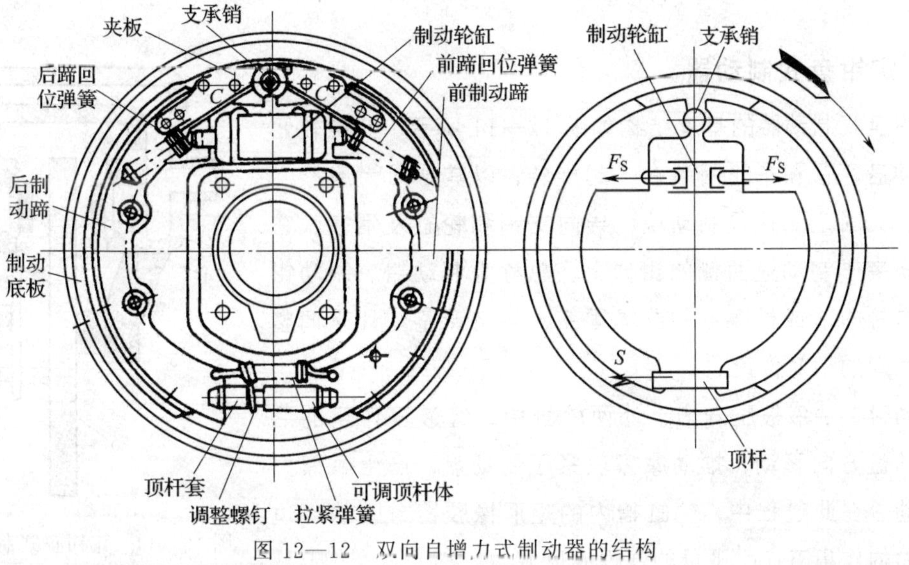

图 12—12　双向自增力式制动器的结构

倒车制动时，作用过程与此相反，与前进制动时具有同等的自增力作用。

（4）凸轮式车轮制动器

轮缸式制动器一般用于液压制动系中，而气压制动系中一般用凸轮式车轮制动器。

凸轮式车轮制动器的结构如图 12—13 所示。制动底板固定在转向节凸缘（前轮）或后桥壳凸缘上（后轮），在制动底板的下端固定有制动蹄支承销座孔，两制动蹄下端用两个偏心的支承销支承，上端用复位弹簧拉紧并紧压在制动凸轮上，制动凸轮与制动凸轮轴制成一体。

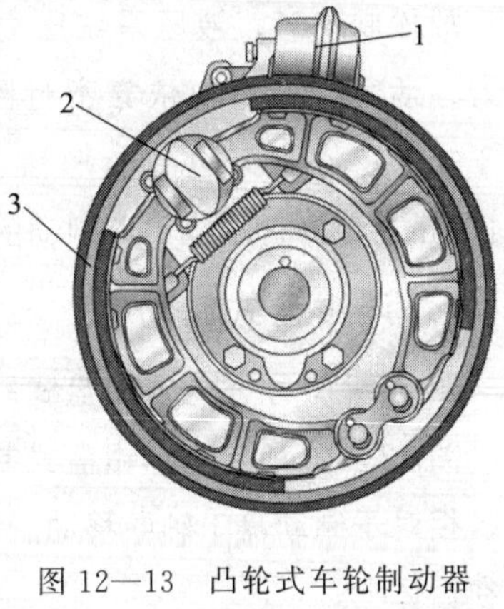

图 12—13　凸轮式车轮制动器

1—制动气室　2—制动凸轮　3—制动鼓

制动凸轮轴由制动底板里侧穿出，装在制动底板上端的凸轮轴支承于座孔中，凸轮轴外端制有花键齿，装在制动调整臂内的蜗轮中。为防止凸轮轴的轴向窜动，在支承垫片与调整臂之间装有调整垫片，可调整凸轮轴的轴向间隙。

制动鼓与轮毂总成通过一对圆锥滚子轴承支承在转向节轴颈（前轮）或后桥半轴套管轴颈（后轮）上，并可由调整螺母调整轴承预紧度。

二、盘式制动器

1. 盘式制动器的类型

盘式制动器根据其固定元件的结构形式可分为钳盘式制动器和全盘式制动器。

钳盘式制动器按制动钳固定在支架上的结构形式可分为定钳盘式和浮钳盘式。

全盘式制动器的固定元件金属背板和摩擦片都做成圆盘形，其制动盘的全部工作面可同时与摩擦片接触。全盘式制动器由于制动钳的横向尺寸较大，主要应用在重型车上。

2. 定钳盘式制动器

定钳盘式制动器的基本结构如图 12—14 所示，其旋转元件是制动盘，它和车轮固装在一起旋转，以其端面为摩擦工作表面。其固定元件是制动块、导向支销和轮缸及活塞，它们均被安装于制动盘两侧的钳体上，总称为制动钳。制动钳用螺栓与转向节或桥壳上的凸缘固装，并用调整垫片来调整钳与盘之间的相对位置。

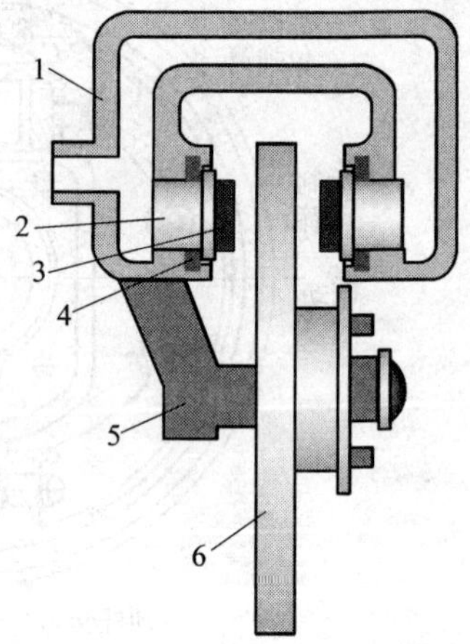

图 12—14　定钳盘式制动器

1—制动钳体　2—活塞　3—摩擦块　4—密封圈　5—车桥　6—制动盘

制动时，油液被压入内、外两轮缸中，经液压作用的活塞朝制动盘方向移动，推动摩擦块紧压制动盘，产生摩擦力矩而制动。在此过程中，轮缸槽内的矩形橡胶密封圈的刃边在摩擦力的作用下产生微量的弹性变形。

放松制动时，液压系统压力消除，密封圈恢复到其初始位置，活塞和摩擦块依靠密封圈的弹力和弹簧的弹力回位。由于矩形密封圈刃边的变形量很微小，在不制动时，摩擦片与盘之间的间隙每边只有 0.1 mm左右，它足以保证制动的解除。

3. 浮钳盘式制动器

图 12—15 所示为浮钳盘式制动器。它由制动盘、制动块、制动钳、制动钳支架等组成。

图 12—16 所示为浮钳盘式制动器工作原理示意图。钳体 2 通过导向销 6 与车桥 7 相连，可以相对于制动盘 1 轴向移动。制动钳体只在制动盘的内侧设置油缸，而外侧的制动块则附装在钳体上。

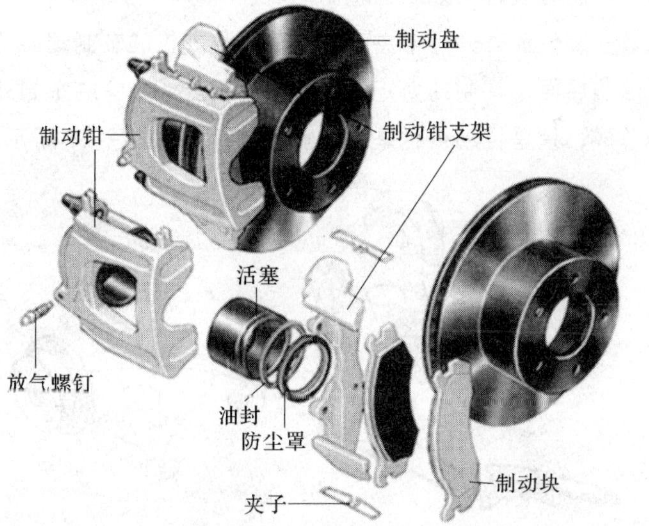

图 12—15　浮钳盘式制动器

制动时，液压油通过进油口 5 进入制动油缸，推动活塞 4 及其上的摩擦块向右移动，并压到制动盘上，使得油缸连同制动钳体整体沿销钉向左移动，直到制动盘右侧的摩擦块也压到制动盘上夹住制动盘并使其制动。

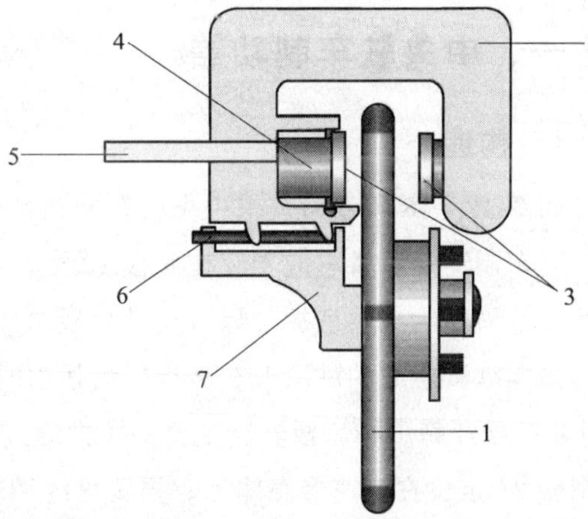

图 12—16　浮钳盘式制动器示意图

1—制动盘　2—制动钳体　3—摩擦块
4—活塞　5—进油口　6—导向销　7—车桥

与定钳盘式制动器相反，浮钳盘式制动器轴向和径向尺寸较小，而且制动液受热汽化的机会较少。此外，浮钳盘式制动器在兼充行车和驻车制动器的情况下，只需在行车制动钳油缸附近加装一些用以推动油缸活塞的驻车制动机械传动零件即可。故自 70 年代以来，浮钳盘式制动器逐渐取代了定钳盘式制动器。

第三节　驻车制动器

学习目标：

1. 掌握驻车制动器的分类和工作原理。
2. 掌握驻车制动器的结构。

驻车制动器的作用是使汽车停放可靠，防止汽车滑溜，便于上坡起步，配合行车制动装置进行紧急制动或行车制动装置失效后应急制动。

驻车制动器按其安装位置可分为中央驻车制动器和车轮驻车制动器两种。中央驻车制动器通常安装在变速器的后面，其制动力矩作用在传动轴上；车轮驻车制动器通常与车轮制动器共用一个制动器总成，只是传动机构是相互独立的，如图 12—17 所示。

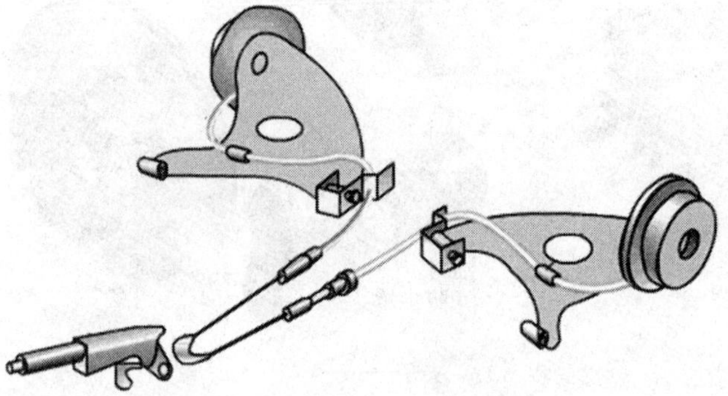

图 12—17 车轮制动式驻车制动器

大型客车或载货汽车一般装有后轮弹簧驻车制动器。

一、中央驻车制动器

1. 构造

如图 12—18 所示为汽车中央驻车制动操纵机构。

驻车制动操纵臂总成 4 装在底板 12 上，主要由棘爪 6、棘爪拉杆 5、按钮 1、按钮复位弹簧 2 等零件组成。底板上焊有支承齿板总成 11。

当操纵臂总成的棘爪卡在齿板的齿槽中时，操纵臂只能后拉，不能前松。只有压下按钮 1 时才能松开棘爪和齿板。操纵臂的拉力通过钢丝绳总成传到驻车制动摇臂 20 上。摇臂 20 用销轴 24 定位在变速器壳体上，摇臂可绕销轴转动，在摇臂另一端装有复位弹簧 25。摇臂中间通过平头销 19 与驻车制动拉杆相连，拉杆上装有复位弹簧 17、球面垫圈 16、凸轮轴摆臂、调整螺母、锁紧螺母等。

中央驻车制动器结构组成如图 12—19 所示。制动鼓用两个螺栓固定在凸缘上，凸缘上有四个螺栓用以安装传动轴。制动底板安装在变速器输出轴轴承座上，制动底板下端支座上装有偏心支承销，销上分别装有制动蹄，每个制动蹄上端均用滚轮轴装有滚轮支承，并在复位弹簧作用下与制动凸轮靠紧。

2. 工作原理

鼓式中央驻车制动器的工作原理与简单非平衡鼓式车轮制动器相同。

不制动时，两制动蹄在复位弹簧的作用下紧靠在制动凸轮上，制动蹄与制动鼓有一定间隙，无制动效果。

制动时，驻车操纵臂向后拉，通过传动机构转动制动凸轮，使两制动蹄压在制动鼓上产生制动。

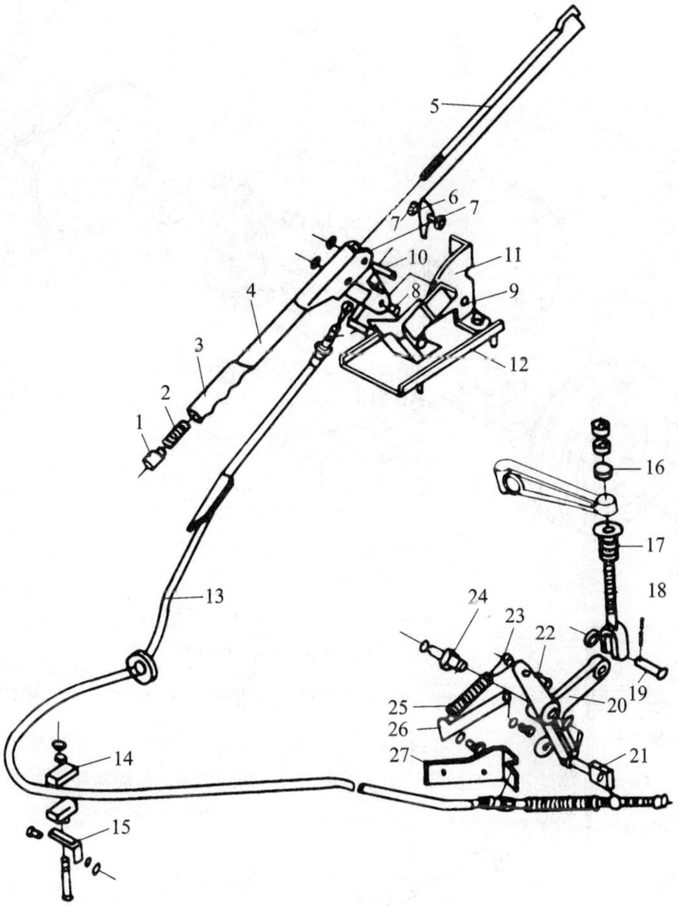

图 12—18　汽车中央驻车制动操纵机构

1—按钮　2—按钮复位弹簧　3—操纵把　4—驻车制动操纵臂总成　5—棘爪拉杆　6—棘爪　7—限位套　8—铆钉　9—支撑衬套　10、19、22—平头销　11—支承齿板总成　12—底板焊接总成　13—钢索　14—单管夹上支架　15—管夹支架　16—球面垫圈　17、25—复位弹簧　18—拉杆　20—摇臂及衬套　21、24—销轴　23—钩环　26—弹簧支架　27—支架

解除制动时，向后拉动驻车操纵臂，同时按下操纵臂上的按钮，使棘爪脱出，然后将驻车操纵臂推向最前端，两制动蹄也同时回位，制动被解除。

二、后轮弹簧驻车制动器

1. 构造

后轮弹簧驻车制动器是在原有行车制动气室的基础上，设计加装了一套弹簧制动气室实现的。由手控阀控制，通过弹簧制动气室内的贮能弹簧释放弹性势能，推动后轮制动臂使制动蹄张开，从而实现后轮制动器制动。其结构组成如图 12—20 所示。

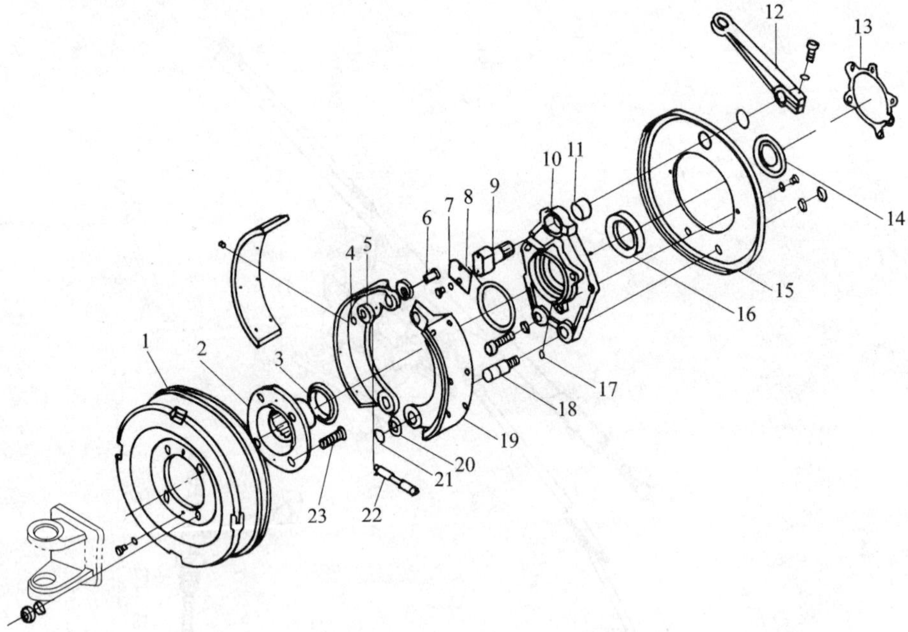

图 12—19 汽车中央驻车制动器

1—驻车制动鼓 2—凸缘 3、14—甩油环 4—弹性垫圈 5—滚轮 6—滚轮轴 7—限位片 8—挡油盘 9—制动凸轮轴 10—底板支架 11—衬套 12—凸轮摆臂 13—衬垫 15—制动底板 16—油封 17—泄油塞 18—支承销 19—制动蹄 20—垫片 21—挡圈 22—制动蹄复位弹簧 23—螺栓

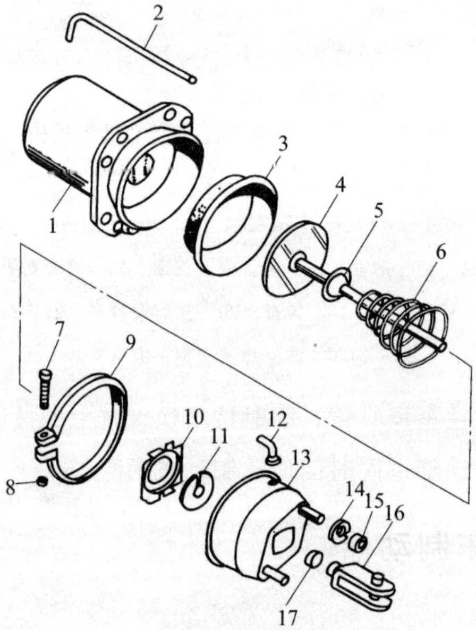

图 12—20 汽车弹簧制动气室

1—弹簧储能腔 2—连通管 3—膜片 4—小活塞总成 5—弹簧座 6—锥弹簧 7—螺栓 8、15、17—螺母 9—卡箍 10—衬垫 11—垫圈 12—橡胶管接头 13—端盖 14—弹簧垫圈 16—连接叉

2. 工作原理

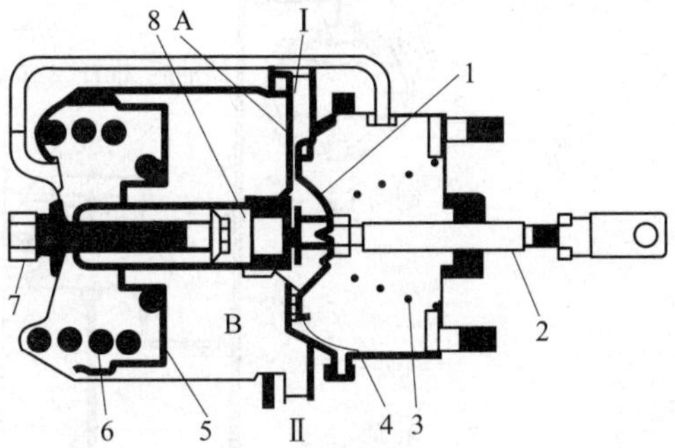

图 12—21　弹簧制动气室的工作原理
1—小活塞　2—推杆　3—锥形弹簧　4　膜片
5—大活塞　6—制动储能弹簧　7—放松螺塞
8—推盘　A、B—气腔　Ⅰ、Ⅱ—气口

如图 12—21 所示，汽车在行驶过程中制动时，由行车制动阀来的压缩空气经接口Ⅰ进入 A 腔，作用在膜片 4 上，并压缩锥形弹簧 3 将小活塞 1 推出，通过推杆 2 作用于制动臂上，对车轮产生制动力矩。

当驻车制动或行车制动失灵时，可通过操纵制动手控阀手柄来控制驻车制动阀，使 B 腔的压缩空气经接口Ⅱ完全或部分地释放，制动储能弹簧 6 释放能量，通过大活塞 5、推盘 8 及推杆 2 作用于制动臂上，对车轮产生制动力矩。

当制动系统中无压缩空气或系统压力不足使后轮制动器抱死时，可将放松螺栓 7 拧出，使驻车制动解除，以便于拖车或维修。

第四节　液压制动传动装置

学习目标：

掌握液压制动传动装置工作原理和结构。

制动传动装置的作用是将驾驶员或其他动力源的作用传到制动器，并控制制动器的工作，从而获得所需要的制动力矩。

液压式制动传动装置是利用制动液将制动踏板力转换为制动液压力，通过管路传至车轮制动器，再将制动液压力转变为制动蹄张开的机械推力。

按照交通法规的要求，现代汽车的行车制动系须采用双管路制动传动装置，单管路制动传动装置已被淘汰。

一、液压式制动传动装置的组成

液压式制动传动装置由制动踏板、推杆、制动主缸、储油罐、制动灯开关、指示灯、比例阀等组成，如图 12—22 所示。

二、液压式制动传动装置的类型

双管路液压制动传动装置是利用彼此独立的双腔制动主缸，通过两套独立管路，分别控制两桥或三桥的车轮制动器。若其中一套管路发生故障而失效时，另一套管路仍能继续起制动作用，从而提高了汽车制动的可靠性和行车的安全性。

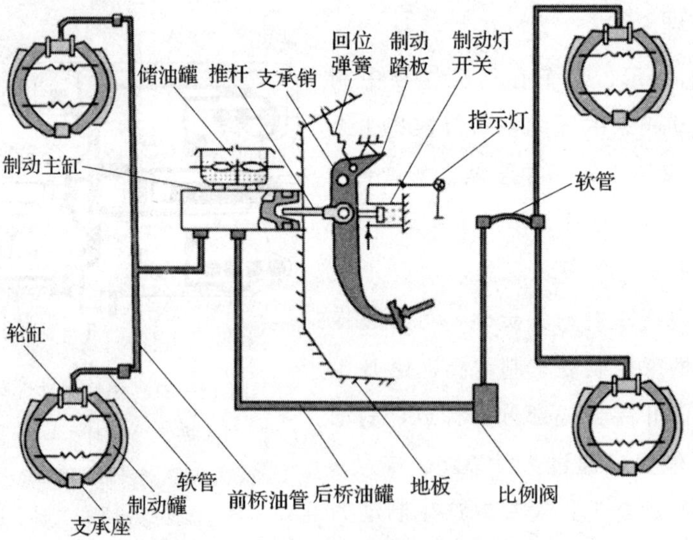

图 12—22　液压式制动传动装置的组成

双管路的布置方案在各型汽车上各有不同，常见的有前后独立式和交叉式两种形式。

1. 前后独立式

前后独立式双管路液压制动传动装置由双腔制动主缸通过两套独立的管路分别控制前桥和后桥的车轮制动器，如图 12—23 所示。这种布置方式结构简单，如果其中一套管路损坏漏油，另一套仍能起作用，但会破坏前后桥制动力分配的比例。主要用于发动机前置后轮驱动的汽车。

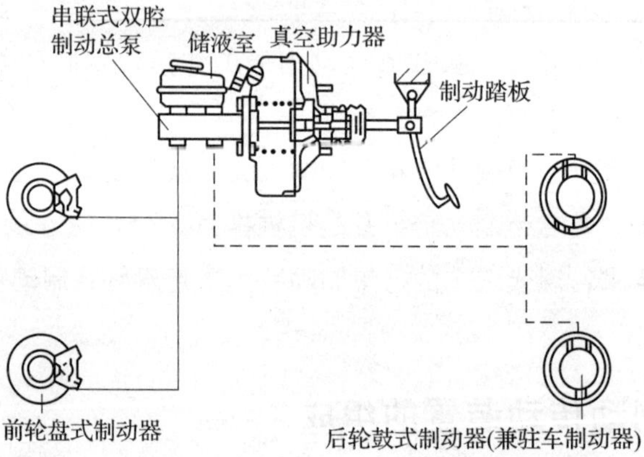

图 12—23　前后独立式双管路液压制动传动装置

2. 交叉式

交叉式双管路液压制动传动装置由双腔制动主缸通过两套独立的管路分别控制前后桥对角线方向的两个车轮制动器，如图 12—24 所示。这种布置方式在任一管路失效时，仍能保持一半的制动力，且前后桥制动力分配比例保持不变，有利于提高制动方向稳定性。主要用于发动机前置前轮驱动的轿车。

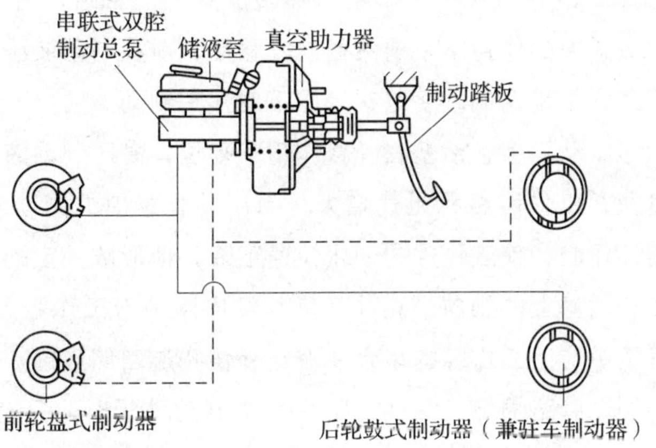

图 12—24 交叉式的双管路液压制动传动装置

三、液压式制动传动装置主要部件

1. 制动主缸

制动主缸又称为制动总泵，它处于制动踏板与管路之间，其作用是将制动踏板输入的机械力转换成液压力。

(1) 结构

串联式双腔制动主缸主要由储液罐、制动主缸外壳、前活塞、后活塞及前后活塞弹簧、推杆、皮碗等组成，如图 12—25 所示。

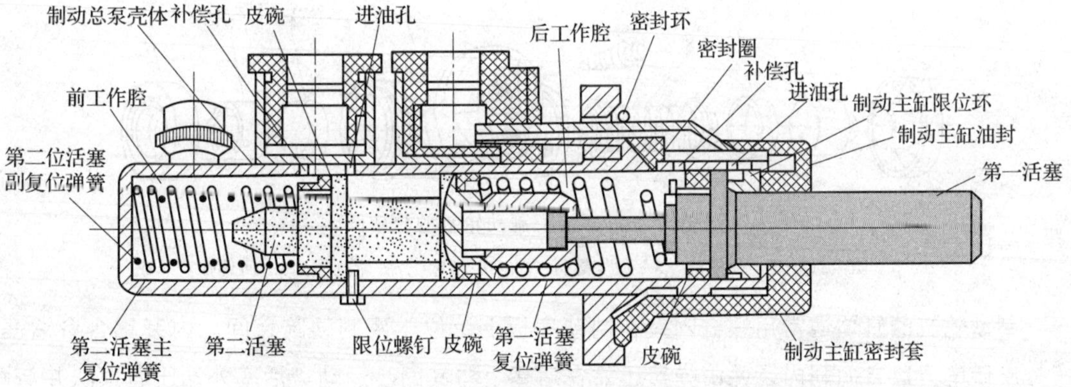

图 12—25 串联式双腔制动主缸

主缸的壳体内装有第一（后）活塞、第二（前）活塞及复位弹簧，前后活塞分别用皮碗密封，前活塞用限位螺钉保证其正确位置。储油罐分别与主缸的前、后腔相通，前出油口、后出油口分别与轮缸相通，前活塞靠后活塞的液力推动，而后活塞直接由推杆推动。

(2) 工作原理

不制动时，两活塞前部皮碗均遮盖不住其旁通孔，制动液由储液罐进入主缸。

正常状态下制动时，操纵制动踏板，经推杆推动后活塞左移，在其皮碗遮盖住旁通孔之后，后腔制动液压力升高，制动液一方面经出油阀流入制动管路，另一方面推动前活塞左移。在后腔液压和弹簧弹力的作用下，前活塞向左移动，前腔制动液压力也随之升高，制动液推开出油阀流入管路，于是两制动管路在等压下对汽车制动。

解除制动时，抬起制动踏板，活塞在弹簧作用下复位，高压制动液自制动管路流回制动主缸。若活塞复位过快，工作腔容积迅速增大，而制动管路中的制动液由于管路阻力的影响，来不及充分流回工作腔，使工作腔内油压快速下降，便形成一定的真空度，于是储液罐中的油液便经补偿孔和活塞上的轴向小孔推开垫片及皮碗进入工作腔。当活塞完全复位时，旁通孔开放，制动管路中流回工作腔的多余油液经补偿孔流回储液罐。

若与前腔连接的制动管路损坏、漏油，则在踩下制动踏板时，只有后腔中能建立液压，前腔中无压力。此时，在压力差的作用下，前活塞迅速移到其前端顶到主缸缸体上。此后，后工作腔中液压方能升高到制动所需的值。

若与后腔连接的制动管路损坏、漏油，则在踩下制动踏板时，起先只是后活塞前移，而不能推动前活塞，因而后腔制动液压不能建立。但在后活塞直接顶触前活塞时，前活塞便前移，使前腔建立必要的制动液压而制动。

2. 制动轮缸

制动轮缸的作用是将制动主缸传来的液压力转变为使制动蹄张开的机械推力。

(1) 结构

制动轮缸主要由轮缸体、活塞、皮碗、弹簧和放气螺钉组成，如图 12—26 所示。

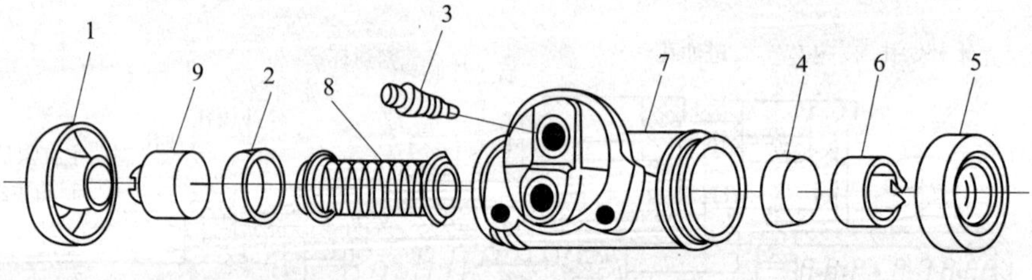

图 12—26 双活塞制动轮缸的分解图

1、5—防尘罩 2、4—皮碗 3—放气螺钉 6、9—活塞 7—轮缸体 8—回位弹簧总成

制动轮缸的缸体通常用螺钉固装在制动底板上，位于两制动蹄之间。内装铝合金活塞，密封皮碗的刃口方向朝内，并由弹簧压靠在活塞上与其同步运动。活塞外端压有顶块并与蹄的上端相抵紧。在缸体的另一端装有防护罩，可防止尘土及泥土的侵入。缸体上方装有放气螺钉，以便放出液压系统中的空气。

(2) 类型

常见的制动轮缸类型有双活塞式、单活塞式、阶梯式。单活塞制动轮缸多用于单向助势平衡式车轮制动器，目前趋于淘汰；阶梯式轮缸用于简单非平衡式车轮制动器。应用最为广泛的是双活塞式，如图 12—27 所示。

(3) 制动轮缸的工作情况

如图 12—28 所示，制动轮缸受到液压作用后，顶出活塞，使制动蹄扩张。松开制动踏板，液压力消失，靠制动蹄回位弹簧的力，使活塞回位。

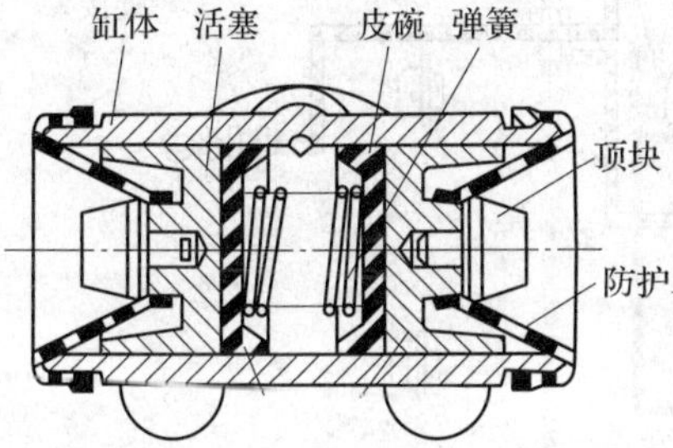

图 12—27 双活塞式制动轮缸

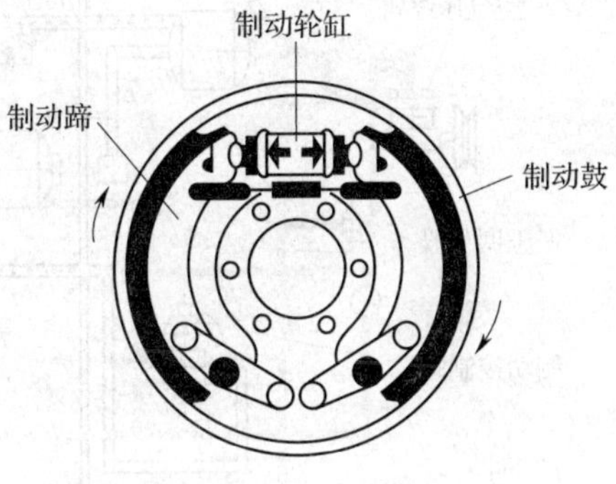

图 12—28 制动轮缸工作情况

第五节 气压制动传动装置

学习目标：

掌握气压制动传动装置工作原理和结构。

气压制动传动装置是利用压缩空气作动力源的动力制动装置。制动时，驾驶员通过控制制动踏板的行程，便可控制制动气压的大小，得到不同的制动强度。其优点是制动操纵省力、制动强度大、踏板行程小；缺点是需要消耗发动机的动力，制动粗暴而且结构比较复杂。因此，一般在重型和部分中型汽车上采用。

双管路气压制动传动装置是利用一个双腔（或三腔）的制动控制阀以及二个或三个贮气筒，组成两套彼此独立的管路，分别控制两桥（或三桥）的制动器，如图 12—29 所示。

气压制动传动装置主要由空气压缩机、储气筒、制动阀、制动控制阀、报警装置和辅助制动装置等组成。

一、空气压缩机

空气压缩机的作用是产生高压空气，是整个制动系统的动力源。按其气缸数可分为单缸和双缸两种，其结构与往复活塞式发动机相类似。如图 12—30 所示为单缸风冷式空气压缩机的结构示意图。空气压缩机由发动机通过三角皮带驱动。

当活塞下行时，外界空气经空气滤清器自进气管接头和进气阀门被吸入气缸。活塞上行时，进气阀门关闭，缸内空气即被压缩，压力升高，克服出气阀门弹簧的预紧力而使出气阀门开启。高压空气便经出气室、气管充入湿储气筒。

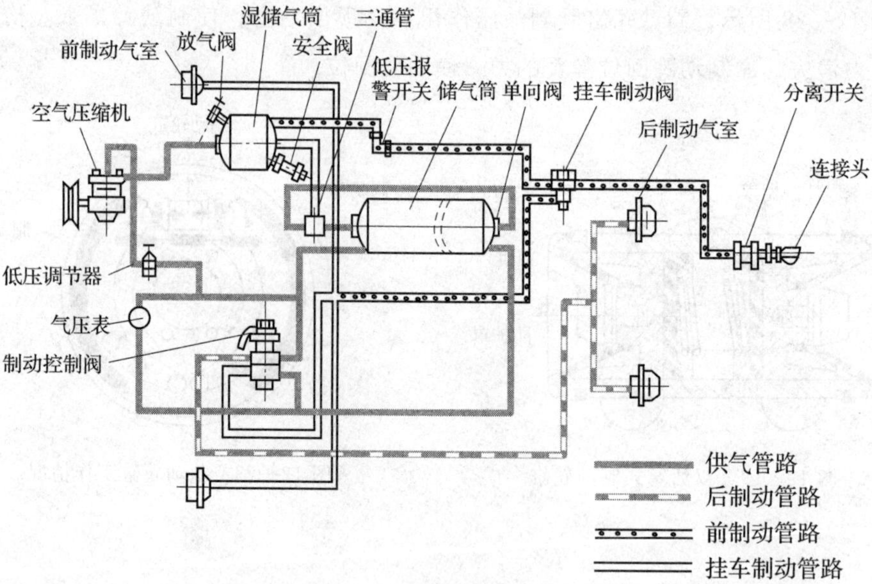

图 12—29 汽车双管路制动传动装置

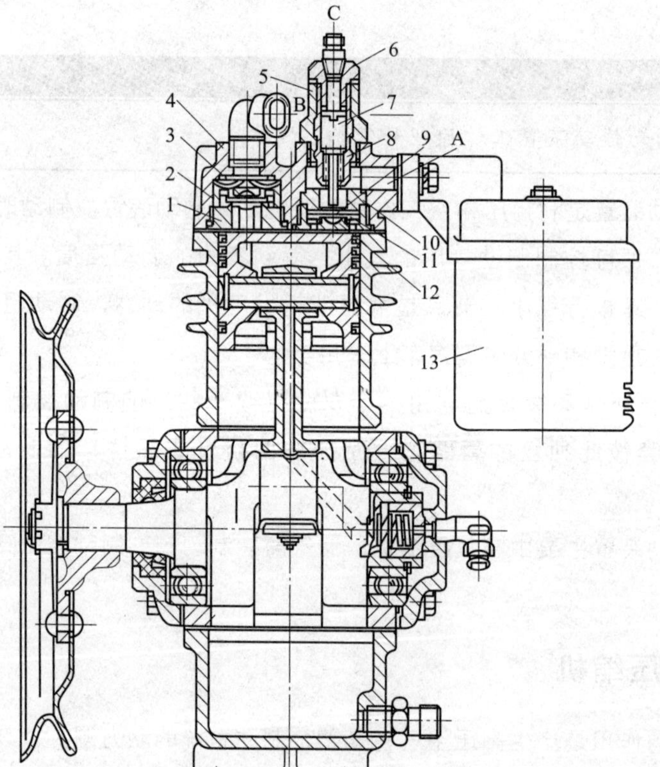

图 12—30 单缸风冷式空气压缩机

1—排气阀座 2—排气阀门导向座 3—排气阀门 4—气缸盖 5—卸荷装置壳体 6—定位塞 7—卸荷柱塞 8—柱塞弹簧 9—进气阀门 10—进气阀座 11—进气阀弹簧 12—进气阀门导向座 13—空气滤清器

A—进气口 B—排气口 C—调压阀控制压力输入口

二、调压器

调压器的作用是使储气筒保持在规定的气压范围内，并在超过规定气压后，实现空气压缩机的卸荷空转，以减小发动机的功率消耗，如图 12—31 所示。

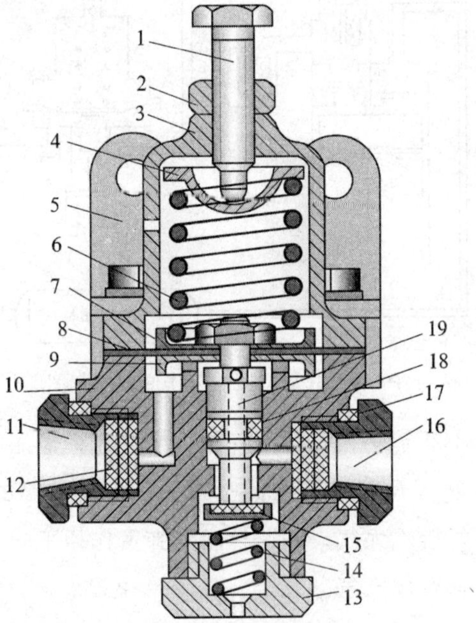

图 12—31　调压器

1—调压螺钉　2、3—盖　4—弹簧座　5—支架　6—调压弹簧　7—膜片上护板　8—膜片　9—膜片下护板　10—壳体　11—管接头（接湿贮气筒）　12—滤清器　13—排气阀弹簧座　14—排气阀弹簧　15—排气阀　16—管接头（接空气压缩机卸荷阀）　17—密封圈　18—空心管密封圈　19—空心管

调压器壳体上装有两个带滤芯的管接头，分别与空气压缩机的控制气室和储气筒相通。壳体和阀盖之间装有膜片和调压弹簧，膜片中心用螺纹固连着空心管。空心管可以在壳体的中央孔内滑动，其间有密封圈，上部的侧面有径向孔与轴向孔相通。调压阀下端装有与大气相通的阀门。

调压器在回路中的连接方法有两种：一种是将调压器与空气压缩机和储气筒并联，当系统内的气压达到规定值时，它使空气压缩机的进气阀常开，卸荷空转；另一种是将调压器串联在空气压缩机和储气筒之间，当系统内的空气压力达到规定值时，它将多余的压缩空气直接排入大气，使空气压缩机基本上卸荷空转。

调压器的工作原理如图 12—32 所示。

当储气筒内气压未达到规定值时，则调压器不起作用。此时，调压器在调压弹簧作用下，将排气阀开启，出气阀关闭。空气压缩机的控制气室通过调压器与大气相通，当储气筒气压升高到规定值时，膜片下方气体作用力足以克服调压弹簧预紧力而推动膜片向上拱曲，使空心管和阀门随之向上移动到使排气阀关闭而出气阀开启的位置，储气筒的高压空气经调压器进入控制气室使卸荷柱塞下移，将空气压缩机进气阀门压下，使之保持在开启位置不动，空气压缩机卸荷空转。

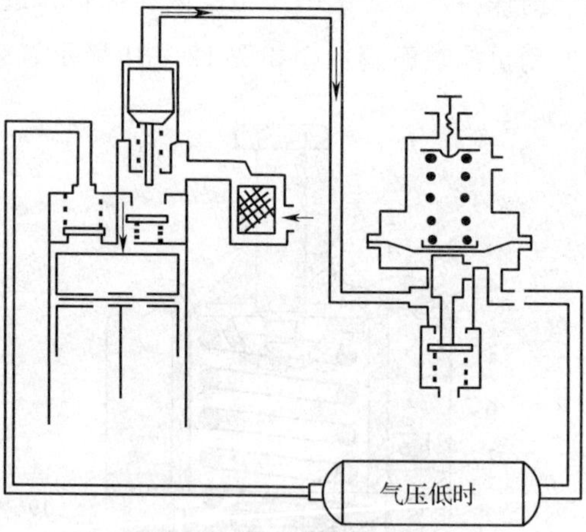

图 12—32 调压器工作原理示意图

当储气筒内压缩空气不断消耗，气压下降到规定值时，调压阀的膜片、空心管、阀门又下移到使出气阀关闭而排气阀开启的位置，控制气室与储气筒的通路被切断，而与大气相通，控制气室内的压缩空气排入大气，卸荷柱塞在弹簧作用下向上回位，进气阀又恢复正常工作，空气压缩机恢复向储气筒充气。

三、制动控制阀

制动控制阀的作用是控制由储气筒进入制动气室和挂车制动控制阀的压缩空气量，从而控制制动气室中的工作气压，并有渐进变化的随动作用，以保证制动气室的工作气压与踏板行程成正比，如图 12—33 所示为双腔串联活塞式制动控制阀。

工作原理如图 12—34 所示。

1. 制动时

驾驶员踩下制动踏板，使拉臂绕销轴转动，其上端通过滚轮、推杆使平衡弹簧、上腔活塞下移，消除上阀门的排气间隙后，再推开上阀门，此时从储气筒来的压缩空气经中阀体上的右通气孔、上阀门与中阀体上进气阀座的进气间隙充入 G 腔，并经中阀体上的左通气孔进入后制动气室，使后轮制动；又通过上阀体的通气孔充入上腔活塞的下方，使上平衡气室的气压平稳地增长。与此同时，进入 G 腔的压缩空气通过中阀体上的通气孔充入下腔大活塞及下腔小活塞的上方，推动大小活塞和芯管下移，关闭排气阀后打开下阀门，使前桥储气筒的压缩空气经下阀体上的右通气孔、下腔进气阀进入 H 腔，并经下阀体上的左通气孔充入前制动气室，使前轮制动。

2. 维持制动时

制动踏板保持在某一位置不动，进入 G 腔的气压作用力及上腔活塞复位弹簧的张力之和

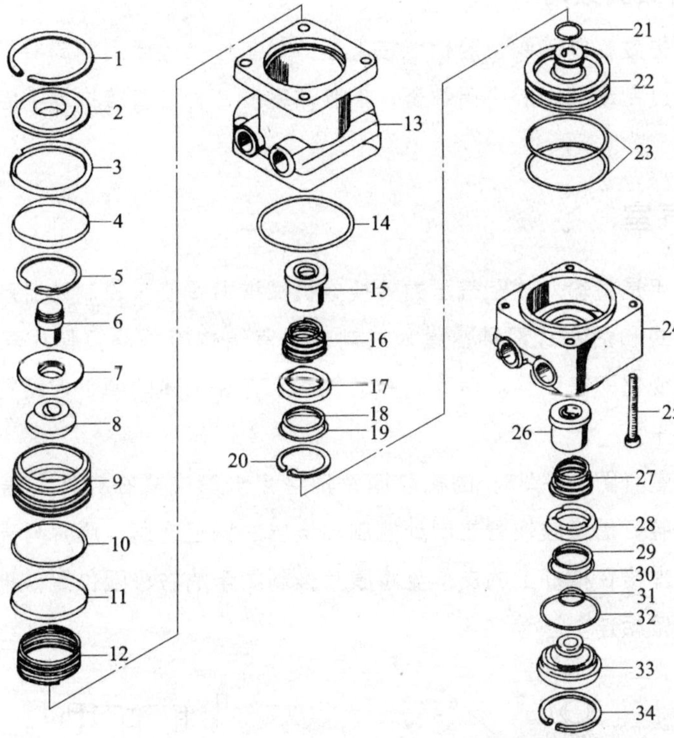

图 12—33 双腔串联活塞式制动控制阀

1、5、20、34—弹性垫圈 2—防尘罩 3—衬套 4、11—导向环 6—挺杆座 7—弹簧座 8—橡胶弹簧 9—活塞 10、14、18、19、21、23、29、30、31、32—O 形密封圈 12—弹簧 13—上体 15、26—阀门总成 16、27—锥形弹簧 17、28—衬套 22—中活塞 24—下体 25—螺栓 33—排气导向座

与平衡弹簧的压紧力相平衡时，上阀门及排气阀处于双阀关闭状态。与此同时，因下腔大活塞上的控制气压与平衡气室的气压相等，待其下腔制动气压的作用力和其复位弹簧张力的合力稍大于其上腔控制气压对活塞的作用力时，其大小活塞即上移，进而也使下腔进气阀及排气阀处于双阀关闭状态。

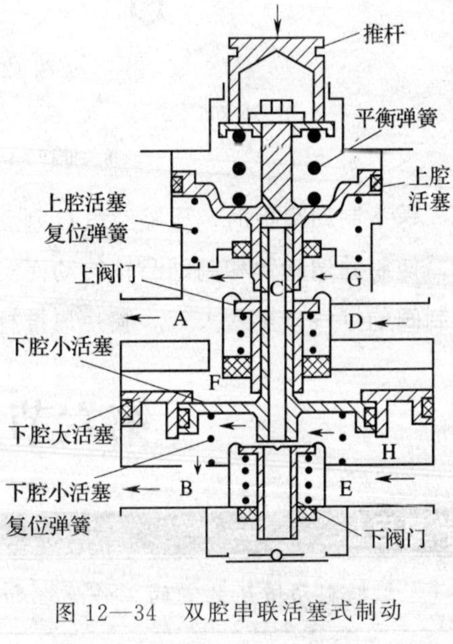

图 12—34 双腔串联活塞式制动控制阀工作原理

3. 放松制动踏板时

操纵摇臂复位，将加在平衡弹簧、上腔活塞和芯管上的压力解除，上腔活塞、芯管及平衡弹簧即在平衡气室内的气压和复位弹簧的作用下升起，排气阀完全开启，形成排气间隙。后制动气室的压缩空气经 G 腔排气间隙和其下面的排气口排入大气。与此同时，下腔大活塞及小活塞受复位弹簧的张力作用而上移，带动芯管上移打开排气阀，前桥制动气室的压缩空气也经排气间隙和排气口排入大气。

4. 当某一管路失效时

若前制动管路失效，制动阀上腔仍能按上述方式工作，因此后制动器仍能起作用。若后制动管路失效，通过制动阀上腔平衡弹簧，上腔活塞及芯管可直接推动下腔小活塞，使前轮制动器起作用。

四、制动气室

制动气室的作用是将输入的空气压力转换成机械推力，使车轮制动器产生制动力矩。制动气室可分为膜片式和活塞式两种，膜片式制动气室结构简单，但膜片寿命较短，行程较小，蹄鼓间隙稍有变化即需调整。活塞式制动气室不存在上述问题，但结构较复杂，成本较高，多用于重型汽车。

膜片式制动气室（图 12—35）的橡胶膜片周缘用卡箍夹紧在壳体和盖的凸缘之间，盖与膜片之间为工作腔，借橡胶软管与制动控制阀接出的钢管连通，膜片与壳体组成的左腔则通大气。弹簧通过焊接在推杆上的支承盘将膜片推到图示的右极限位置。推杆的外端借连接叉与制动器的制动臂相连。

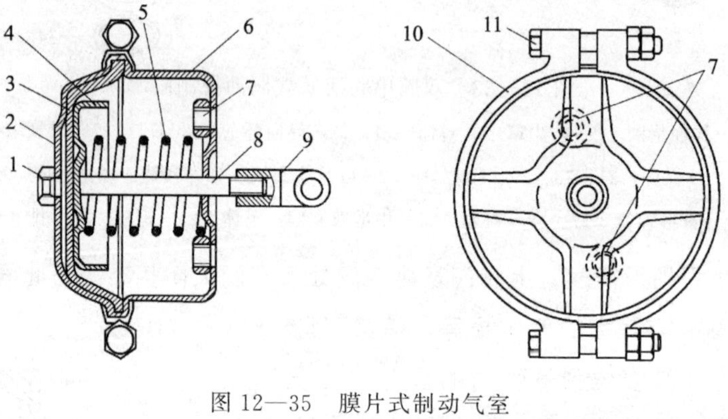

图 12—35　膜片式制动气室

1—通气口　2—盖　3—膜片　4—支承盘　5—回位弹簧　6—壳体　7—固定螺栓　8—推杆　9—连接叉　10—卡箍　11—螺栓

踩下制动踏板时，压缩空气自制动控制阀充入制动气室工作腔，使膜片拱曲，将推杆推出，使制动调整臂和制动凸轮转动而实现制动。放开制动踏板，工作腔中的压缩空气由制动控制阀的排气口排入大气。膜片与推杆均在弹簧作用下回位而解除制动。

第六节　制动增压装置

学习目标：

掌握制动增压装置的工作原理和结构。

汽车高速化后，采用人力液压制动的汽车，要求制动液压升高才能产生与车速相适应的制动力矩，靠人力制动是难以实现的。特别是盘式制动系统，因制动器无助势作用，必须加大制动液压力。

在普通的液压制动系统中，加装真空加力装置，可以减轻驾驶员施加于制动踏板上的力，增加车轮的制动力，达到操纵轻便、制动可靠的目的。

真空加力装置可分为增压式和助力式两种。增压式是通过增压器将制动主缸的液压进一步增加，增压器装在主缸之后；助力式是通过助力器来帮助制动踏板对制动主缸产生推力，助力器装在踏板与主缸之间。

一、真空增压式液压制动传动装置

1. 组成和工作原理

真空增压式液压制动传动装置（图 12—36），它在液压制动传动装置中加装了一套真空增压系统，包括：由发动机进气歧管、真空单向阀、真空罐组成的供能装置，作为控制装置的控制阀，以及作为传动装置的真空伺服室、辅助缸和安全缸。

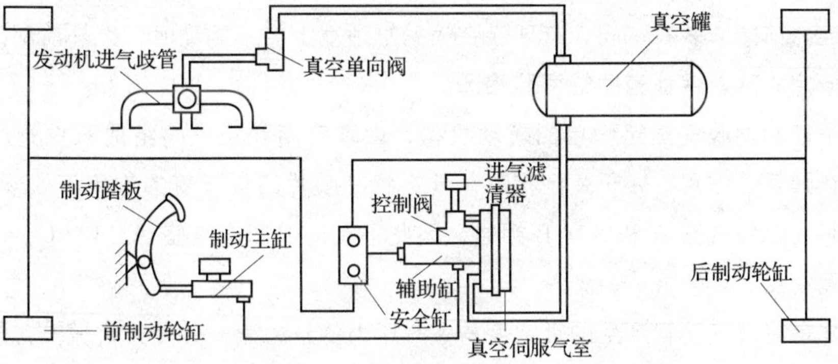

图 12—36 真空增压式液压制动传动装置

发动机工作时，在进气歧管真空度作用下，真空罐中的空气经真空单向阀被吸入发动机，因而罐中也产生并积累一定的真空度，作为制动加力的力源。

踩下制动踏板时，制动主缸输出的制动液先进入辅助缸，由此一方面传入前后轮制动轮缸作为促动力，另一方面又作为控制压力输入控制阀，启动控制阀使真空伺服室产生的推力与来自制动主缸的液压力一起作用在辅助缸活塞上，从而使辅助缸输送到各制动轮缸的压力远高于制动主缸的压力。

安全缸的作用是当前后轮制动管路之一损坏漏油时，该管路上的安全缸即自动封堵，保证另一管路仍能保持其中的压力。

2. 真空增压器

真空增压器的作用是将发动机产生的真空度转变为机械推力，使制动主缸输出的液力进行增压后再输入各轮缸，增大制动力。

(1) 结构

真空增压器的结构如图 12—37 所示，它由辅助缸、控制阀和伺服气室等组成。

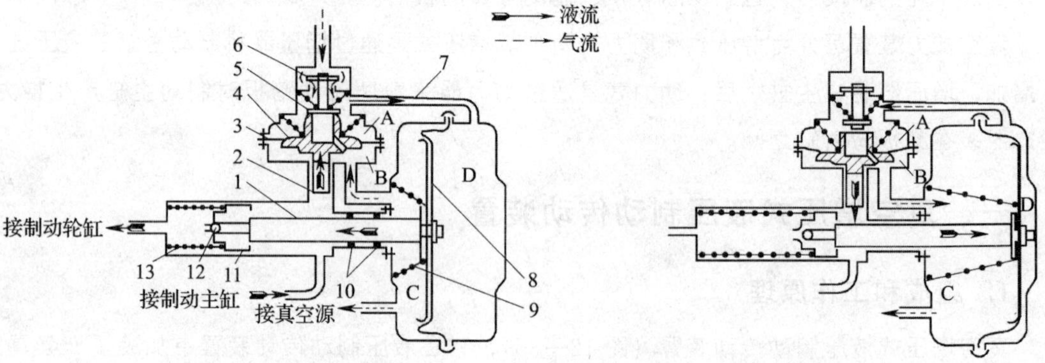

图 12—37　真空增压器的结构、原理

辅助缸是将低压制动液变为高压的装置。装有皮圈的辅助缸活塞将辅助缸内腔分隔为两部分，左腔经出油管通向前后制动轮缸，右腔经进油接头与制动主缸相通。推杆后端与伺服气室膜片相连，前端嵌装着球阀，其球座在辅助缸活塞上。不制动时，推杆前部的球阀与阀座之间保持一定距离，保证辅助缸两腔相通。

控制阀是控制伺服气室起作用的随动机构，由真空阀和空气阀组成双重阀门。不制动时，空气阀在弹簧的作用下处于关闭状态；真空阀在膜片回位弹簧的作用下处于开启状态。膜片座中央有孔道使气室 A 和气室 B 相通，因此不制动时四个气室 A、B、C、D 相通，且具有相等的真空度。

伺服气室是将进气歧管产生的真空度与大气压力的压力差，转变为机械推力的总成。膜片将伺服气室分成前后两腔，前腔 C 经前壳体端面上的真空管接头通向真空源，后腔 D 与控制阀上腔 A 相通，并通过真空阀与前腔 C、下腔 B 相通。

(2) 工作原理（图 12—37）

1）未制动时，空气阀关闭，真空阀开启。控制阀四个气室相通，且具有相等的真空度，推杆在回位弹簧的作用下处于最右端位置，推杆前部的球阀与阀座之间保持一定距离，辅助缸两腔相通。

2）制动时，踩下制动踏板，制动主缸的制动油液输入到辅助缸体中，一部分油液经活塞中间的小孔进入各制动轮缸，轮缸液压即等于主缸液压。与此同时，液压还作用在控制阀活塞上，当油压力升到一定值时，活塞连同膜片上移，首先关闭真空阀，同时关闭 C、D 腔通道，膜片座继续上移将空气阀打开，于是空气经空气阀进入 A 腔并到 D 腔。此时，气室 B、C 的真空度仍保持不变，这样 D、C 两腔产生压力差，推动膜片使推杆左移，球阀关闭辅助缸活塞中孔，制动主缸与辅助缸左腔隔绝。此时在辅助缸活塞上作用着两个力：主缸液压作用力和伺服气室输出的推杆力。因此，辅助缸左腔及各轮缸的压力高于主缸压力。

3）维持制动时，制动踏板踩到某一位置不动，制动主缸不再向辅助缸输送制动油液，作用在辅助缸活塞和控制阀活塞上的力为一定值。但随着进入空气室空气量的增加，A 和 B 气室的压力差加大，对控制阀膜片产生向下的作用力，因而使膜片座及活塞向下移动，空气阀、真空阀开度逐渐减小，直至落座关闭。此时处于“双阀关闭”状态。油压对控制活塞向上的压力与气室 A、B 压力差造成的向下压力相平衡。气室 D、C 压力差作用在膜片上的总推力与控制油压作用在辅助缸活塞右端的总推力之和，与高压油液作用在辅助缸左端的总阻抗力相平衡，辅助缸活塞即保持相对稳定状态，维持了一定的制动强度。这一稳定值的大小取决于控制活塞下面的液压（主缸油压），即取决于踏板力和踏板行程。

4）放松制动踏板时，放松制动踏板后，控制油压下降，控制活塞连同膜片座下移，空气阀仍处于关闭状态，而真空阀开启。于是 D、A 两气室的空气经 B、C 两气室被吸出，从而 A、B、C、D 各气室均具有一定的真空度。推杆、膜片及辅助缸活塞在弹簧的作用下各自回位，轮缸油液从辅助缸活塞的小孔流回，从而解除制动。

二、真空助力式液压制动传动装置

1. 组成

双管路真空助力式液压制动传动装置（图 12—38），串联双腔制动主缸的前腔通向左前轮制动器的轮缸 10，并经感载比例阀 9 通向右后轮制动器的轮缸 13。主缸的后腔通向右前轮制动器的轮缸 12，并经感载比例阀 9 通向左后轮制动器轮缸 11。真空伺服气室 3 和控制阀 2 组成一个整体部件，称为真空助力器。制动主缸直接装在真空伺服气室的前端，真空单向阀 7 装在伺服气室上。真空伺服气室工作时产生的推力，也同踏板力一样直接作用在制动主缸 4 的活塞推杆上。

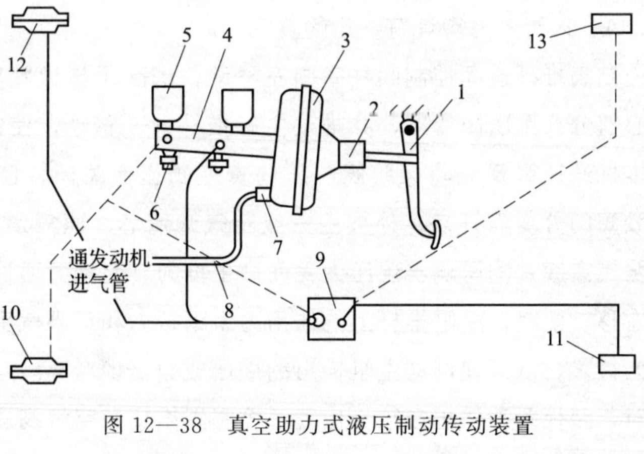

图 12—38　真空助力式液压制动传动装置

1—制动踏板机构　2—控制阀　3—真空伺服气室　4—制动主缸　5—储液罐　6—制动信号灯液压开关　7—真空单向阀　8—真空供能管路　9—感载比例阀　10—左前轮缸　11—左后轮缸　12—右前轮缸　13—右后轮缸

2. 真空助力器的结构

单膜片真空助力器（图 12—39）和制动主缸用 4 个螺钉固定在车身前围上，借推杆与制动踏板连接。伺服气室由前、后壳体组成，其间夹装有膜片和座，它的前腔经单向阀通进气歧管或真空罐；后腔膜片座毂筒中装有控制阀，空气阀与推杆固接，橡胶阀门与在膜片座上加工出来的阀座组成真空阀。

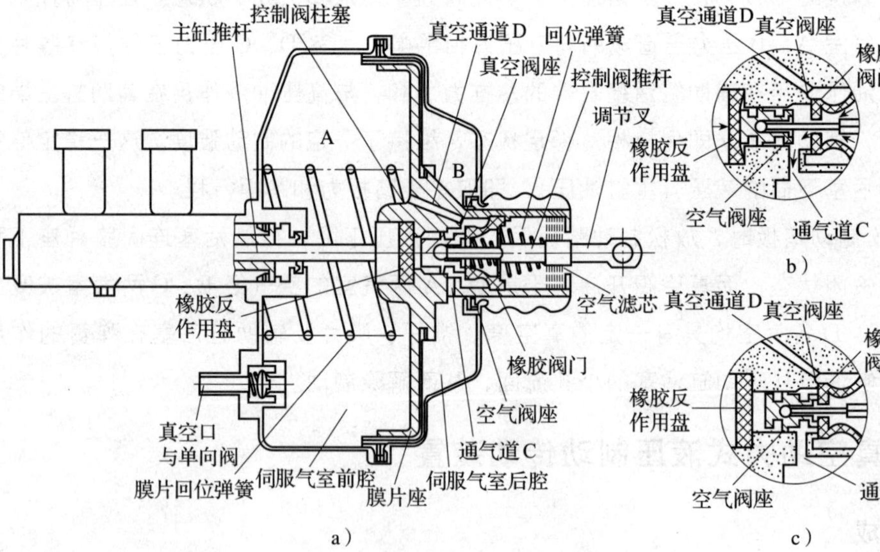

图 12—39 真空助力器结构

a）未制动时 b）制动时 c）维持制动时

3. 真空助力器的工作原理

（1）不制动时，未踩下制动踏板，控制阀处于非工作状态。回位弹簧将控制阀推杆连同控制阀柱塞推至右极限位置，控制阀柱塞紧压空气阀座而关闭；橡胶阀门被压缩离开真空阀座而开启。真空通道 A 开启，伺服气室 A、B 两腔相通，并与大气隔绝。发动机运转后，真空单向阀被吸开，A、B 两腔内均具有一定的真空度。

（2）制动时，控制阀推杆连同控制阀柱塞向左移动，消除了与橡胶反作用盘的间隙后，压缩橡胶反作用中心部分产生压凹变形，并推动主缸推杆向左移动，使制动主缸油压上升。与此同时，控制阀推杆通过弹簧先将橡胶阀门压向真空阀座而关闭，使 A 腔与 B 腔隔绝。进而空气阀座与橡胶阀门分离而开启，外界空气经空气滤清芯、通气道 C 进入 B 腔。随着空气的进入，在伺服气室膜片的两侧出现压力差而产生推力，此推力通过膜片座、橡胶反作用盘推动主缸推杆左移。此时，主缸推杆上的作用力为踏板力和伺服气室推力之和，但伺服气室推力较踏板力大得多，从而使制动主缸输出的液压成数倍地增高。

（3）维持制动时，踏板踩下停止在某一位置，控制阀推杆和空气阀座推压橡胶反作用盘的推力不再增加，膜片两边压力差使橡胶反作用盘中心部分的凹下变形恢复平整，空气阀重新落座而关闭，出现“双阀关闭”的平衡状态。

（4）放松制动时，回位弹簧使控制阀推杆和空气阀座后移，橡胶阀门离开真空阀座，伺服气室 A、B 相通，成为真空状态。膜片和膜片座在膜片回位弹簧的作用下回位，主缸即解除制动。

(5) 真空助力器失效时，控制阀推杆将通过空气阀座直接推动膜片座和主缸推杆移动，使主缸产生制动液压，但踏板力要大得多。

三、制动力分配调节装置

汽车前后轮的实际载荷是不同的，要想满足车轮最佳制动状态，汽车前后轮制动力的比例应是变化的。为使前后轮获得理想的制动力，现代汽车上采用了各种制动力调节装置，用以调节前后车轮制动管路的工作压力。

常用的调节装置有限压阀、比例阀和感载比例阀等。

1. 限压阀

限压阀串联在制动主缸与后轮制动器的管路之间，其作用是当前、后制动管路压力 P_1 和 P_2 由零同步增长到一定值后，自动将 P_2 限定在该值不变，如图 12—40 所示。

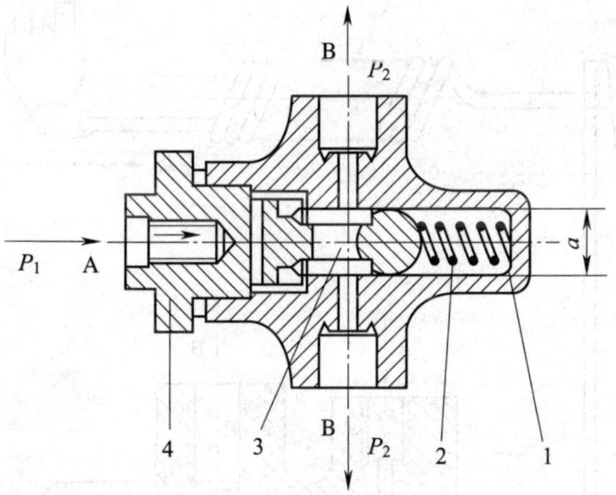

图 12—40 液压式限压阀及特性曲线

1—阀体 2—弹簧 3—滑阀 4—接头 A—通制动主缸 B—通制动轮缸

2. 比例阀

比例阀也串联在制动主缸与后轮制动器的管路之间，其作用是当前、后制动管路压力 P_1 和 P_2 由零同步增长到一定值 P_S 后，即自动对 P_2 增长加以限制，使 P_2 的增量小于 P_1 的增量。

如图 12—41 所示为比例阀的结构原理，比例阀通常采用两端承压面积不等的活塞。不工作时，活塞 2 在弹簧 3 的作用下处于上极限位置。此时阀门 1 保持开启，因而在输入控制压力 P_1 与输出压力 P_2 从零同步增长的初始阶段，$P_1=P_2$。但是压力 P_1 的作用面积小于压力 P_2 的作用面积，故活塞上方液压作用力大于活塞下方的液压作用力。在 P_1、P_2 同步增长的过程中，活塞上、下两端液压作用力之差超过弹簧 3 的预紧力时，活塞便开始下移。当 P_1 和 P_2 增长到一定值 P_S 时，活塞内腔中阀座与阀门接触，进油腔与出油腔被隔绝，此即比例阀的平衡状态。

若进一步提高 P_1，则活塞上升，阀门再度开启，油液继续流入出油腔，使 P_2 也升高，但由于活塞的下端面积小于其上端面积，因此 P_2 尚未增加到新的 P_1 值，活塞又下降到平衡位置。

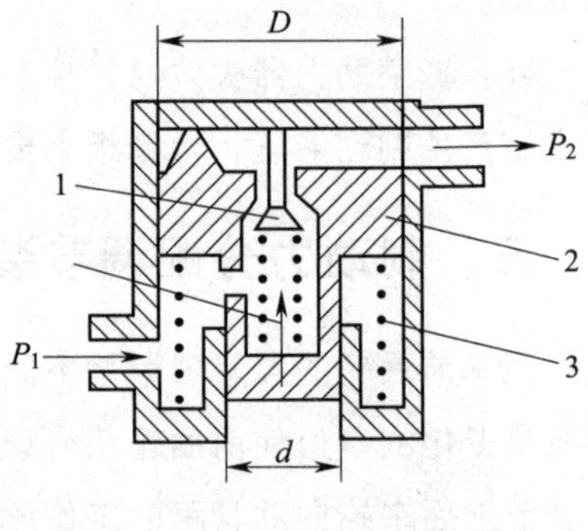

图 12—41　比例阀的结构原理

1—阀门　2—活塞　3—弹簧

3. 感载比例阀

有些车辆在实际载重量不同时，其总重力和重心位置变化较大。因此，满载和空载时的前后轮制动力分配差距也较大，所以应采用随汽车实际装载质量变化而改变的感载比例阀。

图 12—42 所示为液压式感载比例阀。阀体 3 安装在车身上，其中活塞 4 为两端承压面积不等的差径结构，其右部空腔内有阀门 2。

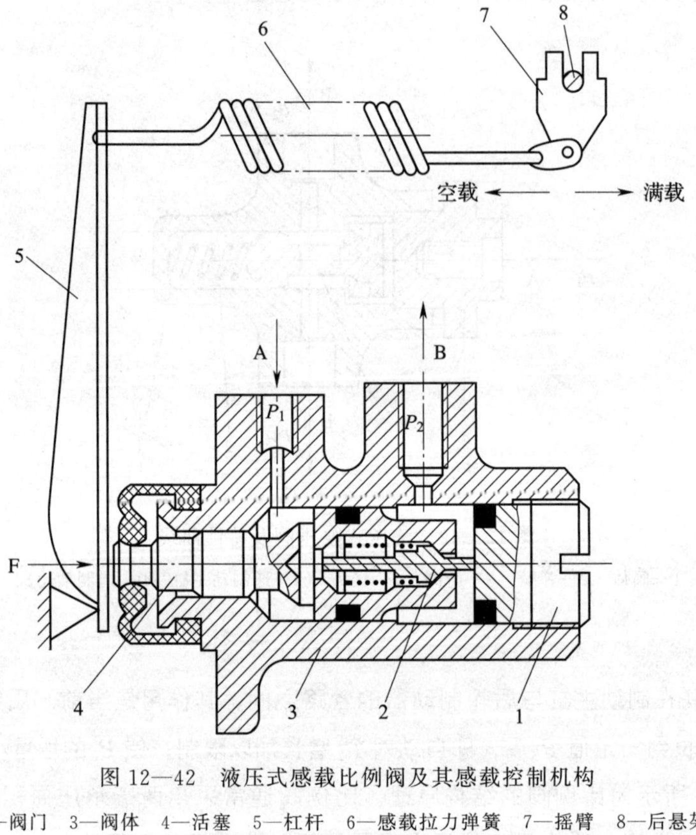

图 12—42　液压式感载比例阀及其感载控制机构

1—螺塞　2—阀门　3—阀体　4—活塞　5—杠杆　6—感载拉力弹簧　7—摇臂　8—后悬架横向稳定杆

不制动时，活塞在拉力弹簧 6 通过杠杆 5 施加的推力 F 作用下处于右极限位置。阀门 2 因其杆部顶触螺塞 1 而开启，使左右阀腔连通。

轻微制动时，来自制动主缸的液压 P_1 由进油口 A 进入，并通过阀门 2 从出油口 B 输出至后轮缸，出油口 B 处液压 $P_2=P_1$。

重踩制动踏板时，制动管路的液压 P_2 和 P_1 将同步增长，当增长至活塞左右两端面液压

之差大于推力 F 时，活塞即左移一定距离。阀门 2 落座，将左右两腔隔绝。此时的液压为限压点的液压 P_S，活塞处于平衡状态。若进一步提高 P_1，则活塞将右移，阀门 2 再度开启，油液继续流入出油腔使 P_2 也升高。

当汽车的轴载变化时，车身和车桥间的距离发生变化，利用此变化来改变弹簧的预紧力，即能实现感载调节。拉力弹簧 6 右端经吊耳与摇臂 7 相连，而摇臂则夹紧在汽车后悬架的横向稳定杆 8 的中部。当汽车的轴载质量增加时，后桥向车身移近，后悬架的横向稳定杆便带动摇臂 7 逆时针转过一个角度，将弹簧 6 进一步拉伸，作用于活塞 4 上的推力 F 便增加；反之，轴载质量减小，弹簧 6 的拉伸量和推力 F 即减小。因而，调节作用点 P_S 随轴载质量而变化。

4. 惯性阀

汽车轴载质量的变化不仅与汽车总质量或实际装载质量有关，还与汽车制动时的减速度大小有关。当汽车制动减速度增加时，前轴的轴载质量增大，而后轴的轴载质量减小。

惯性阀的作用是使限压点液压值 P_S 取决于汽车制动时作用在汽车重心上的惯性力。即 P_S 不仅与汽车的实际质量有关，还与汽车制动减速度有关。

如图 12—43 所示，惯性限压阀内有一个惯性钢球 2，惯性钢球的支承面相对于水平面的仰角 θ 必须大于零，惯性阀才能起作用。汽车在水平路面上时，θ 应为 10°～13°。

通常惯性钢球在其本身重力作用下处于下极限位置，并将阀门 4 推到与阀盖 5 接触，使得阀门 4 与阀座 3 之间保持一定间隙。此时进油口 A 与出油口 B 相通。

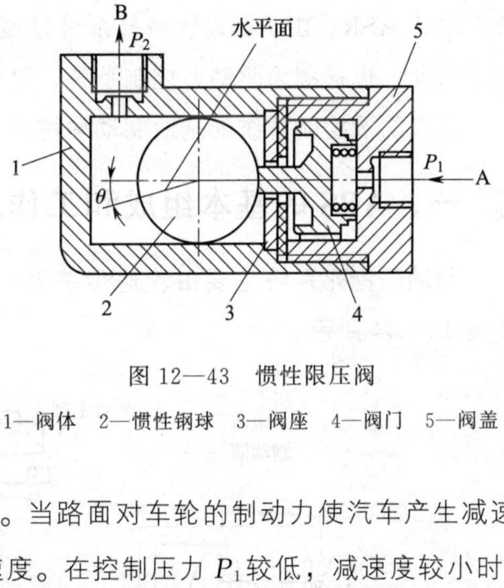

图 12—43　惯性限压阀

1—阀体　2—惯性钢球　3—阀座　4—阀门　5—阀盖

当汽车在水平路面上施行制动时，来自主缸方面的压力由进油口 A 输入惯性阀，再从油口 B 进入后制动管路。输出压力 P_2 即等于输入压力 P_1。当路面对车轮的制动力使汽车产生减速度时，作为汽车零件的惯性钢球也具有相同的减速度。在控制压力 P_1 较低，减速度较小时，惯性钢球向前的惯性力沿支承面的分力不足以平衡钢球的重力沿支承面的分力时，阀门仍保持开启状态，输出压力 P_2 仍等于输入压力 P_1。当 P_1 上升到一定值 P_S 时，制动减速度增大到足以实现上述二力平衡时，阀门弹簧便通过阀门将钢球推向前方，使阀门得以压靠阀座，切断液流通路。此后 P_1 继续升高，前轮制动力也即汽车总制动力继续增大，钢球的惯性力使钢球滚到前上极限位置不动。阀门对阀座的压紧力也因 P_1 的升高而加大，但 P_2 就保持 P_S 值不变。

当汽车在上坡路上施行制动时，由于支承面仰角 θ 增大，惯性钢球重力沿支承面的分力也增大，使得惯性阀开始起作用所需的控制压力值 P_S 也升高，即所限定的输出压力 P_2 值更高。这正与汽车上坡时后轮附着力加大相适应。相反，当汽车在下坡路上施行制动时，后轮附着力减小，惯性阀所限定的 P_S 也正好相应地降低。

第七节 ABS/ASR 制动控制系统

学习目标：

掌握 ABS/ASR 制动控制系统的工作原理及结构。

防滑控制系统最初只是在制动过程中防止车轮被制动抱死，避免车轮在路面上进行纯粹地滑移，提高汽车在制动过程中的方向稳定性和转向操纵能力，缩短制动距离，所以，被称为制动防抱死系统，简称 ABS。

随着对汽车性能要求的不断提高，防滑控制系统的功能进一步得到完善和扩展，不仅能够在制动过程中防止车轮发生抱死，而且能够在驱动过程中（特别是在起步、加速、转弯等过程中）防止驱动车轮发生滑转，使汽车在驱动过程中的方向稳定性、转向操纵能力和加速性能等也都得到提高。驱动过程中防止驱动车轮发生滑转的控制系统被称为驱动防滑转系统，简称 ASR。由于驱动防滑转系统是通过调节驱动车轮的驱动力实现驱动车轮滑转控制的，因此，也被称为驱动力控制系统，简称 TCS。

汽车防滑控制系统就是对制动防抱死系统和驱动防滑转系统的统称。

一、ABS 的基本组成和工作原理

制动防抱死系统主要由轮速传感器、制动压力调节器和电子控制器（ECU）等组成，如图 12—44 所示。

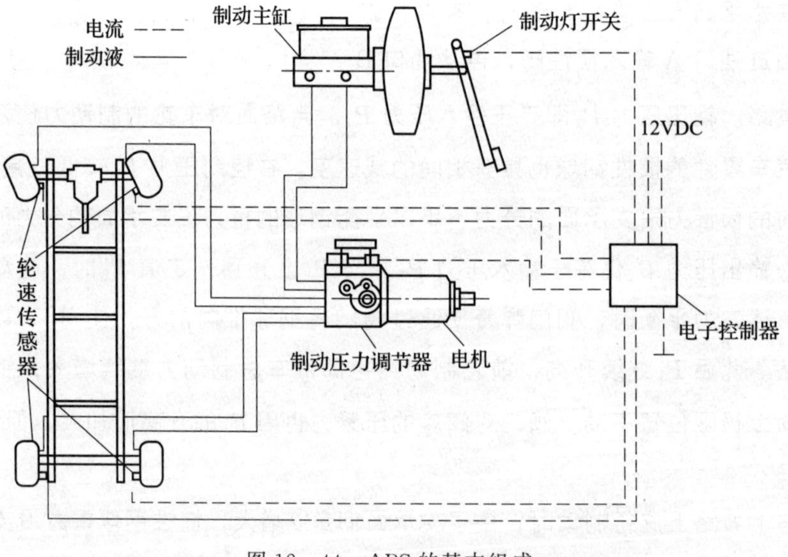

图 12—44 ABS 的基本组成

其基本工作原理是，汽车制动时，首先由轮速传感器测出与制动车轮转速成正比的交流电压信号，并将该电压信号送入电子控制器（ECU)。由 ECU 中的运算单元计算出车轮速度、滑动率及车轮的加、减速度，然后再由 ECU 中的控制单元对这些信号加以分析比较后，向压力调节器发出制动压力控制指令，使压力调节器中的电磁阀等直接或间接地控制制动压力的增减，以调节制动力矩，使之与地面附着状况相适应，防止制动车轮被抱死。

二、ABS 部件的结构及其工作原理

1. 轮速传感器

轮速传感器的作用是检测车轮的旋转速度，并将速度信号输入电子控制单元。目前常用的轮速传感器主要有电磁式和霍尔式两种。

(1) 电磁式轮速传感器

电磁式轮速传感器主要由传感器头和齿圈两部分组成，如图 12—45 所示。其安装位置如图 12—46 所示。

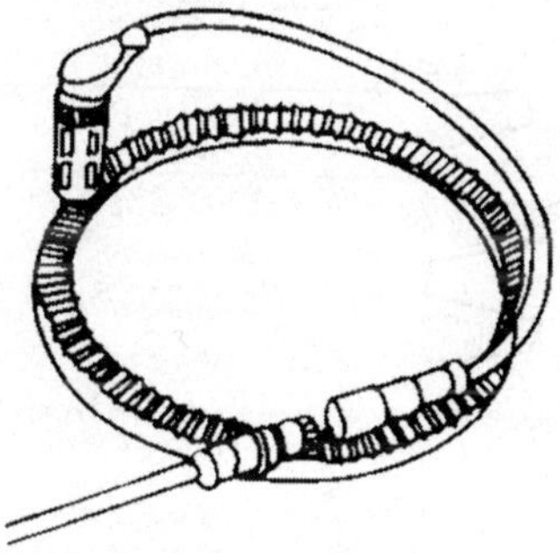

图 12—45　轮速传感器外形

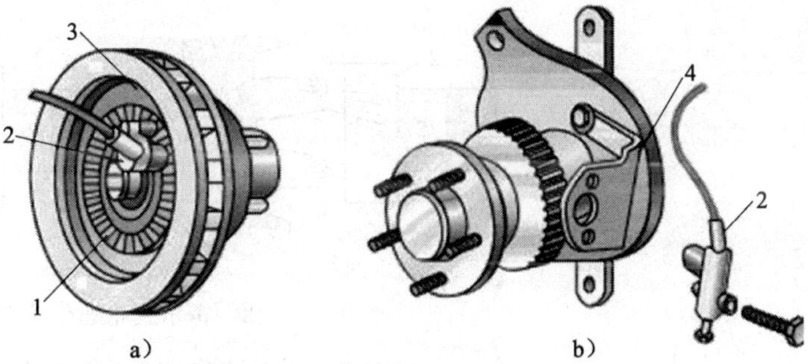

图 12—46　轮速传感器的安装位置

a) 前轮　b) 后轮

1—齿圈　2—轮速传感器　3—轮毂　4—支架

其工作原理如下：

齿圈在磁场中旋转时，齿圈齿顶和电极之间的间隙以一定的速度变化，使磁路中的磁阻发生变化，磁通量周期地增减，在线圈的两端产生正比于磁通量增减速度的感应电压，该交流电压信号输送给电子控制器，如图 12—47 所示。

(2) 霍尔式轮速传感器

霍尔式轮速传感器也是由传感器头和齿圈组成。其齿圈的结构及安装方式与电磁式轮速传感器的齿圈相同，传感器头由永磁体、霍尔元件和电子电路等组成。

传感器的工作原理如图 12—48 所示，永磁体的磁力线穿过霍尔元件通向齿圈，齿圈相当于一个集磁器。当齿圈位于图 12—48a 所示位置时，穿过霍尔元件的磁力线分散，磁场相对较弱；而当齿圈位于图 12—48b 所示位置时，穿过霍尔元件的磁力线集中，磁场相对较强。齿圈转动时，使得穿过霍尔元件的磁力线密度发生变化，因而引起霍尔元件

电压的变化，霍尔元件将输出一毫伏级的准正弦波电压，此信号由电子电路转化成标准的脉冲电压。

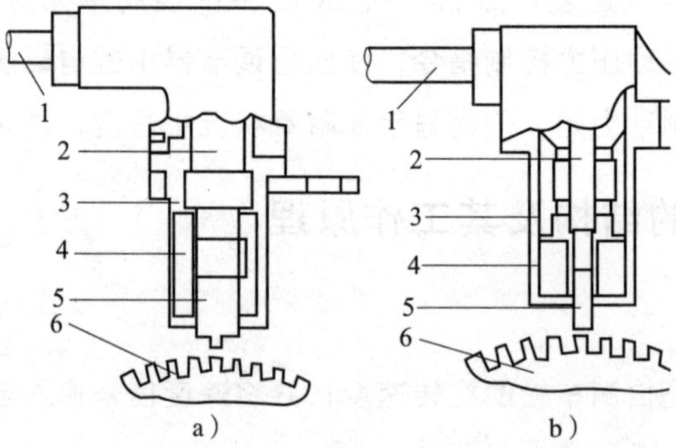

图 12—47　轮速传感器工作原理

a）凿式极轴　b）柱式极轴

1—电缆　2—永磁体　3—外壳　4—感应线圈　5—极轴　6—齿圈

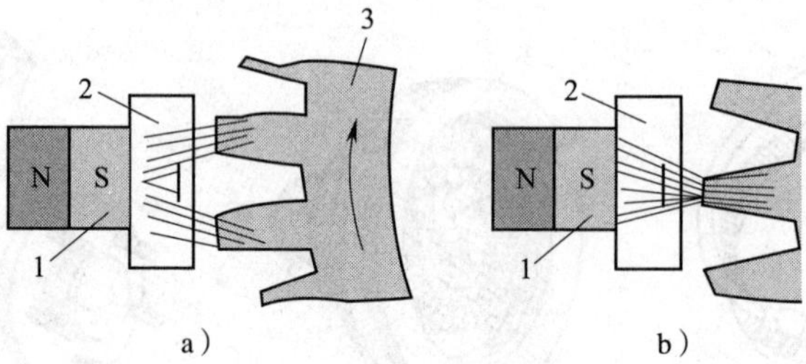

图 12—48　霍尔式轮速传感器

a）霍尔元件磁场较弱　b）霍尔元件磁场较强

1—磁体　2—霍尔元件　3—齿圈

2. 电子控制单元

电子控制单元（ECU）是 ABS 的控制中枢，其作用是接收轮速传感器及其他传感器输入的信号，对这些输入信号进行测量、比较、分析、放大和判别处理，通过精确计算，得出制动时车轮的滑移率、车轮的加速度和减速度，以判断车轮是否有抱死趋势。再由其输出级发出控制指令，控制制动压力调节器去执行压力调节任务。

电子控制单元（ECU）还具有监控和保护功能，当系统出现故障时，能及时转换成常规制动，并以故障灯点亮的形式警告驾驶员。

3. 制动压力调节器

制动压力调节器的作用是在制动时根据 ABS 电子控制单元（ECU）的控制指令，自动调节制动轮缸制动压力的大小，防止车轮抱死，并处于理想滑移率的状态。

压力调节器分为循环式和可变容积式两种。循环式制动压力调节器是通过电磁阀直接控制轮缸的制动压力；而可变容积式制动压力调节器是通过电磁阀间接改变轮缸的制动压力。

下面以循环式制动压力调节器为例，介绍压力调节器的结构及工作原理。

循环式制动压力调节器主要由制动踏板机构、制动主缸、回油泵、储液器、电磁阀、制动轮缸组成，在制动主缸与轮缸之间串联一电磁阀，直接控制轮缸的制动压力。

(1) 常规制动过程

如图 12—49 所示，在常规制动过程中，ABS 不工作，电磁线圈中无电流通过，电磁阀柱塞在回位弹簧的作用下处于“下端”位置。此时制动主缸与轮缸相通，由制动主缸来的制动液直接进入轮缸，轮缸压力随主缸压力的升高而升高。

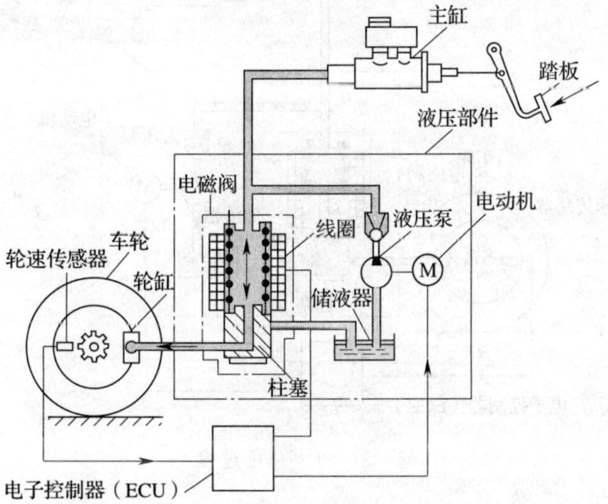

图 12—49 常规制动过程

(2) 保压过程

如图 12—50 所示，当电子控制单元向电磁线圈输入一个较小的电流时（约为最大电流的 1/2），电磁线圈产生较小的电磁力，使柱塞处于“中间”位置。此时制动主缸、制动轮缸和回油孔相互隔离，轮缸中的制动压力保持一定。

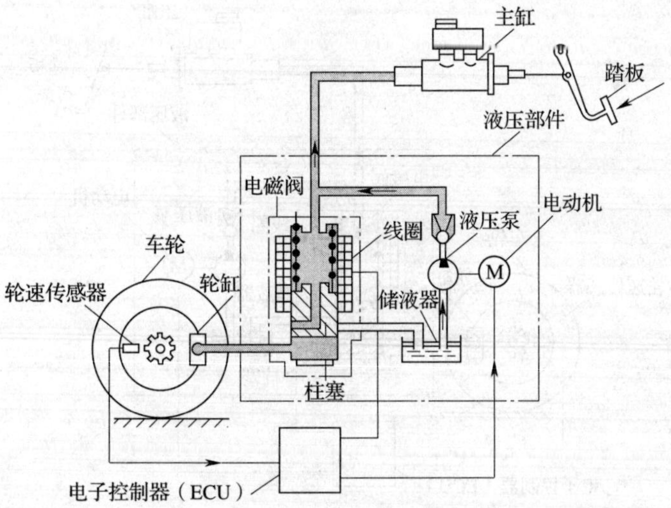

图 12—50 保压过程

(3) 减压过程

如图 12—51 所示，当电子控制单元向电磁线圈输入一个最大电流时，电磁线圈产生更大的电磁力，使柱塞处于“上端”位置。此时电磁阀柱塞将轮缸与回油通道或储液器接通，轮缸中的制动液经电磁阀流入储液器，轮缸压力下降。与此同时，电动机起动，带动液压泵工作，将流回储液器的制动液输送回主缸，为下一个制动周期做好准备。

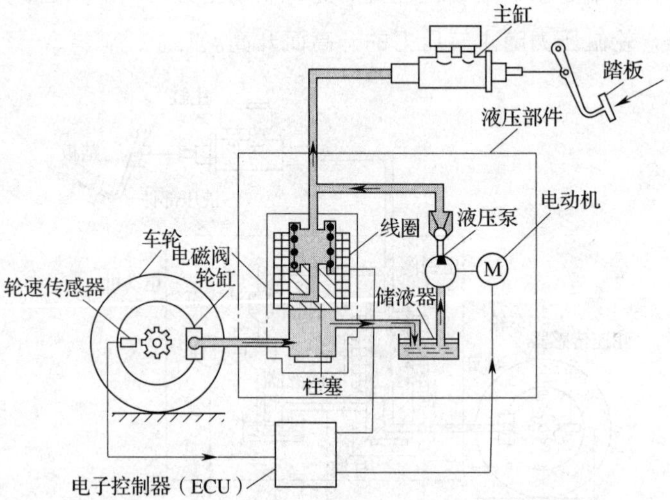

图 12—51　减压过程

(4) 增压过程

如图 12—52 所示，当制动压力下降后，车轮的转速增加，当电控制单元检测到车轮转速增加太快时，便切断通往电磁阀的电流，使制动主缸与制动轮缸再次相通，制动主缸的高压制动液再次进入制动轮缸，制动力增加。

制动时，上述过程反复进行，直到解除制动为止。

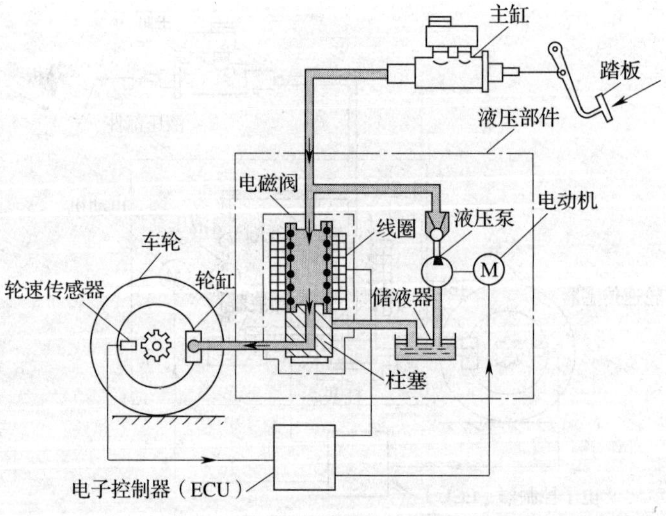

图 12—52　增压过程

三、驱动防滑系统

图 12—53 所示为一典型的具有防抱死制动和驱动防滑功能的系统。其中驱动防滑系统与 ABS 共用轮速传感器和电子控制单元，只是在通往驱动车轮制动轮缸的制动管路中增设了一个 ASR 制动压力调节器，在由加速踏板控制的主节气门上方增设了一个由步进电机控制的副节气门，并在主、副节气门处各设置了一个节气门位置传感器。

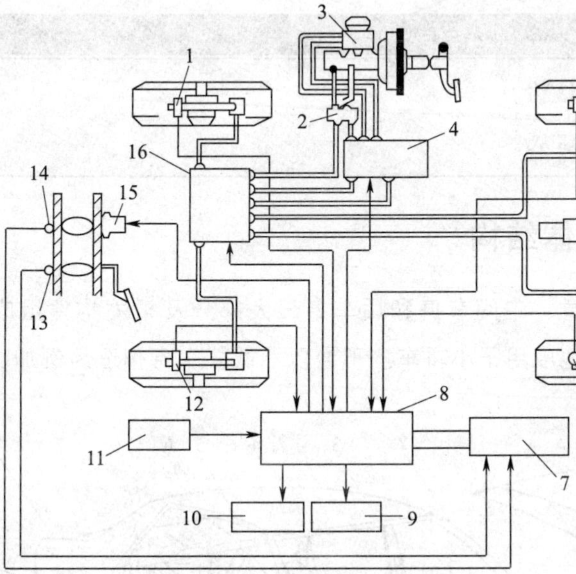

图 12—53 典型 ABS/ASR 的组成

1—右前轮速传感器 2—比例阀和差压阀 3—制动主缸 4—ASR 制动压力调节器 5—右后轮速传感器 6—左后轮速传感器 7—发动机/变速器电子控制单元 8—ABS/ASR 电子控制单元 9—ASR 关闭指示灯 10—ASR 工作指示灯 11—ASR 选择开关 12—左前轮速传感器 13—主节气门位置传感器 14—副节气门位置传感器 15—副节气门驱动步进电机 16—ABS 制动压力调节器

当驱动防滑系统处于工作状态时，电子控制单元根据各轮速传感器检测到的转速信号，确定驱动车轮的滑转率和汽车的参考速度。当电子控制单元判定驱动车轮的滑转率超过设定的限值时，就使驱动副节气门的步进电机转动，减小副节气门的开度。此时，即使主节气门的开度不变，发动机的进气量也会因副节气门开度的关小而减少。如果驱动车轮的滑转率仍未降低到设定的控制范围内，电子控制单元又会控制 ASR 制动压力调节器和 ABS 制动压力调节器，对驱动车轮施加一定的制动压力，则驱动车轮上就会作用一制动力矩，从而使驱动车轮的转速降低。

第十三章　汽 车 车 身

第一节　车 身 结 构

学习目标：

1. 了解车身的基本结构。
2. 掌握车身的基本组成。

一、轿车车身壳体结构

轿车车身壳体由前车身、中间车身和后车身三大部分及相关构件组成，如图 13—1 所示。承载式车身结构广泛地应用于小轿车。下面以承载式车身构造为例加以介绍。

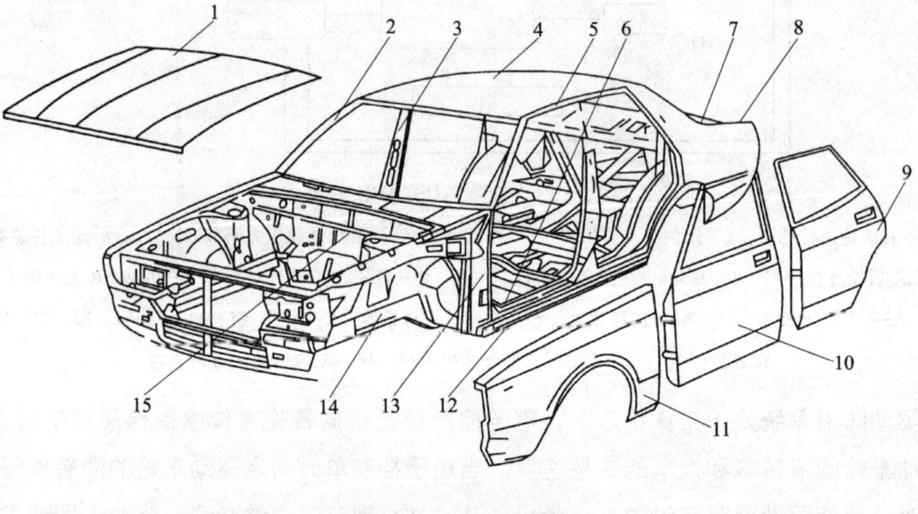

图 13—1　轿车车身壳体

1—发动机罩　2—前窗柱　3—中柱　4—顶盖　5—车顶边梁　6—车底　7—行李箱　8—后翼子板　9—后门　10—前门　11—前翼子板　12—门槛　13—前门立柱　14—前悬挂支撑板　15—中间隔板

1. 前车身（图 13—2）

前车身主要由翼子板、前段纵梁、前围板及发动机罩等构件组成。大多数轿车的前部装有前悬挂及转向装置和发动机总成。当汽车受到正向冲击时，依靠前车身来有效地吸收冲击能量。为此，前车身在构造上要确保足够的强度、刚度。

除了外壳，如发动机罩、前翼子板、前裙板用螺栓（钉）连接之外，所有其他的部件都焊接在一起，形成一个整体。

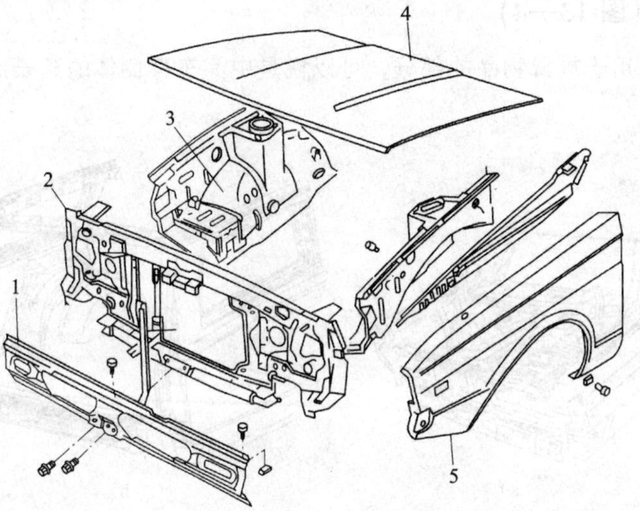

图 13—2　轿车前车身

1—前护板　2—散热器支架　3—前挡泥板　4—发动机罩　5—前翼子板

2. 中间车身（图 13—3）

中间车身侧体设有车门、侧体门框、门槛，沿周采用高强度钢制成的抗弯曲能力较高的箱型断面。中间车身侧体框架的中柱、边框、车顶边梁、侧体下边梁等结构件也采用封闭型断面结构。车顶、车底和立柱等构件，均以焊接方式组合在一起。

中间车身的窗柱起着支承风窗和车顶的作用，一般下部做得粗大，上部的截面尺寸需要考虑驾驶视野而缩小。

车身底板是中间车身的基础，而且汽车行驶中加给车身的载荷都是通过底板传递并加以扩散的。除选用高强度钢板冲压外，车身底板上还配置了抗载能力强的车身纵梁和横梁。车身测量与维修用的基准孔也反映在车身的横、纵梁上。

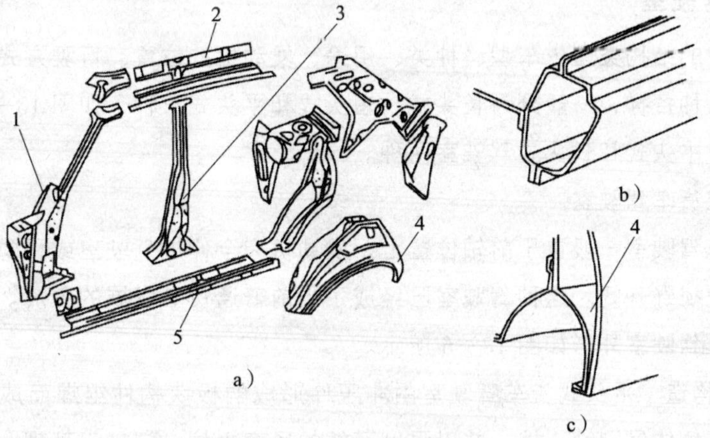

图 13—3　中间车身构造

a）中间车身侧体构造　b）门槛断面　c）后翼子板断面

1—前柱　2—车顶边梁　3—中柱　4—后挡泥板　5—门槛

3. 后车身（图 13—4）

轿车后车身是用于放置物品的部分，可以说是中间车身侧体的延长部分。

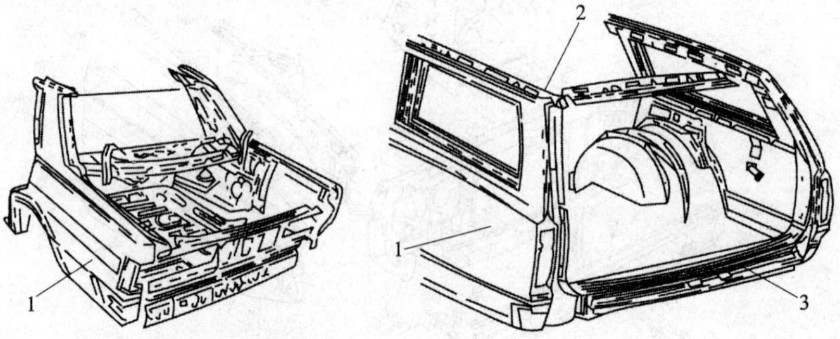

图 13—4 轿车后车身

a）厢式轿车后车身 b）两厢式轿车后车身

1—后翼子板 2—窗柱 3—后门槛

后车身的主要载荷来自于汽车后悬架，尤其是对于后轮驱动的车辆，驱动力通过车桥、悬架直接作用于后车身上。为确保后车身的强度，车身重量由中间车身径直向后延伸，到相当于后桥部位再形成拱形弯曲。这样既保证了后车身的刚度，又不至于使后桥与车身发生干涉。而且，当车身后部受到追尾碰撞时，还能瞬时吸收部分冲击能量，以其变形来实现对乘客室的有效保护。

二、货车车身

货车车身包括驾驶室和车厢两大部分。

1. 货车驾驶室

货车驾驶室的结构类型依车型、种类、用途、发动机的位置、行驶方式、车轮数和驱动形式的不同而各种各样，一般分为长头式、短头式和平头式三种，如图 13—5 所示。

最常见的为平头式和长头式驾驶室两种。

(1) 平头式货车驾驶室

平头式货车驾驶室一般置于前轴位置上，发动机完全伸进驾驶室或移向后部，可使整车长度缩短，驾驶视野开阔。这种驾驶室已经成了当前普通货车发展的主流。

平头式货车驾驶室外形如图 13—6 所示。

1）驾驶室构造 平头式货车驾驶室由冲压件形成的板块构件组焊而成，其中驾驶室前部板件、车顶、侧体呈刚性连接，并以强度可靠的风窗立柱、门柱为基础，连接方式因车型而异。对于翻转式驾驶室，由于前部安装机构的受力作用，使前部构件与底部共同起着翻转驾驶室整体时的支承作用，所以前部构件是驾驶室中强度、刚度最好的零件之一。

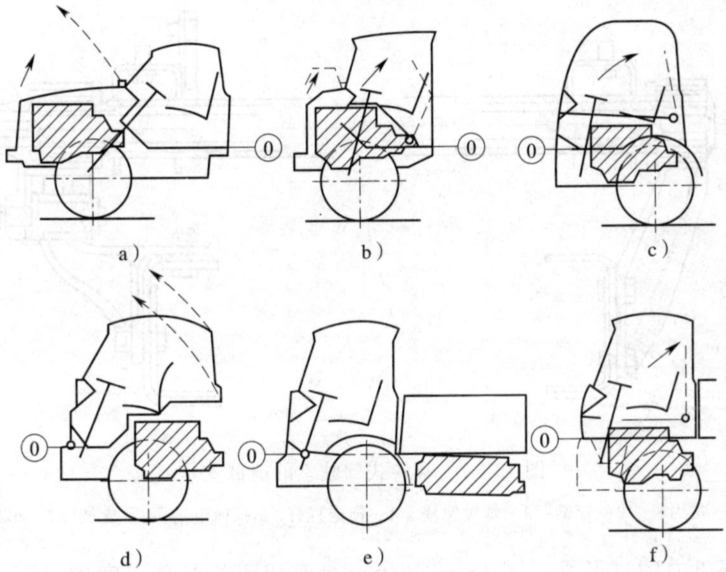

图 13—5　货车驾驶室的形式
a）长头式　b）短头式　c）～f）平头式

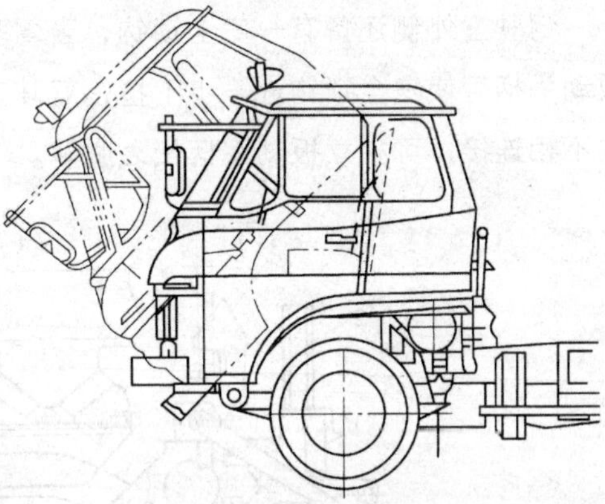

图 13—6　平头式货车驾驶室外形

前立柱的下端与车底相连，上端则支承着驾驶室顶。它采用高强度钢板经冲压成形。左右转角结构件于前立柱内外共同形成双重构造的壳式结构，不仅起到对驾驶室的装饰作用，对前立柱同样也具有加强作用。为便于维修，内外转角结构件大多采用螺栓连接的可拆卸式结构。

为提高前部结构的整体性，仪表板支架横向将左右立柱连为一体。前蒙皮又以铆接或焊接方式将前部结构件包容起来，形成了合理的车身外形。

底部构件主要由车底横纵梁、左右车门槛和冲压成形的底板组焊而成，它是起支承驾驶室整体作用的基础性构件，与前部结构共同承受驾驶室翻转时的重力载荷。与前部构件不同的是，行驶中底部构件还承受来自驾驶室内部的其他载荷。

2）驾驶室的安装机构　驾驶室的安装机构分为前后两个部分，其中前部承担扭力，用于使驾驶室翻转；后部则用于锁住驾驶室，防止其自行向前翻转。除此之外，这两部分还都分别承担着驾驶室的减振与支承作用。

驾驶室前部的支承结构，用一根连接焊有驾驶室底框支承座的管梁和两个装有减振橡胶套的支承架组成（图 13—7）。驾驶室的后部支承结构，分别由两个支架和装有橡胶减振垫的支承座组成。

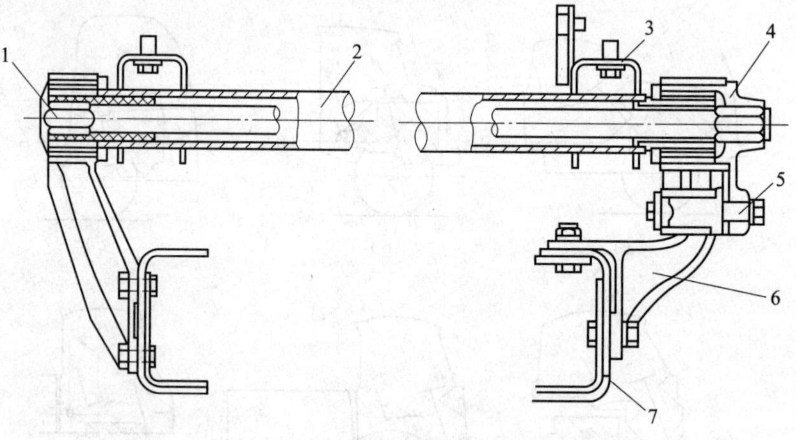

图 13—7　翻转式驾驶室的前部支承

1—扭力杆　2—管梁　3—驾驶室座　4—锁定杠杆　5—锁定销　6—支架　7—车架

驾驶室后部下方的拱形梁（图 13—8）上，装有用于扣紧驾驶室的爪形挂钩，它与安装在驾驶室底部的挂钩座相啮合，这就是驾驶室的正常安装位置。爪形挂钩通过拉杆与释放操纵手柄相连。

驾驶室外侧还备有一安全锁钩，当驾驶室被拉下时，安全锁钩先挂住驾驶室外侧钩座，扳动手柄可使安全锁钩进一步下拉，驾驶室随即达到安装位置。安全锁钩与爪形挂钩锁定机构不相连接，可独立扳动手柄使之脱解。

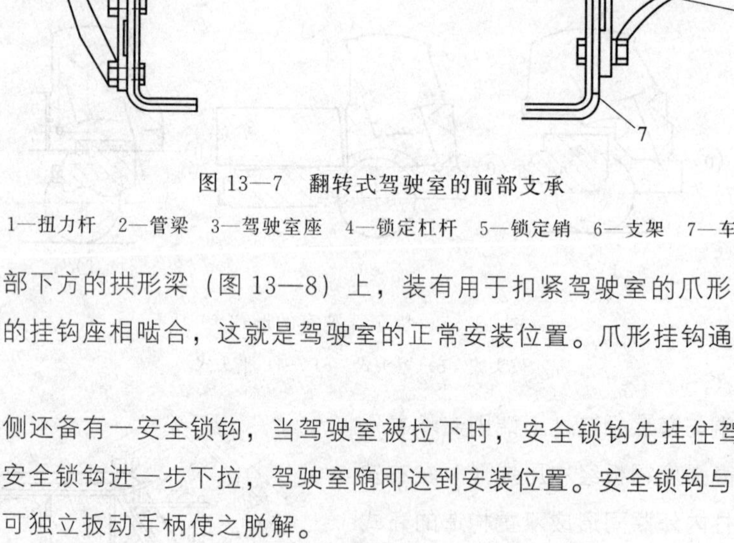

图 13—8　翻转式驾驶室的后安装机构

1—定位板　2—安装杠杆　3—安全锁钩　4—穿孔　5—爪形挂钩　6—导板　7—导销

(2) 长头式货车驾驶室

长头式货车驾驶室位于发动机室之后，由于发动机罩占去了车身长度的一部分，使货车的长度受到了限制，但驾驶室内的空间较平头式驾驶室大。

长头式驾驶室可分为前后两个部分：车头和驾驶室主体。车头部分的发动机罩，依开启方式不同分为鳄口型和车头翻转型两种（图 13—9）。鳄口型车头的整体性能好，但开启后发动机室的敞口小；翻转型车头较好地解决了前述存在的问题，但也存在碰撞事故后波及范围大、修理难度高的不足。这两种车型的驾驶室主体部分在结构上区别不是很大，区别突出反映在驾驶室的车前钣金件上。

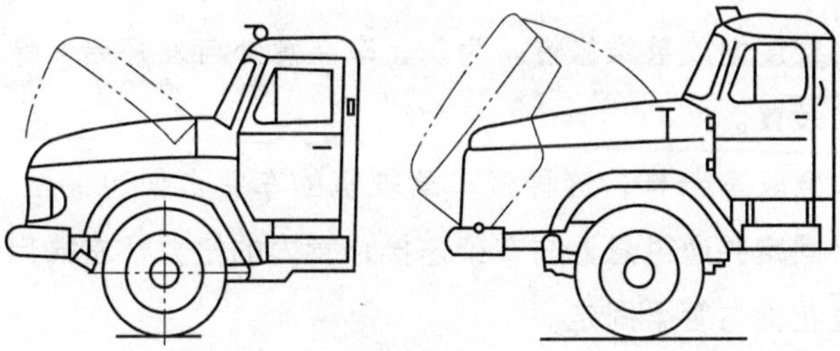

a）　　　　　　　　　　b）

图 13—9　长头式驾驶室的外形

a）鳄口型　b）车头翻转型

1）鳄口型驾驶室　鳄口型驾驶室的主体与车头用螺栓组装在一起，以六点弹性悬置固定在车身上。它主要由驾驶室主体、翼子板、发动机罩等构件组成（图 13—10），全部零件由薄钢板冲压成形并以点焊方式组合成若干单元。为了确保驾驶室的密封和避免各单元装配的相互摩擦，各有关装配零件之间装有密封条，这一措施对防止车身零件的磨损、降低车身噪声和密封都起着关键性作用。

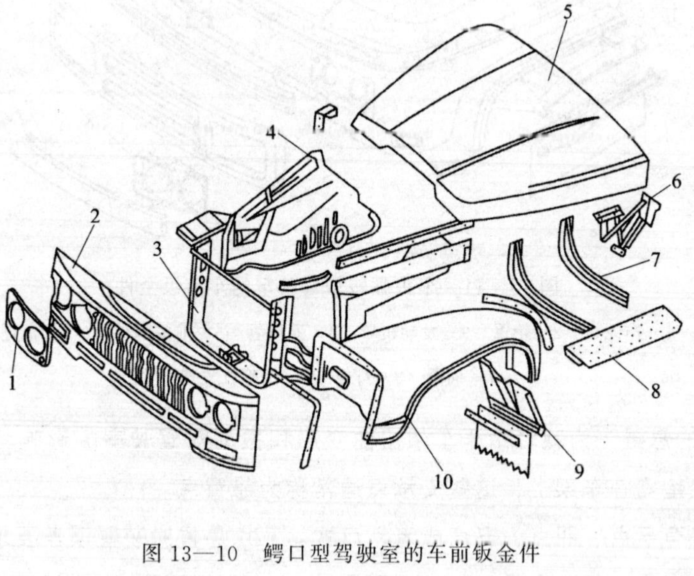

图 13—10　鳄口型驾驶室的车前钣金件

1—灯罩　2—面罩　3—水箱支架　4—发动机室挡泥板　5—发动机罩　6—发动机罩铰链

7—脚踏板梳架　8—脚踏板　9—车轮挡泥板　10—翼子板

发动机罩铰链多采用平衡弹簧支承式，它可以使偌大的发动机罩在开启或关闭时，能够轻便自如、锁止可靠。

2）车头翻转型驾驶室　车头翻转型驾驶室也由驾驶室主体和车前钣金件两部分组成。

驾驶室主体为半骨架全金属封闭式，门框、门槛、底板及前后围板等主要承载部位均采用箱形断面结构，以确保其整体刚度。车前钣金件主要由发动机罩、保险杠支架、挡泥板等构件组成（图 13—11）。

整体式车头装有扭力杆式翻转机构，可使车头整体向前翻转一定角度，使对发动机总成的接近性好，能很大程度地改善维修性。为防止车头意外自发开启，除装有机罩锁外，一般都附加一套安全保险装置。

与可翻转式平头驾驶室一样，这种汽车驾驶室的车头上面也装配了扭杆式助力翻转机构。车头与支撑管梁固定并通过悬置与车架连接，管内的扭力杆左端用花键与轴套总成装配在一起，右端则通过花键与管梁固定。

当车头处于全翻转位置时，扭杆的能量处于释放终了状态。将车头拉下使之处于安装位置时，扭杆轴套及连动杆的同时作用，使管梁在转动一定角度的过程中，扭杆受扭并贮存能量。当车头锁被打开时，这一能量将会得到释放，车头因此而翻转自如。

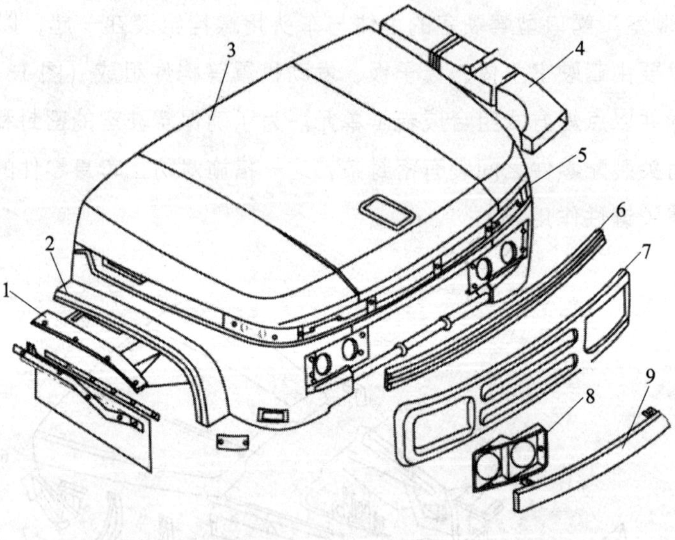

图 13—11　车头翻转型驾驶室的车前钣金件

1—挡泥板　2—轮罩　3—发动机罩　4—通风管　5—前围构件　6—倒流栅

7—面罩　8—灯罩　9—保险杠支架

3）驾驶室的悬置　为减轻由于车架扭曲变形和振动对驾驶室的影响，驾驶室通过具有适当弹性的橡胶垫安在车架上，这些支承点通常称为悬置点。

驾驶室悬置有三点、四点、五点或者六点式。三点悬置对装置误差要求低，装置误差容易补偿，同时三点悬置驾驶室受车架的变形影响小。但对于宽大驾驶室，其横向稳定性差，有左右晃动的现象。四点悬置与三点悬置相反。无论是三点悬置还是四点悬置，一般前边总是两点，而且前面两点分开布置在靠近车门前支柱附近。

2. 货车车厢

货车车厢因装载的货物不同有平板式、栏板式和集装箱式三种，如图 13—12 所示。

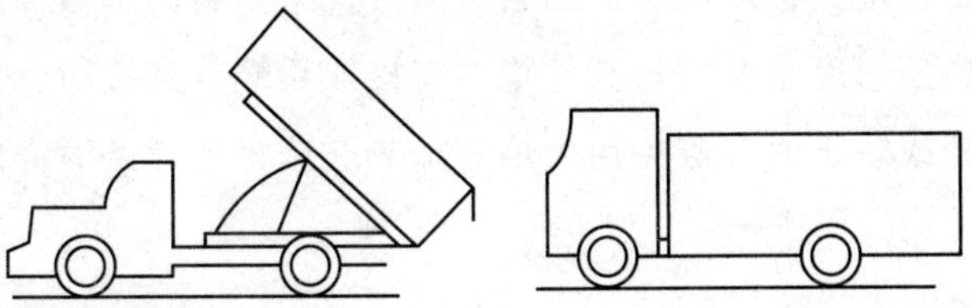

a）

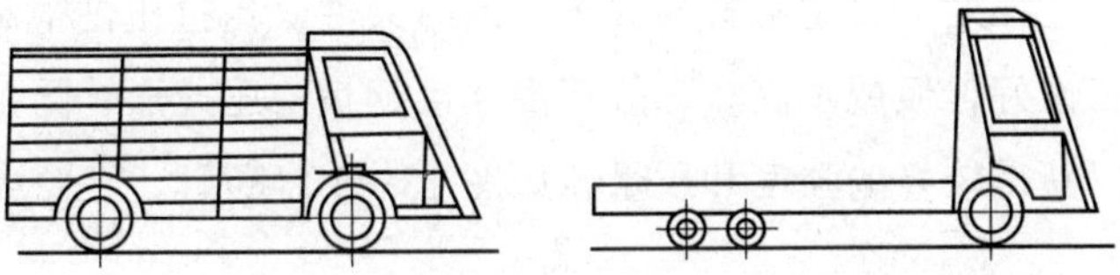

b）　　c）

图 13—12　货车车厢形式

a）栏板式　b）集装箱式　c）平板式

（1）平板式

平板式车厢主要用于承运集装箱，与其他各类货车车厢相比，其区别在于平板四周装有集装箱锁，是专为防止集装箱在运输过程中发生倾翻和位移而设置的。

（2）栏板式

车厢的沿周装有可开启的挡货栏板，较短的车厢为单开式（一般为后开），其余车厢栏板均为固定式。较大的车厢为三开式（三面栏杆均可开启）。

车厢前端的防护架也是栏板式车厢的组成部分，它与车厢底板固定在一起，防止货物在运输中前移而危及驾驶室。

（3）集装箱式

集装箱式车厢利用型材或冲压的构件制成框架，再覆蒙皮形成封闭壳体，主要运送特定的货物。为提高强度和使蒙皮不致产生振动，几乎所有表面都制成波纹筋，加之与底板刚性连接，可使整个壳体具有很大的刚度和承载能力。

另外，铝合金集装箱式车开始在一些有特种用途的货车上采用，这种集装箱式车一般为六块板式结构，结合部借助主体框架用螺钉、铆钉等方式连接在一起。这种车身对阳光的反射率好，能使车内温度降低，适合一般药品、食品等运输。

三、客车车身

客车车身由基础性构件和非基础性构件组成，基础性构件是客车车身的主体。承载式客车车身的基础件构件主要包括底架、骨架、车顶及蒙皮等。

1. 底架与车架

无车架承载式客车车身没有独立的车架，取而代之的底架则需要有足够的强度和刚度，因为发动机和底盘的主要总成都直接装配在底架上。

底架或车架多用高强度钢板冲压成形后组焊而成，采用封闭型截面梁时，应注意端口的封闭与通风。表面锐边应修磨平整。与其他构件铆接或用螺栓连接时，应夹垫约 1 mm 以上厚度的减磨垫片。修补或矫正时应避免用火焰法加热。选择电焊条时亦应根据钢材的特性而定。

2. 骨架

骨架的寿命在一定程度上决定着骨架式车身的耐久性。用抗扭性很高的异形钢管构成的骨架，寿命长、工艺性好，但成本高。一般用高强度钢板冲压成形，再加之车身外蒙皮将断面的开口封闭，可以获得较好的强度和质量，如图 13—13 所示。

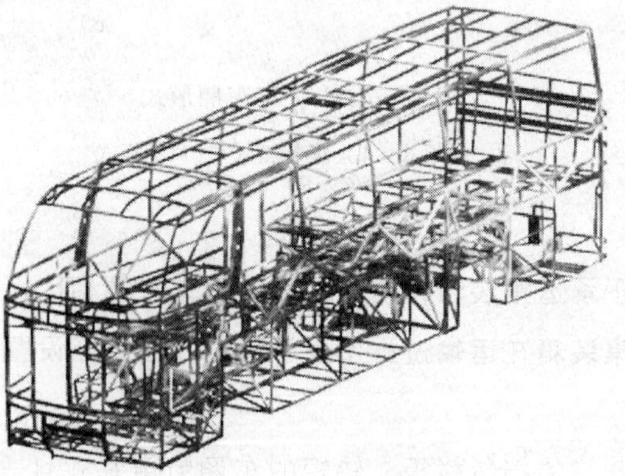

图 13—13 客车车身骨架

为提高骨架的耐腐蚀能力，除了在结构上解决内腔的通风外，还留有便于涂装作业的喷漆工艺孔。车身维修作业过程中，应注意有针对性地加以利用。个别客车的骨架内腔还注有聚氨基甲酸酯溶液加发泡剂的防腐材料，从事焊接作业前应注意做好检查。

3. 车顶

车顶是车身上重要的基础构件，其载荷主要来自于行李架、扶手座。承载式车身的车顶还与车身的其他构件一起，共同承受车身整体的变形应力。采用具有一定深度拱形顶盖，可使车顶的承载能力得到提高，沿顶盖的周边是箱形断面的圈梁，它与窗柱的刚性连接提高了车身的整体性。

车顶上部不宜开设天窗，以防止削弱车顶的强度和影响密封，否则应避开顶盖的拱形梁和顶盖纵梁，并采取相应行之有效的防锈与密封措施。

4. 蒙皮

骨架式车身的外蒙皮随车身形状的变化覆盖在骨架上，并以此构成了不同曲面的客车车形。非承载式车身的蒙皮可以认为是不承载的。对于承载式车身，蒙皮还要与骨架一起承受车身整体变形时产生的剪切力；而在无骨架或半骨架车身中，外蒙皮是承受载荷的构件。

第二节　车 身 附 件

学习目标：

1. 了解车身附件的基本结构。
2. 掌握车身附件的基本组成。

一、车门

1. 车门类型

车门是车身的重要组成部分，对车门的要求是：

（1）具有必要的开度，在最大开度时，保证上下车方便。

（2）安全可靠，行车时车门不会自动打开。

（3）开关方便，玻璃升降方便。

（4）具有良好的密封。

（5）具有足够的刚度，不易变形下沉，行车时不震响。

车门的结构形式很多，最常见的车门形式是旋转式车门、推拉式车门、折叠式车门和上掀式车门，如图 13—14 所示。

旋转式车门

推拉式车门

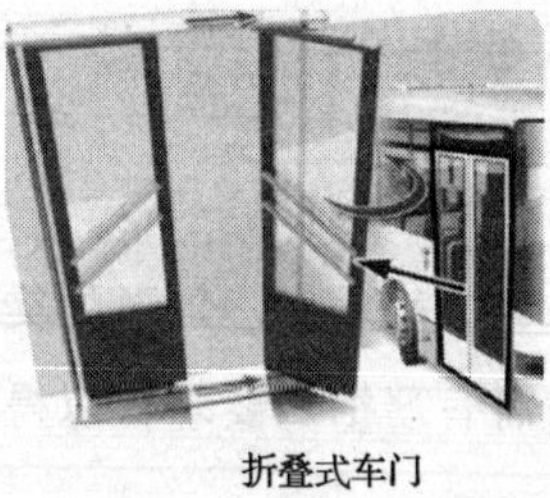

折叠式车门

上掀式车门

图 13—14　车门的形式

推拉式车门仅仅适用于客车和部分厢式货车，它的支承与滑动主要依靠安装在车门上、中、下的三个滑轨及与之配合的滚柱。

折叠式车门广泛用于大、中型客车的乘客门。启动方式普遍采用气动，如城市客车、长途客车等。

上掀式车门广泛用于轿车、轻型商用汽车、救护车等的后门，便于装卸行李、物品等。

2. 车门结构

车门是由壳体、附件和内饰盖板三部分组成，如图 13—15 所示。壳体按其结构可分为整体式和框架式。整体式车门的玻璃窗框是与门内、外板一体冲压制成的，其优点是车门零件数少，组装方便，车门刚性好并便于设两道密封条；缺点是加工困难，需大型冲压设备。框架式车门，玻璃窗框是用螺钉固定或焊接在门体上的。

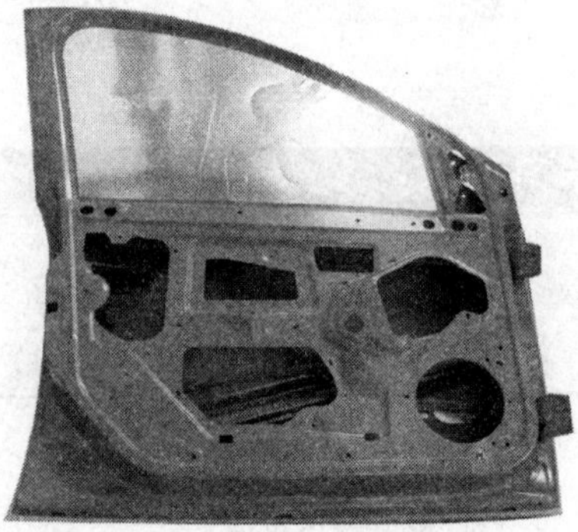

图 13—15 车门结构

车门壳体是由厚度 0.8～1.0 mm 的钢板冲压的外板和内板等焊接而成。外板外形与整车协调，外板包着内板，沿着门的边缘形成一刚性箍。内板是车门的主要零件，在内板上冲有各种形状的窝穴、加强筋和孔洞，以便安装附件。安装完附件后，用内饰板将其遮盖。

二、门锁（图 13—16）

门锁要求工作可靠，在汽车行驶时车门不得自动打开，开启与关闭轻便，磨损小，使用寿命长，门锁按操纵方式分为普通门锁和自动门锁。

普通门锁按结构大致可分为舌式、棘轮式和凸轮式三种类型。舌式锁在现代汽车上已经淘汰。

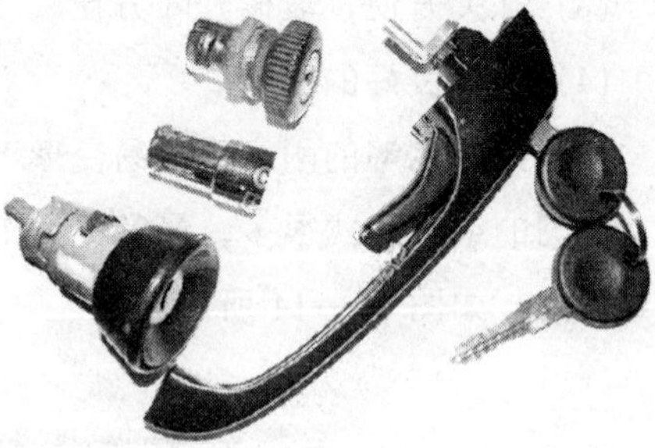

图 13—16 门锁

电子防盗锁属于汽车自动锁的一种类型，它可以分别控制车门、油电路、变速器操纵杆、转向轴、警报音讯器、发动机罩以及行李箱盖等。

电子式自动锁的成本较高，主要用于高级轿车而在普通汽车上则较少采用。

三、车窗

车窗是车身的重要组成部分，它包括汽车前后风窗和侧窗。

车窗的造型、结构和质量对驾驶员的视野、乘客的舒适感、外形的美观及空气动力性等都有较大的影响，所以在设计和制造工艺方面，均需有严格的要求，以得到满意的风窗形状及准确的玻璃轮廓曲线。

1. 风窗

现代汽车的风窗，不论是轿车、客车或载货车，多数采用全景曲面玻璃或称大圆弧挡风玻璃。按照形成曲面的母线形状的不同，曲面可分为直线曲面（母线为直线）和曲线曲面（母线为曲线）。现代汽车多采用单曲面风窗玻璃，其曲面形状或全部为柱面，或中间大部分区域采用柱面，两侧比较弯曲的区域采用柱状面。

曲面风窗均为封闭的，在车身的风窗口与挡风玻璃之间用橡胶密封条连接并封闭。密封条起着密封与缓冲作用，可以防止车身扭转窗口变形时损坏挡风玻璃。密封条用挤压成形法制造，为提高封密程度，可在密封条、玻璃、车身风窗口法兰边之间充填不干的密封胶（湿性填料）。

2. 侧窗

侧窗必须满足车内采光、通风及乘员视野开阔的舒适性要求以及三防：防水、防尘、防震，并要求开关轻便灵活。

现代汽车侧窗主要采用推拉式侧窗和升降式侧窗。

四、刮水器及除霜装置

1. 刮水器

刮水器主要是用来刮除风窗玻璃上雨水、雪、泥土及灰尘等污染物，以确保驾驶员有良好的视野。行驶中，由于车辆前方泥土的飞溅或其他原因污染挡风玻璃，为了有效地除净，作为刮水器的辅助设备，还设有洗涤装置。

电动式刮水器其动力源是汽车自备蓄电池，工作时不受任何条件的限制，所以被广泛的使用。

电动刮水器由刮水电动机和一套传动机构组成，如图 13—17 所示。

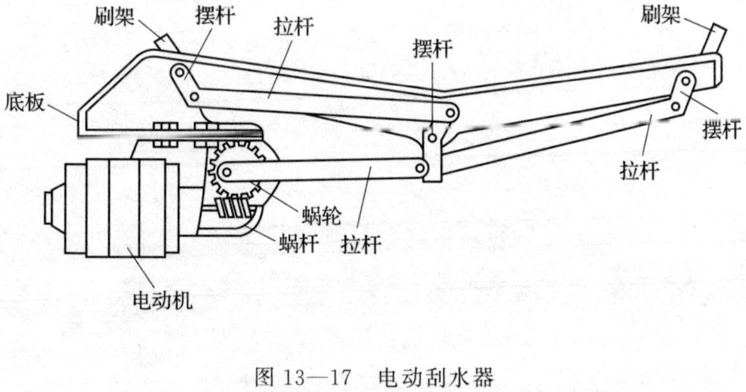

图 13—17 电动刮水器

电动机电枢轴端装有蜗轮蜗杆传动机构，蜗杆蜗轮传动机构有降低速度、增大扭矩的作用，因为驱动橡胶刮水片在挡风玻璃表面摩擦需要克服风、雨、冰、泥沙等污物造成的较大摩擦阻力。

刮水器的电动机有绕线式和永磁式两种。它们的区别在于，前者的磁场是由磁极与绕组构成，绕组通电时产生磁场，而后者为永久磁铁。永磁式电动机具有体积小、质量轻、构造简单、工作可靠等优点，因此，目前在国内外汽车上被广泛采用。

2. 洗涤器

为了及时清除风窗玻璃上的尘土和污物，保证驾驶员有良好的视线，许多汽车上装有风窗玻璃洗涤器，如图 13—18 所示。

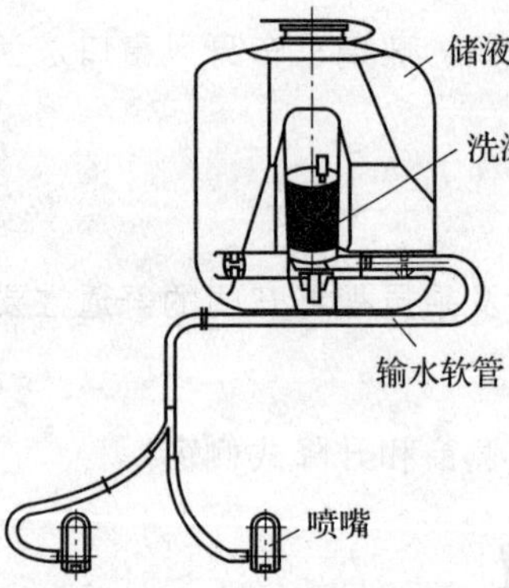

图 13—18　风窗玻璃洗涤器

当风窗玻璃上附有尘土脏污需清除时，先开动洗涤液泵，将储存于液缸内的洗涤液经喷嘴喷到风窗玻璃刮水片的上部，将尘污湿润，然后开动刮水器，利用刮水片的摆动，将玻璃上的尘污刷掉。